Über dieses Buch Der Fluch des Templers scheint sich zu erfüllen: Wieder stirbt ein König von Frankreich aus der Nachkommenschaft Philipps des Schönen nach kurzer Herrschaft. Noch im Sterbezimmer des Königs beginnt der erbitterte Kampf um seine Nachfolge. Das ist die Stunde Roberts von Artois, des »rothaarigen Riesen«, der sich für den rechtmäßigen Erben der Grafschaft Artois hält und nun den Augenblick nutzt, um seiner Tante Mahaut die Herrschaft streitig zu machen. Es gelingt ihm, seinen Schwager Philipp von Valois auf den Thron zu bringen, der ihn bei seinen Machenschaften unterstützt. Der Kampf um die Herrschaft über Artois wird von den Kontrahenten Robert und Mahaut skrupellos ausgefochten: Beide versuchen sich in den Besitz der Urkunde zu bringen, die die Erbfolge regelt. Mahaut und ihre listige Komplizin Beatrice kommen Robert zuvor; doch da gelingt dem ein entscheidender Schachzug: Er macht Beatrice, die über allerlei Hexenkünste verfügt, zu seiner Geliebten. Das ist das Todesurteil für Mahaut; sie stirbt kurz darauf auf unerklärliche Weise. Daß er sich mit dem Teufel verbündet hat, merkt Robert erst, als Beatrice auch ihn verrät und ihm der Prozeß gemacht wird. Doch der Riese gibt nicht auf. Er findet Asyl am englischen Hof und nimmt dort sein zerstörerisches Ränkespiel wieder auf, diesmal gegen den König von Frankreich.

»Maurice Druon gelingt es immer wieder, pittoreske Gestalten und Situationen zu zeichnen. Denn dieses Zeitalter war insofern farbiger als das unsere, als auch die Politik noch ganz zum Leben gehörte, jedenfalls in den regierenden Häusern, wo Frauen, Kinder und der gesamte Hofstaat wie an einem großen Schauspiel daran teilnahmen.« Frankfurter Allgemeine Zeitung

Der Autor Maurice Druon wurde 1918 in Paris geboren. Mit 18 begann er, für Zeitungen und Zeitschriften zu schreiben, mit 21 veröffentlichte er sein erstes Theaterstück. Während des Zweiten Weltkriegs gehörte er der Widerstandsbewegung an. 1948 erhielt er für seinen Roman ›Die großen Familien‹ den Prix Goncourt. Seine Werke sind in zwölf Sprachen übersetzt.

Im Fischer Taschenbuch Verlag erschienen außerdem folgende Bände aus der Romanfolge ›Die unseligen Könige‹:

›Der Fluch aus den Flammen‹ (Bd. 8145), ›Der Mord an der Königin‹ (Bd. 8146), ›Das Schicksal der Schwachen‹ (Bd. 8147), ›Die Macht des Gesetzes‹ (Bd. 8148), ›Die Wölfin von Frankreich‹ (Bd. 8164), ›Ein König verliert sein Land‹ (Bd. 8166).

Maurice Druon

Lilie und Löwe

Roman

Aus dem Französischen
von Heinz von Sauter

Fischer Taschenbuch Verlag

9.–11. Tausend: Mai 1987

Ungekürzte Ausgabe
Veröffentlicht im Fischer Taschenbuch Verlag GmbH,
Frankfurt am Main, August 1985

Lizenzausgabe mit freundlicher Genehmigung des
S. Fischer Verlags GmbH, Frankfurt am Main
Titel der Originalausgabe: ›Le Lis le Lion‹

Die deutsche Neuausgabe erschien 1979 im
Wolfgang Krüger Verlag GmbH, Frankfurt am Main

Umschlaggestaltung: Rambow, Lienemeyer, van de Sand
Abbildung: Bildarchiv Preußischer Kulturbesitz, Berlin
Druck und Bindung: Clausen & Bosse, Leck
Printed in Germany
880-ISBN-3-596-28165-2

Inhalt

4 *Der Kriegshetzer*

Epilog 1354–1362

Anhang

1
Die neuen Könige

Die Januarheirat

Seit zwei Stunden stiegen die Einwohner Yorks in unabsehbaren Reihen aus allen Pfarrgemeinden diesseits und jenseits des Flusses, aus Saint Denys, Saint Cuthbert, Saint Martin cum Gregory, Saint Mary Senior und Saint Mary Junior, aus dem Shambles, aus Tanner Row, von überallher, zum Münster empor, der noch unvollendeten riesigen Kathedrale, die mit ihrer langgestreckten, erdrückenden Masse die Stadt beherrschte.

Im Stonegate und Deangate, den beiden winkeligen Gassen, die zum Yard führten, staute sich die Menge. Die auf den Ecksteinen hokkenden jungen Leute sahen Köpfe, nichts als Köpfe, ein Meer von Köpfen, das den Platz überschwemmte. Bürger, Händler, Matronen mit einem Haufen Kinder, Lahme auf ihren Krücken, Dienerinnen, Gesellen, Geistliche in ihren Kutten, Soldaten im Kettenhemd, Bettler in Lumpen drängten sich bunt durcheinander wie die Halme in einem Heubündel. Geschickte Taschendiebe erbeuteten den Unterhalt für ein ganzes Jahr. An den Fenstern der vorspringenden Giebel erschienen ganze Trauben von Gesichtern.

Aber wer hätte geglaubt, daß es Mittag war! Ein düsteres, feuchtes Halbdunkel, ein kalter Dunst, ein Nebel, dicht wie Watte, umgab das ungeheure Gebäude und die ringsum im Kot stampfende Menge.

24. Januar 1328. Vor Monseigneur Wilhelm von Melton, Erzbischof von York und Primas von England, wird König Eduard III., kaum sechzehn Jahre alt, Madame Philippa von Hennegau, seine Base, heiraten, die gerade erst vierzehn geworden ist.

Die Kathedrale war bis auf den letzten Platz besetzt. Sie war reserviert für die Würdenträger des Königreiches, die Mitglieder der hohen Geistlichkeit und des Parlaments, die fünfhundert geladenen Ritter und die hundert schottischen Adeligen in ihren karierten Kilts, die gekommen waren, um bei dieser Gelegenheit den Friedensvertrag zu ra-

tifizieren. Gleich würde das feierliche Hochamt, gesungen von hundertzwanzig Sängern, gefeiert werden.
Jetzt aber begann der erste Teil der Zeremonie, die eigentliche Hochzeit, vor dem Südportal, außerhalb der Kirche und angesichts des Volkes, nach altem Ritus und dem besonderen Brauch des Bistums York. Es sollte daran erinnert werden, daß die Ehe ein Sakrament ist, das die Gatten durch öffentliches Gelübde und Bekenntnis einander selbst spenden. Der Priester ist nur Zeuge.
Der Nebel zog feuchte Streifen auf dem roten Samt des vor dem Portal aufgestellten Baldachins, schlug sich auf den Mitren der Bischöfe nieder, klebte das Pelzwerk auf den Schultern der königlichen Familie zusammen, die um das junge Paar versammelt war.
»Here I take thee, Philippa, to my wedded wife, to have and to hold at bed and at board...« (1).‹[»Hiermit nehme ich dich, Philippa, zu meinem ehelichen Weib, dich zu haben und zu halten und Bett und Tisch mit dir zu teilen...«]
Von den zarten Lippen aus dem bartlosen Antlitz kommend, erklang die Stimme des Königs überraschend kräftig, klar und volltönig. Königinmutter Isabella wurde davon ergriffen, ebenso Messire Johann von Hennegau, der Onkel der Braut, und alle, die in den ersten Reihen an der Feierlichkeit teilnahmen, darunter Graf Edmund von Kent und Heinrich von Lancaster, der Schiefhals, Oberhaupt des Regentschaftsrates und Vormund des Königs.
Die Barone hatten ihren neuen Herrscher nur ein einziges Mal mit dieser unerwarteten Kraft sprechen hören: am Tag einer Schlacht im letzten schottischen Feldzug.
»...fo fairer for fouler, for better for worse, in sickness and in health...« [»In Freud und Leid, im Guten und Bösen, in Gesundheit und in Krankheit...«]
Allmählich verstummte das Geflüster der Menge. Schweigen breitete sich aus wie eine kreisförmige Welle, der Klang der jungen königlichen Stimme schwang über die Tausende von Köpfen hin und war fast bis zum äußersten Ende des Platzes vernehmbar. Der König sprach langsam die umfangreiche Formel des Gelöbnisses, die er am Abend vorher gelernt hatte; aber es war, als erfinde er sie, so sehr betonte er die einzelnen Worte, *durchdachte* er sie, um ihnen ihren tiefsten, bedeutungsvollsten Sinn zu geben. Sie klangen wie die Worte eines Gebetes, das nur einmal gesprochen wird und für ein ganzes Leben gilt.
Aus diesem Jünglingskörper sprach die Seele eines Erwachsenen, eines Mannes, der angesichts des Himmels bewußt eine Verpflichtung eingeht, eines Fürsten, der seine Mittlerrolle zwischen Gott und

seinem Volke kennt. Der neue König nahm seine Verwandten, die hohen Beamten, Prälaten und Barone, das Volk von York und ganz England zum Zeugen der Liebe, die er Madame Philippa schwor.
Den vor Gotteseifer brennenden Propheten, den von einer tiefen Überzeugung geleiteten Volksführern ist es gegeben, die Menge durch ihren Glauben mitzureißen. Öffentlich bekundete Liebe besitzt die gleiche Kraft, ruft die Teilnahme aller an den Gefühlen eines einzigen hervor.
Es gab unter den Anwesenden keine einzige Frau, mochte sie jung oder alt sein, keine Neuvermählte, keine betrogene Gattin, keine Witwe, keine Jungfrau und keine Greisin, die sich nicht in diesem Augenblick am Platz der jungen Braut gefühlt hätte, und keinen Mann, der sich nicht an der Stelle des jungen Königs sah. Eduard III. vereinte sich allem, was es an Weiblichkeit in seinem Volke gab, und sein gesamtes Königreich erwählte Philippa zur Gefährtin. Alle Träume der Jugend, alle Enttäuschungen der Reife, alle Klagen des Alters wandten sich dem jungen Paar zu, wurden ihm aus jedem Herzen wie eine Gabe dargebracht. An diesem Abend werden die Augen der Neuvermählten die Nacht in den dunklen Gassen erleuchten, und selbst entfremdete alte Eheleute werden sich die Hand reichen.
Seit uralten Zeiten drängt sich das Volk zu Fürstenhochzeiten, um aus der Ferne ein Glück zu erleben, das vollkommen erscheint, da es sich auf solcher Höhe zeigt.
»*till death us do part . . .*« [»bis der Tod uns scheidet . . .«]
Es schnürte allen die Kehle zu; über den ganzen Platz ging ein ungeheures Seufzen traurigen Staunens, ja fast des Vorwurfs. Nein, in diesem Augenblick durfte nicht von Tod gesprochen werden; es war nicht möglich, daß diese beiden jungen Wesen das Schicksal aller teilen, daß auch sie sterblich sein sollten.
» *. . . and thereto I plight thee my troth . . .*« [»Und all das bekräftige ich dir mit meinem Treueschwur.«]
Der junge König fühlte den Atem der Menge, sah sie aber nicht an. Seine blaßblauen, fast grauen Augen, die diesmal nicht von den langen Wimpern verhüllt wurden, blickten unverwandt auf das kleine rothaarige, rundliche Mädchen in Samt und Schleier, an das sein Gelübde gerichtet war.
Madame Philippa sah keineswegs wie eine Märchenprinzessin aus, sie war nicht einmal sehr hübsch. Sie hatte die fleischigen Züge der Hennegau, eine kurze Nase und das Gesicht voller Sommersprossen. Ihre Haltung war nicht sonderlich anmutig, aber wenigstens war Philippa einfach und versuchte nicht, sich ein majestätisches Ansehen zu geben, das ihr nicht lag. Ohne die königlichen Gewänder hätte man sie

mit irgendeinem gleichaltrigen rothaarigen Mädchen verwechseln können; ihresgleichen fand man zu Hunderten in allen nordischen Ländern. Gerade das aber steigerte die Zuneigung der Menge für sie. Vom Schicksal und von Gott war sie auserwählt, unterschied sich aber dem Wesen nach nicht von den Frauen, über die sie herrschen würde. Alle etwas rundlichen Rothaarigen fühlten sich erhoben und geehrt.
Zitternd vor Ergriffenheit senkte Philippa die Lider, als könne sie den zwingenden Blick ihres Gatten nicht ertragen. Alles, was ihr geschah, war überwältigend schön. So viele Kronen um sie her, so viele Mitren, all die Chevaliers und Damen, die sie im Schiff der Kathedrale, hinter den Kerzen, stehen sah wie Seelen aus dem Paradies, und die ganze Volksmenge ringsumher . . . Königin würde sie sein, Königin, und aus Liebe war sie erwählt worden!
Ach, wie würde sie ihn umsorgen, ihm dienen, ihn vergöttern, diesen hübschen blonden Prinzen mit den langen Wimpern und den zarten Händen, der wie durch ein Wunder vor zwanzig Monaten mit der verbannten Mutter nach Valenciennes gekommen war und Hilfe und Zuflucht gesucht hatte! Die Eltern hatten sie und den Prinzen zusammen mit den anderen Kindern in den Garten zum Spielen geschickt, und sie hatten sich ineinander verliebt. Jetzt war er König und hatte sie nicht vergessen. Mit welcher Freude weihte sie ihm ihr Leben! Sie fürchtete nur, nicht schön genug zu sein, um ihm stets zu gefallen, und nicht gebildet genug, um ihm gebührend beizustehen.
»Reicht ihm Eure rechte Hand, Madame«, sagte der Erzbischof.
Eilfertig streckte Philippa ihre kleine weiße Hand aus dem samtenen Ärmel und hielt sie ohne Zittern, weit geöffnet und mit der Handfläche nach oben, hin.
Eduard sah mit entzücktem Staunen auf diesen rosigen Stern, der sich ihm darbot.
Der Erzbischof nahm vom Teller, den ihm ein anderer Prälat darbot, den flachen, mit Rubinen verzierten Ring, den er soeben geweiht hatte, und reichte ihn dem König. Der Ring war feucht wie alles, was man in diesem Nebel berührte. Dann führte der Erzbischof sanft die Hände der Gatten zueinander.
»Im Namen des Vaters«, sprach Eduard und berührte mit dem Ring den Daumen Philippas. »Im Namen des Sohnes . . . des Heiligen Geistes . . .«, sagte er und wiederholte die gleiche Geste am Zeige- und am Mittelfinger.
Endlich ließ er den Ring auf den vierten Finger gleiten und sagte: »Amen!«
Nun war sie seine Frau.
Wie jede Mutter, die ihren Sohn verheiratet, hatte Königin Isabella

Tränen in den Augen. Sie bemühte sich, Gott anzuflehen, er möge ihrem Kind alles Glück gewähren, aber sie dachte vor allem an sich selbst und litt dabei. Die vergangenen Tage hatten es mit sich gebracht, daß sie nicht mehr die Erste im Herzen ihres Sohnes und in seinem Haus war. Wohl hatte sie nicht viel von dieser kleinen Pyramide aus Samt und Spitzen zu fürchten, die in diesem Augenblick zu ihrer Schwiegertochter wurde, weder für das Ansehen am Hof noch wenn man ihre Schönheit verglich. Hoch gewachsen, schlank und goldbraun, die prachtvollen Zöpfe zu beiden Seiten des reinen Gesichts aufgesteckt, sah Isabella mit ihren sechsunddreißig Jahren kaum wie dreißig aus. Der Spiegel, den sie am Morgen lange befragt hatte, als sie die Krone für die Zeremonie aufsetzte, hatte eine beruhigende Antwort erteilt. Und doch war sie von diesem Tag an nicht mehr einfach die Königin, sondern wurde zur Königinmutter. Wie war das alles so schnell gekommen? Wie konnten zwanzig Lebensjahre, die doch so viele Ungewitter gebracht hatten, so rasch verfließen?

Sie gedachte ihrer eigenen Hochzeit in Boulogne in Frankreich vor genau zwanzig Jahren. Damals wie heute ging der Januar zu Ende, und es herrschte der gleiche Nebel. Auch sie hatte im Glauben an das Glück geheiratet, auch sie hatte ihr Trauungsgelübde aus tiefstem Herzen gesprochen. Wußte sie damals, mit wem man sie verband, um den Interessen des Reiches zu genügen? Wußte sie, daß die Liebe und Hingabe, die sie mitbrachte, mit nichts anderem vergolten würde als mit Demütigung, Haß und Verachtung, daß sie im Bett ihres Gemahls nicht einmal einer Geliebten, sondern gierigen und schändlichen Männern weichen, daß ihre Mitgift geplündert, ihr Hab und Gut beschlagnahmt würde? Hatte sie gewußt, daß sie, um ihr bedrohtes Leben zu retten, in die Verbannung fliehen, ein Heer aufstellen, ihre Macht zurückerobern mußte, ja daß sie schließlich so weit gebracht würde, den Befehl zur Ermordung Eduards II. zu geben, der ihr den Trauring an den Finger gesteckt hatte?

Ach, die junge Philippa hatte wohl Glück, sie, die nicht nur geheiratet, sondern auch geliebt wurde!

Nur die ersten Bindungen können vollkommen rein und glücklich sein. Nichts kann sie ersetzen, sind sie verfehlt. Die zweite Liebe erreicht diese klare Vollkommenheit niemals; wäre sie auch fest wie Marmor, ist sie doch von andersfarbigen Adern durchzogen, die dem vertrockneten Blut der Vergangenheit gleichen.

Königin Isabella wandte den Blick ihrem Geliebten, Roger Mortimer, Baron von Wigmore, zu, dem Mann, der es ihr so gut wie sich selbst zu danken hatte, daß er im Namen des jungen Königs über England

herrschte. Mit gerunzelter Stirn, strenger Miene, die Arme über seinem prunkvollen Mantel gekreuzt, sah er sie im gleichen Augenblick mit einem Blick ohne Güte an.
»Er errät meine Gedanken«, sagte sie sich. »Aber wie bringt er es nur fertig, daß man sich immer schuldig fühlt, sobald man eine Sekunde lang aufhört, nur an ihn allein zu denken?«
Und da sie seinen argwöhnischen Charakter kannte, lächelte sie ihm zu, um ihn zu besänftigen. Was wollte er mehr, als er schon besaß? Sie lebte mit ihm, als wären sie Mann und Frau, obwohl sie Königin war und er eine andere Frau hatte. Sie hatte das Königreich gezwungen, ihre offene Liebschaft zu dulden. Sie hatte es bewerkstelligt, daß die ganze Macht in seinen Händen lag; er setzte seine Kreaturen an jede Stelle; alle Lehnsgüter der früheren Günstlinge Eduards II. hatte er sich schenken lassen. Der Regentschaftsrat befolgt seine Befehle und intervenierte nur, um seinen Willen zu bekräftigen. Er hatte Isabella sogar dahin gebracht, selbst die Entscheidung zu treffen, die sie zur Witwe machte. Seinetwegen nannte man sie die Wölfin von Frankreich! Konnte er verhindern, daß sie sich bei einer Hochzeit daran erinnerte, besonders da der Vollstrecker zugegen war, der kürzlich zum Seneschall von England beförderte John Maltravers, dessen langes, unheimliches Gesicht hinter der Schulter Mortimers auftauchte, wie um an das Verbrechen zu gemahnen?
Isabella war nicht die einzige, die die Gegenwart dieses Mannes verstimmte. John Maltravers war der Kerkermeister des verstorbenen Königs gewesen, und seine plötzliche Beförderung zum Seneschall verriet nur allzu deutlich, für welche Dienste man ihn dergestalt entlohnte. Alle jene, für die Eduards II. Ermordung jetzt fast eine Gewißheit war, betrachteten ihn mit Unbehagen und meinen, der Mörder des Vaters wäre der Hochzeit des Sohnes besser ferngeblieben.
Der Graf von Kent, der Bruder des Ermordeten, neigte sich zu seinem Cousin Heinrich Schiefhals und flüsterte ihm zu:
»Königsmord scheint gegenwärtig das Recht zu geben, sich in die Familie zu drängen.«
Edmund von Kent fröstelte. Er fand die Zeremonie zu lang, das Ritual von York zu verwickelt. Warum war die Hochzeit nicht in der Kapelle des Towers von London oder in irgendeinem königlichen Schloß gefeiert worden, anstatt daraus eine Art Kirchweihfest für das Volk zu machen. Die Menschenmenge verursachte ihm Unbehagen. Und noch dazu der Anblick Maltravers' . . .
Den Kopf schräg über der rechten Schulter, murmelte der Schiefhals:

»Durch die Sünde gewinnt man am leichtesten Zutritt in unser Haus. Unser Freund liefert uns dafür als erster den Beweis ... Schweigen wir, er sieht uns an.«
Mit »unser Freund« war Mortimer gemeint, und diese Worte zeigten, wie sehr sich die Gefühle geändert hatten, seit er vor achtzehn Monaten an der Spitze der Armee der Königin gelandet und als Befreier empfangen worden war.
»Schließlich und endlich ist die Hand, die gehorcht, nicht übler als der Kopf, der befiehlt«, dachte der Schiefhals. »Und Mortimer und auch Isabella sind sicher schuldiger als Maltravers. Aber wir alle haben unseren Anteil an der Schuld; wir alle haben mitgeholfen, als wir Eduard II. absetzten. Es konnte kein anderes Ende nehmen ...«
Indessen reichte der Erzbischof dem jungen König drei Goldmünzen, auf deren Vorderseite die Wappen von England und Hennegau geprägt waren, während die Rückseite einen Rosenhügel zeigte, da diese Blumen die Embleme ehelichen Glücks sind. Die Goldstücke waren *Hochzeitsdenare*, Symbole des Leibgedinges an Einkünften aus Gütern und Schlössern, das der Vermählte seiner Gattin gab. Die Schenkungen waren sorgfältig aufgeschrieben und festgelegt, was Messire Johann von Hennegau, den Onkel der Braut, etwas beruhigte, denn man schuldete ihm immer noch fünfzehntausend Livres für den Sold seiner Chevaliers während des schottischen Feldzuges.
»Kniet nieder, Madame, zu den Füßen Eures Gatten, um die Denare zu empfangen«, sagte der Erzbischof zu der Neuvermählten.
Alle Einwohner Yorks warteten auf diesen Augenblick, gespannt, ob ihr örtliches Ritual bis zum Schluß beachtet würde und ob es für eine Königin ebenso galt wie für jede ihrer Untertaninnen.
Aber niemand hatte vorausgesehen, daß Madame Philippa sich nicht nur niederknien, sondern, von Liebe und Dankbarkeit hingerissen, mit beiden Armen die Beine ihres Gatten umfassen und die Knie dessen küssen würde, der sie zur Königin machte. Die rundliche Flamin war also imstande, aus einer plötzlichen Regung ihres Herzens heraus etwas Neues zu erfinden.
Das Volk brachte ihr eine stürmische Huldigung dar.
»Ich glaube, sie werden glücklich sein«, sagte der Schiefhals zu Johann von Hennegau.
»Das Volk wird sie lieben«, sagte Isabella zu Mortimer, der neben sie getreten war.
Wie eine Wunde empfand die Königinmutter diese Huldigung, die nicht ihr galt. ›Jetzt ist Philippa die Königin‹, dachte sie. ›Meine Zeit hier geht zu Ende. Ja – aber vielleicht werde ich jetzt Frankreich haben ...‹

Denn eine Woche vorher war ein Kurier mit dem Lilienwappen bis nach York galoppiert, um ihr die Nachricht zu bringen, daß in Frankreich ihr letzter Bruder, König Karl IV., im Sterben lag.

Bemühungen um eine Krone

König Karl IV., der Schöne, war am Weihnachtstag erkrankt. Am Dreikönigsfest machten die Astrologen und Ärzte, die ihn betreuten, kein Hehl daraus, daß er verloren war. Was war die Ursache des Fiebers, das ihn verzehrte, des quälenden Hustens, der seine magere Brust erschütterte, des blutigen Auswurfs? Die Astrologen zuckten ohnmächtig die Achseln. Der Fluch, was sonst! Der Fluch, der die Nachkommen Philipps des Schönen getroffen hatte. Alle Arzneien der Welt sind nutzlos gegen einen Fluch. Hof und Volk waren gleichermaßen überzeugt, daß er allein das Übel verursache.
Ludwig der Zänker war mit 27 Jahren gestorben, von verbrecherischer Hand getötet. Niemand zweifelte daran, obwohl die Gräfin Mahaut von Artois, auf die alle Umstände hindeuteten, durch einen öffentlichen Prozeß ihre Unschuld hatte erklären lassen. Philipp der Lange war mit 29 Jahren verschieden, nachdem er in Poitou das Wasser eines von den Aussätzigen vergifteten Brunnens getrunken hatte. Karl IV. hatte bis zum dreiunddreißigsten Jahr ausgehalten – das war die Grenze. Es ist zur Genüge bekannt, daß Verfluchte über das Alter Christi nicht hinausgelangen!
»An uns ist es jetzt, mein Bruder, die Regierung des Königreiches zu übernehmen und mit fester Hand zu führen«, hatte der Graf von Beaumont, Robert von Artois, zu seinem Vetter und Schwager Philipp von Valois gesagt. »Und dieses Mal«, hatte er hinzugefügt, »werden wir uns von meiner Tante Mahaut nicht überrunden lassen. Übrigens hat sie für keinen Schwiegersohn mehr zu sorgen!«
Die beiden Männer erfreuten sich bester Gesundheit. Robert von Artois war mit einundvierzig Jahren noch immer der gleiche Koloß, der sich bücken mußte, um durch eine Tür hindurchzugehen, und der einen Stier bei den Hörnern packen und niederwerfen konnte. Ein Meister in Prozessen und Intrigen, hatte er seit zwanzig Jahren genugsam bewiesen, was er konnte: in seinem Prozeß um das Artois, im Krieg in Guyenne und bei vielen anderen Gelegenheiten. Wenn der Skandal im Turm von Nesle aufgeflogen war, so war das sein Werk. Wenn erst Lord Mortimer und dann Königin Isabella in Frankreich Zuflucht finden konnten, wenn sie, zum Liebespaar geworden, im Hennegau ein Heer aufgestellt, England zum Aufruhr gebracht

und Königin Eduard II. abgesetzt hatten, so war das zum Teil ihm zu danken. Und daß ihm das Blut der Margarete von Burgund an den Händen klebte, hinderte ihn nicht an den Tafelfreuden. Im Rat des schwachen Karl IV. hörte man seine Stimme in den letzten Jahren häufiger als die des Souveräns.
Philipp von Valois, um sechs Jahre jünger, besaß nicht so viele blendende Gaben. Aber hochgewachsen und kräftig, mit breiter Brust und edler Haltung, konnte er fast als Riese gelten, wenn Robert nicht neben ihm stand, und seine schöne ritterliche Erscheinung nahm zu seinen Gunsten ein. Vor allem kam ihm das Andenken an seinen Vater zugute, den berühmten Karl von Valois, der der wildeste, abenteuerlustigste Fürst seiner Zeit gewesen war, ewig auf der Jagd nach Schattenthronen und nicht zustande kommenden Kreuzzügen, aber ein großer Krieger, dem sein Sohn Philipp in Verschwendung und Prunkentfaltung nacheifern wollte.
Wenn auch Philipp von Valois bis zum heutigen Tag Europa noch nicht durch seine Talente verblüfft hatte, so schenkte man ihm dennoch Vertrauen. Er glänzte bei Turnieren, die seine Leidenschaft waren; die Tapferkeit, die er dabei zeigte, war nicht zu verachten.
»Philipp« sagte Robert von Artois, »ich werde dich zum Regenten machen; das ist mein Wunsch, und dafür setze ich mich ein. Regent und vielleicht König, so Gott will . . . das heißt, wenn nicht die Königin, meine Nichte (2), die schon schwanger ist bis zu den Zähnen, in zwei Monaten einem Sohn das Leben schenkt. Armer Cousin Karl! Er wird dieses Kind nicht mehr sehen, das er sich so sehr gewünscht hat. Und auch wenn es ein Knabe ist, kannst du doch zwanzig Jahre lang Regent sein. Und in zwanzig Jahren . . .«
Er vollendete seine Worte durch eine weitausholende Geste, die auf alle nur möglichen Zwischenfälle hinwies: Säuglingssterblichkeit, Kinderkrankheiten, Jagdunfälle, das unerforschliche Walten der Vorsehung.
»Und du wirst loyal, wie ich dich kenne«, fuhr der Riese fort, »dafür sorgen, daß ich endlich meine Grafschaft Artois zurückbekomme, die mir Mahaut – die Diebin und Giftmischerin – seit dem Tode meines verehrten Großvaters, Gott habe ihn selig, ungerecht vorenthält, ebenso wie die zugehörige Pairswürde. Bedenke nur, daß ich nicht einmal Pair bin! Ist das nicht zum Lachen? Ich schäme mich für deine Schwester, die meine Gattin ist.« Philipp senkte zweimal die große fleischige Nase und schloß verständnisvoll die Augen.
»Robert, ich werde dir Gerechtigkeit widerfahren lassen, sollte ich dazu in der Lage sein. Du kannst mit meiner Unterstützung rechnen.«

Die besten Freundschaften sind jene, die auf gemeinsamen Interessen und dem Streben nach dem gleichen Ziel beruhen.
Robert von Artois, der sich vor keiner Aufgabe scheute, nahm es auf sich, nach Vincennes zu reiten, und wollte Karl dem Schönen zu verstehen geben, daß seine Tage gezählt seien und daß gewisse Verfügungen getroffen werden müßten. So war es dringlich, alle Pairs einzuberufen und ihnen Philipp von Valois als Regenten zu empfehlen. Und konnte man nicht, um ihre Wahl besser zu fördern, Philipp schon jetzt die Verwaltung des Königreiches anvertrauen, indem man ihm die Vollmachten übertrug?
»Wir müssen alle sterben, alle, bester Cousin.« So sprach Robert, der vor Gesundheit strotzte, und brachte mit seinen mächtigen Schritten das Bett des Sterbenden zum Erzittern.
Karl IV. war nicht mehr fähig, etwas abzulehnen, und fühlte sich sogar erleichtert, wenn man ihm alle Sorgen abnahm. Er dachte nur mehr daran, sein Leben festzuhalten, das ihm zwischen den Zähnen entglitt.
Philipp von Valois erhielt daher die königlichen Vollmachten und gab den Auftrag zur Einberufung der Pairs.
Sofort machte Robert von Artois sich an die Arbeit. Zuerst suchte er seinen Neffen Evreux auf, einen jungen Mann von einundzwanzig Jahren und gutem Aussehen, aber mit wenig Unternehmungsgeist. Er war mit der Tochter Margaretes von Burgund verheiratet, mit Johanna der Kleinen, wie man sie immer noch nannte, obwohl sie jetzt siebzehn Lenze zählte. Sie war von der französischen Erbfolge beim Tod Ludwigs des Zänkers ausgeschlossen worden.
Tatsächlich war das Salische Gesetz ihretwegen erlassen worden; vor allem, weil das ungehörige Verhalten ihrer Mutter an der Legitimität ihrer Geburt schwere Zweifel aufkommen ließ. Um sie zu entschädigen, und um das Haus Burgund zu besänftigen, hatte man ihr die Erbschaft von Navarra zuerkannt. Man hatte sich aber nicht sehr beeilt, dieses Versprechen zu halten, und die beiden letzten Herrscher waren weiterhin Könige von Navarra geblieben.
Hätte Philipp von Evreux nur die geringste Ähnlichkeit mit seinem Onkel Robert von Artois gehabt, wäre es für ihn eine günstige Gelegenheit gewesen, deshalb einen riesigen Prozeß anzuzetteln, das Erbfolgerecht anzufechten und im Namen seiner Gemahlin beide Kronen zu fordern.
Robert von Artois aber nutzte seinen Einfluß über Philipp weidlich aus, und es gelang ihm rasch, diesen möglichen Mitbewerber einzuwickeln.
»Lieber Neffe, du wirst, sobald mein Schwager Valois Regent ist,

Navarra bekommen, das dir gebührt. Ich mache eine Familienangelegenheit daraus, und das ist meine Bedingung dafür, daß ich Philipp unterstütze. König von Navarra wirst du werden! Diese Krone ist nicht zu verachten, und ich rate dir, sie, sobald du kannst, auf dein Haupt zu setzen, bevor sie dir jemand streitig macht. Denn, unter uns gesagt, deine Gemahlin, die kleine Johanna, wäre besser in ihrem Recht gesichert, wäre ihre Mutter nicht so leichtsinnig gewesen! Bei dem großen Andrang, der bevorsteht, mußt du dir Stützen suchen. Wir halten zu dir. Und laß dich nicht von deinem Onkel Burgund beschwatzen, er wird dich nur zu seinem eigenen Vorteil dazu verleiten, Dummheiten zu machen. Philipp als Regent – das muß dein Ziel sein!«

So verfügte Philipp von Valois durch den endgültigen Verzicht auf Navarra schon über zwei Stimmen.

Ludwig von Bourbon war vor einigen Wochen zum Herzog ernannt worden und hatte als Leibgedinge die Grafschaft Franche-Comté erhalten (3). Er war der Älteste der Familie. Im Falle allzu großer Meinungsverschiedenheiten über die Regentschaft konnte er als Enkel Ludwigs des Heiligen mehrere Stimmen auf sich vereinen. Seine Entscheidung würde auf jeden Fall im Rat der Pairs Gewicht haben. Nun war aber dieser Hinkende ein Feigling. Mit der mächtigen Partei der Valois in Wettbewerb zu treten, wäre eines mutigeren Mannes würdig gewesen. Überdies hatte sein Sohn eine Schwester Philipps von Valois geheiratet.

Robert gab Ludwig von Bourbon zu verstehen, daß man ihm, je rascher er sich anschlösse, um so eher auch weiterhin alle Nutznießungen aus Gütern und Titeln garantieren würde, die er sich durch sein geschmeidiges Rückgrat im Laufe der vorhergehenden Regierungen gesichert hatte. Dritte Stimme.

Der Herzog von Bretagne war kaum in Vannes angekommen und hatte seine Koffer noch nicht ausgepackt, als er schon Robert von Artois in seinem Palais auftauchen sah. Philipp . . . nicht wahr, er stimmte damit überein! Philipp, der so fromm und so loyal war, würde gewiß einen guten König abgeben . . . ich will sagen, einen guten Regenten. Der Herzog von Bretagne konnte nur für Philipp von Valois stimmen. Hatte er nicht die Schwester Philipps, Isabella, geheiratet, die zwar gestorben war, aber deren Andenken er doch gewiß noch in Ehren hielt? Um seinen Vorschlag zu unterstützen, hatte Robert seine Mutter Blanche mitgebracht, die ältere Schwester des Herzogs, die alt, klein und verrunzelt war und keinen Funken klaren Verstand mehr hatte. Aber sie billigte alles, was ihr Riese von einem Sohn wollte. Johann von Bretagne befaßte sich mehr mit Angelegen-

heiten seines Herzogstums als mit jenen Frankreichs. Nun gut, Philipp ... warum nicht, wenn alle Welt so eifrig schien, ihn zu wählen! Die ganze Angelegenheit wurde zu einem Feldzug der Schwäger. Man rief Guy de Châtillon, Graf von Blois, zur Hilfe, der keineswegs ein Pair war, und auch den Grafen Wilhelm von Hennegau, der nicht einmal dem Königreich angehörte, weil beide mit zwei weiteren Schwestern Philipps vermählt waren. Es begann bereits so auszusehen, als sei die große Verwandtschaft der Valois die eigentliche Königsfamilie Frankreichs.
Wilhelm von Hennegau verheiratete gerade seine Tochter mit dem jungen König von England; man sah kein Hindernis darin. Es konnte sich sogar bei Gelegenheit als günstig erweisen. Aber er hatte recht daran getan, sich bei den Hochzeitsfeierlichkeiten durch seinen Bruder Johann vertreten zu lassen, statt selbst daran teilzunehmen, denn hier in Paris würden sich die wichtigeren Ereignisse abspielen. Wünschte Wilhelm der Gute nicht seit langem, daß das Gebiet von Blaton, Erbteil der Krone Frankreichs und eingeschlossen in seinen Staat, auf ihn übertragen würde? War Philipp einmal Regent, würde man ihm Blaton fast umsonst geben, es wäre ein rein symbolischer Rückkauf.
Guy de Blois war einer der letzten Barone, dem das Recht zustand, Geld zu prägen. Trotz dieses Rechtes fehlte es ihm leider daran, und die Schulden reichten ihm bis zum Halse.
»Guy, mein lieber Verwandter, die Regentschaft wird dir dein Recht abkaufen, Münzen zu schlagen. Das soll unsere erste Sorge sein.«
In wenigen Tagen hatte Robert tüchtige Arbeit geleistet.
»Siehst du, Philipp, siehst du«, sagte er zu seinem Kandidaten, »wie sehr uns die von deinem Vater vermittelten Heiraten jetzt zu Hilfe kommen. Man sagt, viele Töchter seien eine große Sorge für die Familien; dieser weise Mann aber, Gott lasse ihn selig ruhn, hat es verstanden, sich aller deiner Schwestern gut zu bedienen.«
»Ja«, antwortete Philipp, »doch muß man endlich die Mitgiften ausfolgen. Viele sind nur zu einem Viertel bezahlt ...«
»Zuerst die Mitgift der teuren Johanna, meiner Gemahlin«, erinnerte Robert von Artois. »Aber sobald wir alle Macht über den Staatsschatz haben ...«
Schwieriger war es, den Grafen von Flandern, Ludwig von Nevers, zu gewinnen. Denn er gehörte nicht zu den Schwägern und verlangte anderes als Ländereien oder Geld. Er wollte seine Grafschaft zurückerobern, aus der ihn seine Untertanen verjagt hatten. Um ihn zufriedenzustellen, mußte man ihm versprechen, einen Krieg zu führen.

»Ludwig, mein Vetter, Ihr werdet Flandern zurückerhalten, durch Waffengewalt, das geloben wir Euch!«
Daraufhin eilte Robert, der an alles dachte, von neuem nach Vincennes, um Karl IV. zu drängen, sein Testament zu machen.
Karl IV. war nur noch der Schatten eines Königs, der die Reste seiner Lunge ausspie.
Nun dachte Karl IV., obwohl er im Sterben lag, gerade jetzt an den Plan des Kreuzzuges, den Karl von Valois ihm seinerzeit in den Kopf gesetzt hatte . . . dann hatte man auf den Kreuzzug verzichtet . . . und dann war Karl von Valois gestorben . . . Krankheit und Leiden waren vielleicht eine Strafe, weil er sein Gelübde nicht gehalten hatte. Und das rote Blut, das auf seine Bettücher floß, erinnerte ihn daran, daß er nicht das Kreuz genommen hatte, um die Orte zu befreien, an denen unser Herr Jesus Christus seine heilige Passion erlitten hatte.
Um der göttlichen Barmherzigkeit teilhaftig zu werden, wollte daher Karl IV. in diesem letzten Testament die Sorge zum Ausdruck bringen, die ihn um das Heilige Land bewegte: *»Denn meine Absicht ist es«*, ließ er schreiben, *»mich bei Lebzeiten hinzubegeben, und wenn es mir bei Lebzeiten nicht verstattet ist, mögen fünfzigtausend Livres für den nächsten allgemeinen Kreuzzug gespendet werden.«*
So viel hätte niemand von ihm verlangt und auch nicht, daß er das königliche Vermögen, das man für dringendere Angelegenheiten brauchte, mit einer solchen Hypothek belaste. Robert war wütend. Dieser Tölpel von einem Karl, bis zum Ende mußte er seinen dummen Eigensinn bewahren!
Man verlangte nichts weiter von ihm, als je dreitausend Livres dem Kanzler Jean de Cherchemont, Marschall de Trye und Messire Mille de Noyers, dem Präsidenten der Rechnungskammer, für ihre treuen, der Krone geleisteten Dienste zu vermachen . . . und weil sie durch ihre Funktionen das Recht hatten, am Rat der Pairs teilzunehmen.
»Und der Konnetabel?« murmelte der sterbende König.
Robert hatte die Achseln gezuckt. Der Konnetabel Gaucher de Châtillon war achtundsiebzig Jahre alt, stocktaub und besaß mehr Güter, als er brauchen konnte. In seinem Alter hatte man kein Verlangen mehr nach Gold! Der Konnetabel wurde gestrichen.
Hingegen half Robert nach Kräften Karl IV. bei der Aufstellung der Liste der Testamentsvollstrecker; diese galt als die Festsetzung einer Rangordnung unter den Großen des Reiches: an der Spitze Graf Philipp von Valois, dann Philipp von Evreux und schließlich er selbst, Robert von Artois, Graf von Beaumont-le-Roger.
Auch die kirchlichen Pairs durften nicht vernachlässigt werden.
Guillaume de Trye, Herzog und Erzbischof von Reims, war der Hof-

meister Philipps von Valois gewesen; nun war es Robert gelungen, seinen Bruder, den Marschall, mit dreitausend Livres, die man klingen lassen würde, in das königliche Testament hineinzubringen. Von dieser Seite drohte keine Gefahr. Der Herzog und Erzbischof von Langres war den Valois seit langer Zeit gefügig, und ebenso war ihnen Jean de Marigny, Graf und Erzbischof von Beauvais, ergeben, seitdem er seinen Bruder, den großen Enguerrand, verraten hatte, um dem Haß des verstorbenen Monseigneur Karl von Valois zu dienen.
Es blieben noch die Bischöfe von Châlons, Laon und Noyon; diese drei würden sicherlich mit Herzog Odo von Burgund gemeinsame Sache machen.
»Ach! Was den Burgunder betrifft«, rief Robert von Artois aus und hob die Arme, »so ist das deine Sache, Philipp. Ich habe keinen Einfluß auf ihn, wir sind auf Kriegsfuß. Aber schließlich hast du seine Schwester geheiratet, du mußt doch irgendwie auf ihn einwirken können.«
Odo IV. war kein Genie im Regieren. Immerhin erinnerte er sich der Lehren seiner Mutter, der alten Agnes von Frankreich, der letzten Tochter Ludwigs des Heiligen, die im vergangenen Jahr gestorben war. Diese robuste Frau hatte es während der Regentschaft Philipps des Langen zuwege gebracht, die Grafschaft Burgund dem Herzogtum Burgund anzuschließen. Odo hatte damals die Enkelin der Mahaut von Artois geheiratet, die siebenundzwanzig Jahre jünger war als er selbst, worüber er sich jetzt, da sie mannbar war, nicht beklagte.
Als erstes schnitt er die Frage der Erbfolge im Artois an, als er von Dijon ankam und sich mit Philipp von Valois zurückzog.
»Ist es klar, daß am Tage von Mahauts Hinscheiden die Grafschaft Artois auf ihre Tochter, Königinwitwe Johanna, übergeht, um dann meiner Gattin, der Herzogin, zuzufallen? Dieser Punkt ist mir besonders wichtig, mein Vetter, denn ich kenne die Ansprüche Roberts auf die Grafschaft Artois, er hat sie laut genug verkündet!«
Die großen Fürsten zeigten die gleiche argwöhnische Gier, ihre Erbschaftsrechte auf Teile des Königreiches zu verteidigen, mit der sich Schwiegertöchter von Armen um Becher und Bettlaken raufen.
»Zweimal sind Urteile ergangen, die das Artois der Gräfin Mahaut zugesprochen haben«, erwiderte Philipp von Valois. »Wenn keine neuen Tatsachen die Ansprüche Roberts unterstützen, wird die Grafschaft Artois Eurer Gemahlin zufallen, mein Bruder.«
»Seht Ihr kein Hindernis dagegen?«
»»Ich sehe keines.«
So hatte der loyale Valois, der edle Chevalier, der Turnierheld, bereits zwei einander widersprechende Zusagen gemacht.
In seiner Doppelzüngigkeit immerhin ehrlich, berichtete er Robert

von Artois über sein Gespräch mit Odo, und Robert billigte sein Vorgehen ganz und gar.

»Wichtig ist es«, sagte er, »die Stimme des Burgunders zu erhalten. Ob er sich ein Recht in den Kopf setzt, das er nicht hat, ist gleichgültig. Von neuen Tatsachen hast du ihm gesprochen? Nun, dafür werden wir sorgen, und ich werde dir keinen Anlaß geben, dein Wort zu brechen. Alles ist in bester Ordnung.«

Jetzt blieb nur noch die letzte Formalität, das Ableben des Königs, abzuwarten und zu wünschen, daß es bald erfolge, solange diese schöne Einmütigkeit der Fürsten rings um Philipp von Valois bestand.

Der letzte Sohn des Eisernen Königs gab seinen Geist am Tag vor Lichtmeß auf, und die Nachricht von dem königlichen Trauerfall verbreitete sich am nächsten Morgen in Paris, gemeinsam mit dem Geruch der heißen Krapfen.

Alles schien sich also wunschgemäß nach dem von Robert von Artois so glänzend eingefädelten Plan zu entwickeln, als am Morgen des Tages, der für den Rat der Pairs bestimmt war, ein englischer Bischof ankam, der mit verschlagener Miene und müden Augen einer kotbedeckten Sänfte entstieg, um die Rechte der Königin Isabella zu vertreten.

Ratsversammlung um einen Leichnam

Im Kopf kein Hirn, in der Brust kein Herz und auch keine Eingeweide im Bauch. Ein ausgehöhlter König. Wahrlich, es war kein großer Unterschied zwischen dem, was Karl IV. zu Lebzeiten gewesen und was jetzt, nach der Arbeit der Einbalsamierer, von ihm übriggeblieben war.

An dem einen Ende des großen pfeilergeschmückten Saales im Schlosse von Vincennes lag seine sterbliche Hülle auf einem Prunkbett, bekleidet mit einer himmelblauen Tunika, die Schultern vom Königsmantel bedeckt, das Haupt in die Krone eingefügt.

Die am anderen Ende des Saales versammelten Pairs und Barone sahen im Licht der Kerzen die Stiefel aus goldenem Stoff an den Füßen des Königs glänzen.

Karl IV. führte den Vorsitz bei seiner letzten Ratsversammlung, genannt der »Rat im Zimmer des Königs«, da er noch als Regierender galt; seine Herrschaft ging erst morgen offiziell zu Ende, in dem Augenblick, in dem sein Leib in Saint-Denis ins Grab gesenkt wurde.

Robert von Artois hatte den englischen Bischof in seine Obhut genommen, während man auf verspätete Teilnehmer wartete.

»Wie lange habt Ihr für Eure Reise gebraucht? Zwölf Tage von York? Ihr habt Euch unterwegs nicht mit Messelesen aufgehalten, Messire Bischof . . . ein wahrer Botengalopp . . . Und hat Euer junger König eine fröhliche Hochzeit gefeiert?«
»Ich denke, wohl. Ich konnte nicht daran teilnehmen, da ich schon unterwegs war«, erwiderte Bischof Orleton.
Und war Mylord Mortimer gesund? Ein guter Freund, Lord Mortimer, der oft von Monseigneur Orleton sprach, der ihm zur Flucht aus dem Tower von London verholfen hatte . . . Eine schöne Tat, zu der Robert den Bischof beglückwünschte.
»Und ich, meinerseits«, sagte er, »habe ihn in Frankreich aufgenommen und ihm die Mittel verschafft, mit ein wenig mehr Waffen zurückzukehren als er gekommen war. So haben wir jeder die Hälfte der Arbeit getan.«
Und Königin Isabella? Ach, die liebe Cousine! War sie immer noch so schön? . . .
So vertrödelte Robert die Zeit, um Orleton zu hindern, sich unter die anderen zu mischen, mit dem Grafen von Hennegau oder mit dem Grafen von Flandern zu sprechen. Er kannte Orleton vom Hörensagen und mißtraute ihm. War er nicht der Mann, dessen bewegte Laufbahn in England soviel Aufregung verursacht hatte, der Mann, den der Hof zu Westminster als Gesandten zum Heiligen Stuhl schickte, und der Verfasser des berühmten doppelsinnigen Briefes: »*Eduardum occidere nolite . . .*«, auf den sich Königin Isabella und Mortimer beriefen, um den Verdacht zu zerstreuen, sie hätten Eduard II. ermorden lassen?
Während alle französischen Prälaten zur Ratsversammlung ihre Mitren aufgesetzt hatten, trug Orleton einfach seine mit Ohrenklappen versehene hermelingefütterte Reisekappe aus violetter Seide. Robert nahm diesen Umstand mit Befriedigung zur Kenntnis: das würde die Autorität des englischen Bischofs schmälern, wenn er das Wort ergriff.
»Monseigneur von Valois wird Regent werden«, flüsterte Robert Orleton zu, als vertraue er einem Freund ein Geheimnis an.
Der Bischof gab keine Antwort.
Endlich erschien als letzte Persönlichkeit, auf die man gewartet hatte – dann war der Rat vollzählig –, Gräfin Mahaut von Artois, die einzige Frau in der Versammlung. Mahaut war gealtert; die Füße schienen das Gewicht des massiven Körpers nur mit Mühe zu tragen; sie stützte sich auf einen Stock. Ihr Gesicht unter den schneeweißen Haaren war dunkelrot. Sie richtete unbestimmte Grüße an die Umstehenden, besprengte den Toten mit Weihwasser und setzte sich dann

schwerfällig neben dem Herzog von Burgund nieder. Man hörte sie keuchen (4).
Der Erzbischof-Primas Guillaume de Trye stand auf, wandte sich zuerst zu dem königlichen Leichnam, machte langsam das Kreuzzeichen und verharrte einen Augenblick in Gedanken versunken, die Augen zum Gewölbe erhoben, als bete er um göttliche Eingebung. Das Geflüster hatte aufgehört, und alle Blicke waren auf ihn gerichtet.
»Edle Seigneurs«, sagte er, »wenn das Gesetz der natürlichen Nachfolge bei der Übertragung der königlichen Macht versagt, dann kehrt diese zu ihrer Quelle zurück, die aus der Zustimmung der Pairs erfließt. Das ist der Wille Gottes und der Heiligen Kirche, die hiezu durch die Wahl des Papstes das Beispiel gibt.«
Monseigneur de Trye sprach gut, mit der schönen Beredsamkeit des Predigers. Die einberufenen Pairs und Barone würden nun über die Zuerkennung der zeitlichen Macht im Königreich Frankreich zu entscheiden haben; zuerst über die Ausübung der Regentschaft und dann – denn die Weisheit verlangt nach Voraussicht – über die Königswahl selbst, falls die edle Königin keinem Sohn das Leben schenkte.
Der Beste unter Gleichwertigen, *primus inter pares*, sollte erwählt werden, der zugleich durch sein Blut der Krone am nächsten stand. Waren es nicht ähnliche Umstände, die seinerzeit die Pairs und Barone dazu geführt hatten, das Zepter dem weisesten und stärksten unter ihnen, dem Herzog von Frankreich und Graf von Paris, Hugo I. dem Großen, dem Gründer der ruhmreichen Dynastie, zu übertragen?
»Unser dahingeschiedener Herrscher, der heute noch unter uns weilt«, fuhr der Erzbischof fort, seine Mitra leicht gegen den Katafalk neigend, »wollte uns erleuchten, indem er in seinem Testament seinen nächsten Vetter unserer Wahl empfohlen hat, den höchst christlichen und tapferen Fürsten, würdig, uns in allen Dingen zu regieren und zu leiten, Monseigneur Philipp, Graf von Valois, Anjou und Maine.«
Der höchst christliche und tapfere Fürst, dem vor Erregung die Ohren summten, wußte nicht, welche Haltung er einnehmen sollte. Wenn er die große Nase mit bescheidener Miene senkte, so sah dies aus, als zweifelte er selbst an seinem Herrscherrecht. Richtete er sich mit überheblicher und stolzer Miene auf, so könnte dies die Pairs verstimmen. Er entschied sich dafür, regungslos zu verharren, die Züge unbewegt, den Blick auf die goldbeschuhten Füße seines entschlafenen Vetters gerichtet.
»Jeder prüfe sich in seinem Gewissen«, schloß der Erzbischof von Reims, »und gebe seinen Rat zum Wohle aller.«

Monseigneur Adam Orleton war schon aufgestanden.
»Ich habe mein Gewissen geprüft«, sagte er. »Ich bin gekommen, um für den König von England, Herzog von Guyenne, zu sprechen.«
Er hatte Erfahrung in dieser Art von Ratssitzungen, bei denen alles unterderhand vorbereitet ist, und dennoch jeder zögert, als erster zu sprechen. Er beeilte sich, diesen Vorteil zu nützen.
»Im Namen meines Herrn«, fuhr er fort, »habe ich zu erklären, daß die dem hochseligen König am nächsten verwandte Person seine Schwester, Königin Isabella, ist. Ihr muß daher die Regentschaft zukommen.«
Mit Ausnahme von Robert von Artois, der etwas Ähnliches erwartet hatte, war die ganze Versammlung einen Augenblick lang starr vor Verblüffung. Während der ganzen vorangehenden Verhandlungen hatte niemand an die Königin Isabella gedacht, niemand angenommen, daß sie auch nur den geringsten Anspruch erheben würde. Man hatte sie ganz einfach vergessen. Und nun tauchte sie auf einmal aus ihrem nordischen Nebel auf, beschworen von der Stimme eines kleinen englischen Bischofs mit einer pelzgefütterten Kappe. Hatte sie wirklich Rechte? Man warf sich fragende Blicke zu, man beriet. Ja, wenn man lediglich die Abkunft in Erwägung zog, so hatte sie offensichtlich Rechte, aber es schien heller Wahnsinn, daß sie sie geltend machen wollte.
Fünf Minuten später herrschte völlige Verwirrung. Alle redeten durcheinander, und die Stimmen wurden immer lauter, ohne Rücksicht auf den Leichnam zwischen den brennenden Kerzen.
Hatte der Herzog von Guyenne, vertreten durch seinen Abgesandten, vergessen, daß Frauen gemäß der von den Pairs in den letzten Jahren zweimal bestätigten Sitte in Frankreich nicht herrschen konnten?
»Nicht wahr, Tante?« warf Robert von Artois boshaft hin und erinnerte die Mahaut an die Zeit, in der sie wegen jenes Erbfolgegesetzes erbitterte Gegner waren, das zugunsten Philipps des Langen, des Schwiegersohns der Gräfin, erlassen worden war.
Nein, Monseigneur Orleton hatte weder das Gesetz vergessen noch daß der Herzog von Guyenne bei den Pairssitzungen, die höchst willkürlich die Erweiterung des sogenannten Salischen Gesetzes auf das königliche Erbfolgerecht beschlossen hatten, weder anwesend noch vertreten war – wohl weil man ihn absichtlich zu spät verständigt hatte – und daß er daher niemals zugestimmt habe.
Orleton verfügte nicht über die salbungsvolle Beredsamkeit von Monseigneur Guillaume de Trye; er sprach ein etwas holpriges Französisch mit altmodischen Wendungen, die zum Lächeln reizen konnten, denn das Französisch, das man am englischen Hof als offizielle

Sprache gebrauchte, stammte aus der Zeit der Eroberung. Hingegen war er äußerst geschickt in juristischen Auseinandersetzungen, und seine Antworten kamen blitzartig.
Messire Mille de Noyers, letzter Legist aus dem Rate Philipps des Schönen, auf den sich seither alle Könige gestützt hatten, mußte zu Hilfe kommen.
König Eduard II. hatte König Philipp dem Langen gehuldigt, also hatte er diesen als legitim anerkannt und damit das Erbfolgerecht stillschweigend ratifiziert.
Orleton war anderer Meinung. Keineswegs, Messire! Mit seiner Huldigung hatte der verstorbene Eduard II. bestätigt, daß das Herzogtum Guyenne ein Lehen der Krone Frankreichs sei, was niemand abzuleugnen wünsche, wenn auch die Grenzen der Lehenspflicht seit mehr als hundert Jahren nicht eigentlich festgelegt worden seien ... Das habe aber keinen Bezug auf die Gültigkeit des Brauches bei der französischen Königswahl! Und überhaupt – worum ginge der Streit, um die Regentschaft oder um die Krone?
»Um beides, um beides zusammen«, fiel der Bischof Jean de Marigny ein. »Denn wie Monseigneur de Trye richtig gesagt hat: Weisheit will Voraussicht, und wir dürfen uns nicht der Gefahr aussetzen, in zwei Monaten der gleichen Schwierigkeit gegenüberzustehen.«
Mahaut von Artois rang nach Atem. Ach, wie sie sich ärgerte, daß sie sich nicht wohl fühlte und ihr Kopfschmerz sie am klaren Denken hinderte! Mit nichts von dem, was man sagte, war sie einverstanden. Philipp von Valois war sie feindlich gesinnt, weil Valois Robert bedeutete; sie war gegen Isabella aus altem Haß, denn Isabella hatte ihre Töchter denunziert. Mahaut mischte sich etwas zu spät ein.
»Wenn eine Frau die Krone tragen könnte, Messire Bischof, so wäre es nur Madame Johanna die Kleine, und die Regentschaft hätte von ihrem Gatten, Messire von Evreux, ausgeübt zu werden, oder von ihrem Onkel, dem Herzog Odo, der an meiner Seite sitzt.«
Der Herzog von Burgund, der Graf von Flandern, die Bischöfe von Laon und Noyon schienen zu schwanken, und auch der junge Graf von Evreux träumte einen Augenblick: »Warum nicht ich?«
Es war, als schwebte die Krone zwischen Gewölbe und Boden, ungewiß, wohin sie sich senken sollte, und als böten sich ihr mehrere Köpfe dar.
Philipp von Valois hatte seine vornehme Unbeweglichkeit schon lange aufgegeben und machte seinem Vetter Zeichen. Dieser hatte sich erhoben.
»Zur Sache!« rief er mit dröhnender Stimme, die die Flammen um den Katafalk zum Erzittern brachte. »Ich sehe, daß sich heute jeder

selbst untreu wird. Ich sehe, wie meine vielgeliebte Tante, die Dame Mahaut, bereit ist, Madame von Navarra« (er betonte das Wort Navarra und sah dabei Philipp von Evreux an, um ihn an ihr Abkommen zu erinnern) »Rechte zuzugestehen, die sie ihr seinerzeit versagte. Ich sehe den edlen Bischof von England sich auf die Taten eines Königs berufen, an dessen Absetzung er sich beteiligte, bevor er seine Heimkehr zu Gott segnete. Was soll's, Messire Orleton! Man kann ein Gesetz nicht jedesmal, wenn es angewendet wird, zugunsten verschiedener Parteien ändern. Einmal dient es der einen, einmal der anderen. Wir lieben und verehren Madame Isabella, unsere Verwandte, der viele von uns Anwesenden Hilfe und Dienste geleistet haben. Aber ihr Ansuchen, das Ihr gut verfochten habt, erscheint unannehmbar. Ist dies nicht Eure Ansicht, Messeigneurs?« schloß er und rief seine zahlreichen Anhänger als Zeugen auf.
Viele stimmten ihm zu; am wärmsten der Herzog von Bourbon, der Graf von Blois, die bischöflichen Pairs von Reims und Beauvais.
Aber Orleton hatte noch nicht alle seine Pfeile verschossen. Zugegeben, daß es sich nicht nur um die Regentschaft, sondern möglicherweise um die Krone selbst handle. Zugegeben, daß – um gegen ein einmal angewandtes Gesetz nicht zu verstoßen – Frauen in Frankreich nicht regieren können. Dann erhebt er seinen Anspruch nicht im Namen der Königin Isabella, sondern im Namen König Eduards III., des einzigen männlichen Nachkommen in direkter Linie.
»Aber wenn eine Frau nicht regieren kann, dann kann sie noch weniger die Krone übertragen!« meinte Philipp von Valois gereizt.
»Und warum nicht, Monseigneur? Werden denn die Könige von Frankreich nicht von Frauen geboren?«
Diese schlagfertige Antwort brachte ein Lächeln auf einige Gesichter. Der große Philipp war festgenagelt. Schließlich hatte der kleine englische Bischof nicht unrecht! Das unklare Gewohnheitsrecht, auf das man sich bei der Erbfolge Ludwigs X. berufen hatte, schwieg sich hierüber aus. Und war es nicht logisch, da doch drei Brüder hintereinander regiert und keine männliche Nachkommenschaft hinterlassen hatten, daß die Macht eher auf den Sohn der überlebenden Schwester als auf einen Vetter überging?
Der Graf von Hennegau, der bisher ganz dem Haus Valois ergeben war, sah plötzlich für seine Tochter eine unerwartete Zukunft.
Der alte Konnetabel Gaucher, dessen Lider faltig wie die einer Schildkröte waren, fragte seinen Schwager Mille de Noyers, die Hand als Hörrohr gebrauchend: »Was ist los? Was sagt man?«
Der allzu verwickelte Gang der Auseinandersetzung machte ihn nervös. Über die Frage der weiblichen Erbfolge hatte er seit zwölf Jahren

seine unabänderliche Meinung. Das Gesetz zugunsten der männlichen Erben hatte ja er proklamiert, indem er die Pairs durch seine berühmte Formel gewann: »Frankreich ist ein zu edles Land, um ein Kunkellehen oder dem Weibervolk anvertraut zu werden. Die Lilien spinnen nicht!«
Orleton sprach weiter, versuchte, seine Worte ergreifend zu gestalten. Er forderte die Pairs auf, eine Gelegenheit wahrzunehmen, die vielleicht in Jahrhunderten nicht wiederkehren würde: die beiden Reiche unter einem Zepter zu vereinen. Denn das war sein Grundgedanke. Zu Ende wären die endlosen Streitigkeiten, die unklaren Huldigungen, die aquitanischen Kriege, an denen beide Nationen litten; gelöst das Problem der Handelsrivalität in Flandern. Ein einziges Volk auf beiden Seiten des Meeres. War der englische Adel nicht durchweg französischer Abstammung? War die französische Sprache nicht beiden Höfen gemeinsam? Hatten nicht viele französische Edelleute durch Erbschaft Güter in England, ebenso wie die englischen Barone Besitztümer in Frankreich?
»Nun also, gebt uns England, wir weisen es nicht zurück«, spottete Philipp von Valois.
Der Konnetabel Gaucher lauschte den Erklärungen, die ihm sein Schwager ins Ohr flüsterte, und plötzlich färbte sein Gesicht sich dunkelrot. Wie, der König von England erhob Anspruch auf die Regentschaft und schließlich auf die Krone? Sollten alle Kriege, die er, Gaucher, unter der brennenden Sonne der Gascogne geführt hatte, all die Ritte in dem Schlamm des Nordens gegen die üblen flämischen Tuchhändler, die stets von England unterstützt wurden, der Tod so vieler edler Chevaliers und all die Ausgaben des Staatsschatzes zu nichts anderem führen? Man machte sich wohl lustig.
Ohne aufzustehen, aber mit der rauhen Stimme eines alten Mannes, der vor Zorn heiser ist, schrie er:
»Niemals wird Frankreich dem Engländer gehören, und das ist keine Frage von Mann oder Weib, oder ob die Krone durch den Bauch übertragen wird! Aber Frankreich wird nicht dem Engländer gehören, weil die Barone es nicht dulden werden! Vorwärts Bretagne, Blois, Nevers! Vorwärts Burgund! Könnt Ihr so etwas anhören? Wir begraben einen König, den sechsten, den ich sterben gesehen habe, und sie alle haben den Heerbann gegen England aufrufen müssen oder gegen jene, die England unterstützt. Wer in Frankreich befehlen soll, der muß aus französischem Blute sein. Genug dieser Albernheiten, die mein Pferd zum Wiehern bringen würden!«
Er hatte Bretagne, Blois und Burgund gerufen wie in der Schlacht, wenn er die Bannerherren um sich scharen wollte.

»Ich stimme mit dem Recht des Ältesten dafür, daß der Graf von Valois, der dem Thron am nächsten steht, Regent, Hüter und Beherrscher des Reiches werde.«
Und er hob die Hand, um seinen Antrag zu unterstützen.
»Wohl gesprochen!« beeilte sich Robert von Artois zuzustimmen, hob seine mächtige Pranke und forderte Philipps Anhänger mit den Blicken auf, sich ihm anzuschließen.
Beinahe bereute er jetzt, daß er den alten Konnetabel aus dem königlichen Testament hatte streichen lassen.
»Wohl gesprochen!« bekräftigten die Herzöge von Bourbon und von Bretagne, der Graf von Blois, der Graf von Flandern, der Graf von Evreux, die Bischöfe, die hohen Würdenträger, der Graf von Hennegau.
Mahaut von Artois sah fragend zum Herzog von Burgund hinüber und merkte, daß er im Begriff war, die Hand zu heben. Eilig hob sie die ihre, um nicht die letzte zu sein. Aber der Blick, den sie Odo zuwarf, bedeutete: »Ich schließe mich Eurer Wahl an. Aber Ihr werdet mich unterstützen, nicht wahr?«
Einzig Orletons Hand blieb gesenkt.
Philipp von Valois, der sich plötzlich erschöpft fühlte, dachte im stillen: »Es ist gelungen, es ist gelungen.« Er hörte die Stimme von Erzbischof Guillaume de Trye, seinem ehemaligen Erzieher.
»Lang lebe der Regent des Königreichs Frankreich zum Wohle des Volkes und der Heiligen Kirche.«
Der Kanzler Jean de Cherchemont hatte ein Dokument vorbereitet, das die Ratsversammlung abschließen und ihre Entscheidung festhalten sollte; nur der Name war noch einzutragen. In großen Lettern schrieb der Kanzler: »den höchst mächtigen, höchst edlen und höchst ehrfurchtgebietenden Seigneur Philipp, Grafen von Valois«, und verlas dann den Akt, durch den nicht nur die Regentschaft verliehen, sondern auch erklärt wurde, daß der Regent König von Frankreich würde, falls das zu erwartende Kind eine Tochter sei.
Alle Anwesenden setzten ihre Unterschrift und ihr Privatsiegel unter das Dokument, außer dem Herzog von Guyenne, das heißt seinem Stellvertreter Monseigneur Adam Orleton, der sich mit den Worten weigerte: »Man verliert nie etwas, wenn man sein Recht verteidigt, selbst wenn man weiß, daß es nicht siegen wird. Die Zukunft hat viel Raum und liegt in Gottes Hand.«
Philipp von Valois hatte sich dem Katafalk genähert und betrachtete den Leichnam seines Vetters, die Krone über der wächsernen Stirne, das lange goldene Zepter, das neben dem Mantel lag, die glänzenden Stiefel.

Man glaubte, er bete, und fand diese Geste sehr anerkennenswert. Robert von Artois stellte sich neben ihn und murmelte:
»Wenn dein Vater dich in diesem Augenblick sieht, wird er triumphieren, der Gute ... Zwei Monate müssen wir noch warten.«

Der gefundene König

Die Fürsten jener Zeit mußten einen Zwerg haben. Für arme Leute war es beinahe ein Glück, eine Mißgeburt dieser Art in die Welt zu setzen. Sie konnten sicher sein, irgendein großer Seigneur würde den Krüppel kaufen, wenn nicht gar der König selbst.
Denn der Zwerg, das stand außer Zweifel, war ein Geschöpf zwischen Mensch und Haustier. Ein Tier, denn man konnte ihm ein Halsband umlegen, ihm wie einem dressierten Hund lächerliche Vermummungen anziehen und ihm einen Tritt in den Hintern geben; ein Mensch, denn er konnte sprechen und spielte seine entwürdigende Rolle freiwillig für Geld und Verpflegung. Auf Befehl mußte er seine Possen reißen, herumspringen, weinen oder lallen wie ein Kind, selbst dann noch, wenn seine Haare weiß wurden. Seine Kleinheit unterstrich die Größe seines Herrn. Er wurde vererbt wie ein Stück Eigentum. Er war das Symbol des »Untertanen«, des Individuums, das andern von Natur aus unterworfen ist und anscheinend eigens als Beweis dafür erschaffen, daß es bei der menschlichen Spezies verschiedene Gattungen gibt und einige von ihnen die absolute Macht über die anderen besitzen.
Die Erniedrigung brachte Vorteile, denn der Kleinste, der Schwächste, der am meisten Verunstaltete bekam das beste Essen und die besten Kleider. Auch war es diesem Stiefkind der Natur nicht nur erlaubt, sondern sogar befohlen, den Herren der höherstehenden Gattung Dinge zu sagen, die sie sich von keinem anderen hätten gefallen lassen. Jeder Mensch, auch der ergebenste Diener, denkt spöttisch und sogar beleidigend von demjenigen, der ihm befiehlt. Diese Gefühle fanden in den traditionellen und oft höchst derben Vertraulichkeiten des Zwerges sozusagen durch Übertragung ihr Ventil.
Es gibt zwei Arten von Zwergen; die mit der langen Nase, dem traurigen Gesicht und dem doppelten Höcker und die mit dem dicken Gesicht, der kurzen Nase, dem gewaltigen Oberkörper und den winzigen verkrüppelten Gliedmaßen. Jean le Fol, der Zwerg Philipps von Valois, gehörte zur zweiten Art. Sein Kopf reichte gerade nur bis zur Tischplatte. Er trug Schellen an seiner Kappe und seidene Gewänder, bestickt mit allerlei kleinen fremdartigen Tieren.

Eines Tages kam er zu Philipp und sagte tanzend und kichernd: »Weißt du, Sire, wie das Volk dich nennt? Sie heißen dich ›den gefundenen König‹.«
Denn am Karfreitag, dem 1. April 1328, hatte Madame Johanna von Evreux, die Witwe Karls IV., entbunden. Selten in der Geschichte wurde das Geschlecht eines Kindes beim Verlassen des mütterlichen Schoßes mit größerer Aufmerksamkeit untersucht. Und als man sah, daß eine Tochter zur Welt kam, erkannte jeder deutlich den Ausdruck des göttlichen Willens und fühlte sich sehr erleichtert.
Die Barone brauchten ihre Wahl von Mariä Lichtmeß nicht zu ändern. In einer sofort einberufenen Versammlung bestätigten sie Philipp die Verleihung der Krone, nur der Gesandte Englands stimmte prinzipiell dagegen.
Das Volk atmete auf. Der Fluch des Großmeisters Jacques de Molay schien erschöpft. Das Geschlecht der Kapetinger, das Frankreich in dreihunderteinundvierzig Jahren vierzehn Könige in ununterbrochener Folge geschenkt hatte – wenn auch die letzten vier in weniger als fünfzehn Jahren hinweggefegt worden waren –, war jedenfalls in seiner älteren Linie erloschen. Das Fehlen männlicher Nachkommenschaft wird in allen Familien, den reichsten wie den ärmsten, wenn schon nicht als Unglück, so doch stets als Minderwertigkeit betrachtet. Die Unfähigkeit der Söhne Philipps des Schönen, männliche Nachfolger zu zeugen, sah man für ein königliches Haus als göttliche Strafe an. Man würde das Königshaus wechseln.
Die Völker werden oft von plötzlichen Fieberschauern geschüttelt, und man muß den Grund hierfür wohl in einer geänderten Stellung der Gestirne suchen, so sehr versagen alle anderen Erklärungen: von Wellen grausamer Hysterie wie dem Kinderkreuzzug oder dem Massaker der Aussätzigen, von Wellen eines Freudentaumels wie bei der Thronbesteigung Philipps von Valois.
Der neue König war von schöner Gestalt und besaß die für einen Gründer von Dynastien notwendige muskulöse Majestät. Sein erstes Kind war ein schon neunjähriger Sohn von kräftigem Aussehen: Er besaß auch eine Tochter, und man wußte (bei Hofe macht man kein Geheimnis aus solchen Dingen), daß er seine große hinkende Gemahlin fast jede Nacht mit einem Feuer beehrte, das die Jahre nicht dämpften.
Er war mit einer starken, wohlklingenden Stimme begabt und weder ein Schwätzer wie seine Vettern Ludwig der Zänker und Karl IV. noch ein Schweiger wie Philipp der Schöne oder Philipp V. Wer konnte sich mit ihm vergleichen, wen hätte man ihm gegenüberstellen können? Wer dachte daran, in dem Freudentaumel, der Frankreich ergriff, auf

die Stimmen einiger Doktoren der Rechte zu hören, die, von England bezahlt, ohne Überzeugung Einwände vorbrachten?
Philipp VI. bestieg den Thron mit allgemeiner Zustimmung.
Und trotzdem war er nur ein Glückskönig, ein Königsneffe, ein Königsvetter wie so viele andere; einer, den das Schicksal über seine Verwandten erhob; nicht von Königen abstammend und nicht geboren, um König zu sein, nicht ein König von Gottes Gnaden, nicht als König empfangen, nein, ein »gefundener« König, gefunden, als gerade einer gebraucht wurde.
Das Volk von der Straße hatte den Namen aufgebracht, und er tat dem Vertrauen und der Freude keinen Abbruch; er bedeutete weiter nichts als den Ausdruck einer Ironie, mit der die Menge ihre Zuneigung zu verbrämen liebt und wodurch sie die Illusion gewinnt, mit der Macht auf vertrautem Fuß zu stehen. Als Jean le Fol diesen Ausspruch in Philipps Gegenwart wiederholte, empfing er einen Fußtritt, der ihn über die Fliesen rollen ließ; dennoch hatte er eben das Schlüsselwort eines Schicksals ausgesprochen.
Denn Philipp von Valois wollte wie jeder Emporkömmling beweisen, daß er persönlich der ihm zugefallenen Stellung durchaus würdig war, und übertrieb in seinem Tun und Lassen die Vorstellung, die man sich von einem König macht.
Da der König die höchste Gerichtsbarkeit ausübt, ließ er nach drei Wochen Pierre Rémy, den Schatzmeister der früheren Regierung, hängen, der im Ruf stand, mit der Staatskasse viele Geschäfte gemacht zu haben. Ein Finanzminister am Galgen erfreut das Volk immer; Frankreich glaubte einen gerechten König zu haben.
Es ist Amt und Pflicht des Königs, den Glauben zu verteidigen. Philipp erließ ein Edikt, das Gotteslästerer der Folter überantwortete und die Macht der Inquisition stärkte. Und der hohe und der niedere Klerus, die kleinen Adeligen und die Betschwestern in den Pfarreien fühlten sich beruhigt; sie hatten einen frommen König.
Ein Herrscher ist es sich schuldig, geleistete Dienste zu belohnen. Und wie viele Dienste waren notwendig gewesen, um Philipps Wahl zu sichern! Ein König muß aber gleichzeitig darauf achten, sich diejenigen nicht zu Feinden zu machen, die unter seinen Vorgängern getreue Diener des öffentlichen Wohles waren. Daher beließ man fast alle früheren Würdenträger und königlichen Beamten auf ihren Posten und schuf neue Ämter oder verdoppelte auch die bestehenden, um die Stützen der neuen Regierung unterzubringen und um allen von den hochgestellten Wählern eingebrachten Empfehlungen nachzukommen. Da weiter das Haus Valois schon einen königlichen Hofstaat besaß, wurde dieser dem Gefolge der früheren Dynastie zugesellt, und

es entstand ein großes Gerenne um Stellen und die reichlich gewährten Vergünstigungen. Sie hatten einen freigebigen König.
Ein König ist es sich außerdem schuldig, für den Wohlstand seiner Untertanen zu sorgen. Philipp VI. beeilte sich, die Steuern zu senken und in gewissen Fällen sogar aufzuheben, mit denen Philipp IV. und Philipp V. den Handel, die öffentlichen Märkte und die ausländischen Unternehmungen belegt hatten, Steuern, die, wie es hieß, Märkte und Handel hemmten.
Oh, der gute König, der endlich Schluß machte mit der Niedertracht der Steuereinnehmer! Die Lombarden, die seinem Vater so viel geborgt hatten und bei denen er selbst noch so schwer verschuldet war, segneten ihn. Keiner dachte daran, daß die Finanzgebarung der früheren Regierung auf lange Sicht Früchte trug. Wenn Frankreich reich war, wenn man dort besser lebte als sonst irgendwo in der Welt, wenn man gutes Tuch und oft auch Pelzwerk für die Kleidung verwendete, wenn es Bäder und Schwitzstuben sogar bis in die kleinsten Weiler gab, so verdankte man es den letzten beiden Philipp, die die Ordnung im Königreich, die Einheit der Währung und die ungestörte Arbeit zu sichern gewußt hatten.
Ein König . . . Ein König muß schließlich auch weise sein, der Weiseste unter seinem Volk. Philipp begann einen salbungsvollen Ton anzuschlagen, um mit seiner schönen Stimme gewichtige Grundsätze zu verkünden, in denen man ein wenig die Art seines früheren Lehrers, des Erzbischofs Guillaume de Trye, erkannte.
»Wir, die Wir immer Vernunft bewahren wollen . . .«, pflegte er jedesmal zu sagen, wenn er nicht wußte, wie er sich verhalten sollte.
Und wenn er auf den Holzweg geraten war, was häufig geschah, und sich gezwungen sah, zu verbieten, was er gestern befohlen hatte, erklärte er mit dem gleichen Hochmut: »Der Vernünftige weiß seine Pläne zu ändern.« Oder auch: »Auf jeden Fall ist es besser, zu überraschen, als sich überraschen zu lassen.« Und das verkündete hochtrabend der König, der in den zweiundzwanzig Jahren seiner Regierung nicht aufhörte, von einer verhängnisvollen Überraschung in die andere zu fallen!
Noch nie zuvor hatte ein Monarch so von oben herab so viele Banalitäten verzapft. Man glaubte, er überlege; in Wirklichkeit dachte er bloß, wie er den Satz formulieren konnte, um sich den Anschein des Nachdenkens zu geben; aber sein Kopf war hohl wie eine Nuß aus einer schlechten Ernte.
Ein König, vergessen wir es nicht, ein wirklicher König muß mutig sein und ritterlich und prunkliebend. Tatsächlich aber hatte Philipp

nur Geschick für den Umgang mit Waffen. Nicht für den Krieg, wohl aber für Waffenspiele, Lanzenstechen, Turniere. Als Instruktor junger Ritter hätte er am Hof eines kleinen Barons Wunder verrichtet. Während seiner Regierungszeit glich seine Residenz einem Schloß aus den Erzählungen von König Artus' Tafelrunde, die zu jener Zeit viel gelesen wurden und an denen sich seine Einbildungskraft entzündet hatte. Es gab nichts als Turniere, Feste, Gelage, Jagden, Lustbarkeiten und noch einmal Turniere, auf denen die Helme von Federn strotzten und die Pferde geschmückter waren als die Frauen.
Eine Stunde am Tag beschäftigte sich Philipp sehr ernsthaft mit seinem Königreich, entweder nach einem Lanzenstechen, von dem er schweißtriefend zurückkehrte, oder nach einem Gelage, das er mit schwerem Wanst und benebeltem Hirn verließ. Sein Kanzler, sein Schatzmeister, seine unzähligen Beamten faßten die Entschlüsse für ihn, oder sie gingen zu Robert von Artois, um sich Befehle zu holen. Tatsächlich kommandierte dieser mehr als der König.
Nie tauchte eine Schwierigkeit auf, ohne daß Philipp Robert zu Rate zog, und man gehorchte dem Grafen von Artois im Vertrauen darauf, daß jedes seiner Dekrete vom König gutgeheißen werden würde.
So schritt man zur Krönung, und Erzbischof Guillaume de Trye setzte Ende Mai die Krone auf das Haupt seines einstigen Schülers. Die Feierlichkeiten dauerten fünf Tage.
Es schien, als sei das ganze Königreich nach Reims gekommen. Und nicht nur das Königreich, sondern auch ein Teil Europas, mit dem prächtigen König Johann von Böhmen, der nie bei Kasse war, dem Grafen Wilhelm von Hennegau, dem Marquis von Namur und dem Herzog von Lothringen. Fünf Tage Belustigungen und Schlemmereien, eine Verschwendung, ein Aufwand, wie ihn die Bürger von Reims noch nie gesehen hatten; sie, die für die Festlichkeiten aufzukommen hatten, waren bei den letzten Krönungen wegen der Höhe der Kosten empört gewesen, nun zahlten sie freudigen Herzens das Doppelte, ja das Dreifache. Seit hundert Jahren hatte man im Königreich Frankreich nicht so viel getrunken; in den Höfen und auf den Plätzen schenkten Berittene aus.
Am Vorabend der Krönung schlug der König Ludwig von Nevers, den Grafen von Flandern, mit dem größtmöglichen Pomp zum Ritter. Es war nämlich beschlossen worden, daß der Graf von Flandern das Schwert Karls des Großen bei der Krönung tragen und es dem König überreichen sollte. Der Konnetabel, dem nach der Tradition dieses Amt zufiel, hatte seltsamerweise zugestimmt, ihm seinen Platz zu überlassen. Der Graf von Flandern mußte nur zum Ritter geschlagen werden. Philipp konnte ihm auf keine glänzendere Weise seine Dank-

barkeit für die Unterstützung bezeigen, die der Graf ihm geleistet hatte.

Als nun am nächsten Morgen während der Zeremonie in der Kathedrale Ludwig von Bourbon, Großkämmerer von Frankreich, dem König die mit Lilien bestickten Schuhe angezogen hatte und den Grafen von Flandern rief, er solle das Schwert bringen, rührte sich dieser nicht.

Ludwig von Bourbon wiederholte:

»Monseigneur Graf von Flandern!«

Unbeweglich mit verschränkten Armen blieb Ludwig von Nevers stehen.

»Monseigneur Graf von Flandern«, verkündete der Herzog von Bourbon, »falls Ihr hier anwesend seid oder ein anderer in Eurer Vertretung, kommt und tut Eure Pflicht. Ihr seid aufgefordert, zu erscheinen, soll man Euch nicht der Säumnis zeihen.«

Unter den hohen Wölbungen wurde es totenstill, und ängstliches Staunen malte sich auf den Zügen der Prälaten, Barone und Würdenträger. Nur der König blieb unbewegt, und Robert von Artois schnüffelte mit erhobener Nase, als interessiere er sich für das Spiel der Sonnenstrahlen auf den Glasfenstern.

Endlich entschloß sich der Graf von Flandern, näher zu treten. Er blieb vor dem König stehen, verneigte sich und sagte:

»Sire, wenn man Ludwig von Nevers aufgerufen hätte, wäre ich früher vor Euch erschienen.«

»Aber wieso, Monseigneur«, antwortete Philipp VI. »Seid Ihr nicht Graf von Flandern?«

»Sire, ich trage den Namen, doch erwächst mir kein Nutzen daraus.«

Da nahm Philipp VI. mit gewölbter Brust und in die Ferne gerichtetem Blick seine beste königliche Haltung ein, wandte seine große Nase dem Sprecher zu und fragte langsam und ruhig:

»Mein Cousin, was sagt Ihr mir da?«

»Sire«, fuhr Ludwig von Nevers fort, »die Bürger von Brügge, Ypern, Poperinghe und Cassel haben mich aus meinem Lehen vertrieben und betrachten mich weder als ihren Grafen noch als ihren Herrn mehr; kaum kann ich mich verstohlen nach Gent begeben, so sehr ist das Land in Aufruhr.«

Da schlug Philipp von Valois mit seiner breiten Hand auf die Seitenlehne des Thrones, eine Geste, die er oft an Philipp dem Schönen beobachtet hatte und die er unbewußt nachahmte, denn sein Onkel war die wirkliche Verkörperung der Majestät gewesen.

»Ludwig, mein edler Cousin«, erklärte er, und seine starke Stimme hallte über den Chor hinaus und rollte über die Anwesenden hin,

»Wir betrachten Euch als Grafen von Flandern, und bei dem heiligen Salböl und bei den Sakramenten, die Wir heute empfangen, versprechen Wir Euch, Wir werden weder Frieden noch Ruhe suchen, bevor Wir Euch nicht wieder in den Besitz Eurer Grafschaft gesetzt haben.«
Da kniete Ludwig von Nevers nieder und sagte:
»Sire, großen Dank.«
Und die Zeremonie nahm ihren Fortgang.
Robert von Artois zwinkerte seinen Nachbarn zu, und da verstand man, daß dieser große Auftritt abgekartet und wohlvorbereitet gewesen war. Philipp VI. hielt die Versprechungen, die Robert gegeben hatte, um seine Wahl zu sichern. Trug Philipp von Evreux nicht bereits die Krone der Könige von Navarra?
Sofort nach der Zeremonie versammelte der König die Pairs und die großen Barone, die Prinzen seiner Familie, die auswärtigen Seigneurs, die gekommen waren, seiner Krönung beizuwohnen. Und als ob die Sache keine einzige Stunde Aufschub vertrüge, beriet er mit ihnen den Zeitpunkt des Angriffs gegen die Rebellen in Flandern. Es ist die Pflicht eines ritterlichen Königs, die Rechte seiner Vasallen zu verteidigen! Einige vorsichtige Gemüter fanden das Frühjahr schon recht vorgeschritten und fürchteten, man würde nicht vor der schlechten Jahreszeit bereit sein – der »Schlammfeldzug« Ludwigs des Zänkers war noch in schlechter Erinnerung –, und sie rieten, die Expedition um ein Jahr zu verschieben. Der alte Konnetabel Gaucher beschämte sie, als er mit seiner lauten Stimme rief:
»Ein mutiges Herz findet den Zeitpunkt immer recht!«
Mit seinen achtundsiebzig Jahren hatte er es einigermaßen eilig, seinen letzten Feldzug zu befehligen, und für Ausflüchte dieser Art wäre er nicht bereit gewesen, das Schwert Karls des Großen aus der Hand zu geben.
»Das wird dem Engländer, der hinter dieser Rebellion steckt, eine gute Lehre sein«, brummte er noch.
Las man in den Ritterromanen nicht von den Heldentaten jener Rekken, die mit achtzig Jahren noch fähig waren, ihren Feind aus dem Sattel zu werfen und ihm den Helm bis auf den Schädelknochen zu spalten? Würden die Barone sich minder tapfer erweisen als der alte Veteran, der es nicht erwarten konnte, mit seinem sechsten König in den Krieg zu ziehen?
Philipp von Valois erhob sich und rief:
»Wer mich liebt, folge mir!«
Darauf beschloß man, den Heerbann für Ende Juli nach Arras aufzurufen, so daß Robert wie durch Zufall Gelegenheit erhielt, die Grafschaft seiner Tante Mahaut etwas durcheinanderzubringen.

Anfang August rückten sie in Flandern ein.
Ein Bürger mit Namen Zannequin befehligte die fünfzehntausend Mann der Milizen von Furnes, Dixmuiden, Poperinghe und Cassel.
Da er zeigen wollte, daß er die Bräuche kannte, schickte er dem König von Frankreich einen Herold, um ihn nach dem Tag der Schlacht zu befragen. Aber Philipp verachtete diesen Bauernlümmel, der sich Fürstenmanieren zulegte, und ließ antworten, daß die Flamen als Leute ohne Anführer sich auf gut Glück verteidigen müßten. Dann schickte er seine beiden Marschälle, Mathieu de Trye und Robert Bertrand, genannt »der Chevalier vom grünen Löwen«, um die Umgebung von Brügge einzuäschern.
Als die Marschälle zurückkehrten, wurden sie feierlichst beglückwünscht; jeder freute sich, in der Ferne armselige Häuser brennen zu sehen. Die Ritter hatten die Waffen abgelegt, und angetan mit reichen Gewändern besuchten sie ein Zelt nach dem anderen, aßen unter seidenbestickten Baldachinen und spielten Schach mit ihren Freunden.
Das französische Heerlager glich ganz und gar der Tafelrunde König Artus' in den bebilderten Büchern, und die Barone hielten sich für lauter Lanzelots, Hectors und Galahads.
So kam es, daß der tapfere König, dem es besser taugte, andere zu überraschen als selbst überrascht zu werden, sich beim Tafeln befand, als die fünfzehntausend Flamen in sein Lager mit Standarten einbrachen, auf denen ein Hahn und die Inschrift gemalt waren:

»Kräht dieser Hahn im Sonnenschein,
Zieht der gefundene König ein.«

Bald hatten sie das halbe Lager verwüstet. Sie zerschnitten die Zeltschnüre, warfen Schachbretter und Festtafeln um und töteten eine große Menge von Seigneurs. Die französischen Fußtruppen ergriffen die Flucht. Der Schrecken ließ sie nicht verschnaufen und jagte sie bis Saint-Omer, vierzig Meilen weiter hinten.
Der König hatte kaum Zeit, sich ein Panzerhemd mit dem französischen Wappen überzuwerfen, einen Helm aus weißem Leder über den Kopf zu stülpen und sich auf sein Streitroß zu schwingen, um seine Helden zu sammeln.
Jeder der beiden Gegner hatte in dieser Schlacht aus Eitelkeit einen schweren Fehler begangen. Die französischen Chevaliers hatten die flandrischen Bürger unterschätzt; aber diese hatten zeigen wollen, daß sie Kriegsleute seien, genau wie die Seigneurs, und waren in Rüstungen erschienen; nur kamen sie zu Fuß!
Der Graf von Hennegau und sein Bruder Johann, deren Chevaliers et-

was abseits lagerten und die vom schottischen Krieg her an andere Überraschungen gewöhnt waren, warfen sich als erste durch eine Schwenkung von rückwärts auf die Flamen und brachten so ihren Angriff durcheinander. Die französischen Chevaliers konnten sich nun unter Führung ihres Königs auf dieses von seiner stolzen Ausrüstung beschwerte Fußvolk stürzen, es niederwerfen, es zermalmen, es massakrieren. Die Lanzelots und Galahads begnügten sich damit, dreinzuschlagen und niederzuwerfen. Die Besiegten überließen sie ihren Kriegsknechten, die sie mit dem Dolch erledigten. Wer zu flüchten versuchte, wurde umgeritten; wer sich ergeben wollte, bekam augenblicklich ein Messer in die Kehle. Dreizehntausend Flamen blieben auf der Strecke und bildeten einen riesigen Haufen von Eisen und Leichen. Was man auch berührte, Harnisch, Gras, Mensch oder Tier, alles klebte vor Blut.

Die Schlacht von Mont-Cassel, in Verwirrung begonnen, endete mit einem totalen Sieg für Frankreich. Man sprach von nichts Geringerem als einem neuen Bouvines.

Nur war der wirkliche Sieger weder der König noch der alte Konnetabel Gaucher, wenn er auch die Namen aller seiner Banner brüllte, noch Robert von Artois, der wie eine Lawine über die Gegner hereinbrach. Die Rettung kam von Wilhelm von Hennegau. Aber Philipp VI., sein Schwager, erntete allen Ruhm.

Ein so mächtiger König wie Philipp VI. konnte keinerlei Versäumnisse von seiten seiner Vasallen mehr dulden. Man sandte daher die Aufforderung an den englischen König, den Herzog von Guyenne, schleunigst seine Huldigung zu erweisen.

Es gibt keine heilsamen Niederlagen, aber es gibt unheilvolle Siege. Wenige Tage kamen Frankreich so teuer zu stehen wie der von Cassel, denn er setzte mehrfach falsche Vorstellungen in Umlauf: vor allem den Glauben an die Unbesiegbarkeit des neuen Königs und dann an die Unbrauchbarkeit des Fußvolks im Krieg. Zwanzig Jahre später würden sich in Crécy die Folgen dieser Täuschung zeigen.

Inzwischen betrachtete jeder Bannerherr, jeder Lanzenträger bis herunter zum einfachen Stallknecht von der Höhe seines Sattels mitleidig die minderwertigen Leute, die zu Fuß daherkamen.

In diesem Herbst starb um die Oktobermitte Madame Klementia von Ungarn, die zweite Gattin Ludwigs des Zänkers, mit fünfunddreißig Jahren in ihrem Wohnsitz, dem alten Haus der Templer. Sie hinterließ so viele Schulden, daß eine Woche nach ihrem Tod ihre gesamte Habe, Ringe, Kronen, Kleinodien, Möbel, Wäsche, Goldschmiedearbeiten, ja selbst Küchengeräte, auf Verlangen der italienischen Geldverleiher, der Bardi und der Tolomei, versteigert wurde.

Ein Bein nachschleppend und den Bauch vor sich her schiebend, erschien der alte Spinello Tolomei bei der Versteigerung. Ein Auge hielt er geschlossen, das andere überwachte die Schätzungen der sechs vom König bestellten Sachverständigen der Goldschmiedekunst. Und alles, was der Königin Klementia in einem Jahr trügerischen Glücks geschenkt worden war, zerrann in alle Winde.
Vier Tage lang hörte man die vier Auktionare, Simon de Clokettes, Jean Pascon, Pierre de Besançon und Jean de Lille, ausrufen:
»Ein schöner goldener Hut (5) mit vier Stück großen Ballasrubinen, vier großen Smaragden, sechzehn kleinen Ballasen, sechzehn kleinen Smaragden und acht alexandrischen Rubinen, geschätzt auf sechshundert Livres. Verkauft an den König!«
»Ein Ring mit vier Saphiren, davon drei geschliffen, einer roh, geschätzt auf vierzig Livres. Verkauft an den König!«
»Ein Ring mit sechs orientalischen Rubinen, drei geschliffenen und drei wasserhellen Smaragden, geschätzt auf zweihundert Livres. Verkauft an den König!«
»Ein Napf aus vergoldetem Silber, fünfundzwanzig Humpen, zwei Schüsseln, eine Schale, geschätzt auf zweihundert Livres. Verkauft an Monseigneur von Artois, Graf von Beaumont!«
»Zwölf Humpen aus vergoldetem und emailliertem Silber mit dem Wappen Frankreichs und Ungarns, ein großes Salzfaß aus vergoldetem Silber, getragen von vier Pavianen, alles zusammen vierhundertfünfzehn Livres. Verkauft an Monseigneur von Artois, Graf von Beaumont!«
»Ein goldbesticktes Täschchen, mit Perlen und Edelsteinen übersät, enthaltend einen orientalischen Saphir. Geschätzt auf sechzehn Livres. Verkauft an den König!«
Die Gesellschaft der Bardi kaufte das teuerste Stück: einen Ring mit dem größten Rubin der Klementia von Ungarn, geschätzt auf tausend Livres. Sie brauchten ihn nicht zu bezahlen, da die Summe nur ihre Forderungen verringerte, und sie waren sicher, ihn an den Papst weiterverkaufen zu können, der so lange ihr Schuldner gewesen war, sich jetzt aber eines märchenhaften Reichtums erfreute.
Wie um zu zeigen, daß Humpen und anderen Trinkgefäßen nicht sein ausschließliches Interesse galt, erwarb Robert von Artois noch eine französische Bibel um dreißig Livres.
Die Meßgewänder, Tuniken, Dalmatiken kaufte der Bischof von Chartres.
Ein Goldschmied, Wilhelm der Flame, erstand um billiges Geld das goldene Besteck der verstorbenen Königin. Es enthielt eine Gabel, die erste, die in der ganzen Welt gemacht worden war.

Die Pferde in den Stallungen brachten sechshundertzweiundneunzig Livres ein. Die Karosse der Madame Klementia und die Karosse für ihre Hofdamen wurden ebenfalls versteigert.
Und als der Temple völlig ausgeräumt war, hatte man das Gefühl, ein verfluchtes Haus abzuschließen.
In diesem Jahr schien die Vergangenheit tatsächlich wie von selbst zu verlöschen, um reinen Tisch für die neue Ära zu machen. Der Bischof von Arras, Thierry d'Hirson, Kanuler der Gräfin Mahaut, verschied im November. Dreißig Jahre lang war er der Ratgeber der Gräfin, zwischendurch auch ihr Geliebter und ihr getreuer Diener bei allen ihren Intrigen gewesen. Um die Gräfin Mahaut wurde es einsam. Robert von Artois setzte sich dafür ein, einen Geistlichen der Valois-Partei, Pierre Roger, für die Diözese von Arras zu ernennen (6).
Für Mahaut schlug alles zum Unglück, für Robert alles zum Glück aus. Sein Ansehen wuchs immer mehr, und die höchsten Ehren fielen ihm zu.
Im Januar 1329 erhob Philipp VI. die Grafschaft Beaumont-le-Roger zur Pairie; Robert wurde Pair von Frankreich.
Da der König von England zögerte, seiner Vasallenpflicht nachzukommen, beschloß man, das Herzogtum Guyenne erneut zu besetzen. Aber bevor man dieser Drohung die Tat folgen ließ, schickte man Robert von Artois nach Avignon, um Papst Johannes XXII. zur Intervention zu bewegen.
Robert verbrachte am Ufer der Rhône zwei wonnige Wochen. Denn Avignon, wo das Geld der ganzen Christenheit zusammenfloß, war für jeden Liebhaber der Tafelfreuden, des Spiels und der schönen Kurtisanen ein wahres Schlaraffenland unter der Herrschaft eines achtzigjährigen asketischen Papstes, der zurückgezogen in seinem Palast lebte und sich nur mehr mit den Problemen der seligen Schau Gottes beschäftigte.
Der neue Pair von Frankreich wurde in mehreren Audienzen vom Heiligen Vater empfangen; ihm zu Ehren wurde ein Festmahl im päpstlichen Schloß gegeben, und er unterhielt sich gelehrt mit einer Reihe von Kardinälen. Aber den Neigungen seiner bewegten Jugend getreu, unterhielt er auch Beziehungen mit Leuten zweifelhafterer Art. Wo er auch war, zog Robert ganz ohne Mühe leichtfertige Dirnen, üble Burschen, flüchtige Galgenvögel in seinen Kreis. Gab es in einer Stadt nur einen einzigen Hehler, Robert hatte ihn binnen einer Viertelstunde entdeckt. Mönche, die von ihrem Orden wegen eines groben Ärgernisses ausgestoßen waren, Beamte, die man des Meineids oder der Veruntreuung beschuldigte, sie alle standen sich in seinem Vorzimmer die Füße in den Bauch, um seine Unterstützung zu

erbitten. Auf der Straße wurde er oft von übel aussehenden Leuten gegrüßt, und vergebens versuchte er sich zu erinnern, in welchem Bordell und in welcher Stadt er sie seinerzeit getroffen hatte. Die Zunft der Landstreicher brachte ihm Vertrauen entgegen, das war einmal eine Tatsache, und daß er der zweitmächtigste Mann im Königreich geworden war, änderte daran nichts.

Sein alter Bedienter, Lormet le Dolois, der für lange Reisen zu alt geworden war, begleitete ihn nicht mehr. Ein anderer Spitzbube, jünger, aber aus derselben Schule, Gillet de Nelle, leistete ihm die gleichen Dienste. Dieser Gillet war es auch, der einen gewissen Maciot L'Allemant auf Monseigneur Robert losließ, einen Waffenmeister aus Arras, der ohne Stellung, aber zu allem bereit war. Dieser Maciot hatte den Bischof Thierry d'Hirson gut gekannt.

Nun hatte der Bischof Tierry in seinen letzten Lebensjahren eine Herzensfreundin gehabt, die auch sein Bett teilte, eine gewisse Jeanne de Divion, gute zwanzig Jahre jünger als er, und diese beklagte sich jetzt recht vernehmlich über die Schwierigkeiten, die ihr die Gräfin Mahaut seit dem Tode des Bischofs verursachte. Wenn Monseigneur dieser Dame de Divion einmal Gehör schenken wolle . . .

Wieder einmal stellte Robert von Artois fest, daß man von Leuten schlechten Rufes viel lernen konnte. Wohl hätte man seine Börse besseren Händen anvertrauen können als denen von Meister Maciot, aber der Mann wußte hochinteressante Dinge. Neu ausstaffiert und auf einem wohlgenährten Pferd wurde er nach Norden geschickt.

Im März nach Paris zurückgekehrt, rieb Robert von Artois sich die Hände und verkündete, daß sich im Königreich allerlei Neues ereignen werde. Er sprach von königlichen Akten, die der Bischof Thierry seinerzeit für die Gräfin Mahaut entwendet habe. Eine Frau, die Kapuze tief ins Gesicht gezogen, trat mehrere Male über die Schwelle seines Arbeitszimmers, und er hatte lange geheime Unterredungen mit ihr. Von Woche zu Woche wurde er immer zuversichtlicher, immer vergnügter und sprach mit immer größerer Sicherheit davon, daß seine Feinde demnächst in Verwirrung geraten würden.

Auf die Ratschläge des Papstes hin sandte der englische Hof im April wieder Bischof Orleton nach Paris, um über die Form der Huldigung zu verhandeln. Sein Gefolge bestand aus zweiundsiebzig Personen, Seigneurs, Prälaten, Doktoren, Schreibern und Bedienten. Es war ein richtiger Friedensvertrag, den man sich anschickte abzuschließen.

Die Verhältnisse in England standen nicht zum besten. Lord Mortimer hatte sein Ansehen nicht erhöht, indem er sich die Pairswürde zuerkennen ließ und das Parlament zwang, unter der Bedrohung seiner Truppen zu tagen. Er hatte eine bewaffnete Revolte der um Hein-

rich von Lancaster, den Schiefhals, gescharten Barone niederwerfen müssen, und das Regieren machte ihm große Schwierigkeiten.
Anfang Mai starb der wackere Gaucher de Châtillon zu Beginn seines achtzigsten Jahres. Er war unter dem heiligen Ludwig geboren und hatte siebenundzwanzig Jahre lang das Amt des Konnetabels ausgeübt. Seine derbe Stimme hatte oft das Schlachtenlos gewendet und im königlichen Rat am lautesten geklungen.
Am 26. Mai schiffte sich der junge König Eduard III. in Dover ein, um seinem Cousin, dem König von Frankreich, die Huldigung zu erweisen, nachdem er – wie vor ihm sein Vater – sich fünftausend Livres bei den lombardischen Bankiers hatte ausborgen müssen, um seine Reisekosten zu bezahlen.
Weder seine Mutter Isabella noch Lord Mortimer begleiteten ihn, da sie zu sehr befürchteten, ihre Macht könnte während ihrer Abwesenheit in andere Hände übergehen. Ein sechzehnjähriger Herrscher, der Betreuung von zwei Bischöfen anvertraut, würde demnach dem imponierendsten Königshof der Welt die Stirne zu bieten haben.
Denn England war schwach, uneinig, und Frankreich war alles. In der ganzen christlichen Welt gab es keine mächtigere Nation. Dieses blühende Land war reich an Menschen, reich an den verschiedensten Gewerben, von seiner Landwirtschaft mit Gütern überschüttet – noch war die Verwaltung an seiner Spitze mächtig, noch war der Adel aktiv, kurz, es schien über alle Maßen beneidenswert; und der gefundene König, der es seit einem Jahr beherrschte und nur Erfolge erntete, wurde tatsächlich von allen Königen der Erde am meisten beneidet.

Der Riese vor den Spiegeln

Er wollte sich zeigen, sich aber auch selbst sehen. Seine schöne Gemahlin, die Gräfin, seine drei Söhne, Johannes, Jakob und Robert – der Älteste versprach schon mit acht Jahren sehr groß und kräftig zu werden –, sollten ihn im Glanz seiner Herrlichkeit betrachten können, ebenso die Stallknechte, die Kammerdiener und der ganze Troß, den er nach Paris mitgenommen hatte; aber er wollte sich auch mit eigenen Augen bewundern.
Zu diesem Zweck hatte er alle Spiegel verlangt, die im Gepäck seiner Eskorte zu finden waren, polierte Silberspiegel, rund wie Teller, Handspiegel, achteckige, mit Blattzinn belegte Glasspiegel in vergoldeten Silberrahmen, und alle hatte er nebeneinander auf die Tapisserie in seinem Gemach hängen lassen. (7) Der Bischof von Amiens

würde beim Anblick seines schönen Bildteppichs, der von den hineingeschlagenen Nägeln ganz durchlöchert war, eine rechte Freude haben. Was spielte das für eine Rolle! Ein Fürst von Frankreich konnte sich das erlauben. Monseigneur Robert von Artois, Seigneur von Conches und Graf von Beaumont-le-Roger, wünschte sich in dem Pairsgewand zu betrachten, das er zum erstenmal trug.

Er drehte und wendete sich, trat zwei Schritte vor, wieder zurück, aber sein Spiegelbild zeigte sich ihm nur in einzelnen Fragmenten, die wie Stücke aus einem Glasfenster aussahen: links die goldene Scheide seines langen Schwertes und etwas höher, rechts, ein Stückchen Brust mit dem seidenen Wams, auf das sein Wappen gestickt war; hier die Schulter, über der, von einer glitzernden Spange gehalten, der große Pairsmantel hing, dort, fast am Boden, die von den goldenen Sporen zurückgeschlagenen Fransen seiner langen Tunika; und ganz oben die monumentale Pairskrone mit den acht gleichen Blumenzieraten, in die er alle auf der Versteigerung der verstorbenen Klementia gekauften Rubine hatte einfügen lassen.

»Alle Wetter, jetzt bin ich würdig gekleidet«, erklärte er. »Es wäre wirklich schade gewesen, aus mir keinen Pair zu machen, denn das Gewand steht mir gut.«

Die Gräfin von Beaumont, die ebenfalls Prunkgewänder trug, schien die stolze Freude ihres Gatten nicht ganz zu teilen.

»Seid Ihr sicher, Robert«, fragte sie mit besorgter Stimme, »daß die Dame rechtzeitig eintreffen wird?«

»Aber natürlich, natürlich«, antwortete er. »Und auch wenn sie heute nicht eintrifft, werde ich trotzdem mein Ansuchen vorbringen und die Beweisstücke morgen vorlegen.«

Sein schönes Gewand hatte für Robert nur den einen Nachteil, daß er es in der Hitze eines vorzeitigen Sommers tragen mußte. Er schwitzte unter diesem goldenen Harnisch, unter dem dicken Samt und der Seide, und obwohl er am Morgen ein Dampfbad genommen hatte, begann er einen starken Raubtiergeruch zu verbreiten.

Es war ein strahlender Tag. Durch das offene Fenster drang das Geläute aller Glocken der Kathedrale und übertönte den Lärm, den das Gefolge und der Hofstaat von fünf Königen in einer Stadt verursacht.

An diesem 6. Juni 1329 waren tatsächlich fünf Könige in Amiens anwesend. Kein Kanzler konnte sich eines derartigen Zusammentreffens erinnern. Um die Huldigung seines jungen Cousins aus England entgegenzunehmen, war Philipp VI. daran gelegen gewesen, seine Verwandten und Verbündeten einzuladen, die Könige von Navarra, Böhmen und Mallorca sowie den Grafen von Hennegau und den Herzog von Athen und natürlich alle Pairs, Herzöge, Grafen, Bischöfe, Barone und Marschälle.

Sechstausend Pferde auf französischer, sechshundert auf englischer Seite. Nein! Karl von Valois hätte seinen Sohn nicht verleugnet noch seinen Schwiegersohn Robert von Artois, wenn er einen solchen Aufmarsch gesehen hätte!

Der neue Konnetabel, Raoul de Brienne, hatte gleich bei seinem Amtsantritt die Aufgabe, für die Unterbringung zu sorgen. Er hatte sich seines Auftrages glänzend entledigt, aber dabei fünf Pfund abgenommen.

Der König von Frankreich wohnte mit seiner Familie im bischöflichen Palais, in dem auch ein Flügel für Robert von Artois reserviert worden war.

Der König von England war in Malmaison (8) untergebracht, die anderen Könige in den wichtigsten Abteien, und die Barone wurden auf die Bürgerhäuser verteilt. Die Dienerschaft schlief in den Korridoren, die Stallknechte kampierten mit Pferden und Troß rings um die Stadt.

Unzählige Scharen waren aus den nahen Provinzen gekommen, aus den benachbarten Grafschaften und selbst aus Paris. Ihre Nächte verbrachten die Schaulustigen unter den Haustoren.

Während die Kanzler der beiden Königreiche die letzte Hand an die Bedingungen der Huldigung legten und feststellten, daß man trotz des vielen Geredes zu keiner Klarheit gekommen war, unterhielt sich der ganze Adel des Abendlandes seit sechs Tagen mit Lanzenstechen und Turnieren, mit Schauspielen, Gauklern und Tänzen. In den Obstgärten der Schlösser wurden phantastische Gelage gehalten, die bei hellichtem Tag begannen und im Sternenschein endeten.

Aus den Gärten in der Umgebung von Amiens kamen ganze Berge von Iris, Ranunkeln, Hyazinthen und Lilien, wurden auf flachen Barken mit Stangen durch die engen Kanäle (9) geschoben, auf den Handelskais abgeladen und auf die Straßen, auf die Höfe und in die Säle gestreut, durch welche die Könige kommen mußten. Die Luft war übersättigt vom Duft all dieser zertretenen Blumen, von Blütenstaub, der an den Sohlen klebte und sich mit dem starken Geruch der Pferde und der Menge vermischte.

Und das Essen! Und die Weine! Und die Braten! Und die Mehlspeisen! Und die Gewürze! Herden von Ochsen, Schafen und Schweinen wurden zu den Schlachthäusern getrieben, die ununterbrochen arbeiteten: Ein Wagen nach dem andern brachte in die Schloßküchen Damwild, Hirsche, Wildschweine, Rehe, Hasen und alle Sorten von Seefischen, Störe, Lachse, Barsche, die Beute aus den Flüssen, lange

Hechte, Brassen, Schleien, Krebse, und alle Arten Geflügel, die feinsten Kapaune, die fettesten Gänse, Fasane mit herrlichem Gefieder, Schwäne und Reiher in schneeigem Weiß, Pfauen mit schillernden Schwanzfedern. Überall waren die Fässer angestochen.
Wer immer die Livree eines Seigneurs trug, und war es der letzte Lakai, machte sich wichtig. Die Dirnen waren außer Rand und Band. Italienische Händler waren von überallher zu diesem märchenhaften Jahrmarkt gekommen, den der König veranstaltete. Die Häuserfronten von Amiens verschwanden unter Seide, Brokaten und Teppichen, die man als Fahnen zu den Fenstern herausgehängt hatte.
Es gab zu viele Glocken, Fanfaren und Geschrei, zu viele Zelter und Hunde, zu viele Lebensmittel und Getränke, zu viele Fürsten, zu viele Diebe, zu viele Huren, zuviel Luxus und zuviel Gold, zu viele Könige! Der Kopf zersprang einem davon.
Das Königreich berauschte sich an der Betrachtung seiner Macht, so wie Robert von Artois sich an seinem Spiegelbild berauscht hatte.
Lormet, sein alter Diener, war auch in ein neues Gewand gekleidet. Aber er blieb doch mürrisch bei aller Festesfreude . . . wegen nichts und wieder nichts, weil Gillet de Nelle sich im Haus zu breit machte, weil man dauernd neue Gesichter um den Herrn herum sah . . . Er trat zu Robert und sagte halblaut:
»Die Dame ist da, die Ihr erwartet.«
Der Riese drehte sich um seine eigene Achse.
»Bring sie zu mir«, antwortete er.
Er zwinkerte der Gräfin, seiner Frau, bedeutsam zu, dann trieb er seine Leute mit großen Gesten zur Tür und rief:
»Geht alle in den Hof, formiert euch dort zum Festzug.«
Einen Augenblick blieb er allein am Fenster stehen und sah auf die Menge hinab, die sich zur Kathedrale drängte, um den Einzug zu bewundern. Ein Kordon Bogenschützen hielt sie nur mit Mühe zurück. Immer noch erdröhnten die Glocken von den Türmen; aus einer Verkaufsbude stieg plötzlich der Duft von heißen Waffeln auf. Ringsumher waren die Straßen voller Menschen; und den Wasserspiegel des Kanals von Hocquet sah man kaum, so drängte sich dort Barke an Barke.
Ein Gefühl des Triumphs überkam Robert von Artois und würde sich bald noch steigern, wenn er in der Kathedrale auf seinen Vetter Philipp zuschritt, um ihm gewisse Dinge zu sagen, die bei den versammelten Königen, Herzögen und Grafen zitternde Überraschung auslösen mußten. Und nicht alle würden so fröhlich scheiden, wie sie gekommen waren, vor allem nicht seine liebe Tante Mahaut und der burgundische Herzog.

Ja, er würde sein Pairsgewand wirksam einweihen! Mehr als zwanzig Jahre zähen Ringens sollten heute ihre Belohnung finden. Und doch . . . und doch lief durch die große, stolze Freude, die ihn erfüllte, etwas wie ein Riß, wie ein Bedauern. Woher konnte das kommen, jetzt, da alles für ihn günstig stand, da alles nach seinen Wünschen ging? Plötzlich begriff er: der Duft der Waffeln! Ein Pair von Frankreich, noch dazu, wenn er die Grafschaft seiner Väter zurückfordern will, kann nicht mit seiner achtzackigen Krone auf die Straße hinuntergehen, um eine Waffel zu essen. Ein Pair von Frankreich kann auch nicht herumstrolchen, sich unter das Volk mischen, Dirnen in den Busen kneifen und abends grölend mit vier Huren herumziehen, wie er es mit zwanzig Jahren gemacht hatte, als er noch arm war. Diese Sehnsucht beruhigte ihn.
»Na also«, dachte er, »das Blut ist noch lebendig.«
Verschüchtert blieb die Besucherin an der Tür stehen und wagte nicht, die Betrachtungen eines Seigneurs zu stören, der eine so große Krone trug.
Die Frau war ungefähr fünfunddreißig und hatte kastanienbraunes Haar, ein dreieckiges Gesicht und spitze Backenknochen. Sie hatte die Kapuze eines Reisemantels über ihre Zöpfe gezogen, und ihre volle, runde Brust hob sich beim Atmen unter dem weißleinenen Busentuch.
»Donnerwetter! Er hat zu leben verstanden, der Bischof!« dachte Robert, als er ihrer ansichtig wurde.
Sie beugte ehrerbietig ein Knie. Er streckte seine große behandschuhte, mit prächtigen Rubinen überladene Hand aus.
»Gebt her«, befahl er.
»Ich habe sie nicht, Monseigneur«, antwortete die Frau.
Roberts Gesicht verfinsterte sich.
»Was, Ihr habt sie nicht?« schrie er. »Ihr habt mir versichert, Ihr würdet sie mir heute bringen.«
»Ich komme von Schloß Hirson, Monseigneur, in das ich gestern zusammen mit Meister Maciot Eingang gefunden habe. Wir gingen zu der in die Wand gemauerten Eisentruhe, um sie mit unseren Nachschlüsseln zu öffnen.«
»Nun und?«
»Es waren andere vor uns dort gewesen. Wir fanden sie leer.«
»Prächtig, eine schöne Geschichte!« knirschte Robert, und seine Wangen verloren an Farbe. »Seit mehr als einem Monat haltet Ihr mich jetzt hin. ›Monseigneur, ich kann Euch die Dokumente verschaffen, die Euch den Besitz Eurer Grafschaft wiedergeben! Ich weiß, wo sie sind. Gebt mir ein Stück Land und Einkünfte, dann bringe ich

sie Euch nächste Woche . . .‹ Und dann vergeht die Woche und eine zweite dazu . . . ›Die Familie Hirson ist im Schloß; wenn sie da sind, kann ich mich nicht zeigen . . .‹ – ›Jetzt war ich dort, Monseigneur, aber der Schlüssel, den ich mit hatte, war nicht der rechte. Geduldet Euch . . .‹ Und jetzt, am Tag, an dem ich die beiden Papiere dem König zeigen muß . . .«
»Drei, Monseigneur: die Heiratsurkunde des Grafen Philipp, Eures Vaters, den Brief des Grafen Robert, Eures Großvaters, und den von Monseigneur Thierry . . .«
»Noch besser! Also drei! . . . Und Ihr kommt und sagt mir in aller Einfalt: ›Ich hab' sie nicht; die Truhe war leer!‹ Und Ihr meint, das soll ich Euch glauben?«
»Aber fragt doch Meister Maciot, der mich begleitete! Seht Ihr denn nicht, Monseigneur, daß mir noch größerer Schaden daraus erwächst als Euch?«
Ein argwöhnischer Ausdruck lag im Blick Roberts von Artois, als er in verändertem Tonfall fragte:
»Sag mir, Divion, willst du mir vielleicht ein Schnippchen schlagen? Versuchst du, mich noch mehr zu rupfen, oder verrätst du mich gar an Mahaut?«
»Monseigneur! Wie könnt Ihr so etwas glauben!« rief die Frau, den Tränen nahe. »Wo doch mein ganzes Unglück und mein Elend von der Gräfin Mahaut herkommen, die mir alles gestohlen hat, was mir mein lieber Seigneur Thierry in seinem Testament hinterließ! Oh, ich wünsche ihr wohl alles Böse, das Ihr der Madame Mahaut antun könnt! Denkt doch, Monseigneur: Zwölf Jahre lang war ich Thierrys Freundin, und viele Leute haben mir deswegen den Rücken gekehrt. Ein Bischof ist doch ein Mann wie jeder andere! Aber die Leute sind so schlecht . . .«
Die Divion fing wieder mit ihrer Geschichte an, die Robert schon mindestens dreimal gehört hatte. Sie sprach schnell; unter den waagerechten Brauen schien ihr Blick nach innen gewendet wie bei Leuten, die ihre eigenen Angelegenheiten unaufhörlich wiederkäuen und für nichts anderes Interesse haben als für sich selbst.
Notgedrungen konnte sie von ihrem Gatten nichts erwarten, von dem sie sich getrennt hatte, um im Haus des Bischofs Thierry zu leben. Sie gab zu, ihr Mann war recht verständnisvoll gewesen, vielleicht weil er selbst vorzeitig aufgehört hatte, ein Mann zu sein . . . Monseigneur verstand schon, was sie sagen wollte. Um sie aus Dankbarkeit für all die guten Jahre, die sie ihm geschenkt hatte, vor der Not zu schützen, hatte Bischof Thierry ihr in seinem Testament mehrere Häuser vermacht, eine Geldsumme und Einkünfte. Aber er mißtraute

Madame Mahaut, die er zur Testamentsvollstreckerin hatte ernennen müssen.
»Sie hat mich immer schon scheel angesehen, weil ich jünger war als sie und weil seinerzeit Thierry, das hat er mir selbst gesagt, seinen Weg über ihr Bett nehmen mußte. Er wußte wohl, sie würde mir übel mitspielen, wenn er nicht mehr da wäre, und alle die Hirson, die gegen mich sind, angefangen mit Beatrice, das ist die Ärgste – alle würden sie sich verschwören, um mich aus dem Haus zu jagen und mich um alles zu bringen . . .«
Robert hörte dem endlosen Geschwätz nicht mehr zu. Seine schwere Krone hatte er auf eine Truhe gestellt, und nun fuhr er sich durch seine roten Haare und dachte nach. Sein schöner Plan zerfiel in nichts, da er zur Gänze auf der Existenz der drei Papiere beruhte. »Das kleinste Beweisstück, lieber Bruder, und ich genehmige sofort die Berufung gegen die Urteile von 1309 und 1318«, hatte ihm Philipp gesagt. »Aber so gerne ich dir helfen möchte, mußt du verstehen, daß es mir andernfalls nicht möglich ist, ohne mich vor Odo von Burgund bloßzustellen, was Folgen hätte, die du dir denken kannst.« Nun handelte es sich aber um kein kleines Beweisstück, sondern um erdrückende Beweise, um die Dokumente, die Mahaut hatte verschwinden lassen, um sich die Erbschaft der Artois anzueignen, und er hatte geprahlt, er würde sie vorlegen!
»Und in wenigen Minuten«, sagte er, »muß ich wegen der Huldigung in der Kathedrale sein.«
»Welche Huldigung?« fragte die Divion.
»Die des Königs von England natürlich!«
»Ach, deshalb ist so ein Gedränge in der Stadt.«
Hatte diese Närrin, die nur damit beschäftigt war, ihre eigenen kleinen Dramen wiederzukäuen, denn keine Augen? Sie merkte nichts und fragte auch nach nichts!
Robert überlegte, ob es nicht leichtfertig gewesen war, den Reden dieser Frau Glauben zu schenken, und ob die Dokumente, die Truhe von Hesdin, das Geständnis des Bischofs nicht nur in der Einbildung existiert hatten. Und hatte sich auch Masciot l'Allemant täuschen lassen oder war er ein Mitverschwörer?
»Frau, sagt die Wahrheit! Ihr habt diese Briefe nie gesehen!«
»Aber doch, Monseigneur«, rief die Divion und preßte die Hände gegen die spitzen Backenknochen. »Es war im Schloß von Hirson, an demselben Tag, an dem Thierry krank wurde und bevor er sich in seine Residenz nach Arras bringen ließ. ›Meine Jeannette‹, sagte er mir, ›ich will dich sichern vor Madame Mahaut, wie ich mich selbst vor ihr gesichert habe. Sie glaubt, daß die versiegelten Briefe alle ver-

brannt sind, die sie aus den Archiven verschwinden ließ, um Monseigneur Robert zu berauben. Aber es waren die aus den Pariser Archiven, die vor ihren Augen ins Feuer geworfen wurden. Die in den Archiven von Artois aufbewahrten Kopien . . .‹ das sind die eigenen Worte Thierrys, Monseigneur . . . ›sind nicht vernichtet worden, wie ich ihr versicherte, sondern ich habe sie hier aufgehoben und selbst ein Schreiben hinzugefügt.‹ Und Thierry führte mich zu der Truhe, die in einer Höhlung seiner Zimmerwand versteckt war, ließ mich die mit Siegeln übersäten Blätter lesen, und ich wollte meinen Augen nicht trauen, daß so viel Schlechtigkeit möglich sei. Es waren auch achthundert Goldlivres in der Truhe. Und er hat mir den Schlüssel gegeben, im Falle ihm etwas zustieße . . .«

»Und wie Ihr das erste Mal nach Hirson gegangen seid . . .«

»Da hatte ich den Schlüssel verlegt; sicher habe ich ihn verloren. Das Unglück verfolgt mich wirklich! Wenn einmal alles schiefgeht . . .«

Konfus war sie auch noch! Es mußte wahr sein. Man stellt sich nicht selbst so dumm hin, wenn man betrügen will. Robert hätte sie mit Freuden erwürgt, wenn das etwas geholfen hätte.

»Mein Besuch muß sie aufmerksam gemacht haben«, fügte sie hinzu; »man hat die Truhe entdeckt und das Schloß gesprengt. Das war sicher die Beatrice . . .«

Die Tür öffnete sich halb, und Lormet steckte den Kopf herein. Robert schickte ihn mit einer Handbewegung fort.

»Aber schließlich, Monseigneur«, fing Jeanne de Divion nochmals an, als wollte sie ihren Fehler wiedergutmachen, »diese Briefe, die könnte man doch leicht nachmachen, glaubt Ihr nicht auch?«

»Sie nachmachen?«

»Natürlich, da man ja weiß, was sie enthielten. Ich weiß es genau. Ich kann Euch den Brief des Monseigneur Thierry hersagen, fast Wort für Wort . . .«

Ihr Blick verlor sich ins Leere.

Mit ausgestrecktem Zeigefinger unterstrich sie die Sätze, die sie herzusagen begann:

». . . Ich fühle schwere Schuld wegen meines Verschweigens, daß die Rechte der Grafschaft Artois Monseigneur Robert zugehören laut den Heiratsverträgen zwischen Monseigneur Philipp von Artois und Madame Blanche von Bretagne, Verträgen, die in gleichlautenden versiegelten Briefen niedergelegt wurden, von welchen Briefen ich den einen besitze, während der andere aus den Archiven des Hofes entwendet wurde durch einen unserer hohen Seigneurs . . . Und es war immer meine Absicht, nach dem Tod der Frau Gräfin, der zu Gefallen und auf deren Befehl ich gehandelt habe, wenn Gott sie vor

mir zu sich riefe, Monseigneur Robert zurückzuerstatten, was ich ihm vorenthielt . . .«
Die Divion verlegte ihre Schlüssel, aber sie erinnerte sich genau eines Textes, den sie nur einmal gelesen hatte. Es gibt Gehirne, die nun einmal so beschaffen sind! Und sie schlug Robert als die natürlichste Sache der Welt vor, Fälschungen anzufertigen! Offenbar fehlte ihr jeder Sinn für Gut und Böse, sie machte keinen Unterschied zwischen Moral und Unmoral, dem Erlaubten und dem Verbotenen. Moralisch war, was ihr zusagte. In den zweiundvierzig Jahren seines Lebens hatte Robert beinahe jede mögliche Sünde begangen: Mord, Lüge, Verrat, Plünderung, Notzucht. Aber zu fälschen, das war ihm noch nicht eingefallen.
»Da ist auch noch der ehemalige Vogt von Bethune, Guillaume de la Planche, der sich erinnern müßte und uns helfen könnte, denn zu dieser Zeit war er Schreiber bei Monseigneur Thierry.«
»Und wo ist dieser ehemalige Vogt?« fragte Robert.
»Im Gefängnis.«
Robert zuckte die Achseln. Ja, es war ein Irrtum gewesen, sich zu sehr zu beeilen. Er hätte warten müssen, bis er die Dokumente in der Hand hatte, und sich nicht mit Versprechungen zufriedengeben dürfen. Andrerseits war die Huldigung eine besonders günstige Gelegenheit, und der König selbst hatte ihm geraten, sie zu ergreifen.
Der alte Lormet steckte wieder den Kopf durch den Türspalt.
»Ja! Ich weiß, ich komme schon«, rief ihm Robert ungeduldig zu. »Wir brauchen ja nur über den Platz zu gehen.«
»Der König schickt sich an herabzusteigen«, sagte Lormet in vorwurfsvollem Ton.
»Gut, ich komme.«
Der König war schließlich nur sein Schwager, und er war nur König, weil er, Robert, es so gewollt hatte. Und diese Hitze! Er fühlte, daß er unter dem schweren Pairsmantel vor Schweiß triefte.
Er trat ans Fenster, betrachtete die Kathedrale mit den zwei ungleichen durchbrochenen Türmen. Die Sonne traf eben von der Seite die große Fensterrose. Die Glocken läuteten weiter und übertönten das Lärmen der Menge.
Der Herzog von Bretagne stieg mit seinem Gefolge die Stufen zum mittleren Portal hinauf.
In zwanzig Fuß Abstand folgte ihm hinkend der Herzog von Bourbon, dessen Mantelschleppe von zwei Schildknappen getragen wurde.
Dann kam der Zug Mahauts von Artois. Heute konnte sie sicher auftreten, die Dame Mahaut! Höher gewachsen als die meisten Männer, mit hochrotem Gesicht, begrüßte sie das Volk durch leichtes Neigen

des Hauptes mit königlicher Miene. Diese Diebin und Lügnerin, diese Giftmörderin von Königen, diese Verbrecherin, die versiegelte Dokumente aus den königlichen Archiven verschwinden ließ! So nahe daran, sie zu vernichten, endlich den Sieg über sie zu erringen, den Sieg, an dem er zwanzig Jahre gearbeitet hatte – auf den sollte er jetzt verzichten müssen? . . . Und weshalb? Eines Schlüssels wegen, den die Konkubine eines Bischofs verlegt hatte!
Muß man sich gegen die Bösen nicht mit Bosheit wappnen? Darf man so heikel sein in der Wahl seiner Mittel, wenn es sich darum handelt, dem Recht zum Sieg zu verhelfen?
Wenn man es wohl bedachte: Falls Mahaut die Dokumente aus der gesprengten Truhe von Schloß Hirson besaß – und wenn man weiter annahm, daß sie diese nicht sofort vernichtet hatte, was eigentlich nahelag –, so war sie doch außerstande, sie jemals vorzuzeigen oder auf ihre Existenz anzuspielen, da diese Dokumente den Beweis ihrer Schuld darstellten. Sie säße fein in der Falle, die gute Mahaut, wenn man ihr Briefe entgegenhalten würde, die den verschwundenen Dokumenten aufs Haar glichen! Warum hatte er nicht wenigstens noch den Tag vor sich, um nachzudenken, um sich besser zu informieren . . . Binnen einer Stunde mußte er entschieden haben, und ganz allein.
»Ich werde Euch wiedersehen, Frau; doch haltet den Mund«, sagte er.
Gefälschte Papiere waren schließlich keine Kleinigkeit . . .
Er nahm die prächtige Krone, setzte sie wieder auf, warf einen Blick in die Spiegel, die ihm sein in dreißig Stücke zersprengtes Bild zeigten. Dann schritt er zur Kathedrale.

Huldigung und Meineid

»Ein Königssohn beugt nicht das Knie vor dem Sohn eines Grafen!«
Ein sechzehnjähriger Herrscher hatte diese Formel ganz allein gefunden und seinen Räten aufgetragen, sie ihrerseits bei den französischen Legisten durchzusetzen.
»Hört zu, Monseigneur Orleton«, hatte der junge Eduard III. bei der Ankunft in Amiens gesagt, »im letzten Jahr wart Ihr hier, um zu verfechten, daß ich mehr Rechte auf Frankreichs Thron besäße als mein Cousin von Valois, und jetzt wollt Ihr es dulden, daß ich mich vor ihm zu Boden werfe?«
Wie andere Jünglinge aus Familien, in denen sie nur Zerrüttung und Unentschlossenheit vor Augen gehabt hatten, wollte Eduard III., als

er zum erstenmal sich selbst überlassen war, zu klaren und gesunden Prinzipien zurückkehren. Und während der sechs in Amiens verbrachten Tage hatte er alles von neuem zur Sprache bringen lassen.
»Aber Mylord Mortimer legt großen Wert auf den Frieden mit Frankreich . . .«, wendete John Maltravers ein.
»Mylord«, unterbrach ihn Eduard, »Ihr seid hier, um mich zu beschützen, denke ich, nicht um mich zu beraten.«
Er empfand kaum verhehlte Abneigung gegen den Baron mit dem langen Gesicht, der seines Vaters Kerkermeister und sicherlich auch sein Mörder gewesen war. Die Überwachung, besser gesagt die Bespitzelung durch Maltravers erdulden zu müssen, ging Eduard sehr gegen den Strich, und er fuhr fort:
»Mylord Mortimer ist unser großer Freund, aber weder ist er König noch ist er es, der die Huldigung leisten muß. Und Mylord Lancaster, der im Regentschaftsrat den Vorsitz führt und als solcher allein berechtigt ist, Entscheidungen in meinem Namen zu treffen, hat mich vor meiner Abreise nicht dahin unterrichtet, jede Art der Huldigung, wie immer sie auch sei, zu leisten. Ich werde nicht als Lehenspflichtiger huldigen.«
Heinrich von Burghersh, der Bischof von Lincoln und Kanzler von England, war ebenfalls von Mortimers Partei, wenn auch diesem nicht so blind ergeben wie Maltravers, denn sein Verstand war schärfer – aber er konnte trotz aller entstehenden Schwierigkeiten diese Bedenken des jungen Königs nur gutheißen, der seine Würde und gleichzeitig die Interessen seines Königreichs verteidigen wollte.
Denn die Huldigung des Lehenspflichtigen nötigte den Vasallen nicht nur dazu, ohne Waffen und Krone zu erscheinen, sondern dem Wortlaut des kniend geleisteten Schwurs zufolge war es seine erste Pflicht, der *Diener* seines Lehensherren zu sein.
»Die erste Pflicht, meine Lords«, beharrte Eduard. »Wenn aber dann der König von Frankreich mich zu einem seiner Kriege in Flandern, in der Lombardei oder anderswo aufruft, während wir mit Schottland Krieg führen, müßte ich alles im Stich lassen und seinem Ruf folgen, sonst hätte er das Recht, mir mein Herzogtum wegzunehmen. Das geht nicht an.«
Einer der Barone aus dem Gefolge, Lord Montagu, wurde von tiefer Bewunderung für einen Herrscher ergriffen, der schon so früh Weisheit und Festigkeit zeigte. Montagu war achtundzwanzig Jahre alt.
»Mich dünkt, wir werden einen guten König haben«, erklärte er. »Es freut mich, ihm zu dienen.«
Von da an sah man ihn immer in Eduards Nähe, ihn mit Rat und Tat unterstützend.

Und endlich hatte der sechzehnjährige König gesiegt. Die Ratgeber Philipps von Valois wollten ihrerseits auch den Frieden, und vor allem wollten sie mit dem Gerede zu Ende kommen. War es nicht das Wichtigste, daß der König von England gekommen war? Man hatte das Königreich und halb Europa nicht dazu versammelt, um die Zusammenkunft zum Scheitern zu bringen.
»Es sei, er leiste die einfache Huldigung«, hatte Philipp VI. seinem Kanzler schließlich gesagt. »Ich gebe ihm recht; an seiner Stelle täte ich sicher das gleiche.«
Deshalb schritt jetzt Eduard III. durch die bis in die Tiefen der Seitenkapellen mit Seigneurs gefüllte Kathedrale, das Schwert an der Seite, der mit Löwen übersäte Königsmantel fiel in langen Falten von den Schultern, die blonden Wimpern hielt er unter der Krone gesenkt. Die Erregung vertiefte die Blässe seines Gesichts. In dem gewichtigen Prunk trat seine große Jugend noch deutlicher hervor. Er glich einem Erzengel, und einen Augenblick lang schmolz allen Frauen unter den Zuschauern das Herz vor Zärtlichkeit, und sie waren in ihn verliebt. Zwei Bischöfe und zehn englische Barone folgten ihm.
Der König von Frankreich saß im lilienbestickten Mantel im Chor, ein wenig höher als die anderen Könige, Königinnen und souveränen Fürsten, die ihn umgaben und gleichsam eine Pyramide von Kronen bildeten. Majestätisch und ritterlich erhob er sich, um seinen Vasallen zu bewillkommnen, der drei Schritte vor ihm stehenblieb.
Ein breiter Sonnenstrahl fiel durch die Glasfenster und ruhte auf ihnen wie ein göttliches Schwert.
Der Kämmerer, Messire Mille de Noyers, Vorsitzender des Parlaments und der Rechnungskammer, löste sich aus der Gruppe der Pairs und hohen Beamten und trat zwischen die beiden Herrscher. Er war ein ernster Mann von etwa sechzig Jahren, den weder sein Amt noch seine Prunkkleider zu beeindrucken schienen. Laut und deutlich sprach er:
»Sire Eduard, der König, unser Herr und mächtiger Seigneur, ist willens, Euch hier unbeschadet aller Rechte zu empfangen, an denen er in der Gascogne und im Agenois festhält und an denen festzuhalten er sich verpflichtet fühlt, wie gleichfalls König Karl IV. an ihnen festhielt und an ihnen festhalten mußte und welche in der Huldigung nicht inbegriffen sind.«
Dann trat Heinrich von Burghersh, der Kanzler Eduards, Mille de Noyers gegenüber und erwiderte:
»Sire Philipp, unser Herr und Seigneur, der König von England, erklärt im eigenen sowie im Namen jeglichen etwaigen Stellvertreters oder Abgesandten, daß er auf keinerlei Recht zu verzichten gedenkt,

das ihm zusteht im Herzogtum Guyenne und den dazugehörigen Ländereien; weiter erklärt er, daß dem König von Frankreich durch diese Huldigung kein zusätzliches Recht eingeräumt wird.«

Dies waren die Kompromißformeln, auf die man sich geeinigt hatte, sie regelten nichts, und in jedem Wort steckte ein heimlicher Vorbehalt.

Auf französischer Seite wollte man andeuten, daß die unter der vorherigen Regierung während des von Karl von Valois befehligten Feldzugs besetzten Grenzländer direkt an die französische Krone gebunden bleiben würden. Das war nur die Bestätigung eines tatsächlichen Zustandes.

Auf englischer Seite bedeutete der Ausdruck ›jeglichen etwaigen Stellvertreters oder Abgesandten‹ eine Anspielung auf die Minderjährigkeit des Königs und auf die Existenz eines Regentschaftsrates. Aber gleicherweise konnte der ›Abgesandte‹ seinen zukünftigen Seneschall von Guyenne oder irgendeinen königlichen Stellvertreter bedeuten. Was den Ausdruck ›kein zusätzliches Recht‹ betraf, konnte er eine Anerkennung der bis zu diesem Tage bestehenden Rechte bedeuten, das heißt inklusive der Verträge von 1327. Aber das war nicht deutlich gesagt.

Diese Erklärungen ebenso wie die meisten Friedens- oder Bündnisverträge aller Zeiten und Völker hingen in bezug auf ihre Anwendung ausschließlich vom guten oder schlechten Willen der jeweiligen Regierungen ab. Für den Augenblick bewies das persönliche Zusammentreffen der beiden Fürsten den gegenseitigen Wunsch, in gutem Einverständnis miteinander zu leben.

Der Kanzler Burghersh entrollte ein Pergament mit dem Siegel von England und verlas im Namen des Vasallen:

»Sire, ich erkläre mich als Euer Gefolgsmann für das Herzogtum Guyenne und die dazugehörigen Ländereien, die ich mich berufe von Euch verliehen erhalten zu haben als Herzog von Guyenne und Pair von Frankreich gemäß den von Euren und Unseren Vorgängern geschlossenen Friedensbedingungen und gemäß den Leistungen, die Wir und Unsere Vorfahren, Könige von England und Herzöge von Guyenne, für selbiges Herzogtum zu Nutzen Eurer Vorgänger, der Könige von Frankreich, vollbracht haben.«

Und der Bischof reichte Mille de Noyers das Schriftstück, das er eben durchgelesen hatte und dessen Abfassung hinsichtlich der Lehenspflicht stark gekürzt war.

Mille de Noyers erklärte dann als Antwort:

»Sire, Ihr werdet Gefolgsmann des Königs von Frankreich, meines Seigneurs, durch das Herzogtum Guyenne und die dazugehörigen Ländereien, die Ihr anerkennt von ihm verliehen erhalten zu haben als Herzog von Guyenne und Pair von Frankreich, gemäß den von Euren und unseren Vorgängern, den Königen von Frankreich und England, geschlossenen Friedensbedingungen und gemäß den Leistungen, die Ihr und Eure Vorgänger, die Könige von England und Herzöge von Guyenne, für selbiges Herzogtum zugunsten seiner Vorgänger, der früheren Könige von Frankreich, vollbracht habt.«

All das konnte viel Stoff für ein Streitverfahren abgeben am Tag, da man sich nicht mehr vertragen würde.
Eduard III. sagte dann:
»So sei es.«
Und Mille de Noyers schloß mit den Worten:
»Der König, unser Sire, nimmt Euch auf mit den vorerwähnten Einwänden und Verwahrungen.«
Eduard legte die drei Schritte zurück, die ihn von seinem Lehensherrn trennten, streifte die Handschuhe ab und reichte sie Lord Montagu. Er legte seine feinen weißen Hände in die breiten Handflächen des Königs von Frankreich. Dann küßten sich die beiden Könige auf den Mund.
Da bemerkte man, daß sich Philipp VI. nicht sehr zu bücken brauchte, um das Gesicht seines jungen Cousins zu erreichen. Der Unterschied zwischen ihnen lag hauptsächlich in der Körperfülle, die Philipp so imposant erscheinen ließ. Aber der König von England, der noch im Wachsen war, würde sicherlich ebenso gut aussehen.
Im höchsten Turm begannen die Glocken wieder zu läuten. Und jeder freute sich. Pairs und Würdenträger nickten sich befriedigt zu. König Johann von Böhmen hatte seinen schönen kastanienbraunen Bart auf die Brust sinken lassen und machte den Eindruck vornehmer Geistesabwesenheit. Graf Wilhelm der Gute und sein Bruder Johann von Hennegau lächelten den englischen Seigneurs zu. Wahrhaftig, eine gute Sache war vollbracht.
Warum streiten, sich erzürnen, sich bedrohen, warum Klagen vor das Parlament bringen, Lehen konfiszieren, Städte belagern, sich bis aufs Messer bekämpfen, Gold, Mühe und ritterliches Blut verschwenden, wenn man, mit ein wenig gutem Willen und indem jeder das Seine beisteuerte, sich so leicht vertragen konnte?
Der König von England hatte auf dem für ihn bereiteten Thron Platz genommen, etwas unterhalb des Thrones des Königs von Frankreich. Sie brauchten nur mehr der Messe beizuwohnen.

Philipp VI. jedoch schien noch auf etwas zu warten. Er drehte den Kopf zu seinen Pairs, die im Chor saßen, und sein Blick suchte den größten unter ihnen, Robert von Artois, dessen Krone alle anderen überragte.
Robert hielt die Augen halb geschlossen. Mit seinem roten Handschuh wischte er sich den Schweiß ab, der ihm über die Schläfen rann, obgleich eine wohltuende Kühle in der Kathedrale herrschte. Aber das Herz schlug ihm schnell in diesem Augenblick. Und da er nicht bemerkt hatte, daß sein Handschuh abfärbte, zog sich ein Streifen, rot wie Blut, über seine Wange.
Jäh erhob er sich von seinem Sitz. Er hatte seinen Entschluß gefaßt.
»Sire«, donnerte er vor dem Thron Philipps, »da alle Eure Vasallen hier versammelt sind . . .«
Mille de Noyers und Bischof Burghersh hatten wenige Augenblicke vorher mit fester, klarer Stimme gesprochen, die man im ganzen Gebäude verstehen konnte. Nun, da Robert den Mund geöffnet hatte, war es, als habe man bisher nur Vogelgezwitscher zu hören bekommen.
». . . und da Ihr allen Eure Gerechtigkeit schuldet«, fuhr er fort, »so komme ich, Gerechtigkeit von Euch zu fordern.«
»Monseigneur de Beaumont, mein Cousin, wer hat Euch Unrecht angetan?« fragte Philipp VI. ernst.
»Sire, mir ist Unrecht geschehen von Eurer Vasallin, der Dame Mahaut von Burgund, die zu Unrecht und durch Verschlagenheit und Treubruch mir die Rechte und den Besitz der Grafschaft Artois vorenthält, die mir zusteht von meinen Ahnen her.«
Da hörte man eine beinahe ebenso laute Stimme aus den Chorreihen rufen:
»Das hat uns gerade noch gefehlt!«
Es war Mahaut von Artois, die gesprochen hatte.
Die Versammelten zeigten ein gewisses Erstaunen, aber keine Bestürzung. Robert handelte, wie der Graf von Flandern es am Tag der Krönung getan hatte. Es schien, als sei es jetzt zur Gewohnheit geworden, daß ein Pair, der sich geschädigt erachtete, seine Klage bei derartigen feierlichen Anlässen vorbrachte, offenbar mit der vorherigen Zustimmung des Königs.
Herzog Odo von Burgund sandte seiner Schwester, der Königin von Frankreich, einen fragenden Blick zu, den sie ebenso beantwortete, und dazu hob sie die Handflächen zum Zeichen, daß sie ebenso erstaunt war wie er und von nichts wußte.
»Mein Cousin«, sagte Philipp, »könnt Ihr Beweisstücke vorlegen, um Euer Recht zu bekräftigen?«

»Das vermag ich«, erwiderte Robert fest.
»Er kann es nicht, er lügt!« rief Mahaut und verließ die Chorreihen, um sich neben ihren Neffen vor den König zu stellen.
Wie sie sich doch glichen, Robert und Mahaut, unter ihren gleichen Kronen und Mänteln, erfüllt von der gleichen Wut, die ihnen das Blut in ihre Stiernacken trieb. Auch Mahaut trug wie eine riesige Kriegerin an ihrer Hüfte das große Schwert der Pairs von Frankreich mit dem goldenen Griff. Selbst bei Mutter und Sohn hätten sich keine deutlicheren Zeichen der Verwandtschaft zeigen können.
»Frau Tante«, sagte Robert, »leugnet Ihr denn, daß der Heiratsvertrag des edlen Grafen Philipp von Artois, meines Vaters, mich, seinen erstgeborenen Sohn, als Erben von Artois einsetzte und daß Ihr meine Kindheit nach dem Tode meines Vaters dazu mißbraucht habt, um mich zu berauben?«
»Ich leugne alles, was Ihr sagt, elender Neffe, der Ihr mir Schimpf antun wollt.«
»Leugnet Ihr, daß es einen Heiratsvertrag gab?«
»Ich leugne es!« brüllte Mahaut.
Da erhob sich ein allgemeines Murren der Mißbilligung in der Versammlung, und man hörte sogar den alten Grafen de Bouville, den ehemaligen Kämmerer Philipps des Schönen, ein entrüstetes »Oh!« ausstoßen. Wenn auch nicht jeder dieselben Gründe hatte wie Bouville, der Vormund der Leibesfrucht Königin Klementias bei der Geburt Johanns I., des Posthumen, die Fähigkeiten Mahauts von Artois im Lügen und ihre Frechheit bei Verbrechen zu kennen, war es doch offensichtlich, daß sie die Wahrheit leugnete. Eine Heirat zwischen einem Sohn derer von Artois, einem Prinzen des Lilienwappens (10), und einer Tochter derer von Bretagne hatte nicht ohne einen von den Pairs der damaligen Zeit und vom König beglaubigten Kontrakt geschlossen werden können. Der Herzog Johann von Bretagne, wenn er auch zur Zeit dieser Heirat ein kleines Kind gewesen war, erinnerte sich ganz deutlich daran und sagte es seinen Nachbarn. Diesmal war Mahaut zu weit gegangen. Sie mochte wieder, wie sie es in ihren beiden Prozessen getan hatte, sich auf die alte Sitte der Artois berufen, die aufgrund des vorzeitigen Todes ihres Bruders zu ihren Gunsten sprach, das ging noch an. Aber sie konnte nicht leugnen, daß es einen Kontrakt gegeben hatte. Dadurch bestärkte sie jeglichen Verdacht und vor allem den, daß sie die Beweisstücke hatte verschwinden lassen.
Philipp VI. wandte sich an den Bischof von Amiens.
»Monseigneur, wollet uns die Heiligen Evangelien hierher bringen und sie dem Kläger vorlegen . . .«

Er machte eine Pause und fügte hinzu:
»... sowie auch der Beklagten.«
Und als dies geschehen war:
»Seid Ihr willens, einer wie der andere, mein Cousin, meine Cousine, Eure Aussagen durch einen auf die Heiligen Evangelien geleisteten Eid zu bekräftigen vor Uns, Eurem Lehensherrn, und vor den Königen, Unseren Verwandten und allen Euren hier versammelten Pairs?«
Als er das aussprach, wirkte König Philipp tatsächlich sehr majestätisch, und sein zehnjähriger Sohn, der junge Prinz Johann, betrachtete ihn mit weit aufgerissenen Augen, etwas hängendem Kinn und ganz in Bewunderung verloren. Aber die Königin von Frankreich, Johanna die Hinkende, hatte häßliche grausame Falten zu beiden Seiten ihres Mundes, und ihre Finger zitterten. Mahauts dürre Tochter, Johanna die Witwe, Gemahlin Philipps des Langen, war im Gesicht so weiß geworden wie ihr königliches Witwenkleid. Auch die Enkelin Mahauts war erblaßt, die junge Herzogin von Burgund, und nicht minder der Herzog Odo, ihr beinahe fünfzigjähriger Gemahl. Es sah aus, als wollten sie vorstürzen, um Mahaut am Eid zu hindern. Mit hochgereckten Köpfen verharrte alles in lautlosem Schweigen.
»Ich willige ein!« sagten Mahaut und Robert einstimmig.
»Entblößt Eure Hände«, forderte der Bischof von Amiens sie auf.
Mahaut trug grüne Handschuhe, die durch die Hitze gleichfalls abgefärbt hatten. So daß von den zwei riesigen Händen, die sich über das Heilige Buch erhoben, die eine rot wie Blut und die andere grün wie Galle war.
»Ich schwöre«, sprach Robert feierlich, »daß die Grafschaft Artois mein eigen ist und daß ich Papiere und Beweise vorlegen werde, die meine Rechte und meinen Besitz klarstellen.«
»Mein sauberer Neffe«, schrie Mahaut, »wagt Ihr zu schwören, daß Ihr solche Papiere je gesehen oder besessen habt?«
Graue Augen bohrten sich in gegenseitiger Herausforderung ineinander, und ihre Gesichter mit dem viereckigen fettüberladenen Kinn berührten sich fast. ›Du Luder‹, dachte Robert, ›du bist's also wirklich, die sie gestohlen hat.‹ Und da man unter solchen Umständen entschieden auftreten muß, antwortete er deutlich:
»Jawohl, ich schwöre es. Doch Ihr, meine schöne Tante, wagt Ihr zu schwören, daß solche Papiere nie existiert haben, noch daß Ihr von ihnen gewußt und sie in Euren Händen gehabt habt?«
»Das beschwöre ich«, antwortete sie mit gleicher Entschlossenheit und sah mit dem gleichen Haß Robert an.
Keiner von beiden hatte eigentlich dem anderen einen Punkt voraus.

Die Waage blieb im Gleichgewicht, aber in jeder ihrer Schalen lag schwer der Meineid, den sie sich gegenseitig zu leisten gezwungen hatten.
»Von morgen an werden Kommissare ernannt werden, um Untersuchungen zu führen und um meine Gerechtigkeit zu erleuchten. Wer gelogen hat, den wird Gott züchtigen, wer wahr gesprochen hat, wird in seinem Recht bestätigt werden«, sagte Philipp und bedeutete dem Bischof, die Evangelien fortzutragen.
Gott muß nicht unmittelbar eingreifen, um den Meineid zu bestrafen, und der Himmel kann stumm bleiben. Die sündigen Seelen tragen in genügender Menge die Keime ihres eigenen Unglücks verborgen in sich selbst.

2
Die Spiele des Teufels

Die Zeugen

Ganz zart noch und gerade erst daumendick hing eine Birne aus dem Spalier heraus.
Auf einer steinernen Bank saßen drei Männer: in der Mitte der alte Graf de Bouville, der verhört wurde, rechts von ihm Chevalier de Villebresme, der königliche Kommissar, und auf der anderen Seite der Notar Pierre Tesson, der die Aussage schriftlich festhielt.
Der Notar trug eine Beamtenmütze auf dem riesigen gewölbten Schädel, von dem die Haare glatt herabhingen; er hatte eine spitze Nase, ein übermäßig langes, dünnes Kinn, und beim Anblick seines Profils mußte man an das erste Mondviertel denken.
»Monseigneur«, sagte er voll Hochachtung, »erlaubt Ihr mir, jetzt Eure Zeugenaussage vorzulesen?«
»Tut das, Messire, tut das«, erwiderte Bouville.
Seine Hand tastete nach der kleinen grünen Frucht, deren Härte er prüfte. ›Der Gärtner hätte den Zweig aufbinden sollen‹, dachte er.
Der Notar beugte sich über das Schreibzeug auf seinen Knien und begann:
»Am siebzehnten Tag des Monats Juni im Jahre 1329, sind wir, Chevalier Pierre de Villebresme . . .«
König Philipp VI. hatte keine Zeit verloren. Zwei Tage nach dem Skandal von Amiens und den in der Kathedrale abgelegten Eiden hatte er eine Kommission ernannt, um die Sache zu untersuchen, und weniger als eine Woche nach der Rückkehr des Hofes nach Paris war das Zeugenverhör bereits im Gange.
». . . und wir Pierre Tesson, Notar des Königs, gekommen, um zu hören . . .«
»Maître Tesson«, sagte Bouville, »seid Ihr der gleiche Tesson, der früher zum Haus des Monseigneurs von Artois gehörte?«
»Ich bin es, Messire . . .«

»Und jetzt seid Ihr Notar des Königs? Ein schöner Aufstieg, ich mache Euch mein Kompliment . . .«
Bouville setzte sich auf und kreuzte die Hände über seinem runden Bauch. Er war in ein altes Samtgewand gekleidet, zu lang und aus der Mode, wie man es zur Zeit Philipps des Schönen getragen hatte. Bouville trug es nur noch im Garten.
Er drehte die Daumen, dreimal vor und dreimal zurück. Der Tag versprach schön und warm zu werden, aber der frühe Morgen bewahrte noch einige Spuren der nächtlichen Frische.
»*. . . wir sind gekommen, den edlen und mächtigen Seigneur Graf Hugues de Bouville anzuhören und haben ihn im Garten seines Hauses unweit des Pré-aux-Clercs vernommen . . .*«
»Wie sich die Nachbarschaft verändert hat«, bemerkte Bouville, »seit mein Vater dieses Haus erbauen ließ. Damals gab es von der Abtei Saint-Germain-des-Prés bis Saint-André-des-Arts nicht mehr als drei Schlösser: Nesle, am Ufer des Flusses, weiter rückwärts den Sitz der Grafen von Navarra und das Schloß der Grafen von Artois, das ihnen als Landaufenthalt diente, denn damals gab es ringsumher nur Wiesen und Felder . . . Und seht, wie jetzt alles verbaut ist . . . Alle Neureichen wollten sich hier ansiedeln; die Landstraßen sind zu Gassen geworden. Ehemals sah ich über meine Gartenmauer hinweg nur Wiesengras, jetzt erblicken meine schwachen Augen nichts als Dächer. Und der Lärm! Der Lärm in dieser Gegend! Man könnte glauben, man sei im Herzen der Stadt. Wenn ich mit noch mehr Zeit rechnen könnte, würde ich dieses Haus verkaufen und anderswo bauen. Aber davon kann ja keine Rede sein . . .«
Seine Hand suchte nach der kleinen grünen Birne über seinem Kopf. Die Reife einer Frucht zu erleben, das war alles, was er sich noch erhoffen konnte. Seit vielen Monaten wurde sein Augenlicht immer schwächer, Welt, Menschen und Bäume nahm er nur mehr wie durch eine Wand aus Wasser wahr. Man ist ein tätiger und bedeutender Mann gewesen; man ist gereist, hat an königlichen Ratsversammlungen und an großen Ereignissen teilgenommen; und jetzt endet man im eigenen Garten, langsam im Denken, mit geschwächter Sicht, allein und fast vergessen, wenn nicht jüngere Leute kommen und nach Vergangenem fragen . . .
Maître Pierre Tesson und der Chevalier de Villebresme tauschten einen müden Blick. Ach, er war kein bequemer Zeuge, der alte Graf de Bouville, der sich unaufhörlich in vage Gemeinplätze verlor, und doch war er zu vornehm und zu alt, als daß man ihm hätte zusetzen können. Der Notar nahm seine Lesung wieder auf:
»*. . . der uns selbst die im folgenden angeführten Dinge kundgetan*

hat, daß er nämlich, als er Kämmerer unseres Sire Philipp IV. war, bevor dieser König wurde, von dem Heiratsvertrag, geschlossen zwischen dem verstorbenen Monseigneur Philipp von Artois und Madame Blanche von Bretagne Kenntnis hatte, daß er genannten Vertrag in Händen hielt und daß in besagtem Vertrag verzeichnet stand, daß die Grafschaft Artois dem Erbrecht nach auf Monseigneur Philipp von Artois übergehen würde und nach ihm auf seine männlichen, aus der obengenannten Ehe entsprossenen Nachkommen . . .«
Bouville hob die Hände.
»Das habe ich nicht bestätigt. Ich habe den Vertrag in Händen gehabt, wie ich Euch sagte und wie ich es Monseigneur Robert von Artois selbst mitteilte, als er mich neulich besuchte, aber ich kann nicht mit gutem Gewissen sagen, daß ich mich erinnere, ihn gelesen zu haben.«
»Und warum, Monseigneur, hättet Ihr diesen Vertrag in Händen gehalten, wenn nicht um ihn zu lesen?« fragte der Sire de Villebresme.
»Um ihn dem Kanzler meines Herrn zu bringen, daß er ihn versiegle, denn, daran erinnere ich mich genau, der Vertrag war mit den Siegeln aller Pairs versehen, zu denen mein Herr, Philipp der Schöne, als erster Sohn der Krone gehörte.«
»Das muß aufgezeichnet werden, Tesson«, sagte Villebresme. »Alle Pairs haben ihr Siegel beigefügt . . . Aber ohne das Dokument zu lesen, habt Ihr doch gewußt, Monseigneur, daß die Erbschaft von Artois darin dem Grafen Philipp und seinen männlichen Nachkommen zugesichert war?«
»Ich hatte davon gehört«, erwiderte Bouville, »und mehr kann ich nicht bezeugen.«
Die Art dieses jungen Villebresme, ihn mehr erklären zu lassen, als er wußte, ärgerte ihn ein wenig. Er war noch nicht geboren, dieser Bursche, und sein Vater hatte ihn noch lange nicht gezeugt, als die Dinge geschehen waren, über die er Erhebungen anstellte! So sind sie, diese kleinen königlichen Beamten, ganz aufgebläht von ihrem neuen Amt! Eines Tages werden auch sie, alt und allein, in ihrem Garten vor dem Spalier sitzen . . . Ja, Bouville erinnerte sich an die Dinge, die in dem Heiratsvertrag von Philipp von Artois aufgezeichnet waren. Aber wann hatte er das erste Mal davon sprechen hören? War es im Augenblick der Hochzeit selbst, im Jahr 1282, oder als Graf Philipp seinen Verletzungen in der Schlacht von Furnes, im Jahr 1298, erlegen war? Oder damals, als der alte Graf Robert II. bei der Schlacht von Courtrai im Jahre 1302 getötet worden war, er, der seinen Sohn um vier Jahre überlebt hatte, woraus der Prozeß zwischen seiner Tochter Mahaut und seinem Enkel, dem jetzigen Robert III., entstanden war . . .

Man verlangte von Bouville, eine Erinnerung an ein bestimmtes Datum zu binden, die irgendwo in einem Zeitraum von mehr als zwanzig Jahren lag. Und nicht nur der Notar Tesson und dieser Sire de Villebresme waren gekommen, sein Hirn auszuquetschen, sondern Monseigneur Robert von Artois selbst – man mußte zugeben, er war voll Höflichkeit und Ehrfurcht gewesen – aber er sprach laut, stampfte herum und zertrat die Gartenblumen unter seinen Stiefeln!

»Also berichtigen wir wie folgt«, sagte der Notar und korrigierte seinen Text, ». . . *daß er den obgenannten Vertrag kurze Zeit in Händen gehabt hat und sich erinnert, daß er mit dem Siegel aller Pairs versehen war; auch hat der Graf de Bouville ausgesagt, daß er damals gehört hat, was in dem Vertrag enthalten war: daß die Grafschaft Artois* . . .«

Bouville nickte zustimmend. Es wäre ihm lieber gewesen, hätte der Notar das Wörtchen ›damals‹ fortgelassen, das er in den Satz ›damals gehört hat‹ eingefügt hatte. Aber Bouville war des Kampfes müde. Und hat denn ein Wort so viel Bedeutung?

». . . *auf seine aus dieser Ehe entsprossenen männlichen Nachkommen übergehen solle; auch hat er uns bestätigt, daß der Vertrag in den Archiven des Hofes wohl verwahrt wurde; desgleichen erachtete er es für wahr, daß er später durch arglistige Machenschaften und auf Befehl der Madame Mahaut von Artois aus diesen Archiven entfernt wurde.*«

»Auch das habe ich nicht gesagt«, wehrte sich Bouville.

»Ihr habt es nicht in dieser Form gesagt, Monseigneur«, antwortete Villebresme, »aber es geht aus Eurer Aussage hervor. Wiederholen wir, was Ihr bestätigt habt. Erstens, daß der Ehevertrag bestanden hat, zweitens, daß Ihr ihn saht, drittens, daß er den Archiven einverleibt wurde . . .«

»Versehen mit den Siegeln der zwölf Pairs . . .«

Von neuem wechselte Villebresme einen müden Blick mit dem Notar.

»Versehen mit den Siegeln der Pairs«, wiederholte er, um dem Zeugen Freude zu machen. »Ihr bestätigt ferner, daß dieser Vertrag die Gräfin Mahaut aus der Erbfolge ausschließt und daß er aus den Archiven verschwunden ist, so daß er bei dem Prozeß nicht vorgewiesen werden konnte, den Monseigneur Robert von Artois gegen seine Tante anhängig machte. Was glaubt Ihr, wer den Vertrag verschwinden ließ ? Glaubt Ihr, es sei König Philipp der Schöne gewesen, der den Befehl dazu gab?«

Die Frage war perfid. Hatte man nicht oft behauptet, Philipp der Schöne hätte zugunsten der Schwiegermutter seiner beiden jüngsten

Söhne ein Gefälligkeitsurteil abgegeben? Bald würde man sagen, Bouville wäre selbst damit betraut worden, die Dokumente verschwinden zu lassen!

»Nennt den Namen meines Herrn, des Königs Philipp des Schönen, nicht in Zusammenhang mit einer so niedrigen Handlung, Messire«, antwortete er voll Würde.

Über Dächer und Laubwerk hinweg läuteten die Glocken des Kirchturms Saint-Germain-des-Prés. Bouville fiel ein, daß es die Stunde war, zu der man ihm eine Schale saurer Milch brachte; sein Arzt hatte ihm empfohlen, dreimal am Tage davon zu trinken.

»Also«, erwiderte Villebresme, »muß der Vertrag wohl ohne Wissen des Königs entwendet worden sein ... Und wer könnte Interesse daran haben, wenn nicht die Gräfin Mahaut?«

Der junge Kommissar klopfte mit den Fingerspitzen auf die Steinbank; er war nicht unzufrieden mit seiner Beweisführung.

»Gewiß!« rief Bouville aus. »Mahaut ist zu allem fähig.«

In diesem Punkt war Bouville nicht schwer zu überzeugen. Er wußte, daß Mahaut zwei Verbrechen begangen hatte, die viel schwerer wogen als der Diebstahl von Dokumenten. Sie hatte ohne Zweifel Ludwig X. ermordet und vor Bouvilles Augen ein Kind von fünf Tagen getötet, das sie für den nachgeborenen kleinen König hielt ... und das alles, um die Grafschaft Artois zu behalten. Es war wirklich einfältig, ihretwegen auf größte Genauigkeit bedacht zu sein! Gewiß hatte sie den Ehekontrakt ihres Bruders gestohlen und hatte jetzt die Stirn, seine Existenz abzuleugnen, noch dazu unter Eid! Dieses furchtbare Weib ... ihretwegen wuchs der wahre Erbe der Könige von Frankreich fern von seinem Königreich auf, in einer kleinen Stadt Italiens, bei einem lombardischen Händler, der ihn für seinen Sohn hielt ... Nein! Man durfte nicht daran denken. Bouville hatte dieses Geheimnis, das er allein kannte, seinerzeit dem Ohr des Papstes anvertraut. Nur nie mehr daran denken, niemals ... damit man nicht versucht wurde, davon zu sprechen! Und diese Leute mit ihren Fragen – wenn sie nur schon fort wären!

»Ihr habt recht«, sagte er mit einer Stimme, die ein wenig zitterte. »Laßt stehen, was Ihr geschrieben habt. Soll ich unterzeichnen?«

Der Notar reichte Bouville den Federkiel. Dieser konnte den Rand des Blattes nicht mehr recht unterscheiden. Seine Unterschrift ging ein wenig über das Papier hinaus. Man hörte ihn noch murmeln:

»Gott wird sie für ihre Untaten büßen lassen, bevor er sie dem Teufel übergibt.«

Ein wenig Sand wurde auf die Unterschrift gestreut. Der Notar tat Papier und Schreibzeug in seinen schwarzen Ledersack; dann erhoben

sich die beiden Fragesteller, um Abschied zu nehmen. Bouville grüßte sie mit der Hand, ohne aufzustehen. Kaum hatten sie sich fünf Schritte entfernt, waren sie für ihn nur mehr zwei vage Schatten, die hinter der Wasserwand zerflossen.
Der ehemalige Großkämmerer läutete sein Glöckchen, damit ihm der Diener seine saure Milch bringe. Mancherlei Gedanken quälten ihn. Wie konnte sein verehrter Herr, König Philipp der Schöne, als er sein Urteil über das Artois abgab, den Akt vergessen, den er vorher ratifiziert hatte; wieso hatte er sich nicht um das Verschwinden des Dokumentes gekümmert? Ach! Die besten Könige vollbringen nicht nur edle Taten . . .
Bouville nahm sich auch vor, an einem der nächsten Tage dem Bankier Tolomei einen Besuch abzustatten, um sich nach Guccio Baglioni . . . und nach dem Kind . . . zu erkundigen, nur so nebenbei, als eine höfliche Floskel des Gesprächs . . . Der alte Tolomei rührte sich kaum mehr aus seinem Bett. Bei ihm waren es die Beine, die ihm zu schaffen machten. So ist das Leben: Bei dem einen wird das Ohr taub, beim anderen verlöschen die Augen, oder die Glieder versagen den Dienst . . . Man rechnet die Vergangenheit in Jahren, aber für die Zukunft wagt man nur mehr in Wochen oder Monaten zu denken.
»Werde ich noch leben, wenn diese Frucht gereift ist, und werde ich sie pflücken können?« fragte sich der Graf de Bouville und betrachtete die kleine Birne am Spalier.

Messire Pierre de Machaut, Seigneur de Montargis, war ein Mann, der niemals Beleidigungen vergaß oder verzieh, auch nicht den Toten. Das Hinscheiden seiner Feinde genügte nicht, um seinen Groll zu besänftigen.
Sein Vater, zu Zeiten des Eisernen Königs mit einem hohen Amt betraut, war von Enguerrand de Marigny abgesetzt worden, und das Glück der Familie hatte schwer darunter gelitten. Der Sturz des allmächtigen Enguerrand war für Pierre de Machaut eine persönliche Genugtuung gewesen; der Tag, an dem er als Schildknappe König Ludwigs des Zänkers Monseigneur Marigny zum Galgen geführt hatte, blieb der große Tag seines Lebens. ›Geführt‹ war eine Redensart, eher konnte man sagen ›begleitet‹, und nicht in der ersten Reihe, sondern mitten unter höheren Würdenträgern. Immerhin waren diese Herren mit den Jahren einer nach dem andern verstorben, und das gestattete Messire Pierre de Machaut jedesmal, wenn er von dem denkwürdigen Gang sprach, sich in der Hierarchie des Zuges um einen Platz vorzuschieben.

Anfangs hatte er sich damit begnügt, mit seinen Augen Messire Enguerrand, der aufrecht auf dem Karren stand, herauszufordern und ihm durch seine Miene zu bezeugen, daß, wer immer den Machauts Schaden zufügte, und sei er noch so hochgestellt, dem Unglück verfallen sei.

Dann verschönte die Erinnerung die Geschehnisse, und er versicherte, daß Marigny ihn während seiner letzten Fahrt nicht nur erkannt, sondern sich sogar an ihn gewandt und mit Trauer gesagt habe:

»Ach! Ihr seid es, Machaut! Jetzt triumphiert *Ihr*. Ich habe Euch Schaden zugefügt, jetzt bereue ich es.«

Heute, nach vierzehn Jahren, schien es, als hätte Enguerrand de Marigny am Wege zu seiner Hinrichtung nur für Pierre de Machaut Worte gehabt und vom Gefängnis bis Montfaucon ihm nichts von seinen Gewissensqualen verborgen.

Klein, mit zusammengewachsenen grauen Brauen, das Bein steif von einem schweren Sturz beim Turnier, ließ Pierre de Machaut seine Rüstungen, die er niemals mehr tragen würde, immer noch sorgfältig einfetten. Er war ebenso eitel wie rachsüchtig. Robert von Artois wußte es wohl und hatte sich die Mühe gemacht, ihn zweimal zu besuchen, um eben von diesem berühmten Ritt neben dem Karren von Messire Enguerrand zu hören.

»Wohlan! Erzählt das alles doch den Kommissaren des Königs, die zu Euch kommen werden, um Euer Zeugnis in meiner Sache einzuholen«, hatte Robert gesagt. »Die Worte eines so tapferen Mannes, wie Ihr es seid, sind von Gewicht; Ihr werdet das Urteil des Königs erleuchten und sich seine wie auch meine Dankbarkeit erringen. Hat man Euch jemals ein Jahresgehalt ausgesetzt für die Dienste, die Euer Vater und Ihr selbst dem Reich geleistet habt?«

»Niemals . . .«

»Welche Ungerechtigkeit! Wie viele Intriganten, Bürgerliche, Emporkömmlinge haben sich nicht während der letzten Herrscher auf die Gabenliste des Hofes setzen lassen, und einen Mann von so hohen Tugenden wie Messire de Machaut hat man vergessen können? Zweifellos war es ein eigenmächtiges Vergessen, eingeflüstert von der Gräfin Mahaut, die seit jeher eine Parteigängerin Enguerrand de Marignys gewesen ist!«

Robert von Artois wollte persönlich darüber wachen, daß diese schwere Ungerechtigkeit gutgemacht würde.

Er besorgte dies so gründlich, daß der ehemalige Schildknappe, als ihn der Chevalier de Villebresme, wie immer begleitet von Notar Tesson, aufsuchte, bei seinen Antworten nicht weniger Eifer an den Tag legte als der Kommissar bei seinen Fragen.

Die Befragung wurde in einem Nachbargarten vorgenommen, da nach Justizbrauch die Aussagen öffentlich und im Freien gemacht werden mußten.

Hörte man Pierre de Machaut zu, so konnte man glauben, die Hinrichtung Marignys hätte vorgestern stattgefunden.

»So wart Ihr, Messire«, sagte Villebresme, »neben dem Karren, als Sire Enguerrand beim Galgen ankam?«

»Ich habe den Karren bestiegen«, antwortete Machaut, »und habe auf Befehl König Ludwigs X. den Verurteilten befragt, welcher Vergehen während seiner Herrschaft er sich bezichtigen wolle, ehe er vor Gott erschien.«

In Wirklichkeit war es Thomas de Marfontaine, der mit diesem Amt betraut worden war, aber Thomas war schon lange tot ...

»Und Marigny blieb dabei, an allen Vergehen unschuldig zu sein, die man ihm während seines Prozesses vorgeworfen hatte; er bekannte aber – und das sind seine eigenen Worte, an denen man seine Verschlagenheit wohl erkennt: ›Ich habe jedoch für eine gerechte Sache ungerechte Taten vollbracht.‹ Da ich ihn nach diesen fragte, nannte er mehrere, wie die Absetzung meines Vaters, des Sire de Montargis, dessen Amt er einem seiner Verwandten gab, und die Entwendung des Heiratskontraktes des seligen Grafen von Artois aus den königlichen Archiven, um den Interessen der Madame Mahaut und ihrer Töchter, der Schwiegertöchter des Königs, zu dienen.«

»Ach! Also er war es, der den Vertrag entwenden ließ? Er hat sich dessen beschuldigt!« rief Villebresme aus. »Das ist wichtig! Notiert es, Tesson, notiert es!«

Der Notar hatte diesen Zuspruch nicht nötig; seine Feder kratzte eifrig über das Papier. Welch guter Zeuge, dieser Messire de Machaut!

»Und wißt Ihr, Messire«, nahm jetzt Tesson das Wort, »ob Sire Enguerrand für diesen Frevel bezahlt wurde?«

Machaut zögerte einen Augenblick und zog seine grauen Augenbrauen zusammen.

»Gewiß wurde er bezahlt«, antwortete er dann. »Denn ich fragte ihn noch, ob es wahr sei, daß er, wie man sagte, von Madame Mahaut vierzigtausend Livres bekommen hätte, damit sie ihren Prozeß vor dem König gewänne. Und Enguerrand neigte bejahend den Kopf in großer Scham und sprach: ›Messire de Machaut, betet für mich zu Gott‹, und das kam wohl einem Geständnis gleich.«

Und Pierre de Machaut kreuzte mit verächtlicher und triumphierender Miene die Arme.

»Nun ist alles klar«, sagte Villebresme mit Befriedigung.

»Habt Ihr schon viele Zeugen verhört?« fragte Pierre de Machaut.

»Vierzehn, Messire, und wir haben noch doppelt soviel vor uns. Aber wir sind acht Kommissare und zwei Notare, um uns in die Arbeit zu teilen.«

Der Kläger führt das Verhör

Das Arbeitszimmer des Monseigneurs von Artois war mit vier ziemlich langweilig gemalten frommen Fresken geschmückt. Ocker und Himmelblau dominierten bei den vier großen Heiligengestalten, die ›Vertrauen einflößen sollten‹, wie der Hausherr zu sagen pflegte. Auf der rechten Seite schlug der heilige Georg den Drachen; ihm gegenüber prunkte der heilige Mauritius, der zweite Patron der Ritter, in Panzer und Kettenhemd. Auf der rückwärtigen Wand zog Sankt Peter seine unerschöpflichen Netze aus dem Meer. Die heilige Magdalena, Schutzpatronin der Sünderinnen, nahm die letzte Wand ein, nur mit ihrer goldenen Haarflut bekleidet, aus der ihre Hüften recht schamlos hervorlugten. Besonders auf diese Wand richtete Monseigneur Robert gerne seine Blicke.
Auch die Deckenbalken waren ockerfarben, gelb und blau bemalt und da und dort mit den Wappen derer von Artois, Beaumont und Valois versehen. Mit Brokat bedeckte Tische, Truhen voll prächtiger Waffen und schwere Fackelhalter aus vergoldetem Eisen schmückten das Gemach.
Robert stand von seinem großen Stuhl auf und gab dem Notar die Protokolle der Verhöre zurück, die er soeben durchgesehen hatte.
»Gut ist's; das sind gute Papiere«, erklärte er, »besonders die Aussage des Sire de Machaut, die sehr unmittelbar wirkt und die Worte des Grafen de Bouville aufs beste ergänzt. Tesson, Ihr seid entschieden ein geschickter Mann, ein Meister der Spitzfindigkeit, und ich bedauere keineswegs, Euch dorthin gebracht zu haben, wo Ihr jetzt seid. Unter Eurer Fastenmiene verbirgt sich mehr List als in den hohlen Köpfen vieler Advokaten im Parlament. Man muß allerdings zugeben, daß Gott Euch viel Platz geschenkt hat, um Euer Hirn unterzubringen.«
Der Notar lächelte unterwürfig und neigte seinen übergroßen Schädel mit der Mütze, die einem riesigen schwarzen Kohlkopf ähnlich war. Hinter den spöttischen Komplimenten Monseigneurs von Artois verbarg sich vielleicht eine Aussicht auf Beförderung.
»Ist das die ganze Ernte? Oder habt Ihr mir für heute noch andere Nachrichten zu bringen?« fügte Robert hinzu. »Wo stehen wir mit dem ehemaligen Vogt von Béthune?«

Prozessieren ist eine Leidenschaft wie das Spiel. Robert von Artois lebte einzig und allein für seinen Prozeß, er dachte und handelte nur mehr dafür. In diesen zwei Wochen war sein einziges Lebensziel, sich Zeugenaussagen zu verschaffen. Sein Geist arbeitete vom Morgen bis zum Abend daran, und selbst in der Nacht wachte er auf, durch einen plötzlichen Einfall aus dem Schlaf geschreckt, läutete seinem Diener Lormet, der ganz verschlafen und verdrießlich herbeikam, und fragte:

»Alter Schnarcher, hast du mir nicht neulich von einem gewissen Simon Dourin oder Dourier gesprochen, der Schreiber bei meinem Großvater war? Weißt du, ob der Mann noch lebt? Versuche morgen, das herauszubekommen.«

Bei der Messe, die er täglich aus Schicklichkeitsgründen hörte, ertappte er sich dabei, wie er zu Gott um Erfolg für seinen Prozeß betete. Vom Gebet kam er ganz natürlich wieder auf seine Machenschaften und sagte sich während des Evangeliums:

»Aber dieser Gilles Flamand, der einst Mahauts Schildknappe war und den sie wegen irgendeiner Missetat verjagte . . . vielleicht könnte er Zeugenschaft für mich ablegen. Das darf ich nicht vergessen.«

Man hatte ihn noch nie vorher im königlichen Rat so emsig gesehen, und seine Stimme hatte dort viel Gewicht. Jeden Tag begab er sich ins Schloß und erweckte den Eindruck, als mühe er sich nach Kräften um die Aufgaben des Königreichs, aber das geschah nur, um auf seinen Schwager Philipp VI. Einfluß zu nehmen, sich unentbehrlich zu machen und darüber zu wachen, daß nur Leute seiner Wahl ein Amt erhielten. Er verfolgte aufmerksam alle gerichtlichen Urteile, um neue Schliche zu lernen. Alles andere war ihm gleichgültig.

Daß sich in Italien Welfen und Gibellinen weiter zerfleischten, Azzo Visconti seinen Onkel Marco ermorden und die Stadt Mailand gegen die Truppen König Ludwigs des Bayern befestigen ließ, während sich hingegen die Städte Verona, Vicenza, Padua und Treviso der Autorität des von Frankreich beschützten Papstes entzogen – Monseigneur von Artois wußte und hörte es, aber er verschwendete kaum einen Gedanken daran.

Daß in England die Partei der Königin in Schwierigkeiten war und Roger Mortimer mit jedem Tag weniger beliebt wurde, darüber zuckte Monseigneur von Artois nur die Schultern. England interessierte ihn nicht und auch nicht die Wollweber von Flandern, die immer mehr Abkommen mit den englischen Gesellschaften trafen, weil das ihren Geschäften zugute kam.

Aber daß Maître Andrieu de Florence, Domherr und Schatzmeister von Bourges, ein neues kirchliches Amt erhielt oder daß der Chevalier de Villebresme in die Rechnungskammer ernannt wurde, ach, das waren bedeutsame Dinge, und sie durften keinen Aufschub erleiden! Maître Andrieu und der Sire de Villebresme nämlich gehörten zu den acht Kommissaren, die ernannt worden waren, den Prozeß um das Artois einzuleiten.

Diese Kommissare hatte Robert Philipp VI. empfohlen, ja praktisch ausgewählt . . .»Wenn man Bouchart de Montmorency nehmen würde, er hat uns immer ohne Falsch gedient . . . Wenn man Pierre de Cugnières nehmen würde; das ist ein kluger Mann, den jeder achtet . . .« Das gleiche galt für die Notare, und unter ihnen war Pierre Tesson, der seit zwanzig Jahren zuerst den Valois und dann Robert gedient hatte.

Noch niemals war sich Pierre Tesson so wichtig vorgekommen, noch nie war er mit so viel vertraulicher Freundschaft behandelt worden, noch nie hatte er so viel Stoff für die Gewänder seiner Frau erhalten oder kleine goldgefüllte Säckchen für sich selbst. Trotzdem war er erschöpft, denn Robert trieb seine Leute an, und die Vitalität dieses Mannes war einfach vernichtend.

Vor allem war Robert von Artois immer auf den Füßen. Pausenlos ging er in seinem Arbeitszimmer zwischen den hohen Heiligengestalten auf und ab. Anstandshalber konnte Maître Tesson sich nicht in Gegenwart eines so hohen Herrn, eines Pairs von Frankreich, niedersetzen. Notare sind es jedoch gewohnt, sitzend zu arbeiten. Maître Tesson hatte also seine liebe Mühe, den schwarzen Ledersack zu halten – er wagte nicht, ihn auf die Brokate zu stellen – und ein Papier nach dem anderen herauszuziehen. Er fürchtete, nach diesem Prozeß sein Leben lang kreuzlahm zu bleiben.

Auf Roberts Frage antwortete er:

»Ich habe den ehemaligen Vogt Guillaume de la Planche aufgesucht, der gegenwärtig im Châtelet gefangengehalten wird. Die Dame de Divion war schon vorher bei ihm gewesen; seine Aussage ist sehr brauchbar, wie wir es erwartet haben. Er bittet, Ihr mögt nicht vergessen, bei Messire Mille de Noyers ein gutes Wort für seine Begnadigung einzulegen, denn seine Sache steht schlecht, und er läuft Gefahr, gehenkt zu werden.«(11)

»Ich werde dafür sorgen, daß er freikommt; er kann ruhig schlafen. Und Simon Dourier, habt Ihr ihn verhört?«

»Noch nicht, Monseigneur, aber ich habe mich mit ihm in Verbindung gesetzt. Er ist bereit, vor den Kommissaren zu erklären, daß er an dem Tage des Jahres 1302 anwesend war, als Graf Robert II., Euer Großvater, kurz vor seinem Tod den Brief diktiert hat, der Euern Erbschaftsanspruch auf das Artois bestätigt.«

»Ach, ausgezeichnet, ausgezeichnet . . .«
»Ich habe ihm auch versprochen, daß er wieder in Eurem Hause angestellt und von Euch pensioniert werden wird . . .«
»Warum hat man ihn verjagt?« fragte Robert.
Der Notar machte die krumme Gebärde desjenigen, der Geld in die Tasche steckt.
»Pah!« rief Robert aus, »jetzt ist er alt, er hat Zeit gehabt zu bereuen! Ich werde ihm hundert Livres im Jahr geben, Wohnung und Bettzeug . . .«
»Manessier de Lannoy wird bestätigen, daß Madame Mahaut die entwendeten Briefe verbrannt hat . . . Sein Haus, wie Ihr wißt, sollte an die Lombarden verkauft werden, um seine Schulden zu bezahlen; er ist Euch zu großem Dank verpflichtet, daß Ihr ihm ein Dach über dem Kopf bewahrt habt.«
»Ja, es ist zu wenig bekannt, wie gut ich bin«, meinte Robert. »Aber Ihr sagt mir nichts von Juvigny, dem ehemaligen Bedienten Enguerrands?«
»Ich habe nichts bei ihm erreicht«, antwortete der Notar. »Er weigert sich, er gibt vor, daß er nichts weiß, sich an nichts erinnert.«
»Wie?« schrie Robert. »Ich bin selbst in den Louvre gegangen, wo er für geringe Verdienste pensioniert ist, und habe mit ihm gesprochen! Und er will sich nicht erinnern? Schaut doch, ob Ihr ihn nicht ein wenig foltern lassen könnt. Der Anblick der Zangen wird ihm schon helfen, die Wahrheit zu sagen.«
»Monseigneur«, erwiderte der Notar betrübt, »man foltert die Angeklagten, aber noch nicht die Zeugen.«
»Also dann teilt ihm zumindest mit, daß ich seine Einkünfte streichen lassen werde, wenn sein Gedächtnis nicht wiederkehrt. Ich bin gütig, aber man muß mir dabei helfen.«
Er packte einen bronzenen Kerzenhalter, der gut fünfzehn Pfund wog, und ließ ihn im Gehen von einer Hand in die andere fallen.
Der Notar dachte an die göttliche Ungerechtigkeit, die Leuten nur zu ihrer Unterhaltung so viel Muskelkräfte verleiht und den armen Notaren, die ihren schweren schwarzen Ledersack zu schleppen haben, so wenig.
»Fürchtet Ihr nicht, Monseigneur, daß er die Einkünfte, die Ihr ihm streichen laßt, durch die Hand der Gräfin Mahaut wiederbekommen könnte?«
Robert hielt im Gehen inne.
»Mahaut?« rief er aus. »Aber sie vermag nichts mehr, sie verschanzt sich, sie hat Angst. Hat man sie in letzter Zeit bei Hof gesehen? Sie rührt sich nicht, sie zittert, sie weiß, daß sie verloren ist.«

»Gott erhöre Euch, Monseigneur, Gott erhöre Euch. Gewiß, wir werden gewinnen, aber nicht ohne einige kleine Hindernisse . . .«
Tesson zögerte fortzufahren, nicht so sehr aus Furcht vor dem, was er zu sagen hatte, sondern wegen der Schwere seines Sackes . . . Noch fünf bis zehn Minuten aufrecht stehen zu müssen . . .
»Ich habe erfahren, daß man unseren Leuten im Artois nachgeht und daß unsere Zeugen auch von anderen aufgesucht werden. Außerdem hat es in der letzten Zeit ein gewisses Kommen und Gehen von Boten zwischen dem Palais der Madame Mahaut und Dijon gegeben. Man hat durch ihre Türe etliche Kuriere in der Livree von Burgund eintreten sehen . . .«
Mahaut versuchte ihre Bande mit Herzog Odo fester zu knüpfen, das stand außer Zweifel. Aber welche Stütze hatte die Partei von Burgund am Hofe? Königin Johanna die Hinkende, und das durfte man nicht außer acht lassen.
»Ja, aber ich habe den König auf meiner Seite«, sagte Robert, »und das Weibsbild wird verlieren, das sage ich Euch, Tesson.«
»Dennoch müßte man die Dokumente zum Vorschein bringen, Monseigneur, denn ohne Dokumente . . . Worten kann man immer andere Worte entgegensetzen . . . Je eher, desto besser.«
Er hatte seine persönlichen Gründe, darauf zu beharren. Ein Notar kann durch die Beeinflussung von so viel Zeugenaussagen, das heißt, durch deren Erzwingung mittels Bestechung oder Drohung, sein Glück machen, aber er läuft auch Gefahr, im Châtelet und gar auf dem Rad zu enden . . . Tesson hatte gar keine Lust, den Platz des ehemaligen Vogtes von Béthune einzunehmen.
»Sie kommen, Eure Dokumente, sie kommen! Sie sind auf dem Weg, sage ich Euch! Glaubt Ihr, es sei so leicht, sie herzuschaffen? . . . Übrigens, Tesson«, sagte Robert plötzlich und zeigte auf den schwarzen Ledersack, »Ihr habt im Zeugnis des Grafen de Bouville vermerkt, daß der Heiratsvertrag von den zwölf Pairs unterzeichnet wurde. Warum habt Ihr das vermerkt?«
»Weil es der Zeuge gesagt hat, Monseigneur.«
»Ach ja . . . das ist sehr wichtig«, bemerkte Robert nachdenklich.
»Weshalb denn, Monseigneur?«
»Weshalb? Weil ich die andere Kopie des Vertrages erwarte, ich soll jene aus den Archiven des Artois bekommen . . . und für teures Geld. Wenn die Namen der zwölf Pairs nicht darauf stehen, ist das Dokument nichts wert. Wer waren damals die Pairs? Bei Fürsten und Grafen ist es leicht, aber wer waren die Kirchenfürsten? Seht Ihr, wie man auf alles merken muß!«

Der Notar sah Robert mit einer Mischung von Unruhe und Bewunderung an.
»Wißt Ihr, Monseigneur, daß Ihr, wäret Ihr nicht ein so großer Herr, den besten Notar des Königreiches abgegeben hättet? Damit will ich Euch nicht kränken, Monseigneur, o nein!«
Robert läutete, um den Besucher hinausbegleiten zu lassen.
Kaum hatte sich der Notar zurückgezogen, als Robert durch eine Tür hinausging, die sich im Bauch der heiligen Magdalena öffnete – ein Spiel der Architektur, das ihn höchlichst amüsierte – und in das Schlafzimmer seiner Gattin lief. Als er die Hofdamen fortgejagt hatte, begann er:
»Johanna, liebe Freundin, meine teuere Gräfin, laßt die Divion wissen, sie soll das Schreiben des Heiratskontraktes unterbrechen, es müssen die Namen der zwölf Pairs aus dem Jahr 82 darauf verzeichnet sein. Wißt Ihr sie? Nun, auch ich weiß sie nicht! Wo kann man sich die Namen verschaffen, ohne Aufsehen zu erregen? Ach, wieviel verlorene Zeit!«
Die Gräfin von Beaumont sah ihren Mann mit ihren schönen klaren blauen Augen an; ein leichtes Lächeln erhellte ihre Züge. Ihr Riese hatte also wieder einen Grund zur Aufregung gefunden! Voll Ruhe sagte sie:
»In Saint-Denis, lieber Freund, in Saint-Denis, in den Archiven der Abtei. Dort werden wir gewiß die Namen der Pairs finden. Ich will Bruder Heinrich, meinen Beichtvater, dorthin entsenden, als wolle er gelehrte Forschungen betreiben ...«
Roberts breites Angesicht wurde von heiterer Zärtlichkeit und dankbarer Freude erhellt.
»Wißt Ihr, mein Herzchen«, sagte er und verneigte sich mit ein wenig schwerfälliger Grazie, »daß Ihr, wäret Ihr nicht eine so große Dame, den besten Notar des Königreichs abgegeben hättet?«
Sie lächelten einander zu, und in den Augen Roberts las die Gräfin Beaumont, geborene Johanna von Valois, das Versprechen, daß ihr Mann heute nacht ihr Bett aufsuchen würde.

Die Fälscher

Wenn man sich auf den Weg der Lüge begibt, glaubt man immer, die Reise würde kurz und leicht sein; die ersten Hindernisse nimmt man rasch und sogar mit einem gewissen Vergnügen; aber bald wird der Wald dichter, die Straße schwindet, verzweigt sich in Pfade, die sich in Sümpfen verlieren; man strauchelt bei jedem Schritt und sinkt ein;

man wird gereizt, man verschwendet seine Kraft an eitle Unternehmungen, deren jede eine neue Unvorsichtigkeit bedeutet.

Auf den ersten Blick ist nichts einfacher, als ein altes Dokument nachzumachen. Ein an der Sonne gebleichtes, durch Asche gezogenes Pergament, die Hand eines bestochenen Schreibers, einige Siegel auf seidener Schnur – das alles sollte nur wenig Zeit und bescheidene Auslagen beanspruchen.

Und doch mußte Robert von Artois vorläufig darauf verzichten, den Heiratskontrakt seines Vaters wiederherstellen zu lassen. Nicht nur wegen der Suche nach den Namen der zwölf Pairs, sondern auch deshalb, weil das Dokument in lateinischer Sprache abgefaßt werden mußte und nicht jeder Schreiber fähig war, die ehemals in fürstlichen Heiratsurkunden gebrauchten Formulierungen wiederzugeben. Der frühere Almosenier der Königin Klementia von Ungarn ließ auf die Einleitung und den Abschluß des Dokumentes warten, und man wagte nicht, ihn allzusehr zu drängen, aus Angst, irgendeinen Verdacht zu erwecken.

Da war auch die Frage der Siegel.

»Laßt sie durch einen Stempelstecher nach alten Siegeln nachmachen«, hatte Robert befohlen.

Nun waren die Siegelstecher vereidigt; und die Hofstecher hatten auf Befragung erklärt, man könne ein Siegel niemals genau nachmachen, zwei Stempel wären niemals identisch, und ein mit falschem Stempel geprägtes Wachs sei für Fachleute leicht zu erkennen. Die ursprünglichen Stempel jedoch würden beim Tode ihres Besitzers stets vernichtet.

Man mußte sich daher alte, mit den nötigen Siegeln versehene Dokumente beschaffen, diese abnehmen, was nicht leicht war, und sie auf das falsche Dokument übertragen.

Robert riet daher der Divion, ihre Bemühungen auf ein weniger schwieriges und doch ebenso wichtiges Dokument zu konzentrieren.

Am 28. Juni 1302, vor dem Aufbruch zum Kriegszug nach Flandern, wo er übrigens von zwanzig Lanzenstichen getroffen fallen sollte, hatte der alte Graf Robert II. seine Angelegenheiten in Ordnung gebracht und brieflich die Verfügungen bestätigt, die seinem Enkel das Erbe der Grafschaft Artois zusicherten.

»Und das stimmt«, sagte Robert zu seiner Gemahlin. »Alle Zeugen haben es bestätigt. Simon Dourier weiß sogar noch, welche Vasallen meines Großvaters anwesend waren und welche Vogteien ihre Siegel beifügten. Es ist nichts als die Wahrheit, die wir da zum Vorschein bringen werden!«

Simon Dourier, der ehemalige Notar des Grafen Robert II., lieferte

den Inhalt der Erklärung, soweit sein Gedächtnis diesen wiedergeben konnte. Die Niederschrift wurde von einem Schreiber der Gräfin von Beaumont namens Dufour angefertigt, aber an Dufours Text war zu vieles ausgestrichen, auch konnte man seine Handschrift erkennen.
Die Divion ging also ins Artois, um den Text einem gewissen Robert Rossignol zu bringen, der seinerzeit Schreiber von Thierry d'Hirson gewesen war und der den Brief nicht mit einem Gänsekiel, sondern mit einer Bronzefeder abschrieb, um seine Schrift besser zu verstellen.
Diesem Rossignol versprach man eine Wallfahrt nach Santiago de Compostela, die er für seine Gesundheit gelobt hatte. Des weiteren hatte er aber auch noch einen Schwiegersohn namens Jean Oliette, der sich darauf verstand, Siegel geschickt abzunehmen. Wahrlich eine tüchtige Familie! Oliette lehrte seine Kunst die Dame de Divion.
Diese kehrte nach Paris zurück, schloß sich mit Madame von Beaumont und einer einzigen Dienerin, Jeannette der Armseligen, ein(12), und nun bemühten sich die drei Frauen mittels eines erhitzten Rasiermessers und eines Roßhaars, das in eine besondere Tinktur eingetaucht wurde, damit es nicht bräche, die Wachssiegel der alten Dokumente abzulösen. Das Siegel wurde mit dem Rasiermesser entzweigeschnitten; dann erhitzte man den einen Teil und legte ihn auf den anderen, indem man die Seidenschnüre oder den Pergamentstreifen des neuen Dokumentes dazwischenfügte. Schließlich erwärmte man den Rand des Wachses ein wenig, um die Spuren der Schnitte zu verwischen.
Johanna von Beaumont, Jeanne de Divion und Jeannette die Armselige übten auf diese Weise ihre Hand an mehr als vierzig Siegeln; niemals arbeiteten sie am gleichen Ort; bald versteckten sie sich in einem Raum des Palais Artois, bald im Palais de l'Aigle oder auf einem Landsitz.
Manchmal erschien Robert im Zimmer, um auf den Fortgang der Arbeit einen Blick zu werfen.
»Ich sehe, meine drei Johannen sind am Werk«, sagte er gut gelaunt.
Von den drei Frauen war die Gräfin von Beaumont die geschickteste.
»Frauenhände, Feenhände«, bemerkte Robert und küßte galant die Fingerspitzen seiner Gemahlin.
Man mußte es aber nicht nur fertigbringen, die Siegel abzulösen, man mußte sich auch die fehlenden Siegel beschaffen.
Das Siegel Philipps des Schönen war nicht schwer zu finden; überall gab es ja königliche Akten. Robert bewog den Bischof von Evreux, ihm einen Brief anzuvertrauen, der seine Herrschaft Conches betraf, er

wolle Einsicht nehmen, gab er vor, und erstattete den Brief niemals zurück.
Im Artois ließ sich die Divion durch ihre Freunde Rossignol und Oliette wie auch durch zwei andere Dienerinnen, Marie la Blanche und Marie la Noire, die alten Siegel der Vogteien und Lehnsherrschaften besorgen.
Bald waren alle Siegel beisammen, mit Ausnahme eines einzigen und wichtigsten, jenes des verstorbenen Grafen Robert II. Eine absurde Geschichte, aber so war es nun einmal: Alle Familiendokumente lagen in den Archiven des Artois, bewacht von Mahauts Schreibern, und Robert, der beim Tode seines Großvaters noch minderjährig gewesen war, besaß kein einziges.
Dank einer ihrer Cousinen machte sich die Divion an einen Mann namens Ourson der Einäugige heran, der eine gesiegelte Urkunde des seligen Grafen besaß und der bereit schien, sie für eine Summe von dreihundert Livres abzutreten. Madame Johanna von Beaumont hatte wohl gesagt, daß man das Stück um jeden Preis kaufen würde, aber die Divion hatte im Artois nicht so viel Geld bei sich, und Messire Ourson der Einäugige war mißtrauisch genug, seine Urkunde auf bloße Versprechungen hin nicht herauszugeben.
Die Divion, die sich nicht mehr anders zu helfen wußte, erinnerte sich an ihren Gatten, der recht behaglich in der Kastellanei von Béthune lebte. Er hatte sich nie sehr eifersüchtig gezeigt, und jetzt, da der Bischof Thierry tot war . . . Sie beschloß, ihn aufzusuchen. Es wurden zwar dadurch reichlich viele Leute ins Vertrauen gezogen, aber damit mußte man sich abfinden. Der Gatte war nicht willens, Geld zu leihen, aber er war bereit, sich von einem guten Pferd zu trennen, auf dem er Turniere geritten hatte. Die Divion brachte es zu Messire Ourson als Ergänzung seiner Bezahlung und ließ ihm zugleich die wenigen Schmuckstücke dort, die sie an sich trug.
Ach, die Divion schonte sich wirklich nicht! Sie sparte weder Zeit noch Mühe, unternahm dies und jenes, reiste hin und her und gönnte auch ihrer Zunge keine Ruhe. Sie war auf der Hut, damit sie nichts mehr verlor, und schlief nachts mit den Schlüsseln unter ihrem Kopfpolster.
Ihre Hand zitterte vor Angst, als sie mit dem Rasiermesser das Siegel des verstorbenen Grafen Robert herunterschnitt. Man denke! Ein Siegel, das dreihundert Livres gekostet hatte! Und wie konnte man jemals ein gleiches wiederfinden, wenn es unglücklicherweise zerbrach?
Monseigneur Robert verlor schon ein wenig die Geduld, da alle Zeugen jetzt beisammen waren und der König ihn sehr freundlich und

aus Interesse an der Sache fragte, ob die Dokumente, deren Bestehen er beeidet hatte, nun bald vorgelegt würden.
Noch zwei Tage, noch einen Tag Geduld – Monseigneur Robert würde zufrieden sein!

Gäste in Reuilly

Während der heißen Jahreszeit und sooft der Dienst beim König und die Sorge um seinen Prozeß es erlaubten, verbrachte Robert von Artois gern die letzten Tage der Woche in Reuilly, in einem Schloß, das aus dem Erbe der Valois seiner Gattin zugefallen war.
Wiesen und Wälder rings um diesen Besitz sorgen für angenehme Kühle. Hier hält Robert auch seine Jagdfalken. Das Haus ist immer voll, denn viele junge Edelleute dienen, ehe man sie zum Ritter schlägt, bei Robert von Artois als Knappen, Truchseß oder Kammerdiener. Wem es nicht gelingt, an den königlichen Hof zu kommen, der bemüht sich, durch Empfehlung einflußreicher Verwandter in Roberts Hofhaltung aufgenommen zu werden und sich dann durch Eifer hervorzutun. Die Zügel von Monseigneurs Pferd zu halten, ihm den Lederhandschuh zu reichen, auf den sich sein Falke setzen wird, ihn bei Tisch zu bedienen, vor der Mahlzeit Wasser über seine mächtigen Pranken zu gießen, das alles bedeutete einen kleinen Aufstieg in der staatlichen Hierarchie; morgens sein Kissen zu schütteln, um ihn aufzuwecken, das war fast, als schüttle man das Kissen des lieben Gottes, denn – darüber waren sich alle einig – Monseigneur war es, der das Wetter bei Hof machte.
An diesem Septembersonnabend hat er einige befreundete Seigneurs zu Gast gebeten, darunter den Sire de Brécy, den Chevalier de Hangest vom Parlament, den Erzdiakon d'Avranches und sogar den halbblinden alten Grafen de Bouville, den er in einer Sänfte abholen ließ. Für Frühaufsteher hat er eine kleine Falkenbeize veranstaltet.
Jetzt sind seine Gäste im Gerichtssaal versammelt, wo er selbst im Jagdgewand behaglich in seinem großen Armstuhl sitzt. Die Gräfin von Beaumont, seine Gemahlin, ist zugegen und auch der Notar Tesson, der sein Schreibzeug und seine Federn auf den Tisch gelegt hat.
»Sires, meine lieben Freunde«, beginnt Robert, »ich habe Euch hier versammelt, damit Ihr mir Euren Rat erteilt.«
Die Menschen sind stets geschmeichelt, wenn man sie um Rat fragt. Die jungen adeligen Knappen bringen den Gästen die Würzweine, die man vor der Mahlzeit genießt, bieten gewürztes Zuckerwerk an und geschälte Mandeln in vergoldeten Silberschalen. Sie bemühen sich,

ihren Dienst ohne Lärm und ohne Fehler zu versehen; sie öffnen die Augen weit und sammeln Erinnerungen; später werden sie einmal sagen: »Ich war an jenem Tage bei Monseigneur von Artois; Graf de Bouville, der ehemalige Kämmerer König Philipps des Schönen, war anwesend . . .«

Robert spricht ernst und gesetzt: Eine gewisse Dame de Divion, die er kaum kennt, hat sich ihm vorgestellt, um ihm einen Brief zu überbringen, den sie zusammen mit anderen Briefen von Bischof Thierry d'Hirson erhielt . . . dessen gute Freundin sie gewesen ist, wie er mit gesenkter Stimme mitteilt. Die Divion verlangt natürlich Geld; solche Frauen sind alle von der gleichen Art! Aber das Dokument scheint von Wichtigkeit zu sein. Immerhin will Robert, bevor er es erwirbt, sich versichern, daß man ihn nicht betrügt, daß der Brief authentisch ist, seinem Prozeß als Beweis dienen kann, und daß es sich nicht um irgendeine Fälschung handle, die man fabriziert hat, um ihm Geld zu entlocken. Er hat daher seine Freunde eingeladen, die weise und erfahren sind und schriftkundiger als er, um das Dokument zu prüfen.

Von Zeit zu Zeit wirft Robert einen Blick auf seine Frau, um sich der Wirkung seiner Rede zu versichern. Johanna billigt durch ein unmerkliches Nicken; sie bewundert die gewagte Arglist ihres Gemahls und wie gut dieser schlaue Riese den Naiven spielt, wenn er jemand betrügen will. Er mimt den Besorgten, den Argwöhnischen . . . die anderen werden nicht verfehlen, einen so gewichtigen Brief gutzuheißen; haben sie ihn einmal gebilligt, werden sie ihre Meinung nicht mehr ändern. Am Hof und im Parlament wird sich das Gerücht verbreiten, daß Robert den Beweis seines Rechtes in Händen hält.

»Führt die Dame Divion herein«, sagt Robert mit strenger Miene.

Jeanne de Divion tritt ein, sehr kleinstädtisch und einfach; aus dem linnenen Brusttuch hebt sich ihr dreieckiges Gesicht mit den umschatteten Augen. Sie braucht die Schüchternheit nicht zu mimen, sie ist schüchtern. Einer großen Stofftasche entnimmt sie ein eingerolltes Pergament, von dem mehrere Siegel herabhängen, und überreicht es Robert, der das Pergament entfaltet, einen Augenblick betrachtet und dann dem Notar weitergibt.

»Prüft die Siegel, Maître Tesson.«

Der Notar überzeugt sich, daß die Seidenschnüre richtig befestigt sind, und neigt seine riesige schwarze Mütze und sein Mondsichelprofil über das Pergament.

»Es ist das Siegel des Grafen, Eures seligen Großvaters, Monseigneur«, sagt er in überzeugtem Ton.

»Seht nach, meine teuren Sires«, sagt Robert.

Das Dokument geht von Hand zu Hand. Sire de Brécy bestätigt, daß

die Siegel der Vogteien von Arras und Béthune tadellos sind; der Graf de Bouville hebt das Stück an seine müden Augen; er unterscheidet nur den grünen Fleck unten an dem Brief; er tastet das Wachs ab, das sich weich anfühlt, und Tränen steigen in seine Augen:
»Ach! Das grüne Wachssiegel meines Herrn Philipp des Schönen«, murmelt er.
Einen Augenblick lang herrscht große Rührung und Schweigen; man achtet die langjährigen Erinnerungen dieses alten Dieners der Krone. Die jungen Knappen werden diesen Augenblick nicht vergessen.
Die Divion, die sich an die Wand zurückgezogen hat, wechselt einen diskreten Blick mit der Gräfin von Beaumont.
»Nun lest uns das Dokument vor, Maître Tesson«, befiehlt Robert.
Der Notar, der das Pergament ergriffen hat, beginnt:
»*Wir Robert von Frankreich, Pair und Graf von Artois . . .*«
Die Einleitungsformeln sind die üblichen; die Anwesenden hören ruhig zu.
»*. . . erklären in Gegenwart der Seigneurs und Ritter de Saint-Venant, de Saint-Paul, de Waillepayelle, die mit ihrer Petschaft siegeln werden, und des Maître Thierry d'Hirson, meines Schreibers . . .*«
Einige Blicke wenden sich der Divion zu, die den Kopf senkt.
›Sehr geschickt, den Bischof Thierry erwähnt zu haben‹, denkt Robert, ›das bestätigt die Zeugenaussagen über seine Rolle; alles fügt sich gut ineinander.‹
»*. . . daß Wir aus Anlaß der Heirat Unseres Sohnes Philipp ihn mit Unserer Grafschaft belehnt haben, indem Wir Uns deren Nutznießung für Lebensdauer vorbehielten, und daß Unsere Tochter Mahaut zugestimmt und auf die obenerwähnte Grafschaft verzichtet hat . . .*«
»Ach! Das ist doch eine große Sache!« ruft Robert aus. »Das ist mehr, als ich erwartete! Niemals hat man mir gesagt, daß Mahaut eingewilligt hatte! Jetzt erkennt Ihr, meine Freunde, wie niederträchtig sie ist! . . . Fahrt fort, Maître Tesson.«
Die Anwesenden sind sehr beeindruckt. Man schüttelt den Kopf, man wechselt Blicke . . . Ja, das Dokument hat Bedeutung.
»*. . . Und jetzt, da Gott Unseren vielgeliebten, teuren Sohn zu sich berufen hat, bitten Wir Unseren Herrn, den König, falls Gott Uns im Krieg dahinrafft, daß Unser Herr, der König, darüber wache, daß die Leibeserben Unseres Sohnes zu ihrem Erbe kommen . . .*«
Die Köpfe nicken wieder würdevoll; der Chevalier de Hangest, Mitglied des Parlamentes, streckt die Hände aus und wendet sich Robert zu, als wollte er sagen: »Monseigneur, Euer Prozeß ist gewonnen.«

Der Notar endet:
»... *Und haben dies mit Unserem Petschaft gesiegelt, in Unserem Schloß zu Arras, am achtundzwanzigsten Tage des Monats Juni, im Jahre des Heils tausenddreihundertzweiundzwanzig.*«
Robert kann ein plötzliches Auffahren nicht unterdrücken. Die Gräfin von Beaumont erbleicht. Die Divion, an die Wand gelehnt, glaubt zu sterben.
Nicht nur sie haben es gehört: »*Tausenddreihundertzweiundzwanzig*«. Die Köpfe der Anwesenden haben sich erstaunt dem Notar zugewendet, der selbst Anzeichen der Verwirrung zeigt.
»Habt Ihr tausenddreihundertzweiundzwanzig gelesen?« fragt der Chevalier de Hangest. »Ihr wolltet doch tausenddreihundertundzwei sagen, das Todesjahr des Grafen Robert?«
Maître Tesson hätte sich gerne eines Versehens bezichtigt, aber der Text ist da, unter seinen Augen, und zeigt klar die Ziffer »*Tausenddreihundertzweiundzwanzig*«. Jeder wird das Dokument noch einmal sehen wollen. Wie konnte das nur geschehen! Monseigneur Robert wird in einer furchtbaren Laune sein! Und er selbst, Tesson, in was hat er sich da eingelassen. Im Châtelet ... im Châtelet wird das alles enden!
Er tut, was er kann, um das Unheil gutzumachen, er stammelt:
»Es ist ein Schreibfehler ... Gewiß, man muß tausenddreihundertundzwei lesen ...«
Und rasch taucht er seine Feder in die Tinte, radiert aus, streicht einige Buchstaben durch, stellt das richtige Datum her.
»Kommt es Euch zu, solche Korrekturen vorzunehmen?« sagt der Chevalier de Hangest in etwas mißfälligem Ton.
»Gewiß, Messire«, sagt der Notar, »es stehen zwei Punkte unter dem Wort, und es ist die Gewohnheit der Notare, falsch geschriebene Worte auszubessern, unter die Punkte gesetzt sind ...«
»Das stimmt«, bestätigt der Erzdiakon d'Avranches.
Aber der Zwischenfall hat den guten Eindruck der Lektüre völlig zerstört.
Robert ruft einen Knappen, flüstert ihm den Befehl ins Ohr, die Mahlzeit zu beschleunigen, und bemüht sich dann, das Gespräch wieder zu beleben.
»Also im großen und ganzen, Maître Tesson, erscheint Euch der Brief echt?«
»Gewiß, Monseigneur, gewiß«, beeilt sich Tesson zu antworten.
»Und auch Euch, Messire Erzdiakon?«
»Ich halte ihn für echt.«
»Vielleicht«, sagt der Sire de Brécy freundlich, »solltet Ihr ihn mit an-

dern Briefen des verstorbenen Grafen aus demselben Jahr vergleichen lassen ...«

»Und wie soll ich das tun, guter Freund«, erwidert Robert, »wenn meine Tante Mahaut alles in ihren Archiven verwahrt! Ich halte den Brief für echt. Solche Dinge kann man nicht erfinden! Ich selbst wußte nicht so viel darüber, vor allem nicht, daß Mahaut verzichtet hat.«

In diesem Augenblick ertönen Trompeten im Hof. Robert klatscht in die Hände:

»Man ruft uns, Messeigneurs! Tauchen wir die Finger ins Wasser, und dann zu Tisch!«

Robert von Artois ging schäumend vor Wut im Schlafzimmer der Gräfin, seiner Gemahlin, auf und ab, und der Boden erzitterte unter seinen Füßen.

»Und Ihr habt es gelesen! Und Tesson hat es gelesen! Und die Divion hat es gelesen! Und niemand, niemand von euch war fähig, dieses unglückselige ›Zweiundzwanzig‹ zu sehen, das unser ganzes Werk zum Einsturz zu bringen droht!«

»Aber Ihr selbst, mein Freund«, erwiderte Johanna von Beaumont mit Ruhe, »habt diesen Brief wieder und wieder gelesen und wart, wie mir scheint, höchst zufrieden damit.«

»Nun ja, ich habe ihn gelesen, und auch ich habe den Fehler übersehen! Mit den Augen lesen und laut lesen ist nicht dasselbe. Konnte ich denn denken, daß man eine solche Dummheit begehen wird! Dieser Esel von einem Notar ... und der andere Esel, der den Brief geschrieben hat ... wie heißt er denn? Rossignol? Der Kerl gibt vor, ein Dokument verfassen zu können, er reißt einem mehr Geld heraus, als für einen Hausbau nötig ist, und er ist nicht einmal imstande, das richtige Datum zu schreiben! Ich werde ihn packen und bis aufs Blut prügeln lassen, diesen Rossignol!«

»Ihr müßt ihn in Santiago de Compostela verhaften lassen, mein Freund, wohin er mit Euren Denaren eine Wallfahrt macht.«

»Also dann bei seiner Rückkehr!«

»Und fürchtet Ihr nicht, daß er etwas zu laut schreien wird, wenn man ihn prügelt?«

Robert zuckte die Achseln.

»Noch ein Glück, daß die Sache sich hier ereignet hat und nicht beim Vorlesen im Parlament! Ihr werdet bei den anderen Dokumenten besser achthaben müssen, Liebste, daß solche Fehler nicht mehr vorkommen.«

Madame de Beaumont fand es ungerecht, daß der Zorn ihres Gatten sich auf sie entlud. Sie beklagte den Irrtum ebensosehr wie er und war darüber betrübt, aber nach all der Mühe, die sie sich gegeben, und nachdem sie sich die Haut von den Händen geschunden hatte beim Schneiden der vielen Wachssiegel, fand sie, daß Robert sich beherrschen und sie nicht als die Schuldige behandeln sollte.

»Schließlich und endlich, Robert, warum hängt Ihr so sehr an diesem Prozeß? Warum setzt Ihr Euch und mich und so viele Eurer Umgebung der Gefahr aus, eines Tages der Lüge und der Fälschung angeklagt zu werden!«

»Es handelt sich nicht um Lügen und Fälschungen!« brüllte Robert. »Ich will die Wahrheit vor aller Augen an den Tag bringen, die man eigensinnig zu verbergen trachtet!«

»Das mag sein«, sagte sie. »Aber gesteht, diese Wahrheit steckt in einem üblen Gewand! Ihr müßt fürchten, daß sie darin nicht erkannt werden wird! Ihr habt alles, mein Freund: Ihr seid Pair von Frankreich, durch mich seid Ihr ein Bruder des Königs, dessen Schwester ich bin; Ihr seid allmächtig in seinem Rat; Euer Einkommen ist groß, und alles, was ich Euch durch Mitgift und Erbschaft gebracht habe, stellt ein Vermögen dar, um das Euch alle beneiden. Warum laßt Ihr nicht vom Artois? Meint Ihr denn nicht, daß wir lange genug ein Spiel gespielt haben, das uns sehr teuer zu stehen kommen kann?«

»Meine Liebste, Ihr zieht ganz falsche Schlüsse, und ich wundere mich, von Euch, die Ihr sonst so klug seid, solche Worte zu hören. Ich bin der erste Baron von Frankreich, aber ein Baron ohne Land. Meine kleine Grafschaft Beaumont, die man mir als Ersatz gegeben hat, ist ein Krongut; ich kann es nicht selbst verwalten, nur die Einkünfte gibt man mir. Man hat mich zum Pair erhoben, Ihr sagtet es eben, weil der König Euer Bruder ist; Gott möge ihn lange erhalten, aber auch ein König lebt nicht ewig. Wir haben sie zur Genüge sterben gesehen!

Wird man mich zum Regenten machen, wenn Philipp stirbt? Wenn seine herrische hinkende Gemahlin, die mich und Euch haßt, sich für die Regentschaft auf Burgund stützt, werde ich weiter so mächtig bleiben, und wird mir die Schatzkammer dann auch meine Einkünfte bezahlen? Ich verfüge über keine Verwaltung und keine Gerichtsbarkeit, ich habe keine wirklich großen Lehnsleute, ich kann aus meinem Land keine Männer ausheben, die mir Gehorsam schuldig sind und denen ich Ämter geben könnte. Wer ist heute im Besitz der fetten Pfründen? Leute aus Valois und Anjou und aus Maine, aus den Erb- und Lehensgütern Eures Vaters Karl. Woher nahm ich meine eigenen Diener? Aus der Mitte dieser Leute. Ich sage Euch nochmals, ich habe nichts. Ich kann nicht genug Banner aufstellen, damit man vor mir zittere. Die wahre Macht zählt nur nach der Menge der Vogteien, über die man gebietet und die einen mit Kriegsleuten versorgen. Mein Vermögen beruht nur auf mir, auf meinen Armen, auf dem Platz, den ich im königlichen Rat einnehme; mein Ansehen gründet sich nur auf die Gunst, und die Gunst hängt von Gott allein ab. Wir haben Söhne, denkt an sie, Liebste! Es ist nicht sicher, ob sie mein Hirn geerbt haben, und daher möchte ich ihnen die Krone von Artois hinterlassen . . . die ihnen durch rechtmäßige Erbfolge zukommt!«

Er hatte noch nie so viel von seinen innersten Gedanken offenbart, und die Gräfin von Beaumont vergaß die ihr zugefügte Kränkung. Sie sah ihren Gatten in einem neuen Licht, nicht nur als den listigen Riesen, dessen Intrigen sie amüsierten, als den Taugenichts, der zu allen Streichen fähig war, als den Mann, der alle Frauen besitzen wollte, ob es Edeldamen, Bürgerliche oder Dienerinnen waren, sondern sie sah ihn als wirklichen Grandseigneur, der weiß, welchen Gesetzen sein Stand zu folgen hat. Wenn Karl von Valois seinerzeit einem Königreich oder einer Kaiserkrone nachlief und für seine Töchter höchste Verbindungen suchte, so rechtfertigte er seine Taten mit ähnlichen Überlegungen.

In diesem Augenblick klopfte ein Knappe an die Türe: Die Dame de Divion bat dringend, den Grafen sprechen zu dürfen.

»Was will dieses Weib noch von mir? Fürchtet sie denn nicht, daß ich sie zerschmettere? Laßt sie eintreten.«

Totenbleich erschien die Divion. Sie hatte soeben erfahren, daß die beiden Mägde im Artois, Marie la Blanche und Marie la Noire, die ihr geholfen hatten, die Siegel des gefälschten Briefes zu erwerben, von den Schergen der Gräfin Mahaut verhaftet worden waren.

Mahaut und Beatrice

»Der Teufel möge eure Eingeweide austrocknen, ihr Elenden!« schrie die Gräfin Mahaut. »Kaum habe ich die beiden Weiber verhaften lassen, durch die ich alles hätte erfahren können, und kaum sind sie gefaßt, laßt ihr sie wieder aus?«

In ihrem Schlosse Conflans ob der Seine, nahe von Vincennes, hatte die Gräfin Mahaut soeben die Nachricht erhalten, daß die beiden Mägde der Divion, die der Vogt von Arras auf ihren Befehl verhaftet hatte, wieder freigekommen waren. Ihr Zorn kannte keine Grenzen, und die ›Elenden‹, an die sich ihre Flüche richteten, waren in dieser Stunde nur durch ihre Hofdame Beatrice d'Hirson vertreten, auf die sich ihre ganze Wut entlud. Der Vogt von Arras war nämlich ein

Onkel Beatrices, der jüngere Bruder des seligen Bischofs Thierry.
»Diese Mägde, Madame, wurden nur auf einen Befehl des Königs freigelassen, den zwei Bewaffnete vorwiesen«, erwiderte Beatrice ruhig.
»Wieso denn! Der König wird sich gerade um zwei Mägde kümmern, die in einem Vorort von Arras die Küche besorgen! Man hat sie auf Befehl meines lieben Robert laufen lassen, der zum König gerannt ist, um sie freizubekommen. Hat man wenigstens die Namen der Bewaffneten aufgezeichnet? Hat man sich vergewissert, daß es königliche Beamte waren?«
»Sie nannten sich Maciot L'Allemant und Jean le Servoisier, Madame«, gab Beatrice mit der gleichen Ruhe zurück.
»Zwei Leute Roberts! Ich kenne diesen Maciot L'Allemant; er gehört zu den Leuten, die mein elender Neffe bei allen seinen bösen Streichen verwendet. Und woher hat Robert überhaupt erfahren, daß die Mägde der Divion verhaftet wurden?« fragte Mahaut, wobei sie einen von Argwohn erfüllten Blick auf ihre Hofdame warf.
»Monseigneur Robert hat viele Verbindungen mit dem Artois aufrechterhalten, das wißt Ihr ja, Madame.«
»Ich hoffe nur«, sagte Mahaut, »daß er keine solchen Verbindungen mit Leuten meiner näheren Umgebung hat . . . Aber mir schlecht dienen, heißt ja schon mich verraten! Von allen Seiten werde ich verraten. Ach! Seit Thierrys Tod habt ihr kein Herz mehr für mich. Ihr Undankbaren! Ich habe euch alle mit Wohltaten überhäuft; seit fünfzehn Jahren behandle ich dich wie meine eigene Tochter . . .«
Beatrice d'Hirson senkte die langen schwarzen Wimpern und blickte auf die Steinfliesen. Von ihrem goldgetönten glatten Gesicht mit den schön gezeichneten Lippen war keine Gefühlsregung abzulesen, weder Unterwürfigkeit noch Auflehnung, nur eine gewisse Falschheit, die allein in dem Senken der ungewöhnlich langen Wimpern lag, hinter denen sie ihren Blick verbarg.
». . . Schau deinen Onkel Denis an, den ich Thierry zu Gefallen zu meinem Schatzmeister gemacht habe, er betrügt und bestiehlt mich! Wo ist die Abrechnung über die Kirschen aus meinem Obstgarten, die er diesen Sommer auf dem Pariser Markt verkaufen ließ? Es wird ein Tag kommen, an dem ich seine Register kontrollieren werde. Ihr habt alles, Ländereien, Häuser, Schlösser, mit dem Profit gekauft, den ihr zu meinem Schaden gemacht habt! Dein Onkel Pierre, ein Tölpel, den ich zum Vogt ernannte, weil ich ihn für zu töricht hielt, um mir untreu zu werden, er ist nicht einmal mehr fähig, die Tore meiner Gefängnisse versperrt zu halten! Man spaziert heraus wie aus einem Gasthof oder einem Bordell!«

»Konnte mein Onkel sich weigern, Madame, angesichts des königlichen Siegels?«

»Und in den beiden Tagen, da sie im Gefängnis waren, was haben diese Mägde einer elenden Dirne gesagt? Hat man sie zum Sprechen gebracht? Hat man sie wenigstens der peinlichen Frage unterworfen?«

»Aber, Madame«, sagte Beatrice immer mit der gleichen unbewegten Stimme, »man konnte es ohne Gerichtsbefehl doch nicht tun. Denkt daran, was Eurem Vogt von Béthune widerfahren ist ...«

Mit einer Geste ihrer großen fleckigen Hand fegte Mahaut alle Argumente fort.

»Nein, ihr dient mir nicht mehr mit eurem Herzen«, rief sie, »oder, besser gesagt, ihr habt mir immer schlecht gedient!«

Mahaut wurde alt. Die Jahre hatten ihren riesigen Körper gezeichnet; auf ihren Wangen, die beim geringsten Ärger purpurrot anliefen, wuchsen borstige weiße Haare; auf ihrer Brust ließ ein solcher Blutandrang eine Art roten Latz hervortreten. Im Vorjahr hatte sie mehrere schwere Krankheiten durchgemacht. Diese Zeit war auf jede Weise verhängnisvoll für sie gewesen.

Seit dem Meineid in Amiens und der Bildung der Untersuchungskommission war sie völlig unleidlich geworden. Auch ermüdete ihr Geist leicht, und sie neigte ein wenig dazu, alle Dinge in einen Topf zu werfen. Hatte der Frost die Rosen vernichtet, die sie in ihren Gärten zu Tausenden züchtete, oder hatten die hydraulischen Maschinen, die die künstlichen Wasserfälle ihres Schlosses Hesdin speisten, irgendeinen Schaden genommen, so entlud sich ihr Zorn wie ein Unwetter auf die Gärtner, die Baumeister, die Knappen und auf Beatrice.

»Und diese Malereien, die erst vor zehn Jahren gemacht wurden!« schrie sie und zeigte auf die Fresken in der Galerie von Conflans ... »Achtundvierzig Pariser Livres habe ich dafür dem Farbenschmierer gezahlt, den dein Onkel Denis aus Brüssel kommen ließ und der sich mir verbürgt hat, seine Farben wären die feinsten der Welt!(13) Keine zehn Jahre, und schau sie dir an! Das Silber der Helme ist schon matt, und der untere Teil des Bildes blättert ab. Ich frage dich, ist das eine gute ehrliche Arbeit?«

Beatrice hatte Langeweile. Mahauts Gefolgschaft war zahlreich, aber sie bestand nur aus Leuten, die älter waren als Beatrice. Mahaut hielt sich jetzt dem französischen Hof ziemlich fern, der ganz unter Roberts Einfluß stand. Dort in Paris, in Saint-Germain, um den *gefundenen König* herum gab es nichts als Lanzenstechen, Turniere und Festlichkeiten, zum Geburtstag der Königin, zur Abreise des Königs von Böh-

men oder auch ohne jeden Anlaß, einfach um sich zu vergnügen. Mahaut ging nur selten hin und dann nur für kurze Zeit, wenn ihr Rang als Pair des Reiches sie dazu zwang. Mahaut war nicht mehr in dem Alter, um selbst am Tanz Freude zu finden, noch war sie geneigt zuzusehen, wie andere sich unterhielten, besonders an einem Hof, an dem sie so schlecht behandelt wurde. Es machte ihr auch keine Freude mehr, in Paris in ihrem Palais in der Rue Mauconseil zu verweilen; sie lebte zurückgezogen hinter den hohen Mauern von Conflans oder im Schlosse von Hesdin, das sie nach den durch Robert im Jahre 1316 verursachten Zerstörungen wieder hatte herstellen lassen.
Tyrannisch geworden, seit sie keinen Geliebten mehr hatte – der letzte war der Bischof Thierry d'Hirson gewesen, der sich zwischen ihr und der Divion geteilt hatte, weshalb auch Mahaut dieses Weib so haßte –, und in der Angst, von nächtlichem Übelsein befallen zu werden, zwang sie Beatrice, ihr Schlafzimmer zu teilen, wo es nach Alter, Medizinen und Speiseresten roch. Denn Mahaut verschlang immer noch die gleichen Mengen wie früher und wurde zu den unmöglichsten Stunden von wildem Heißhunger gepackt. Die Wandbehänge und Teppiche rochen nach Hasenpfeffer, Wildbret und Knoblauchsuppen. Häufige Magenverstimmungen zwangen sie dann, Astrologen, Ärzte, Barbiere und Apotheker zu rufen; Mixturen und Kräuteraufgüsse folgten dem eingepökelten Fleisch. Ach, wo war die schöne Zeit, da Beatrice Mahaut half, Könige zu vergiften!
Auch Beatrice begann die Last der Jahre zu fühlen. Ihre Jugend ging zu Ende. Dreiunddreißig Jahre – das ist das Alter, in dem alle Frauen, selbst die entartetsten, die beiden Hälften ihres Lebens betrachten und mit Sehnsucht an die vergangene, mit Sorge an die kommende denken. Beatrice war immer noch schön und las es in den Augen der Männer, ihrem Lieblingsspiegel. Aber sie wußte auch, daß sie nicht mehr ganz die verführerische Hautfarbe goldener Früchte hatte wie mit zwanzig Jahren; ihr tiefdunkles Auge, das fast kein Weiß zwischen den Lidern sehen ließ, war beim Aufwachen nicht mehr so glänzend; die Hüften wurden etwas schwer, und sie mußte ihre Gewänder ändern lassen. Jetzt durfte sie keinen Tag mehr verlieren.
Aber wie sollte sie es anfangen mit dieser Mahaut, die sie zwang, in ihrem Zimmer zu schlafen, wie konnte sie entkommen, um einen Geliebten zu treffen oder um zu mitternächtlicher Stunde in ein geheimes Haus zu gehen, einer schwarzen Messe beizuwohnen und im Hexensabbat die Würze der Lust zu finden?
»Was träumst du da?« schrie die Gräfin sie brüsk an.
»Ich träume nicht, Madame«, erwiderte Beatrice und hob ihren schwimmenden Blick zu Mahaut. »Ich überlege nur, daß Ihr eine Bes-

sere zu Eurem Dienst finden könntet als mich; ich gedenke mich zu verheiraten.«
Das war eine kluge Bosheit, deren Wirkung nicht auf sich warten ließ.
»Eine schöne Partie wirst du machen!« schrie Mahaut. »Ach, der Mann wird gut daran sein, der dich zur Frau nimmt und der deine Jungfernschaft in den Betten aller meiner Knappen suchen kann, wo er dann auch seine Hörner finden wird!«
»In meinem Alter, Madame, und da Ihr mich in Euren Diensten gehalten habt, wäre die Jungfernschaft eher ein Unglück als eine Tugend. Auf jeden Fall ist sie leichter zu finden als die Häuser und Güter, die ich einem Gatten mitbringen würde.«
»Wenn du sie behältst, meine Beste! Wenn ich sie dir lasse, diese Güter! Denn es ist meine Wolle, die da geschoren wurde!«
Beatrice lächelte; und ihr dunkler Blick verschleierte sich wieder.
»Oh, Madame«, sagte sie mit großer Sanftmut, »Ihr werdet mir doch nicht Eure Wohltaten entziehen, mir, die ich Euch bei so geheimen Dingen zu Diensten war, die wir zusammen vollbrachten.«
Mahaut sah sie haßerfüllt an. ›Die Elende hat mich in ihrer Gewalt‹, dachte sie.
Beatrice wußte, wann es notwendig war, Mahaut an die königlichen Leichen zu erinnern, die zwischen ihnen lagen, an die Dragées für den Zänker, an das Gift auf den Lippen des kleinen Johann I. . . ., und sie wußte auch, wie die Szene enden würde: mit einem Blutandrang zum Kopf der Gräfin, mit dem roten Latz, der sich auf ihrem Stierhals abzeichnete.
»Du wirst nicht heiraten! Sieh nur, was du mir mit deinem Eigensinn Übles tust, und sei zufrieden!« sagte die Gräfin und ließ sich auf einen Lehnstuhl fallen. »Das Blut braust in meinen Ohren, man wird mich wieder zur Ader lassen müssen.«
»Müßt Ihr Euch nicht Blut abzapfen lassen, Madame, weil Ihr zuviel eßt?«
»Ich werde essen, was mich freut«, brüllte Mahaut, »und wann es mich freut! Ich brauche keine Ignorantin wie dich, um mich zu lehren, was gut für mich ist. Geh und hole mir englischen Käse! Und Wein! Und zwar sofort!«
Es war kein englischer Käse mehr in den Vorratskammern, die letzte Sendung war zu Ende.
»Wer hat ihn gegessen? Man bestiehlt mich! Dann bringe mir eine Pastete!«
›Da hast du die Pastete! Stopf dich voll und platze!‹ dachte Beatrice, als sie das Servierbrett niederstellte.

Mahaut griff sich eine große Schnitte und biß hinein. Aber das Krachen, das sie hörte und das in ihrem Schädel widerhallte, kam nicht von der Pastetenkruste allein: Ein Vorderzahn, an der Wurzel verfault, war abgebrochen.
Mahaut riß die grauen blutunterlaufenen Augen auf, und ihr Gesicht erstarrte vor Verblüffung. Das Pastetenstück in der einen Hand, ein Glas Wein in der anderen, saß Mahaut mit offenem Mund da, und der lose Schneidezahn stieß waagerecht gegen ihre Lippe. Sie stellte das Glas nieder, riß den gebrochenen Zahn ohne jede Mühe heraus und betrachtete ihn mit einer Art von kindlicher Angst. Mit der Zungenspitze befühlte sie den leeren Raum in ihrem Kiefer und die rauhe Oberfläche der Wurzel. Sie hatte schon viele Zähne verloren, alle ihre Backenzähne, aber nicht auf diese Art, sondern in kleinen Stücken, vereiterte, verdorbene Zähne, die man ihr gezogen hatte, nachdem Gewürznelken in ihr Zahnfleisch gesteckt worden waren. Aber dieser Zahn war ein Schneidezahn, ein Teil ihrer selbst, den sie zu sehen gewohnt war und der nun plötzlich abbrach. In ihren dicken Fingern hielt sie das kleine vergilbte Stück Elfenbein wie ein Beweisstück ihres Alters. Sie hob die Augen, da Beatrice, vor ihr stehend, vor Lachen halb erstickte. Die Hofdame hatte die Arme gekreuzt, ihre Schultern bebten, sie vermochte den Lachanfall einfach nicht zu unterdrücken.
Bevor sie zurückweichen konnte, hatte Mahaut sie schon erwischt und versetzte ihr zwei schallende Ohrfeigen. Das Lachen Beatrices war wie abgeschnitten; ihre langen Wimpern hoben sich über den schwarzen Augäpfeln, die in einem bösen Glanz funkelten, der aber sofort wieder erlosch.
Als Beatrice an diesem Abend der Gräfin beim Auskleiden half, schien der Frieden zwischen ihnen wiederhergestellt. Mahaut fuhr mit der Zunge mechanisch über den Zahnstumpf, den der Barbier abgefeilt hatte. Sie kam wieder auf den Gedanken zurück, der sie so sehr beschäftigte, und erklärte Beatrice: »Verstehst du, warum ich so viel Wert darauf gelegt habe, daß diese Weiber befragt werden? Ich bin überzeugt, daß die Divion Robert hilft, Dokumente zu fälschen, und ich möchte ihn auf frischer Tat ertappen.«
Beatrice hatte seit der doppelten Maulschelle ihren Plan ausgearbeitet.
»Darf ich Euch einen Rat unterbreiten, Madame? Werdet Ihr bereit sein, ihn anzuhören?«
»Sprich, meine Tochter, sprich: Ich bin lebhaft und habe eine schnelle Hand, aber ich vertraue dir, das weißt du wohl.«
»Je nun, Madame, alles Übel kommt von der Erbschaft meines Onkels Thierry und davon, daß Ihr nicht auszahlen wolltet, was er der Divion

hinterlassen hat! Aber Ihr habt Euch da eine Feindin geschaffen, die zweifellos einige Geheimnisse aus dem Munde meines Onkels vernommen hatte. Jetzt ist sie im Begriff, sie Monseigneur Robert zu verkaufen. Es ist noch ein Glück, daß ich rechtzeitig die Truhe von Hirson leeren konnte, in der mein Onkel einige Eurer Papiere aufhob! Denkt nur, was dieses böse Weib damit hätte anstellen können ... Aber etwas Geld und Land von Euch, und sie hätte den Schnabel gehalten.«

»Ja«, sagte Mahaut. »Ich habe vielleicht unrecht gehabt. Aber man muß schon sagen, diese Hure, die sich unter den Decken eines Bischofs wärmt und sich dann noch im Testament bedenken läßt, wie eine legitime Gattin ... Nun ja! Vielleicht habe ich unrecht gehabt ...«

Beatrice half Mahaut, ihr Taghemd auszuziehen. Die Riesin hielt ihre ungeheuren Arme in die Höhe, unter den Achseln konnte man armselige weiße Haarbüschel sehen; das Fett bildete einen Buckel auf dem Nacken, wie auf dem Rücken von Rindern. Die Brüste hingen schwer und unförmig herab.

›Sie ist alt‹, dachte Beatrice, ›sie wird sterben ... aber wann? Bis zu ihrem letzten Tag werde ich diesen häßlichen Leib an- und ausziehen und alle meine Nächte bei ihr verbringen ... Und wenn sie stirbt, was wird dann geschehen? Monseigneur Robert wird mit Unterstützung des Königs den Prozeß gewinnen ... Mahauts Hausstand wird in alle Winde zerstreut werden ...‹

Als Mahaut in ihrem Nachthemd steckte, fuhr Beatrice fort:

»Würdet Ihr dieser Divion anbieten, ihr das Legat auszuzahlen, das sie beansprucht, und vielleicht noch etwas mehr, Ihr würdet sie in Euer Lager zurückbringen! Und hat sie Monseigneur Robert bei dunklen Geschäften geholfen, könntet Ihr mit einem Schlag erfahren, worum es sich handelt, und daraus Vorteile ziehen.«

»Vielleicht ist es klug, was du da sagst«, antwortete Mahaut. »Meine Grafschaft ist es wert, tausend Livres auszugeben, sogar um den Lohn der Sünde zu bezahlen. Aber wie soll man an diese Dirne herankommen? Sie wohnt in Roberts Palais, der sie gewiß streng überwachen läßt ... und sie bei Gelegenheit wohl auch ein wenig streicheln wird, denn ihn ekelt vor nichts ... Unser Vorhaben dürfte nicht bekannt werden.«

»Madame, ich biete mich an, zu ihr zu gehen und mit ihr zu sprechen. Ich bin die Nichte Thierrys. Er könnte mir etwas für sie aufgetragen haben ...«

Mahaut betrachtete aufmerksam das ruhige, beinahe lächelnde Gesicht ihrer Hofdame.

»Du begibst dich in große Gefahr«, sagte sie. »Wenn Robert es erfährt . . .«
»Ich weiß, Madame, ich weiß, was ich riskiere, aber die Gefahr schreckt mich nicht«, erwiderte Beatrice und breitete die gestickte Decke über die Gräfin, die sich niedergelegt hatte.
»Wohlan!« sagte Mahaut, »du bist ein gutes Kind. Brennt dich die Wange nicht allzusehr?«
»Zu dienen, Madame, ja, sie brennt immer noch . . .«

Beatrice und Robert

Lormet hatte sie an der kleinen Pforte des Schlosses empfangen, welche die Lieferanten benutzten, als wäre die Besucherin eine Trödlerin oder Stickerin, die gekommen war, einen Auftrag abzuliefern. Auch unterschied sich Beatrice d'Hirson, bekleidet mit einer Pelerine aus leichtem grauen Tuch und einer Kapuze, die ihre Haare bedeckte, in nichts von einer gewöhnlichen Bürgersfrau.
Sie hatte den alten Kammerdiener von Monseigneur von Artois, der ihm bei seinen geheimen Unternehmungen zur Hand ging, sofort erkannt, aber sie zeigte kein Erstaunen darüber, auch nicht, daß man sie durch die beiden Höfe und die Gesindeunterkünfte zu den herrschaftlichen Wohnungen führte. Lormet ging voran, er keuchte ein wenig, drehte sich von Zeit zu Zeit um und warf über die Schulter einen argwöhnischen Blick auf das allzuschöne Mädchen mit dem gleitenden, wiegenden Schritt, das so gar nicht eingeschüchtert war.
›Was haben die Leute der Mahaut bei uns zu suchen?‹ knurrte Lormet innerlich. ›Was für ein Süpplein will dieses Weibsbild auf unseren Herden kochen? Ach! Monseigneur Robert ist wirklich leichtsinnig, daß er ihr Einlaß gewährt hat! Die Dame Mahaut weiß, was sie tut: sie schickt ihm keineswegs die häßlichste ihrer Frauen!‹
Ein gewölbter Gang, ein Wandbehang, eine niedere Türe, die in gut geölten Angeln schwang, und Beatrice sah auf drei Wänden den heiligen Georg, der seinen Speer schleuderte, den heiligen Mauritius, der auf sein Schwert gestützt dastand, und den heiligen Petrus beim Herausziehen seiner Netze.
Monseigneur Robert stand aufrecht in der Mitte des Gemaches, die Beine weit gespreizt, die Arme über der Brust gekreuzt, das Kinn auf dem Kragen.
Beatrice senkte die langen Wimpern und fühlte sich von einem köstlichen Schauer des Bangens und zugleich der Befriedigung durchdrungen.

»Ihr habt wohl nicht erwartet, mich zu sehen«, sagte Robert von Artois.
»O doch, Monseigneur«, erwiderte Beatrice mit ihrer schleppenden Stimme. »Ich hoffte allerdings, in Eure Nähe zu gelangen.«
Sie hatte eine Woche lang alles Nötige dazu getan und die Boten, die sie zur Divion sandte, so wenig verkleidet, daß das ganze Schloß davon Kenntnis haben mußte.
Die Antwort versetzte Robert in Erstaunen.
»Wozu kommt Ihr also? Um mir den Tod meiner Tante Mahaut anzukündigen?«
»O nein, Monseigneur, Madame Mahaut hat nur einen Zahn verloren.«
»Eine gute Nachricht«, sagte Robert, »die mir aber so vieler Umstände nicht wert scheint. Schickt sie Euch als Boten? Sieht sie ein, daß ihr Prozeß verloren ist, und will sie jetzt mit mir verhandeln? Ich verhandle nicht!«
»O nein, Monseigneur, Madame Mahaut will nicht verhandeln, da sie weiß, daß sie gewinnen wird.«
»Sie und gewinnen! Wahrhaftig! Gegen fünfundfünfzig Zeugen, die alle die an mir begangenen Diebstähle und Betrügereien bestätigen?«
Beatrice lächelte.
»Madame Mahaut wird an die sechzig Zeugen finden, um zu beweisen, daß Eure Zeugen falsch aussagen, und sie werden ebenso dafür bezahlt werden . . .«
»Ach, meine Schöne, seid Ihr hierhergekommen, um mich zu verspotten? Die Zeugen Eurer Herrin werden nichts erreichen, denn die meinen stützen sich auf gute Dokumente, die ich vorzeigen werde.«
»Ach, wirklich, Monseigneur?« fragte Beatrice mit einer Miene falscher Ehrerbietigkeit. »Also dann irrt sich Madame Mahaut, die sich darüber wunderte, daß man in letzter Zeit so viele Siegel im Artois für Euch suchte.«
»Man sucht nach Siegeln«, sagte Robert gereizt, »weil man nach allen alten Dokumenten sucht und mein neuer Kanzler darauf aus ist, in meinen Archiven Ordnung zu machen.«
»Ach, wirklich, Monseigneur . . .«, entgegnete Beatrice.
»Aber nicht Euch kommt es zu, mich auszufragen! An mir ist es, Euch zu fragen, was Ihr hier sucht! Wollt Ihr meine Leute bestechen?«
»Das ist nicht notwendig, Monseigneur, da ich bis zu Euch gelangt bin.«
»Ja, aber was wollt Ihr denn eigentlich?« rief er aus.
Beatrices Blick schweifte durch das Gemach. Sie sah die Türe, durch

die sie eingetreten war und die sich im Bauch der Magdalena auftat. Sie lachte leicht auf.
»Müssen die Damen, die Ihr empfangt, immer über diesen Schleichweg kommen?«
Der Riese begann seine Nerven zu verlieren. Die schleppende ironische Stimme, das kurze Lachen, der dunkle Blick, der einen Augenblick aufglänzte, um gleich danach hinter den langen, gebogenen Wimpern zu erlöschen, das alles brachte ihn ein wenig in Verwirrung.
›Nimm dich in acht, Robert‹, sagte er sich. ›Das ist eine verschlagene Dirne, die man nicht zu deinem Wohl geschickt hat!‹
Er kannte es seit langem, das Fräulein Beatrice! Es war nicht das erste Mal, daß sie ihn herausforderte. Er erinnerte sich, wie er in der Abtei von Chaâlis von einer nächtlichen Ratsversammlung mit König Karl IV. kam – es hatte sich um die Lage in England gehandelt – und Beatrice wartend unter den Gewölben des Gästeflügels im Kloster fand. Und auch sonst noch oft . . . bei jeder Begegnung war da der gleiche Blick, der sich in seine Augen heftete, die gleiche gleitende Bewegung der Hüften, das gleiche Heben der Brust. Robert war nicht der Mann, den die Treue fesselte; sogar ein mit einem Weiberrock bekleideter Baumstamm hätte ihn von seinem Weg fortlocken können. Aber dieses Mädchen, das für Mahaut zu jeglichem Dienst zu haben war, hatte er immer mit Vorsicht behandelt.
»Meine Schöne, Ihr seid zwar sehr durchtrieben, aber vielleicht seid Ihr auch weise. Meine Tante glaubt, sie werde ihren Prozeß gewinnen, aber Eure Augen sehen schärfer, und Ihr sagt Euch daher schon, daß sie ihn verlieren wird. Zweifellos glaubt Ihr, daß von Conflans her kein guter Wind mehr wehen wird und daß es an der Zeit wäre, sich bei diesem Monseigneur Robert einzuschmeicheln, den man viel verleumdet, dem man großen Schaden zugefügt hat und dessen Hand am Tage der Rache schwer zuschlagen dürfte. Ist dem nicht so?«
Seiner Gewohnheit gemäß ging er im Gemach auf und ab. Er trug ein kurzes Panzerhemd, das seinen Wanst eng umschloß; die Muskeln seiner Schenkel spannten den Stoff seiner Hosen. Durch ihre Wimpern hindurch beobachtete Beatrice ihn unablässig von seinem rötlichen Haarschopf bis hinunter zu seinen Schuhen.
›Was muß er für ein Gewicht haben‹, dachte sie.
»Aber wißt, daß man meine Gunst nicht durch ein Lächeln erlangt«, fuhr Robert fort. »Oder seid Ihr in großer Geldnot und habt mir irgendein Geheimnis zu verkaufen? Ich belohne, wenn man mir dient, aber ich bin erbarmungslos, wenn man mich betrügen will!«
»Ich habe nichts zu verkaufen, Monseigneur.«

»Also dann, Demoiselle Beatrice, laßt es Euch zu Eurem Wohle gesagt sein, daß Ihr besser jenseits der Tore meines Palastes das Weite sucht, was immer der Vorwand sei, der Euch hierher gebracht hat! Meine Küchen sind gut bewacht, meine Speisen und mein Wein werden vorgekostet!«
Beatrice fuhr sich mit der Zunge über die Lippen, als koste sie ein köstliches Getränk.
›Er befürchtet, daß ich ihn vergiften will‹, sagte sie sich.
Oh, wie sie sich amüsierte und zugleich fürchtete! Und Mahaut, die inzwischen glaubte, sie sei damit beschäftigt, die Divion zu umgarnen! Oh, welch köstlicher Augenblick! Beatrice schien es, als hielte sie in ihrer Hand mehrere unsichtbare und todbringende Schlingen. Jetzt mußte man sie nur noch zuziehen.
Sie warf ihre Kapuze zurück, löste die Schnur des Kragens und nahm die Pelerine ab. Ihre dichten dunklen Haare waren in Zöpfen um die Ohren geschlungen. Ihr tiefausgeschnittenes Kleid aus gemustertem Brokat enthüllte den Ansatz der vollen Brust. Robert, der üppige Frauen liebte, konnte sich des Gedankens nicht erwehren, daß Beatrice seit ihrem letzten Zusammentreffen an Schönheit gewonnen hatte.
Sie breitete ihre Pelerine auf den Fliesen aus, so daß sie einen Halbkreis bildete. Robert sah ihr erstaunt zu:
»Was macht Ihr denn da?«
Sie gab keine Antwort, sondern entnahm ihrem Beutel drei schwarze Federn, die sie gekreuzt auf die Pelerine legte, daß sie einen kleinen Stern bildeten; dann drehte sie sich um die Pelerine, indem sie mit dem Zeigefinger einen unsichtbaren Kreis beschrieb und dabei unverständliche Worte murmelte.
»Aber was tut Ihr denn da?« wiederholte Robert.
»Ich verhexe Euch, Monseigneur«, erwiderte Beatrice ruhig, als wäre es die natürlichste Sache der Welt oder zumindest für sie etwas ganz Alltägliches.
Robert lachte laut auf. Beatrice sah ihn an und griff nach seiner Hand, als wolle sie ihn in den Kreis führen. Robert zog die Hand zurück.
»Fürchtet Ihr Euch, Monseigneur?« fragte Beatrice lächelnd.
Das eben ist die Stärke der Frauen! Welcher Seigneur Frankreichs hätte es gewagt, vom Grafen Robert von Artois zu sagen, er fürchte sich? Sogleich hätte eine riesige Faust sein Gesicht eingeschlagen oder ein Schwert, zwanzig Pfund schwer, seinen Schädel zertrümmert! Und da kommt eine Dienende, eine Kammerfrau daher, schleicht um sein Schloß, läßt sich bis zu ihm führen, vergeudet seine Zeit mit Albernheiten . . . ›Mahaut hat einen Zahn verloren . . . Ich habe

Euch kein Geheimnis zu verkaufen . . .‹, legt ihren Mantel auf den Boden und sagt ihm ins Gesicht, er fürchte sich!
»Es schien mir immer, als hättet Ihr Angst, Euch mir zu nähern«, fuhr Beatrice fort. »Als ich Euch zum erstenmal sah, vor langer Zeit, im Palais der Madame Mahaut, als Ihr kamt, um ihr zu verkünden, daß ihre Töchter vor Gericht gestellt würden . . . vielleicht erinnert Ihr Euch nicht mehr . . . schon damals habt Ihr Euch von mir abgewendet. Und seither noch oft . . . Nein, Monseigneur, laßt mich nicht glauben, daß Ihr Euch fürchtet!«
Robert war nahe daran, nach Lormet zu klingeln und diese Spötterin hinauswerfen zu lassen. Das wäre das richtige! Aber hinter ihr, da war die Magdalena mit den runden Hüften, die aus ihren Haaren hervorlugten . . .
»Und was willst du mit deinem Mäntelchen, deinem Kreis und deinen drei Federn hervorzaubern?« fragte er. »Den Teufel?«
»Natürlich, Monseigneur«, sagte Beatrice.
Er zuckte die Achseln über diese Kinderei und trat aus Spaß in den Kreis hinein.
»Nun ist es vollbracht, Monseigneur, genau wie ich gesagt habe. Denn der Teufel . . . das seid Ihr!«
Welcher Mann könnte einem solchen Kompliment widerstehen? Diesmal war Roberts Lachen echt, ein Lachen voll Befriedigung. Er faßte Beatrices Kinn zwischen Daumen und Zeigefinger.
»Weißt du, daß ich dich als Hexe verbrennen lassen könnte?«
»O Monseigneur . . .«
Sie stand ganz nahe vor ihm, den Kopf zu den mächtigen Kiefern mit den rötlichen Barthaaren erhoben, sie spürte den Ebergeruch, der von ihm ausging. Sie war gleicherweise erregt von Gefahr, Verrat, Begehren und Teufelei.
Eine Dirne, eine richtige Dirne, wie Robert sie mochte! ›Was riskiere ich schon?‹ dachte er.
Er packte sie an den Schultern und zog sie an sich.
›Es ist der Neffe Mahauts, ihr Neffe, der ihr soviel Böses wünscht‹, dachte Beatrice, während ihr der Atem unter seinem Mund verging.

Das Haus Bonnefille

Der Bischof Thierry d'Hirson besaß zu Lebzeiten in Paris in der Rue Mauconseil ein kleines Palais neben dem der Gräfin von Artois und hatte es vergrößert, indem er das Haus eines Nachbarn, eines gewissen Julien Bonnefille, dazukaufte. Dieses Haus hatte Beatrice geerbt,

und sie schlug es Robert von Artois als Ort ihrer Zusammenkünfte vor.
Die Aussicht, sich mit der Hofdame der Mahaut neben dem Palais der Mahaut in einem Haus zu ergötzen, das Mahauts Gold bezahlt hatte, das alles befriedigte Roberts natürlichen Hang zum Schabernack. Das Schicksal inszeniert manchmal solche Vergnügungen ...
Nichtsdestoweniger war Robert anfangs äußerst vorsichtig. Obwohl er selbst in derselben Gasse ein Haus besaß, das er zwar nicht bewohnte, das aber seine Gegenwart in dieser Gegend jederzeit rechtfertigen konnte, zog er es vor, sich erst bei einbrechender Dunkelheit in das Haus Bonnefille zu begeben. In diesen, nahe der Seine gelegenen Vierteln, wo die engen Gäßchen von einer dichten, langsam dahinschlendernden Menge erfüllt waren, konnte ein Seigneur wie Robert, mit seiner unverkennbaren Gestalt und seiner Eskorte von Knappen, nicht unbemerkt bleiben. Er wartete also, bis es Abend wurde, und ließ sich dann stets von Gillet de Nelle und drei seiner verschwiegensten und vor allem auch seiner kräftigsten Diener begleiten. Gillet war das Hirn dieser Garde, während die drei Athleten mit ihren Mörderfäusten bei den Ausgängen des Hauses Bonnefille herumstanden, ohne Livree, wie irgendwelche Gaffer.
Bei seinen ersten Besuchen weigerte sich Robert, von dem Würzwein zu trinken, den Beatrice ihm anbot. ›Das Dämchen kann wohl damit beauftragt sein, mich zu vergiften‹, sagte er sich. Nur ungern zog er seinen Rock aus, der mit einem feinmaschigen Kettenhemd gefüttert war, und auch während er seine Lust genoß, ließ er die Truhe, auf die er seinen Dolch gelegt hatte, nicht aus dem Auge.
Beatrice war entzückt, ihn so ängstlich zu sehen. Wie? Sie, die kleine Bürgerin aus dem Artois, ein mit über dreißig Jahren noch unverheiratetes Mädchen, das sich auf Lagern aller Art gewälzt hatte, sie konnte also diesem Riesen und mächtigen Pair von Frankreich Furcht einflößen?
Auch für sie, für sie vor allem, hatte das Abenteuer die Würze der Verderbtheit. Im Hause ihres Onkels, des Bischofs! Und mit dem Todfeind von Madame Mahaut, der sie, um ihre Abwesenheit zu entschuldigen, immer neue Märchen erzählen mußte! Die Divion sei verschwiegen ... sie würde nicht plötzlich nachgeben; und es wäre ein Wahnsinn, ihr eine hohe Summe vielleicht nur für eine Lüge zu bezahlen ... Nein, man mußte sie häufig besuchen, ihr Wort für Wort die Intrigen des bösen Monseigneur Robert entreißen, ihr die Namen der gefälligen Zeugen entlocken und dann die Wahrheit ihrer Aussagen überprüfen, man mußte zu Sieur Jouvigny in den Louvre gehen oder zu Michelet Guéroult, dem Diener des Notars Tesson. Das

alles kostete Mühe, Zeit und Geld . . . »Ich müßte, Madame, diesem Schreiber ein Stück Stoff für seine Frau schenken, dann wird seine Zunge sich lösen, darf ich dafür zwei Livres ausgeben?«
Und welches Vergnügen war es, Madame Mahaut in die Augen zu sehen, ihr zuzulächeln und sich zu denken: ›Vor weniger als zwölf Stunden habe ich mich völlig nackt Messire, Eurem Neffen, dargeboten!‹
Da ihre Hofdame sich in ihren Diensten so sehr bemühte, schnauzte Mahaut sie weniger an, ja, sie wandte ihr von neuem ihre Zuneigung zu und verwöhnte sie sogar. Für Beatrice war es eine doppelt köstliche Beschäftigung, Mahaut zu hintergehen und sich zugleich um Roberts Eroberung zu mühen. Denn daß man eine Stunde lang mit einem Mann im selben Bett liegt, bedeutet noch nicht, daß man ihn erobert hat, ebensowenig, wie man Herr eines wilden Tieres ist, wenn man es gekauft hat und in einem Käfig hält.
Was man in Besitz hat, hat man noch nicht in seiner Macht. Der Herr ist man erst, wenn man das Raubtier so gut dressiert hat, daß es der Stimme gehorcht, seine Krallen einzieht und ein Blick die Gitter ersetzt.
Roberts Argwohn war für Beatrice wie eine Kralle, die man abfeilen muß. In ihrer ganzen Laufbahn als Jägerin hatte sie noch nie Gelegenheit gehabt, so große Beute zu jagen, deren Wildheit geradezu sprichwörtlich war. Fast nannte man schon Roberts Namen, um die Kinder zu schrecken.
An dem Tag, an dem Robert einwilligte, aus Beatrices Hand einen Becher Wein anzunehmen, erlebte sie ihren ersten Sieg. ›Ich hätte Gift hineintun können, und er hätte ihn doch getrunken . . .‹
Und als er einmal einschlief, gleich dem Menschenfresser im Märchen, war sie ganz von ihrem Triumph durchdrungen. Um den Hals des Riesen lief deutlich eine Linie, dort, wo das Gewand oder der Panzer ihn umschloß; die Ziegelfarbe des sonnverbrannten Gesichts hörte plötzlich auf, und darunter kam die weiße Haut zum Vorschein, gefleckt von Sommersprossen und an den Schultern bedeckt mit rötlichen Haaren wie Schweinsborsten. Diese Linie schien Beatrice wie geschaffen für den Hieb einer Axt.
Die kupferfarbenen Haare, die sich über die Wangen ringelten, hatten sich verschoben und entblößten ein kleines kindliches, rührendes Ohr. ›Man könnte‹, dachte Beatrice, ›in dieses kleine Ohr ein Eisen bis zum Hirn hineinstoßen . . .‹
Er schrak nach einigen Augenblicken unruhig empor.
»Nun, Monseigneur! Ich habe dich nicht getötet«, sagte sie lachend.
Ihr Lachen entblößte dunkelrotes Zahnfleisch.

Wie um ihr zu danken, begann er das Liebesspiel von neuem. Er mußte zugeben, daß sie eine gute Partnerin war, erfindungsreich, listig. Sie schonte sich nicht, war niemals mürrisch und schrie ihre Freude laut heraus. Robert, der schon Frauenröcke aller Art geschürzt hatte, seidene, linnene und solche aus grobem Hanf, hielt sich für einen Meister der Hurerei, aber er mußte eingestehen, hier eine Meisterin gefunden zu haben.

»Wenn man diese Liebeskünste beim Hexensabbat lernt, mein Liebchen«, sagte er ihr, »müßte man mehr Jungfrauen dorthin schikken!«

Denn Beatrice sprach ihm oft vom Hexensabbat und vom Teufel. Dieses scheinbar langsame und lässige Mädchen, mit seinem gleitenden Gang und seiner schleppenden Sprache, zeigte sein leidenschaftliches Temperament nur im Bett, ebenso wie seine Rede nur rasch und lebhaft wurde, wenn es sich um Dämonen oder Hexenkünste handelte.

»Warum hast du niemals geheiratet?« fragte Robert. »Die Gatten werden dir nicht gefehlt haben, besonders wenn du ihnen einen solchen Vorgeschmack ehelicher Freuden geboten hast . . .«

»Weil die Hochzeit in der Kirche gefeiert wird und die Kirche mir zuwider ist.«

Im Bett kauernd, die Hände auf die Knie gestützt, den Leib im Schatten, sagte Beatrice mit weitgeöffneten Augen:

»Versteh mich, Monseigneur, die Priester und die Päpste aus Rom und Avignon lehren nicht die Wahrheit. Es gibt nicht nur einen einzigen Gott, es gibt deren zwei, den Gott des Lichtes und den Gott der Finsternis, den Fürst des Guten und den Fürst des Bösen. Vor der Erschaffung der Welt hat sich das Volk der Finsternis gegen das Volk des Lichtes empört, und da das Böse dem Nichts und dem Tod gleichkommt, haben die Vasallen des Bösen, um wirklich bestehen zu können, einen Teil der Prinzipien des Guten in sich aufgenommen. Da nun die beiden Gewalten des Guten und des Bösen in ihnen waren, konnten sie die Welt erschaffen und die Menschen zeugen, in denen die beiden Prinzipien vermengt sind und ständig miteinander im Kampf liegen, und wo das Böse herrscht, denn es ist das natürliche Element des Ursprungvolkes. Man sieht es wohl, daß zwei Prinzipien da sind, denn es gibt Mann und Frau, voneinander verschieden so wie du und ich«, fuhr sie mit einem gierigen Lächeln fort, »und es ist das Böse, das unsere Bäuche kitzelt und sie treibt, sich zu vereinigen . . . Die Menschen aber, in denen das Wesen des Bösen stärker ist als das Wesen des Guten, müssen Satan verehren und mit ihm einen Pakt schließen, um glücklich zu sein und triumphieren zu können; diesen ist der Herr des Guten feind.«

Diese sonderbare Philosophie, die stark nach Schwefel stank und in der schlecht verdaute Bruchstücke des Manichäismus umherschwammen, auch schlecht überlieferte und schlecht verstandene Elemente der Katharerlehren, war damals weit mehr verbreitet, als die Mächtigen glaubten. Beatrice war keine Ausnahme, aber für Robert, dessen Geist sich niemals mit solchen Problemen beschäftigt hatte, öffnete Beatrice die Pforten einer geheimnisvollen Welt. Er bewunderte es besonders, solche Gedankengänge aus dem Mund einer Frau zu hören.

»Du hast mehr Hirn, als ich dir zugetraut hätte. Wer hat dich das alles gelehrt?«

»Ehemalige Templer«, erwiderte sie.

»Ach, die Templer! Sie haben eine Menge gewußt . . .«

»Ihr habt sie vernichtet.«

»Ich nicht, ich nicht«, rief Robert aus. »Philipp der Schöne war es und Enguerrand, die Freunde von Mahaut . . . Aber Karl von Valois und ich selbst waren gegen ihre Vernichtung.«

»Durch Magie sind sie mächtig geblieben; alles Unheil, das dem Reich seither geschehen ist, kommt von dem Pakt, den die Templer mit Satan geschlossen haben, weil der Papst sie verurteilt hat . . .«

»Das Unheil des Reiches . . .«, sagte Robert mit wenig Überzeugung.

»Ist manches davon nicht eher das Werk meiner Tante als des Satans? Denn sie ist es, die ihren Vetter, den Zänker, und dann seinen Sohn aus der Welt befördert hat . . . Hast du nicht auch deine Hand dabei ein wenig im Spiel gehabt?«

Er kam oft auf diese Frage zurück, aber jedesmal wich ihm Beatrice aus. Entweder sie lächelte vage, als hätte sie nicht gehört, oder sie gab eine zweideutige Antwort.

»Mahaut weiß es nicht . . . sie weiß nicht, daß ich mit dem Teufel einen Pakt geschlossen habe . . . sonst würde sie mich bestimmt fortjagen . . .«

Und sie begann wieder in raschen Worten von ihren Lieblingsthemen zu sprechen, von der schwarzen Messe, dem Gegenteil, der Verneinung der christlichen Messe, die um Mitternacht gefeiert werden muß, in einem unterirdischen Gewölbe, am besten neben einem Friedhof. Das Idol hatte einen Kopf mit zwei Gesichtern; man bediente sich schwarzer Hostien, die man durch das dreimalige Anrufen Beelzebubs konsekrierte. War der Offiziant ein abtrünniger Priester oder ein entsprungener Mönch, um so besser – darum hatten so viele ehemalige Templer . . .

»Der Gott da oben ist ein Bankrotteur; er verspricht die Seligkeit und schickt den Geschöpfen, die ihm dienen, nichts als Unglück. Man muß

dem Gott da unten gehorchen. Sieh, Monseigneur, wenn du willst, daß die Dokumente deines Prozesses vom Teufel unterstützt werden, dann lasse sie an einer Ecke des Blattes mit einem glühenden Eisen durchbohren, so daß ein kleines verbranntes Loch zurückbleibt. Oder beschmiere die Seite mit einem kleinen Tintenfleck, in Form eines Kreuzes, dessen oberer Arm in einer Hand endet . . . Ich weiß, wie man das machen muß.«
Aber auch Robert lieferte sich ihr nicht ganz aus. Obwohl sie am besten wußte, daß die Dokumente, die zu besitzen er sich rühmte, nur Fälschungen sein konnten, wäre er nie so weit gegangen, es zuzugeben.
»Willst du über einen Feind jegliche Macht gewinnen, damit er, durch bösen Willen gezwungen, sich selbst ins Verderben stürze, mußt du ihn in den Achselhöhlen, hinter den Ohren und an den Fußsohlen mit einer Salbe einschmieren lassen, die aus Hostienpartikeln und den zerriebenen Knochen eines ungetauften kleinen Kindes besteht, vermischt mit der Brunst eines Mannes, verspritzt auf den Rücken einer Frau während der schwarzen Messe, und dem monatlichen Blut dieser Frau . . .«(14)
»Ich wäre sicherer«, erwiderte Robert, »gäbe man meinem Feind das Pulver ein, mit dem man Ratten und stinkende Tiere tötet . . .«
Beatrice schien darauf nicht zu reagieren. Doch jagte ihr der Gedanke heiße Wellen über den Rücken. Nein, sie durfte Robert noch keine Antwort geben. Er durfte nicht wissen, daß sie schon dabei war, einzuwilligen . . . Gibt es einen besseren Pakt, um Liebende für immer zu binden, als ein Verbrechen?
Denn sie liebte ihn. Sie gab sich nicht Rechenschaft darüber, daß sie bei dem Versuch, ihn in eine Falle zu locken, selbst in Abhängigkeit geraten war. Sie lebte nur mehr für den Augenblick, in dem sie mit ihm zusammentraf, um dann wieder in der Erinnerung zu leben und zu warten. Zu warten auf das Gewicht seiner zweihundert Pfund, auf das Zerdrücktwerden, auf den Raubtiergeruch, der besonders im Liebesakt von ihm ausging, auf das tierische Knurren, das sie seiner Kehle entriß!
Es gibt mehr Frauen, als man glaubt, die Geschmack am Monströsen finden. Die Hofnarren, die, wie Jean le Fol und andere, ihren Eroberungen gar nicht nachkommen konnten, wußten es wohl! Selbst eine zufällige Abnormität bildet den Gegenstand der Neugierde und daher des Begehrens. Nur um zum Beispiel bei einem einäugigen Ritter das schwarze Viereck über der Augenhöhle aufzuheben . . . Robert war auf seine Art ein Monstrum.
Der Herbstregen tropfte auf die Dächer. Beatrices Finger unterhielten

sich damit, den Wölbungen eines ungeheuren Wanstes zu folgen. »Du, Monseigneur, du brauchst nichts zu tun, um das zu erlangen, was du willst, noch mußt du in irgendeiner Lehre unterwiesen werden ... Du bist der Teufel, den ich in dir erweckt habe. Der Teufel weiß es gar nicht, daß er der Teufel ist ...«

Er hörte ihr zu und träumte vor sich hin, gesättigt, das Kinn in der Luft.

Der Teufel hat Augen, die wie Feuer brennen, riesige Krallen an den Fingerspitzen, um das Fleisch zu zerreißen, eine gespaltene Zunge, und aus seinem Mund strömt glühender Dampf. Aber vielleicht hatte der Teufel auch Roberts Gewicht und Geruch. Sie war wirklich in Satan verliebt. Sie war das Weibchen des Teufels, und man würde sie niemals von ihm trennen ...

Eines Abends, als Robert aus dem Haus Bonnefille in sein Palais zurückkam, legte ihm seine Frau den endlich fertiggestellten berüchtigten Heiratskontrakt vor, an dem nur mehr die Siegel fehlten.

Nachdem Robert das Dokument geprüft hatte, ging er zum Kamin und schob wie von ungefähr den Schürhaken in die Glut. Als die Spitze rot aufleuchtete, durchlöcherte er eines der Blätter, das zu knistern begann.

»Was macht Ihr da, mein Freund?« fragte Madame de Beaumont.

»Ich will mich nur versichern«, antwortete Robert, »daß es gutes Pergament ist.«

Johanna von Beaumont warf ihrem Gemahl einen Blick zu und sagte dann sanft, fast mütterlich:

»Robert, Ihr solltet Euch die Nägel schneiden lassen ... Was ist das für eine neue Mode, daß Ihr sie so überlang tragt?«

Rückkehr nach Maubuisson

Es kommt vor, daß eine langwierig angezettelte Machenschaft von Anfang an durch einen Fehler in der Überlegung zum Scheitern verurteilt ist.

Robert merkte plötzlich, daß die Wurfmaschinen, die er so sorgfältig aufgestellt hatte, im Augenblick des Abschusses glatt zerbrechen konnten, da er nicht an die wichtigste Triebfeder gedacht hatte.

Er hatte seinem Schwager, dem König, bestätigt und feierlich auf die Heilige Schrift geschworen, daß seine Erbschaftspapiere existierten; er hatte Briefe abfassen lassen, die den verschwundenen Dokumenten so ähnlich waren wie nur möglich; er hatte zahlreiche Zeugenaussagen gesammelt, um die Rechtsgültigkeit dieser Schriften zu stützen.

Es sprach also alles dafür, daß seine Dokumente ohne Debatte angenommen würden.
Einen Menschen gab es jedoch, der mit Sicherheit wußte, daß die Papiere falsch waren, und das war Mahaut von Artois. Hatte sie doch die echten Urkunden verbrannt, erst jene aus den Pariser Archiven, die dank der Mithilfe Enguerrand de Marignys gestohlen wurden, und jetzt kürzlich die in der Truhe Thierry d'Hirsons wiedergefundenen Kopien.
Nun kann eine Fälschung in den Augen von günstig gestimmten Leuten, die keine Kenntnis von den Originalen haben, für echt genommen werden, weiß aber jemand, daß eine Fälschung vorliegt, so ist die Sache ganz anders.
Gewiß, Mahaut würde nicht verkünden: »Diese Urkunden sind falsch, denn ich habe die richtigen ins Feuer geworfen«; aber da sie wußte, daß es sich um nachgeahmte Stücke handelte, würde sie alles daransetzen, um das auch zu beweisen, in dieser Beziehung konnte man sich auf sie verlassen!
Die mißlungene Verhaftung der Mägde der Divion war schon Warnung genug. Zu viele Leute hatten an der Fälscherarbeit Anteil gehabt, als daß nicht einer unter ihnen fähig gewesen wäre, aus Angst oder aus Geldgier Verrat zu üben.
Falls sich irgendein Irrtum eingeschlichen hatte, wie das unglückliche ›1322‹ anstatt ›1302‹ in dem in Reuilly verlesenen Brief, so würde Mahaut ihn bestimmt aufspüren. Die Siegel konnten vortrefflich sein, aber Mahaut würde deren genaue Überprüfung verlangen. Und dann hatte der verstorbene Graf Robert II., wie alle Fürsten, die Gewohnheit gehabt, in seinen offiziellen Urkunden den Namen des Schreibers vermerken zu lassen, der sie abgefaßt hatte. Bei den gefälschten Briefen hatte man sich vor dieser Genauigkeit gehütet. Eine solche Unterlassung konnte wohl bei einem Stück unbemerkt bleiben – aber bei vier Dokumenten, die man vorlegen wollte? Für Mahaut war es ein leichtes, die Archive von Artois öffnen zu lassen: »Seht her«, würde sie sagen, »und sucht unter allen von meinem Vater gesiegelten Briefen die Handschrift eines Schreibers, die dieser gleicht!«
Robert war zu der Erkenntnis gelangt, daß die Stücke, die in seinen Augen den Wert der Echtheit besaßen, nur dann verwendet werden konnten, wenn die Person, die die Originale hatte verschwinden lassen, ihrerseits verschwand. Mit anderen Worten, sein Prozeß konnte nur unter der Voraussetzung gewonnen werden, daß Mahaut starb. Das war nicht mehr ein bloßer Wunsch, sondern eine zwingende Notwendigkeit.
»Wenn Mahaut aus der Welt schiede«, sagte er eines Tages mit träu-

merischer Miene zu Beatrice, die Hände unter dem Nacken, die Augen zur Decke des Hauses Bonnefille gerichtet, ». . . ja, dann könnte ich dich sehr gut als Hofdame meiner Gemahlin in mein Palais aufnehmen. Da ich die Erbschaft von Artois antreten würde, wäre es nur zu verständlich, daß ich einige Leute aus dem Hause meiner Tante übernehme. Und so könnte ich dich immer bei mir haben . . .«

Der Köder war grob, aber er wurde einem Fisch zugeworfen, der den Mund weit offen hatte.

Beatrice konnte sich nichts Schöneres erhoffen. Sie sah sich im Hause Roberts ihre Intrigen spinnen, zuerst als heimliche und dann als anerkannte Geliebte, denn diese Dinge bringt die Zeit mit sich . . . Und dann, wer weiß? Madame de Beaumont war, wie alle menschlichen Wesen, nicht unsterblich. Gewiß, sie war sieben Jahre jünger als Beatrice und erfreute sich bester Gesundheit, aber was war es gerade für ein Triumph für eine ältere Frau, die jüngere auszustechen! Und konnte man nicht durch geschicktes Behexen in einigen Jahren aus Robert einen Witwer machen? Die Liebe nimmt der Vernunft jeden Zügel und der Phantasie jede Grenze. Beatrice träumte manchmal davon, Gräfin von Artois zu werden, und sah sich im Pairsmantel . . . Und wenn der König hinscheidet – was immerhin möglich war – und Robert Regent wird? In jedem Jahrhundert gibt es niedrig geborene Frauen, die zum höchsten Rang emporsteigen, weil sie das Begehren eines Fürsten erwecken und körperliche Reize und geistige Gaben besitzen, die ihnen als ihr natürliches Recht den Vorrang über alle anderen sichern. Die Romane der Minnesänger berichten davon: Nicht alle Kaiserinnen von Rom und Konstantinopel sind auf den Stufen des Thrones geboren. In der Gesellschaft der Großen dieser Erde kommt eine Frau am schnellsten liegend in die Höhe . . .

Bevor Beatrice jedoch in den Köder biß, ließ sie sich gerade genug Zeit, um ihrer Herrschaft über den Mann, der sie angeln wollte, entsprechend sicher zu sein. Um sie zu überzeugen, mußte Robert erst recht umfangreiche Verpflichtungen eingehen, er mußte ihr zehnmal bestätigen, daß sie ins Palais Artois aufgenommen würde, mußte Titel und Vorrechte aufzählen, die sie genießen und welche Besitztümer sie geschenkt erhalten würde . . . Ja, dann konnte sie ihm vielleicht einen Hexer nennen, der mit einer gut gemachten Wachsfigur, eingebohrten Nadeln und Beschwörungsformeln sein tödliches Werk an Mahaut vollbringen würde. Aber immer noch tat Beatrice, als zögere sie, als plagten sie Gewissensbisse. War Mahaut nicht ihre und der ganzen Familie d'Hirson Wohltäterin?

Immer mehr goldene Spangen und edelsteingeschmückte Schließen hingen an Beatrices Hals. Robert begann galant zu werden. Beatrice

streichelte das soeben erhaltene Geschenk und sagte dabei, für den Erfolg des Zaubers wäre das sicherste und beste Mittel, ein Kind unter fünf Jahren zu nehmen, ihm eine weiße Hostie einzugeben, ihm dann den Kopf abzuschneiden und das Blut auf eine schwarze Hostie träufeln zu lassen, die man durch List dem Behexten eingeben mußte. Ein Kind unter fünf Jahren zu finden, das war nicht schwer; wie viele arme Leute mit einer Schar von Bälgen waren bereit, eines davon zu verkaufen, ohne daß man ihnen sagen mußte, zu welchem Zweck.
Robert zog ein Gesicht: zu viele Komplikationen für einen sehr ungewissen Ausgang. Er zog ein einfaches gutes Gift vor, das man verabreicht und das sein Werk tut.
Endlich schien Beatrice nachzugeben, aus Liebe zu diesem Teufel, den sie vergötterte, voll Ungeduld, in seiner Nähe im Palais zu leben, voll Hoffnung, ihn dann täglich mehrmals zu sehen. Für ihn war sie zu allem bereit. Sie hatte sich schon seit einer Woche so viel weißes Arsen verschafft, daß sie das ganze Stadtviertel damit hätte vergiften können, aber Robert glaubte, er habe endlich gesiegt, als er sie dazu brachte, fünfzig Livres zum Kauf des Giftes anzunehmen.
Jetzt mußte noch eine günstige Gelegenheit abgewartet werden. Beatrice machte Robert begreiflich, daß Mahaut von einem Stab von Ärzten umgeben war, die bei Madames geringstem Unwohlsein herbeieilten; die Küchen waren überwacht, die Mundschenke voll Eifer ... Die Sache war nicht leicht.
Dann plötzlich kam Robert von dem Plan ab. Er hatte mit dem König eine lange Unterredung gehabt. Diesem war eben der Bericht der Kommissare zugestellt worden, die unter der Leitung des Klägers so gut gearbeitet hatten. Philipp VI., mehr denn je überzeugt vom Recht seines Schwagers, wünschte nichts mehr, als ihm dienstbar zu sein, und um einen Prozeß zu vermeiden, dessen Ausgang sicher war, dessen Widerhall aber für den Hof und das ganze Reich nur unerfreulich sein konnte, hatte er beschlossen, Mahaut zu sich zu berufen, um sie dazu zu bewegen, auf die Grafschaft Artois zu verzichten.
»Darauf wird sie niemals eingehen«, sagte Beatrice, »und du weißt es genausogut wie ich, Monseigneur.«
»Wir wollen es doch versuchen. Wenn es dem König gelingt, sie zur Vernunft zu bringen, wäre das nicht die beste Lösung?«
»Nein. Die beste Lösung ist das Gift.«
Denn die Möglichkeit einer freundschaftlichen Regelung war gar nicht nach Beatrices Geschmack; ihre Aufnahme in Roberts Haus würde sich dadurch verzögern. Beatrice mußte die Hofdame der Gräfin bleiben, bis diese Gott weiß wann verschied. Nun war sie es, die auf Handeln drängte; Hindernisse, Schwierigkeiten, die sie selbst

ausgedacht hatte, schreckten sie nicht mehr. Eine günstige Gelegenheit? Sie hatte deren täglich mehrere, und sei es nur, wenn sie der Gräfin Mahaut ihre Tränke und Medizinen brachte ...
»Aber der König hat sie doch in drei Tagen nach Maubuisson berufen?« beharrte Robert.
Beatrice und ihr Geliebter beschlossen: Entweder Mahaut nahm den königlichen Vorschlag an, auf das Artois zu verzichten, dann würde man sie am Leben lassen, oder sie weigerte sich, dann würde Beatrice ihr noch am selben Tag Gift eingeben. Welche bessere Gelegenheit konnte man finden? Mahaut, von Übelkeit befallen, wenn sie vom Tisch des Königs kommt! Wer würde wagen, den König zu verdächtigen, er habe sie ermorden lassen, und selbst wenn ein solcher Verdacht gehegt wurde, wer würde wagen, ihn auszusprechen?
Philipp VI. hatte Robert vorgeschlagen, bei der Zusammenkunft anwesend zu sein, aber Robert nahm nicht an.
»Sire, mein Bruder, Eure Worte werden wirksamer sein, wenn ich nicht dabei bin; Mahaut haßt mich, und mein Anblick würde ihren Trotz eher steigern als sie zur Unterwerfung bewegen.«
Es war ihm Ernst damit, aber er wollte sich auch durch seine Abwesenheit jeder Anklage entziehen ...
Drei Tage später, am 23. Oktober, war die Gräfin Mahaut, gerüttelt in ihrer großen, vergoldeten, mit dem Wappen der Artois geschmückten Sänfte, unterwegs auf der Straße von Pontoise. Ihre einzige überlebende Tochter, Königin Johanna, Witwe Philipps des Langen, war ihre Begleiterin. Beatrice saß auf einem bestickten Schemel ihrer Herrin gegenüber.
»Was meint Ihr, Madame, was will der König Euch vorschlagen?« sagte Beatrice. »Verzeiht, daß ich einen Rat zu geben wage, aber wenn es ein Vergleich ist, nehmt ihn nicht an. Binnen kurzem werde ich triftige Beweise gegen Monseigneur Robert in der Hand haben. Diesmal ist die Divion bereit, uns genug zu liefern, um ihn zu vernichten.«
»Warum bringst du mir diese Divion nicht, mit der du jetzt so gut stehst und die ich niemals zu Gesicht bekomme?« sagte Mahaut.
»Das ist unmöglich, Madame. Sie fürchtet für ihr Leben. Würde Monseigneur Robert es erfahren, sie könnte am nächsten Morgen keine Messe mehr hören. Auch mich besucht sie nur nachts im Hause Bonnefille und immer von mehreren Dienern begleitet, die sie bewachen. Aber bleibt bei Eurer Weigerung, Madame, bleibt stark!«
Die Witwe Johanna in ihrem weißen Gewand sah die Landschaft vorüberziehen und schwieg. Erst als die spitzen Türme von Maubuisson über den rotgefärbten Wäldern in der Ferne auftauchten, öffnete sie

den Mund und sagte: »Erinnert Ihr Euch, meine Mutter, vor fünfzehn Jahren . . .«
Damals, vor fünfzehn Jahren, hatte sie auf diesem gleichen Weg im härenen Gewand und mit geschorenem Kopf in dem schwarzen Karren, der sie nach Dourdan brachte, ihre Unschuld herausgeschrien. Ein anderer schwarzer Karren brachte ihre Schwester Blanche und ihre Cousine Margarete von Burgund nach Château-Gaillard. Vor fünfzehn Jahren!
Sie war begnadigt worden und hatte die Liebe ihres Gatten wieder errungen. Margarete war tot, Ludwig X. war tot . . . Niemals hatte Johanna gewagt, Mahaut über die Umstände zu befragen, unter denen Ludwig der Zänker und der kleine Johann I. verschieden waren . . . Philipp der Lange war König geworden, für sechs Jahre, und dann starb auch er. Johanna kam es vor, als wäre sie nicht dieselbe Frau, die vor fünfzehn Jahren die furchtbaren Tage von Maubuisson durchlebt hatte, die zu Reims zur Königin gekrönt wurde und die sich jetzt in dieser Sänfte befand. Die einzige Stetigkeit war in dieser imponierenden, befehlshaberischen Mutter verkörpert, die Johanna immer beherrscht hatte und an die sie seit ihrer Kindheit kaum das Wort zu richten wagte. Auch Mahaut erinnerte sich . . .
»Und immer war dieser schlechte Robert schuld«, sagte sie. »Er hat alles mit dieser Hündin Isabella gedeichselt. Man sagt, ihre Angelegenheiten stehen heute nicht gut und auch nicht die Mortimers, dessen Hure sie ist. Sie alle müssen eines Tages büßen.«
Jede hing ihren eigenen Gedanken nach.
»Jetzt habe ich lange Haare . . . aber auch Runzeln«, murmelte die Königinwitwe.
»Du wirst das Artois haben, mein Kind«, sagte Mahaut und legte ihr die Hand aufs Knie.
Beatrice betrachtete die Landschaft und lächelte den Wolken zu.
Philipp VI. empfing Mahaut höflich, aber nicht ohne eine gewisse Hoheit, und sprach, wie es einem König geziemt. Er wünsche Frieden unter seinen großen Baronen; die Pairs, Stütze der Krone, sollten nicht ein Beispiel von Hader geben und sich nicht öffentlicher Schmach aussetzen.
»Ich will in keiner Weise darüber urteilen, was unter den früheren Regierungen geschah«, sagte Philipp, als wollte er den Schleier der Nachsicht über Mahauts einstiges Treiben breiten. »Ich will den gegenwärtigen Stand festlegen. Meine Kommissare haben ihre Arbeit getan; die Zeugnisse, teure Cousine, sind keineswegs günstig für Euch, das kann ich Euch nicht verhehlen. Robert wird seine Dokumente vorlegen . . .«

»Bestochene Zeugnisse und die Arbeit von Fälschern . . .«, knurrte Mahaut.
Die Mahlzeit wurde in dem großen Saal eingenommen, ebendort, wo einst Philipp der Schöne seine drei Schwiegertöchter verurteilt hatte.
›Alle Welt wird sich daran erinnern‹, dachte die Königinwitwe Johanna, und das nahm ihr den Appetit. Und doch dachte, außer ihr selbst und ihrer Mutter, niemand mehr an dieses ferne Geschehnis, dessen Zeugen fast alle verschwunden waren. Vielleicht würde später, am Ende der Mahlzeit, ein alter Schildknappe dem anderen zuraunen:
»Wißt Ihr noch, Messire, wir waren damals hier, mit Monseigneur Karl von Valois . . . und jetzt kehrt Madame Johanna als Königinwitwe zurück . . .«
Und die Erinnerung würde sogleich wieder verlöschen.
Es ist ein Irrtum, dem alle Menschen unterliegen, zu glauben, daß der Nächste unserer Person das gleiche Interesse entgegenbringt wie wir selbst, die andern vergessen rasch, was uns zugestoßen ist, wenn sie nicht ein besonderes Interesse daran haben, und auch wenn sie nicht vergessen haben, so ist ihr Erinnern doch nicht so ernst zu nehmen, wie wir meinen.
An einem anderen Orte hätte sich Mahaut vielleicht den Vorschlägen Philipps VI. zugänglicher gezeigt. Als Monarch, der den Schiedsrichter spielen wollte, suchte er nach einem Vergleich. Aber Mahaut war hier in Maubuisson, wo ihr ganzer Haß wieder auflebte, nicht in der Stimmung, nachzugeben. Sie würde Robert als Fälscher verurteilen lassen, sie würde ihn als Meineidigen bloßstellen, das war ihr einziger Gedanke.
Gezwungen, ihre Worte zu mäßigen, aß sie zum Ausgleich ganz unmäßig, verschlang alles, was man auf ihren Teller legte, und leerte ihren Humpen, sobald man ihn füllte. Wein und Wut färbten ihr Gesicht puterrot. War der König nicht eben dabei, ihr vorzuschlagen, sie solle ihre Grafschaft einfach Robert überlassen, der ihr dafür 40000 Livres im Jahre geben würde?
»Ich stehe dafür ein«, sagte Philipp, »daß Euer Neffe diesem Vorschlag zustimmen wird.«
›Wenn Robert mir das durch seinen Schwager sagen läßt‹, dachte sich Mahaut, ›dann ist er seiner Sache nicht sehr sicher, und der Wüstling zieht es vor, eine Rente von 40000 Livres zu zahlen, statt seine falschen Beweisstücke zu zeigen!‹
»Ich lehne es ab, Sire, mein Cousin, mich derartig zu entblößen, und da die Grafschaft Artois mir gehört, wird sie mir Eure Gerechtigkeit bewahren.«

Philipp VI. sah sie über seine große Nase hinweg an. Dieser Eigensinn war Mahaut vielleicht von ihrem Stolz eingegeben oder von der Furcht, durch ein Nachgeben den gegen sie erhobenen Anschuldigungen mehr Glauben zu verschaffen . . . Um alle zu versöhnen, hatte Philipp noch eine zweite Lösung bereit: Mahaut behielt lebenslang ihre Grafschaft, ihre Titel und Rechte und ihre Pairskrone, wenn sie vor dem König, in einem von den Pairs ratifizierten Akt, ihren Neffen Robert als legitimen Erben des Artois einsetzte. Sie hatte wirklich keinerlei Grund, sich dieser Abmachung zu widersetzen; ihren einzigen Sohn hatte ihr Gott schon früh genommen; ihre hier anwesende Tochter verfügte über die Apanage einer Königinwitwe, ihrer Enkelin gehörte durch Heirat das riesige Herzogtum Burgund. Konnte Mahaut sich etwas Besseres wünschen? Was die Grafschaft Artois betraf, so würde sie eines Tages dem natürlichen Erben zufallen.
»Könnt Ihr leugnen, Cousine, daß, falls Euer Bruder Philipp nicht vor Eurem Vater gestorben wäre, heute Euer Neffe Herr der Grafschaft wäre? Auf diese Weise ist die Ehre von beiden Teilen gerettet, und ich schlichte Eure Streitsache auf ehrliche Weise.«
Mahaut preßte die Kinnbacken zusammen und schüttelte den Kopf als Zeichen der Ablehnung.
Nun war Philipp sichtlich gereizt und bedeutete den vorlegenden Knappen, sich zu beeilen. Da Mahaut sich so benahm, da sie ihm die Beleidigung zufügte, seinen Schiedsspruch abzulehnen, sollte sie ihren Prozeß haben!
»Ich halte Euch hier nicht zurück, teure Cousine«, sagte er, kaum daß er sich die Hände gewaschen hatte. »Ich glaube nicht, daß der Aufenthalt an meinem Hofe Euch angenehm wäre.«
Das hieß Ungnade in ihrer deutlichsten Form.
Bevor Mahaut sich wieder auf die Reise begab, ging sie anstandshalber in die Kapelle der Abtei, um einige Tränen am Grabe ihrer Tochter Blanche zu vergießen. Sie selbst hatte in ihrem Testament den Wunsch geäußert, dort begraben zu werden.(15)
»Ach!« sagte sie, »Maubuisson ist kein Ort, der uns Glück bringt. Aber für den ewigen Schlaf ist das ohne Bedeutung . . .«
Auf der ganzen langen Rückreise war sie damit beschäftigt, ihrem Zorn Luft zu machen.
»Habt Ihr ihn gehört, diesen großen Tölpel, den ein böses Schicksal zu unserem König gemacht hat? Ich soll mir einfach das Artois nehmen lassen, und das nur, um ihm einen Gefallen zu tun! Dieses stinkende Ungeheuer von Robert als Erben einsetzen! Die Hand soll mir lieber verdorren, als daß ich einen solchen Akt siegle! Die beiden müssen alle möglichen Schuftereien ausgehandelt haben und einer

dem anderen viel schulden ... Und ohne mich, hätte ich den Weg zum Thron damals nicht so gründlich reingefegt ...«
»Mutter«, murmelte die Witwe Johanna leise.
Hätte sie gewagt, ihren Gedanken Ausdruck zu verleihen, hätte sie nicht eine scharfe Abfuhr befürchtet, so hätte Johanna ihrer Mutter geraten, die Vorschläge des Königs anzunehmen. Aber das hätte doch nichts genützt.
»Niemals«, wiederholte Mahaut. »Niemals werden sie das von mir erlangen.«
Ohne es zu wissen, hatte sie ihr Todesurteil ausgesprochen, und der Henker saß ihr gegenüber in der Sänfte und blickte sie unter schwarzen Wimpern hervor an.
»Beatrice«, sagte Mahaut plötzlich, »hilf mir, mein Mieder aufzuschnüren, mein Bauch schwillt an.«
Die Wut hatte ihrer Verdauung zugesetzt. Die Sänfte mußte angehalten werden, damit Madame Mahaut im nächsten Feld ihre Eingeweide entleeren konnte.
»Heute abend, Madame«, sagte Beatrice, »werde ich Euch Quittenpaste geben.«
Bei der nächtlichen Ankunft in Paris fühlte Mahaut sich besser. Sie aß nur wenig und legte sich dann zu Bett.

Lohn der Verbrechen

Beatrice wartete, bis das ganze Gesinde eingeschlafen war. Dann näherte sie sich Mahauts Bett und hob den gestickten Vorhang, den man in der Nacht zuzog. Das Nachtlicht am Betthimmel gab einen schwachen bläulichen Schein. Beatrice war im Hemd und hielt einen Löffel in der Hand.
»Madame, Ihr habt vergessen, Eure Quittenpaste zu nehmen ...«
Schlaftrunken, im Kampf zwischen Wut und Müdigkeit, sagte Mahaut einfach:
»Ach ja, du bist ein gutes Kind, daß du daran denkst.«
Und sie schluckte den Inhalt des Löffels hinunter.
Zwei Stunden vor dem Morgengrauen weckte sie ihre Umgebung mit großem Geschrei und Klingelläuten auf. Man fand sie beim Erbrechen in eine Schüssel, die Beatrice ihr hinhielt.
Ihre Ärzte, Thomas Le Miesier und Guillaume de Venat, in Eile herbeigerufen, fragten nach dem gestrigen Speisezettel und ließen sich aufzählen, was die Gräfin gegessen hatte; ohne Schwierigkeit schlossen sie auf eine starke Magenverstimmung mit durch die Aufregung

hervorgerufenem Blutandrang. Man holte den Barbier Thomas, der für die üblichen fünfzehn Sous die Gräfin zur Ader ließ, sowie die Dame Mesgnière, die Kräuterfrau vom Petit Pont, die der Gräfin ein Kräuterklistier(16) machte.
Unter dem Vorwand, beim Gewürzhändler, Maître Palin, Latwerge zu holen, lief Beatrice abends davon, zu Robert, der sie drei Häuser weiter im Hause Bonnefille erwartete.
»Es ist geschehen«, sagte sie.
»Ist sie tot?« schrie Robert.
»O nein, sie wird lange leiden!« sagte Beatrice mit einem dunklen Aufleuchten ihrer Augen. »Aber wir müssen vorsichtig sein, Monseigneur, und uns jetzt seltener sehen.«
Mahaut brauchte einen Monat zum Sterben.
Abend für Abend, jedesmal eine Fingerspitze voll, brachte Beatrice sie dem Grabe näher, und dies um so leichter, als Mahaut zu ihr allein Vertrauen hatte und Arzneien nur aus ihrer Hand nahm.
Nach dem Erbrechen, das drei Tage andauerte, bekam sie einen Rachen- und Bronchialkatarrh und konnte nur unter größten Schmerzen schlucken. Die Ärzte erklärten, sie hätte sich während der Magenverstimmung erkältet. Als der Puls schwach zu werden begann, glaubte man, ihr zuviel Blut abgenommen zu haben; schließlich bedeckte sich ihr ganzer Körper mit Bläschen und Pusteln.
Zuvorkommend, aufmerksam, in der freundlich-heiteren Laune, die Kranken so wertvoll ist, genoß Beatrice die furchtbaren Fortschritte ihres Werkes. Sie sah Robert kaum mehr, aber die Kunst, jeden Tag das Nahrungsmittel oder die Arznei zu finden, in welche sie das Gift mengen konnte, gewährte ihr Vergnügen genug.
Als ihre Haare in grauen Büscheln ausfielen wie verdorrtes Heu, wußte Mahaut, daß sie verloren war.
»Man hat mich vergiftet«, sagte sie voll Todesangst zu ihrer Hofdame.
»O Madame, Madame, sprecht solche Worte nicht aus. Euer letztes Mahl habt Ihr beim König genossen, ehe Ihr krank wurdet.«
»Gerade daran denke ich ja«, erwiderte Mahaut.
Sie blieb zänkisch und unbeherrscht und mißhandelte ihre Doktoren, die sie Esel nannte. Sie wollte nichts von Religion wissen und zeigte sich besorgter um die Angelegenheiten ihrer Grafschaft als um das Heil ihrer Seele. An ihre Tochter diktierte sie einen Brief: »Sollte ich sterben, so befehle ich Euch, sofort zum König zu gehen, um ihm Eure Huldigung für das Artois darzubringen, bevor noch Robert etwas unternommen hat . . .«
Bei den Schmerzen, die sie erlitt, dachte sie durchaus nicht an jene,

die sie ehemals anderen zugefügt hatte. Bis zum Ende blieb ihre Seele hart und eigensüchtig, und der nahende Tod ließ in ihr keinerlei Reue oder menschliches Mitgefühl aufkommen.

Es schien ihr jedoch nötig, ihre Schuld am Tod von zwei Königen zu beichten, die sie ihren eigenen Beichtvätern nie eingestanden hatte. Sie ließ dazu einen unbekannten Franziskaner holen. Als dieser ihr Zimmer schreckensbleich verließ, wurde er von zwei Bewaffneten ergriffen, die Befehl hatten, ihn nach Schloß Hesdin zu bringen. Mahauts Anordnungen waren falsch verstanden worden; sie hatte gesagt, der Mönch müsse bis zu ihrem Tode in Hesdin festgehalten werden; der Befehlshaber des Schlosses glaubte, es sei der Tod des Mönches gemeint, und ließ ihn für immer in ein Verlies werfen. Das war das letzte, diesmal ungewollte Verbrechen der Gräfin Mahaut.

Schließlich wurde die Kranke von fürchterlichen Krämpfen befallen, die in den Zehen begannen, dann auf die Waden übergingen; dann verhärteten sich die Unterarme. Der Tod stieg in die Höhe.

Am 27. November machten sich reitende Boten nach dem Kloster von Poissy auf den Weg, wo sich damals Johanna die Witwe aufhielt, und nach Brügge, um dem Grafen von Flandern Nachricht zu bringen. Drei andere Kuriere wurden im Lauf des Tages nach Saint-Germain entsandt, wo sich der König in Gesellschaft Roberts von Artois befand. Jeder dieser Boten erschien Beatrice wie der Überbringer einer Liebesbotschaft an Robert: Die Gräfin Mahaut hatte die Sakramente empfangen, die Gräfin konnte nicht mehr sprechen, die Gräfin war dem Tode nahe ...

In einem Augenblick, in dem sie mit der Sterbenden allein war, neigte Beatrice sich über den kahlen Schädel zu dem pustelbedeckten Gesicht, in dem nur mehr die Augen lebten, und sagte sehr leise: »Ihr seid vergiftet worden, Madame ... durch mich ... und wegen der Liebe, die ich zu Monseigneur Robert hege ...«

Die Augen der Sterbenden drückten erst Unglauben und dann Haß aus; ein letztes Gefühl regte sich in diesem Geschöpf, aus dem das Leben floh, es war der Wunsch zu töten. O nein, sie bereute nichts von dem, was sie getan hatte; sie hatte recht gehabt, böse zu sein, da die Welt nur von Bösen bevölkert ist! Der Gedanke, daß sie da im letzten Augenblick den Lohn ihrer Untaten empfing, wäre ihr nie gekommen. Für diese Seele gab es keine Erlösung.

Als ihre Tochter aus Poissy eintraf, wies Mahaut mit einem steifen, kalten Finger, den sie kaum mehr bewegen konnte, auf Beatrice; ihr Mund verzog sich, aber sie brachte keinen Laut hervor und hauchte bei dieser Bemühung ihr Leben aus.

Beim Begräbnis, das am 30. November in Maubuisson stattfand, trug

Robert ein nachdenkliches, düsteres Wesen zur Schau, das alle überraschte. Es wäre eher in seiner Art gelegen, der Welt eine triumphierende Miene zu zeigen. Und dennoch war seine Haltung nicht gespielt. Wenn man einen Feind verliert, den man zwanzig Jahre lang bekämpft hat, fühlt man sich irgendwie ärmer geworden. Der Haß ist ein starkes Band, reißt es, bleibt eine leise Schwermut zurück.

In Erfüllung des letzten Wunsches ihrer Mutter, bat Königinwitwe Johanna schon am nächsten Morgen Philipp VI., ihr die Herrschaft über das Artois zu übertragen. Bevor er eine Antwort erteilte, bestand Philipp darauf, sich offen mit Robert auszusprechen:

»Ich kann nicht anders, als der Bitte deiner Cousine Johanna nachzukommen, da sie nach Vertrag und Urteil die legitime Erbin ist. Aber es ist eine rein formale und vorläufige Zustimmung, bis wir zu einer Regelung gelangt sind oder der Prozeß stattgefunden hat . . . Ich rate dir, dein eigenes Ansuchen so bald als möglich an mich zu richten.«

Dies beeilte sich Robert mit folgendem Brief zu tun: *Mein vielgeliebter und erhabener Seigneur, da ich, Robert von Artois, Euer unterwürfiger Graf von Beaumont, seit langem gegen jedes Recht und gegen jede Vernunft durch Bosheit, List und Vorbehalte meines Erbrechtes an der Grafschaft Artois beraubt wurde, welche mir gehört und gehören muß aus gerechten, mir jüngst bekanntgewordenen Gründen, bitte ich Euch demütig, mich gnädigst anzuhören . . .«*

Als Robert das erste Mal in das Haus Bonnefille zurückkehrte, glaubte Beatrice ihn besonders zu erfreuen, indem sie ihm Stunde für Stunde die letzten Tage Mahauts beschrieb. Er hörte wortlos zu und zeigte keinerlei Freude.

»Man könnte meinen, es sei dir leid um sie«, sagte Beatrice.

»Das nicht, das nicht«, erwiderte Robert nachdenklich. »Sie hat reichlich bezahlt . . .«

Sein Geist war schon dem nächsten Hindernis zugewandt.

»Jetzt kann ich bei dir Hofdame sein! Wann nimmst du mich in dein Palais auf?« fragte Beatrice.

»Wenn ich das Artois habe«, war Roberts Antwort. »Sieh zu, daß du bei Mahauts Tochter bleiben kannst; sie ist es, die ich jetzt aus dem Weg räumen muß.«

Johanna die Witwe fand an den Ehren wieder Geschmack, die man ihr seit dem Todes ihres Gatten, Philipp des Langen, nicht mehr erwiesen hatte, und sah sich außerdem mit siebenunddreißig Jahren endlich von der erdrückenden mütterlichen Bevormundung befreit. Sie begab sich also mit großem Prunk auf die Reise, um vom Artois Besitz zu ergreifen, und ließ in Roye-en-Vermandois halten. Es gelüstete sie danach, dort einen Becher Weißwein zu trinken. Beatrice d'Hirson

schickte den Knappen Huppin danach. Huppin hatte mehr auf Beatrices Augen acht als auf seinen Dienst; seit vier Wochen verzehrte er sich in Liebe. So kredenzte Beatrice den Becher. Und da sie es diesmal eilig hatte, nahm sie Quecksilbersalz anstatt Arsen.
Madame Johannas Reise war hiermit zu Ende.
Jene, die der Agonie der Königin beiwohnten, erzählten, daß sie das Übel gegen Mitternacht befiel, daß ihr aus Augen, Mund und Nase Gift troff und ihr Leib mit weißen und schwarzen Flecken übersät war. Sie leistete keine zwei Tage Widerstand und überlebte ihre Mutter nur um zwei Monate.
Jetzt erhob die Herzogin von Burgund, Mahauts Enkelin, ihren Anspruch auf die Grafschaft Artois.

3
Der Verfall

Die Verschwörung des Schattens

Der Mönch hatte erklärt, er heiße Thomas Dienhead. Ein dünner, bierfarbener Haarkranz krönte eine niedere Stirn, die Hände hielt er in den Ärmeln verborgen. Seine Kutte war die eines Predigermönches und von zweifelhaftem Weiß. Er blickte nach links und nach rechts und hatte dreimal gefragt, ob ›Mylord‹ allein wäre und ob kein anderes Ohr zu lauschen wage.

»Natürlich, sprecht endlich«, sagte der Graf von Kent, in seinen Sitz zurückgelehnt, und schwang sein Bein mit einer Spur gelangweilter Ungeduld hin und her.

»Mylord, unser guter Herr, König Eduard der Zweite, ist noch am Leben.«

Edmund von Kent fuhr nicht auf, wie man hätte erwarten können, einerseits, weil er nicht der Mann war, seine Gefühle so leicht preiszugeben, und andererseits, weil ihm diese verblüffende Neuigkeit schon vor einigen Tagen von einem anderen Boten hinterbracht worden war.

»König Eduard wird in Schloß Corfe heimlich verborgen gehalten«, fuhr der Mönch fort; »ich habe ihn gesehen und komme, es Euch zu bezeugen.«

Der Graf von Kent erhob sich, stieg über einen Windhund und trat an das Fenster. Durch die bleigefaßten kleinen Scheiben blickte er flüchtig nach dem grauen Himmel über seinem Rittersitz Kensington.

Kent war neunundzwanzig Jahre alt; er war nicht mehr der schmächtige junge Mann, der 1324 während des unglücklichen Krieges in Guyenne die englische Verteidigung befehligt hatte und sich in Ermangelung von Truppen in der belagerten Festung La Réole seinem Onkel Karl von Valois ergeben mußte. Aber obwohl er etwas stärker geworden war, hatte er noch immer die gleiche blonde Blässe und die

gleiche unnahbare Gleichgültigkeit bewahrt, die eher einen Hang zur Träumerei als zu echtem Meditieren verbarg.
In Wirklichkeit hatte er nie eine erstaunlichere Sache gehört! So wäre also sein Halbbruder Eduard II., dessen Hinscheiden man vor drei Jahren bekanntgegeben hatte, der in Gloucester begraben worden war und dessen Mörder man im Königreich jetzt ungeniert beim Namen nannte, noch immer am Leben? Die Haft im Schloß von Berkeley, der grausame Mord, der Brief des Bischofs Orleton, die gemeinsame Schuld Königin Isabellas, Mortimers und des Seneschalls Maltravers, die überstürzte Beerdigung, war all das nur eine Erfindung der Leute, die daran interessiert waren, daß man den früheren König für tot hielt, und war diese Legende schließlich im Volksmund aufgebauscht worden?
Zum zweiten Male innerhalb von weniger als vierzehn Tagen hatte man ihm nun diese Enthüllung gemacht. Das erste Mal hatte er sich geweigert, daran zu glauben. Aber jetzt begann er schwankend zu werden.
»Wenn die Nachricht wahr ist, kann sie viel im Königreich ändern«, sagte er, ohne sich direkt an den Mönch zu wenden.
Denn seit den letzten drei Jahren hatte England Zeit gehabt, aus seinen Träumen zu erwachen. Wo waren Freiheit, Gerechtigkeit und Wohlstand, die, wie man geglaubt hatte, der Königin Isabella und dem ruhmreichen Lord Mortimer auf dem Fuße folgen würden? Von dem Vertrauen, das man ihnen entgegengebracht, von den Hoffnungen, die man auf sie gesetzt hatte, blieb nur die Erinnerung an eine ungeheure Enttäuschung.
Warum hatte man den schwachen Eduard II. vertrieben, abgesetzt, eingekerkert und – so glaubte man wenigstens bis heute – ermorden lassen? Er stand zwar unter dem Einfluß verhaßter Günstlinge, aber nun hatte man ihn durch einen noch schwächeren minderjährigen König ersetzt, der durch den Liebhaber seiner Mutter jeder Macht beraubt war.
Warum hatte man den Grafen von Arundel geköpft, den Kanzler Baldock totgeschlagen, Hugh Despenser gevierteilt, wenn gegenwärtig Lord Mortimer mit der gleichen Willkür regierte, das Land mit der gleichen Habgier aussaugte, seine Untergebenen beschimpfte, unterdrückte, einschüchterte und keinen Zweifel an seiner Machtvollkommenheit duldete?
Der lasterhafte und habgierige Hugh Despenser hatte durch seine weibische Art wenigstens einige Schwächen, an denen man ihn fassen konnte. Gelegentlich ließ er sich durch Angst oder Geld beeinflussen. Roger Mortimer hingegen war ein unbeugsamer und gewalttätiger

Baron. Die Wölfin von Frankreich, wie man die Königinmutter nannte, hatte einen Wolf als Geliebten.

Wer die Macht an sich reißt, ohne von der Sorge um das öffentliche Wohl dazu getrieben zu werden, wird rasch von ihr verdorben.

Mortimer galt als tapfer, ja sogar heldenmütig, war durch seine beispiellose Flucht aus dem Gefängnis berühmt und hatte während der Jahre seiner Verbannung die Hoffnung eines unglücklichen Volkes verkörpert. Man erinnerte sich, daß er für die englische Krone das Königreich Irland erobert – man vergaß, daß er dabei seinen eigenen Vorteil verfolgt hatte.

In Wirklichkeit hatte Mortimer nie an die Nation als Ganzes noch an die Bedürfnisse seines Volkes gedacht. Er war nur deshalb der Verfechter der Sache des Volkes geworden, weil dies einen Augenblick seinen eigenen Interessen entsprach. Er verkörperte die Ansprüche einer bestimmten Gruppe von Adeligen und war von nichts anderem erfüllt als einer unduldsamen Herrschsucht. Als er die Macht in Händen hielt, benahm er sich, als ob ganz England in seine Dienste getreten wäre. Und als erstes hatte er sich fast ein Viertel des Königreichs dadurch angeeignet, daß er Graf der Walisischen Mark wurde. Titel und Lehen hatte er nur schaffen lassen, um sie selbst in Empfang zu nehmen. Am Arm der Königinmutter hielt er hof wie ein König und benahm sich, als wäre der junge Souverän nur sein Erbe.

Als sich im Oktober 1328 das Parlament in Salisbury versammelte, verlangte Mortimer, daß ihm die Pairswürde verliehen werde. Heinrich von Lancaster, der Schiefhals, hatte es als Ältester der königlichen Familie so eingerichtet, daß er an der Sitzung nicht teilnahm. Während der gleichen Tagung hatte Mortimer bewaffnete Trupps in das Innere des Parlamentes eindringen lassen, um seinen Wünschen mehr Nachdruck zu verleihen. Diese Art von Zwang ist niemals nach dem Geschmack solcher Versammlungen gewesen.

Es war nahezu unvermeidlich, daß die gleiche Koalition, die sich seinerzeit zum Sturz der Despenser gebildet hatte, nun wieder um die gleichen Prinzen von Geblüt entstand, um Heinrich Schiefhals und um die Grafen von Norfolk und Kent, die Onkel des jungen Königs.

Zwei Monate nach den Vorkommnissen in Salisbury nützte Schiefhals die Abwesenheit Mortimers und Isabellas aus und versammelte heimlich in London in der St.-Pauls-Kathedrale zahlreiche Bischöfe und Barone, um einen Aufstand der Armee zu organisieren. Aber Mortimer hatte überall Spione; bevor noch die Koalition gerüstet war, verwüstete er mit seinen eigenen Truppen die Stadt Leicester, das Stammlehen der Lancaster. Heinrich wollte den Kampf fortsetzen;

Kent fand jedoch, die Sache habe schlecht begonnen, und hielt sich ihr unrühmlich fern.
Lancaster konnte sich ohne weiteren Schaden, außer einer Geldbuße von elftausend Livres – die er übrigens niemals zahlte –, aus der Affäre ziehen, und zwar nur deshalb, weil er Vorsitzender des Regentschaftsrates und Vormund des Königs war und Mortimer, einer ganz widersinnigen Logik zufolge, die juridische Fiktion dieser Vormundschaft benötigte, um Gegner wie Lancaster selbst wegen Aufruhrs gegen den König rechtsgültig verurteilen zu lassen.
Der Schiefhals war unter dem Vorwand, über die Heirat der Schwester des jungen Königs mit dem ältesten Sohn Philipps VI. zu verhandeln, nach Frankreich geschickt worden. Diese Entfernung vom Hof war eine kluge Form der Ungnade; seine Mission sollte lange dauern.
Durch Lancasters Abwesenheit war Kent ganz ohne sein Zutun zum Führer der Unzufriedenen geworden. Alles strömte bei ihm zusammen, und es lag ihm am Herzen, sein Versagen im vergangenen Jahr vergessen zu machen und zu beweisen, daß nicht Feigheit ihn am Vorgehen gehindert hatte . . .
Alle diese Gedanken gingen ihm gleichzeitig durch den Kopf, als er am Fenster seines Schlosses Kensington stand. Der Mönch verharrte immer noch unbeweglich, die Hände in den Ärmeln verborgen. Allein schon die Tatsache, daß er ein Predigermönch war, genau wie der erste Bote, der ihm die Nachricht gebracht hatte, daß Eduard II. nicht tot war, gab dem Grafen von Kent zu denken und machte ihn geneigt, die Nachricht ernst zu nehmen, denn der Orden der Dominikaner war bekannt für seine Feindschaft gegen Mortimer.
Wenn die Nachricht stimmte, brachte sie natürlich alle Mutmaßungen über einen Königsmord, die sich gegen Isabella, Mortimer und ihre Anhänger richteten, zum Schweigen. Aber sie konnte auch die ganze Situation im Königreich ändern.
Denn nun trauerte das Volk Eduard II. nach, und in seiner Wankelmütigkeit war es nicht weit davon entfernt, aus diesem lasterhaften Fürsten einen Märtyrer zu machen. Wenn Eduard II. noch lebte, konnte das Parlament ohne weiteres seine seinerzeitigen Entschlüsse umstoßen und erklären, es habe unter Druck gehandelt, und den früheren Souverän wieder auf seinen Thron setzen.
Welchen wirklichen Beweis hatte man denn von seinem Tod? Die Einwohner Berkeleys, die an seiner sterblichen Hülle vorbeigezogen waren? Aber wie viele von ihnen hatten Eduard II. vorher gesehen? Wer weiß, ob man ihnen nicht eine andere Leiche gezeigt hatte . . . Kein Mitglied der königlichen Familie hatte an dem geheimnisvollen Begräbnis in der Kathedrale von Gloucester teilgenommen; außer-

dem war der Leichnam einen Monat alt, und man hatte ihn in einem geschlossenen, mit einem schwarzen Tuch bedeckten Sarg in die Gruft gesenkt.
»Und Ihr sagt, Bruder Dienhead, daß Ihr ihn wirklich mit eigenen Augen gesehen habt?« fragte Kent und kehrte sich zu ihm.
Thomas Dienhead blickte sich erneut wie ein richtiger Verschwörer um und antwortete mit leiser Stimme:
»Der Prior unseres Ordens hat mich hingeschickt; ich gewann das Vertrauen des Kaplans, der mich unter der Bedingung einließ, daß ich Laienkleidung anzog. Einen ganzen Tag blieb ich in einem kleinen Gebäude links neben der Wache verborgen; am Abend holte man mich in einen großen Saal, und dort sah ich wirklich den König bei Tisch, umgeben von einer Ehrenwache.«
»Habt Ihr mit ihm gesprochen?«
»Man ließ mich nicht in seine Nähe«, sagte der Bruder, »aber hinter einem Pfeiler verborgen hat ihn mir der Kaplan gezeigt und gesagt: ›Das ist er.‹«
Kent schwieg einen Augenblick, dann fragte er:
»Wenn ich Eurer bedarf, kann ich Euch im Kloster der Predigermönche holen lassen?«
»Nein, Mylord, denn mein Prior hat mir geraten, im Augenblick nicht im Konvent zu bleiben.«
Er gab eine Adresse in London bei einem Geistlichen der St.-Pauls-Pfarre an.
Kent öffnete seinen Beutel und reichte ihm drei Goldstücke. Der Mönch lehnte ab; er dürfe keinerlei Geschenke annehmen.
»Für die Almosen Eures Ordens«, sagte der Graf von Kent.
Da zog Bruder Dienhead eine Hand aus den Ärmeln, verbeugte sich tief und ging.
Noch am selben Tag ließ Edmund von Kent die beiden wichtigsten Prälaten, die an der Verschwörung teilgenommen hatten, unterrichten, Graveson, den Bischof von London, und Wilhelm von Melton, den Erzbischof von York, denselben, der Eduard III. und Philippa von Hennegau getraut hatte.
»Man hat es mir zweimal bestätigt, und die Quellen scheinen zuverlässig . . .«, schrieb er ihnen.
Die Antworten ließen nicht auf sich warten. Graveson war restlos für die Sache eingenommen und sicherte dem Grafen von Kent seine Unterstützung bei allen Maßnahmen zu, die er ergreifen wolle; der Erzbischof von York, der Primas von England, schickte sogar seinen eigenen Kaplan, um fünfhundert Bewaffnete oder, wenn nötig, sogar mehr für die Befreiung des früheren Königs zu versprechen.

Dann nahm Kent noch mit anderen Leuten Fühlung, besonders mit Lord de la Zouche und mit einigen Seigneurs wie Lord Beaumont und Sir Thomas Rosslyn, die nach Paris geflohen waren, um sich dem Strafgericht Mortimers zu entziehen. Erneut gab es in Frankreich eine Flüchtlingspartei.
Was die Sache ins Rollen brachte, war eine persönliche und geheime Mitteilung Papst Johannes' XXII. an den Grafen von Kent. Der Heilige Vater war ebenfalls unterrichtet worden, daß König Eduard II. noch am Leben sei, und empfahl Kent, alles zu seiner Befreiung zu tun, wobei er alle, die sich an diesem Unternehmen beteiligen würden, »*ab omni poena et culpa*« absolvierte . . . konnte man klarer zum Ausdruck bringen, daß alle Mittel recht waren? . . . Auch versprach er, falls nötig, Zuschüsse und bedrohte sogar den Grafen von Kent mit der Exkommunikation, wenn er sich bei einem solchen Gott besonders wohlgefälligen Werk nachlässig zeigen würde.
Nun war dies keine mündliche Botschaft, sondern ein lateinischer Brief, in dem ein bedeutender Prälat am Heiligen Stuhl, dessen Unterschrift schwer entzifferbar war, getreulich die Worte Johannes' XXII. während einer Unterredung über diese Angelegenheit berichtete.
Gerade war eine Gesandtschaft unter der Führung von Burghersh, dem Kanzler und Bischof von Lincoln, aus Avignon zurückgekehrt, wo sie ebenfalls über die geplante Heirat der Schwester Eduards III. mit dem Erben von Frankreich verhandelt hatte. Der Brief war durch einen Mann aus dem Gefolge des Bischofs überbracht worden.
Stark beeindruckt, beschloß nun Edmund von Kent, alle diese so übereinstimmenden Angaben selbst zu überprüfen und die Möglichkeiten einer Flucht zu studieren.
Er ließ an der angegebenen Adresse Bruder Dienhead holen und machte sich mit einer kleinen, aber zuverlässigen Eskorte auf den Weg nach Dorset. Es war Februar.
Das Wetter war schlecht, und die Meeresstürme fegten über die verlassene Halbinsel, als Kent in Corfe ankam und Sir John Daverill, den Befehlshaber der Burg, rufen ließ. Dieser erschien vor dem Grafen von Kent in dem einzigen Gasthaus von Corfe neben der Kirche des heiligen Märtyrers Eduard, des ermordeten Königs der Sachsendynastie.
Groß und breitschultrig, mit gerunzelter Stirn und einem verächtlichen Zug um den Mund, entschuldigte sich John Daverill mit einem gewissen höflichen Bedauern, wie es sich für einen pflichtbewußten Mann geziemt, daß er den edlen Lord nicht im Schloß empfangen könne. Er hätte strikte Weisung.

»Lebt König Eduard II., oder ist er tot?« fragte ihn Edmund von Kent.
»Das kann ich Euch nicht sagen.«
»Er ist mein Bruder! Ist er es, den Ihr bewacht?«
»Ich bin nicht ermächtigt zu sprechen. Mir wurde ein Gefangener anvertraut; ich darf weder seinen Namen noch seinen Rang verraten.«
»Könntet Ihr mir einen Blick auf den Gefangenen gestatten?«
John Daverill schüttelte verneinend den Kopf. Dieser Kommandant war wie eine Mauer, wie ein Felsen, ebenso unangreifbar wie der ungeheure düstere Bergfried, der sich, von drei weitläufigen Umfassungsmauern geschützt, auf der Spitze des Hügels erhob, hoch über den flachen Steindächern des kleinen Dorfes. Ja, Mortimer wählte seine Diener gut.
Aber es gibt eine Art des Neinsagens, die einer Bestätigung gleichkommt. Hätte Daverill ein solches Geheimnis daraus gemacht, eine solche Unbeugsamkeit gezeigt, wäre nicht wirklich der frühere König in seiner Hut gewesen?
Edmund von Kent versuchte es mit der Liebenswürdigkeit, über die er in so reichem Maß verfügte, und außerdem auch mit anderen Argumenten, für die die menschliche Natur nicht immer unempfänglich ist. Er legte einen schweren Beutel mit Gold auf den Tisch.
»Ich möchte«, sagte er, »daß der Gefangene gut behandelt wird. Dies diene zur Erleichterung seines Loses; es sind hundert Pfund Sterling.«
»Ich kann Euch versichern, Mylord, daß er gut behandelt wird«, sagte Daverill leise mit der Andeutung eines Einverständnisses.
Und ungeniert legte er seine Hand auf den Beutel.
»Ich würde gern das Doppelte geben«, sagte Edmund von Kent, »nur um ihn sehen zu können.«
Daverill schüttelte untröstlich den Kopf.
»Versteht doch, Mylord, im Schloß sind zweihundert Wachsoldaten . . .«
Edmund von Kent hielt sich für einen großen Taktiker, als er diese wichtige Angabe im Gedächtnis vermerkte; das mußte man bei der Flucht in Rechnung stellen.
». . . und wenn je einer von ihnen sprechen würde, wenn Madame, die Königinmutter, es erführe, ließe sie mich köpfen.«
Konnte man sich deutlicher verraten, eingestehen, was man zu verbergen vorgab, und bestätigen, daß sich wirklich König Eduard II. hinter diesen Mauern befand?
»Aber ich könnte eine Botschaft übermitteln«, begann der Kommandant von neuem, »das würde zwischen uns bleiben.«
Beglückt, wie rasch die Sache vorwärtsging, schrieb Kent sogleich den

folgenden Brief, während heftige Regenschauer mit dem Wind gegen die Fenster der Herberge schlugen.

»Treue und Achtung meinem sehr geliebten Bruder, wenn es Euch gefällt. Ich bitte Gott von Herzen, daß Ihr Euch wohl befindet, denn Vorbereitungen sind getroffen, Euch die Gefängnistore zu öffnen und Euch von dem Leid zu befreien, das Euch bedrückt. Seid versichert, ich habe die Unterstützung der größten Barone Englands und aller ihrer Kräfte, das heißt aller ihrer Truppen und Geldmittel. Ihr werdet neuer König sein; Prälaten und Barone haben dies auf die Evangelien beschworen.«

Er faltete das Blatt zusammen und hielt es dem Kommandanten hin. »Ich bitte Euch, es zu siegeln«, sagte dieser, »man soll nicht sagen können, ich sei mit dem Inhalt vertraut gewesen.«
Kent ließ von einem Gefolgsmann Wachs bringen und drückte sein Siegel darauf. Daverill verbarg das Schreiben unter seinem Waffenrock.
»Dem Gefangenen wird von außerhalb eine Botschaft zukommen«, sagte er, »und ich glaube, er wird sie sofort vernichten. Auf diese Weise . . .«
Und er machte mit den Händen eine Bewegung, die ein vollkommenes Auslöschen der Angelegenheit bedeutete.
›Wenn ich geschickt vorgehe‹, dachte Edmund von Kent, ›wird uns dieser Mann zur gegebenen Zeit die Tore weit öffnen; wir werden nicht einmal zu kämpfen brauchen.‹
Drei Tage später hatte Roger Mortimer diesen Brief in Händen und brachte ihn in der Ratssitzung in Westminster zur Verlesung. Königin Isabella wandte sich an den jungen König und rief voll Pathos: »Mein Sohn, mein Sohn, ich flehe Euch an, unternehmt etwas gegen Euern tödlichsten Feind, der im Königreich das Märchen verbreiten will, Euer Vater sei noch am Leben, um Euch abzusetzen und Eure Stelle einnehmen zu können. Ich bitte Euch, gebt Befehl, den Verräter zu züchtigen, solange es noch Zeit ist.«
Tatsächlich waren die Befehle bereits gegeben, und die Schergen Mortimers galoppierten nach Winchester, um den Grafen von Kent auf dem Rückweg zu verhaften. Aber Mortimer wollte nicht nur eine Gefangennahme; er betrieb eine öffentliche Verurteilung. Er hatte guten Grund, sich so zu beeilen. In einem Jahr wurde Eduard großjährig; er wartete voll Ungeduld darauf, selbst zu regieren, das hatte er schon mehrfach gezeigt. Mit der Entfernung Lancasters und der Ausschaltung Kents beraubte Mortimer die Opposition ihrer Führung

und verhinderte, daß der junge König sich von seinem Einfluß frei machte.
Am 19. März trat das Parlament in Winchester zusammen, um den Onkel des Königs zu richten.
Der Graf von Kent war mehr als einen Monat im Gefängnis gewesen. Als er vorgeführt wurde, schien er völlig aufgelöst, abgemagert, verstört, als ob er nicht begriffe, was ihm zugestoßen sei. Offenbar war er keineswegs der Mann, mit einem widrigen Geschick fertig zu werden. Seine hübsche geistesabwesende Gelassenheit war dahin. Unter der Befragung durch Robert Howell, den Coroner des Königshauses, brach er zusammen, gab alles zu, erzählte seine Geschichte von Anfang bis zu Ende, nannte die Namen seiner Gewährsleute und seiner Helfershelfer. Aber wo waren sie? Der Dominikanerorden kannte keinen Bruder namens Dienhead; er war wohl eine Erfindung des Angeklagten, der versuchte, sich zu retten, Erfindung war auch der Brief Papst Johannes' XXII.; niemand aus dem Gefolge des Bischofs von Lincoln hatte während der Gesandtschaft in Avignon über den verstorbenen König, sei es mit dem Heiligen Vater oder mit irgendeinem seiner Kardinäle oder Ratgeber, ein Gespräch geführt. Edmund von Kent blieb hartnäckig und hatte den Eindruck, den Verstand zu verlieren. Er hatte doch mit den Predigermönchen selbst gesprochen! Er hatte diesen lateinischen Brief in Händen gehalten *»ab omni poena et culpa ...«*
Kent erkannte endlich die schreckliche Falle, in die man ihn mit dem Schatten des toten Königs gelockt hatte. Der Hinterhalt war in allen Einzelheiten von Mortimer und seinen Kreaturen geplant worden; falsche Boten, falsche Mönche, gefälschte Schreiben, und falscher noch als alle und alles dieser Daverill von Schloß Corfe! Kent war in die Falle hineingestolpert.
Die königliche Coroner verlangte die Todesstrafe.
Mortimer saß in der ersten Reihe der Lords und behielt alle im Auge; und Lancaster, der einzige, der zugunsten des Angeklagten zu sprechen gewagt hätte, war jenseits der Grenzen des Königreichs. Mortimer hatte wissen lassen, daß er weder geistliche noch weltliche Helfershelfer Kents verfolgen würde, wenn er selbst verurteilt würde. Zu viele Barone waren in die Sache verwickelt; sie überließen den Angeklagten der Rache des Grafen der Walisischen Mark.
Und obwohl sich Kent vor der Versammlung erniedrigte, seine Verfehlung anerkannte und anbot, sich dem König im Hemde, mit nackten Füßen und einem Strick um den Hals zu unterwerfen, sprachen die Lords mit Bedauern das Urteil, das man von ihnen erwartete. Um ihr Gewissen zu beruhigen, flüsterten sie:

»Der König wird ihn begnadigen, der König wird von seinem Begnadigungsrecht Gebrauch machen . . .«
Es war nicht wahrscheinlich, daß Eduard III. seinen Onkel würde enthaupten lassen. Sicher war er schuldig, aber es war viel Leichtfertigkeit in seinem Vorgehen, und nur zu deutlich war er dazu herausgefordert worden.
Viele hatten mit dem Vorsatz für die Todesstrafe gestimmt, am nächsten Morgen ein Gnadengesuch einzubringen.
Die Mitglieder des Unterhauses ihrerseits weigerten sich, den Spruch der Lords zu bestätigen; sie verlangten zusätzliche Informationen und wollten genauer unterrichtet werden.
Aber sobald Mortimer das Urteil des Oberhauses in Händen hielt, eilte er zum Schloß, wo Isabella gerade speiste.
»Das Urteil ist gesprochen«, sagte er; »wir können Edmund hinrichten lassen. Aber viele unserer falschen Freunde erwarten, daß Euer Sohn ihn vor der Todesstrafe rettet. Deshalb beschwöre ich Euch, ihm zuvorzukommen.«
Sie hatten Vorsorge getroffen, den jungen König für mehrere Stunden zu entfernen, indem sie für ihn einen offiziellen Empfang im College von Winchester veranstalteten, das eines der ältesten und berühmtesten in England war.
»Der Kommandant«, fügte Mortimer hinzu, »wird Euern Befehl, meine Freundin, genauso ausführen, als ob er vom König selbst käme.«
Isabella und Mortimer blickten sich in die Augen; es kam ihnen auf ein Verbrechen mehr, auf einen Mißbrauch der Macht nicht an. Die Wölfin von Frankreich unterzeichnete den Befehl, ihren Schwager und Cousin auf der Stelle zu enthaupten.
Edmund von Kent wurde erneut aus seiner Zelle geholt und im Hemd mit gebundenen Händen, bewacht von einer kleinen Abteilung Bogenschützen, in einen inneren Hof des Schlosses gebracht. Dort blieb er eine Stunde, zwei Stunden, drei Stunden, es regnete, und der Tag ging zu Ende. Warum dieses endlose Warten vor dem Schafott? Er schwankte abwechselnd zwischen Niedergeschlagenheit und einer wahnwitzigen Hoffnung. Der junge König, sein Neffe, mußte im Begriff sein, ihn zu begnadigen. Dieses bittere Warten war die Züchtigung, die man ihm auferlegte, um seine Reue zu vergrößern und ihn die Großherzigkeit der Milde besser schätzen zu lehren. Er betete zu Gott und begann plötzlich zu schluchzen. Er fror in seinem durchnäßten Hemd; der Regen rieselte über das Schafott und die Kappen der Bogenschützen. Wann würde diese Tortur endlich aufhören? Der Grund aber war, daß man in ganz Winchester einen Henker suchte

und keinen fand. Der Scharfrichter der Stadt und seine Gehilfen wußten, wie der Prozeß verlaufen war. Da der König sich über die Begnadigung noch nicht hatte äußern können, weigerten sie sich hartnäckig, ihr Amt bei einem Prinzen von Geblüt auszuüben. Sie zogen es vor, ihre Stelle zu verlieren.
Man wandte sich an die Offiziere der Garnison, sie sollten einen ihrer Leute schicken oder einen Freiwilligen werben, dem reiche Belohnung versprochen wurde. Die Offiziere antworteten mit einer Gebärde des Ekels. Sie waren bereit, die Ordnung zu wahren, rings um das Parlament Wache zu halten, den Verurteilten bis zum Ort der Hinrichtung zu bringen. Aber mehr durfte man nicht verlangen, weder von ihnen noch von einem ihrer Soldaten. – Mortimer geriet in kalten, wütenden Zorn über den Kommandanten.
»Habt Ihr nicht in Euren Gefängnissen irgendeinen Mörder, Fälscher oder Räuber, der dadurch sein Leben retten will? Los, beeilt Euch, wenn Ihr nicht selbst im Kerker enden wollt!«
Beim Gang durch die Zellen fand man endlich den erwünschten Mann; er hatte Kirchengut gestohlen und sollte in der nächsten Woche gehenkt werden. Man gab ihm das Beil, aber er bestand darauf, sein Gesicht zu verhüllen.
Die Nacht war gekommen. Im Licht der Fackeln sah der Graf von Kent seinen Henker nahen und begriff, daß die langen Stunden der Hoffnung nichts als eine letzte lächerliche Täuschung gewesen waren. Er stieß einen schrecklichen Schrei aus; man mußte ihn mit Gewalt vor dem Richtblock auf die Knie zwingen.
Der Gelegenheitshenker war mehr ängstlich als grausam und zitterte heftiger als sein Opfer. Er brauchte endlos, um das Beil zu heben. Der erste Hieb ging daneben und glitt auf den Haaren ab. Er mußte noch viermal in einen widerlichen roten Brei hineinschlagen. Die alten Bogenschützen ringsum übergaben sich.
So starb, noch ehe er dreißig Jahre zählte, Graf Edmund von Kent, ein Prinz von großer Anmut und Naivität. Und ein Kirchenräuber wurde seiner Familie wiedergeschenkt.
Als der junge König Eduard III. seinen langen lateinischen Disput über die Lehren Meister Ockhams beendet hatte, erfuhr er, daß sein Onkel enthauptet worden war.
»Ohne meinen Befehl?« fragte er erstaunt.
Er ließ Lord Montagu rufen, der ihn zur Huldigung nach Amiens begleitet hatte und dessen Redlichkeit er bereits bei wiederholten Gelegenheiten erprobt hatte.
»Mylord«, sagte er, »Ihr wart heute im Parlament. Ich möchte die Wahrheit wissen . . .«

Ein Staatsverbrechen muß immer versuchen, den Anschein des Rechtes zu wahren. Die Quelle des Rechtes liegt beim Souverän, und die Souveränität steht dem Volke zu, das sie durch gewählte Vertretung oder durch erbliche Übertragung an einen Monarchen oder in beiden Formen zugleich ausübt, wie dies in England der Fall ist.
Es gab deshalb in diesem Land keinen rechtlichen Akt, der nicht der gemeinsamen Billigung des Monarchen und des Volkes bedurfte, ob sie nun ausdrücklich oder stillschweigend gegeben wurde.
Die Hinrichtung des Grafen von Kent war ihrer Form nach legal, denn die königliche Macht wurde durch den Regentschaftsrat ausgeübt, und in Abwesenheit des Grafen von Lancaster, des Vorsitzenden des Rates, hatte die Königinmutter die Beschlüsse zu unterzeichnen; aber diese Hinrichtung war weder vom Parlament wirklich gebilligt worden, das unter Druck getagt hatte, noch war der König damit einverstanden, hatte man ihn doch über einen in seinem Namen gegebenen Befehl in Unkenntnis gelassen; eine solche Tat konnte sich für ihre Urheber nur unheilvoll auswirken.
Eduard III. zeigte seine Mißbilligung, so deutlich er konnte, und bestand für seinen Onkel Kent, als Prinzen von Geblüt, auf einem würdigen Begräbnis(17). Da es sich nur mehr um eine Leiche handelte, zog Mortimer es vor, sich den Wünschen des Königs zu beugen. Aber Eduard verzieh Mortimer nie, daß er ohne sein Wissen über das Leben eines Familienmitgliedes entschieden hatte; und ebensowenig verzieh er ihm die Ohnmacht Madame Philippas, als man ihr unvermittelt die Hinrichtung Onkel Kents mitteilte. Denn die junge Königin war im sechsten Monat ihrer Schwangerschaft, und man hätte ihr gegenüber behutsamer sein müssen. Eduard machte seiner Mutter darüber Vorhaltungen, und als diese gereizt erwiderte, Madame Philippa wäre den Feinden des Königreiches gegenüber zu feinfühlig, und man müsse eine starke Seele haben, wenn man Königin sein wolle, antwortete ihr Eduard:
»Nicht jede Frau, Madame, hat ein so steinernes Herz wie Ihr.«
Für Madame Philippa hatte der Zwischenfall keine Folgen, und Mitte Juni kam sie mit einem Sohn nieder(18). Eduard III. empfand darüber die einfache, tiefernste Freude jedes Mannes über das erste Kind, das ihm die Frau schenkt, die er liebt und von der er wiedergeliebt wird. Gleichzeitig fühlte er sich als König plötzlich gereift. Seine Nachfolge war gesichert. Er wurde sich der Dynastie und seines eigenen Platzes zwischen der Reihe seiner Vorfahren und der seiner Nachfolger stärker bewußt, mochte diese zunächst auch nur in einem zarten Kind in

einer weichen Wiege bestehen, und dieses Bewußtsein beschäftigte ihn und ließ ihm die rechtliche Machtlosigkeit, in der man ihn hielt, immer unerträglicher erscheinen.
Doch quälten ihn Zweifel; es nützte nichts, eine regierende Clique zu stürzen, wenn man sie nicht durch bessere Männer zu ersetzen und bessere Grundsätze anzuwenden vermag.
»Werde ich wahrhaft regieren können, und habe ich die Voraussetzungen dazu?« fragte er sich oft.
In seinem Geist blieb unauslöschlich das schlechte Beispiel haften, das sein Vater gegeben hatte, als er sich von den Despenser vollständig beherrschen ließ, aber auch das ebenso schlechte Beispiel seiner Mutter, die unter dem Einfluß Roger Mortimers stand.
Seine erzwungene Untätigkeit erlaubte ihm, zu beobachten und nachzudenken. Nichts konnte im Königreich ohne das Parlament geschehen, ohne seine freiwillige oder erbetene Zustimmung. Diese beratende Versammlung hatte in den letzten Jahren an Bedeutung gewonnen und wurde immer häufiger an verschiedenen Orten und zu verschiedenen Zwecken einberufen. Das war nur eine Folge der schlechten Verwaltung, der Unordnung in der königlichen Familie und des Zustandes dauernder Feindseligkeiten zwischen der Zentralgewalt und den Adelsbünden der großen Vasallen.
Man mußte mit den kostspieligen Reisen aufhören, die Ober- und Unterhaus zu Sitzungen nach Winchester, Salisbury und York antraten und die nur Lord Mortimer dazu dienten, das Königreich seine Zuchtrute fühlen zu lassen.
›Wenn ich erst wirklich König bin, wird das Parlament regelmäßig tagen, und wenn irgend möglich in London . . . Die Armee . . .? Die Armee ist keine Armee des Königs; sie besteht aus Truppen der Barone; und diese gehorchen nur, wenn es ihnen beliebt. Man braucht eine Armee, die für den Dienst im Königreich aufgestellt und von Vorgesetzten befehligt wird, die ihre Posten nur durch den König erhalten . . . Die Gerichtsbarkeit . . .? Die Gerichtsbarkeit muß in der Hand des Souveräns liegen, und man muß trachten, daß es gleiches Recht für alle gibt. In Frankreich ist, was man auch sagen mag, die Ordnung größer. Man muß auch dem Handel mehr Möglichkeiten bieten. Man beklagt sich, daß er durch Abgaben und Verbote, besonders bei Leder und Wolle, gehemmt wird, die doch unsern Reichtum bilden.‹
Dem Anschein nach waren das sehr einfache Gedankengänge, im Kopf eines Königs aber waren sie es keineswegs, sondern wurden geradezu revolutionäre Ideen in einer Zeit so großer Anarchie, Willkür und Grausamkeit, wie sie eine Nation selten erlebt hat.

Der verhinderte junge Herrscher kam mit seinen Überlegungen allen unerfüllten Wünschen seines unterdrückten Volkes entgegen. Er tat seine Absichten nur wenigen kund, seiner Gemahlin Philippa und Guillaume de Mauny, den sie als Schildknappen aus dem Hennegau mitgebracht hatte, besonders aber Lord Montagu, der ihn über die Gefühle der jungen Lords unterrichtete.
Häufig setzt ein Mann mit zwanzig Jahren die wenigen Grundsätze fest, nach denen er sich dann sein ganzes Leben lang richtet. Eduard III. hatte eine hervorragende Eigenschaft als Herrscher: er kannte weder Leidenschaften noch Laster. Er hatte das Glück gehabt, eine Prinzessin zu heiraten, die er liebte; er hatte das Glück, sie immer noch zu lieben. Er besaß jene höchste Form des Stolzes, die ihm seine Stellung als König natürlich erscheinen ließ. Er forderte Achtung für seine Person und seinen Rang; Unterwürfigkeit achtete er gering, weil sie die Freimütigkeit ausschließt. Er mißbilligte unnützen Aufwand, weil dieser die Armen beleidigt und das Gegenteil wahrer Majestät ist.
Die Leute, die sich seinerzeit am französischen Hof aufgehalten hatten, sagten, daß seine Züge in vielem denen Philipps des Schönen glichen; sein Gesicht hatte die gleiche Form und Blässe, seine Augen blickten mit gleicher Kühle, wenn er einmal seine langen Wimpern hob.
Eduard war sicher mitteilsamer und begeisterungsfähiger als sein Großvater mütterlicherseits. Aber die so sprachen, hatten den Eisernen König nur in seinen letzten Lebensjahren gekannt, als er bereits ein Vierteljahrhundert regierte; niemand erinnerte sich daran, wie Philipp der Schöne mit zwanzig Jahren gewesen war. Das französische Blut hatte in Eduard III. den Sieg über das Erbe der Plantagenet errungen, und es sah so aus, als sitze der wirkliche Kapetinger auf dem Thron von England.

Im Oktober desselben Jahres 1330 wurde das Parlament erneut zusammengerufen, diesmal in Nottingham im Norden des Königreiches. Die Versammlung begann stürmisch; die meisten Lords verurteilten die Hinrichtung des Grafen von Kent und fühlten sich dadurch in ihrem Gewissen beschwert. Und dieser Prozeß hatte alle ihre Vermutungen über die Ermordung Eduards II. bestätigt.
Außerdem war Graf von Lancaster, der Schiefhals, den man den alten Lancaster nannte, weil er als einziger der königlichen Familie seinen dicken, schiefen Kopf bis ins fünfzigste Lebensjahr gerettet hatte, wieder zurück und war mutig und klug. Eine Augenkrankheit, die ihm schon lange zu schaffen machte, hatte sich plötzlich verschlechtert

und ihn fast erblinden lassen; er mußte geführt werden; aber er wurde durch diese Krankheit nur noch verehrungswürdiger, und man suchte seinen Rat mit noch größerer Ehrerbietung.
Das Unterhaus war beunruhigt, weil man seine Zustimmung zu neuen Abgaben, zu neuen Gebühren auf die Wolle einholen wollte. Aber wo blieb denn nur das ganze Geld?
Wofür hatte Mortimer die dreißigtausend Pfund verwendet, die Schottland als Tribut gezahlt hatte? Hatte man für ihn oder für das Königreich den harten Feldzug vor drei Jahren geführt? Und warum hatte man diesem finsteren Baron Maltravers außer seiner Besoldung als Seneschall noch einen Betrag von tausend Livres als Vergütung für die Bewachung des verstorbenen Königs bewilligt, wenn es nicht die Bezahlung für einen Mord war? Denn man erfährt alles, es kommt alles ans Licht, und die Abrechnungen über Staatsgelder können nicht ewig verborgen bleiben! ... Dafür dienten also die Einkünfte aus der Besteuerung! Und Ogle und Gournay, die Spießgesellen Maltravers', und Daverill, der Kommandant von Corfe, hatten ebensoviel bekommen.
Mortimer reiste auf dem Weg nach Nottingham mit einem so prächtigen Hofstaat, daß selbst der junge König nur zu seinem Gefolge zu gehören schien. In Wirklichkeit stützte er sich nur mehr auf etwa hundert Parteigänger, die ihm alles verdankten, nur als seine Diener mächtig waren und Ungnade, Verbannung oder den Galgen zu erwarten hatten, wenn er zu Fall kam.
Er glaubte, daß man ihm gehorche, weil er überall seine Spione hatte und sogar den König durch einen gewissen John Wynyard überwachen ließ. So war er über jedes Gespräch unterrichtet. Deshalb zögerten die Verschwörer. Er glaubte sich mächtig, weil seine Truppen den Lords und Bürgern Angst einflößten. Aber Truppen können auch anderen gehorchen, und Spione können Verrat üben.
Eine Macht, die ohne Zustimmung der Beherrschten ausgeübt wird, ist ein Betrug, der nicht lange Bestand hat. Mit dem äußerst gefährlichen Gleichgewicht zwischen Angst und Aufruhr kann es mit einem Schlag vorbei sein, wenn sich genügend Menschen zugleich bewußt werden, daß sie eines Sinnes sind.
Auf einem mit Gold und Silber bestickten Sattel, inmitten einer Reiterschar, deren Pferde scharlachrote Schabracken trugen und an deren Lanzen sein Panier flatterte, ritt Mortimer ins Verderben.
Während der Reise bemerkte Eduard III., daß seine Mutter krank zu sein schien, ihr Gesicht war schlaff und erloschen, ihre Augen blickten müde und weniger strahlend. Sie benutzte die Sänfte und nicht ihren weißen Zelter wie gewöhnlich; häufig mußte die Sänfte haltmachen,

da ihr vom Schwanken übel wurde. Mortimers Benehmen ihr gegenüber war aufmerksam und etwas gezwungen.
Vielleicht wären Eduard diese Anzeichen weniger aufgefallen, wenn er nicht Anfang des Jahres die gleichen bei Madame Philippa, seiner Gemahlin, beobachtet hätte. Und außerdem schwatzt auf einer Reise die Dienerschaft miteinander; die Frauen der Königinmutter unterhielten sich mit denen von Madame Philippa. In York, wo man zwei Tage haltmachte, konnte Eduard keine Zweifel mehr haben; seine Mutter war schwanger.
Er glaubte vor Scham und Ekel zu ersticken. Auch die Eifersucht verstärkte seinen Groll, die Eifersucht des ältesten Sohnes. Was war aus dem schönen und edlen Bild geworden, das er in seiner Kindheit von seiner Mutter gehabt hatte?
»Ihretwegen habe ich meinen Vater gehaßt, wegen der Schmach, die er ihr zufügte. Und nun tut sie selbst mir Schmach an! Mit vierzig Jahren wird sie Mutter eines Bastards, der jünger sein wird als ihr Enkel!«
Als König fühlte er sich vor seinem Königreich, als Mann vor seiner Gattin gedemütigt.
Als er sich in seinem Zimmer im Schloß von York schlaflos unter der Decke wälzte, sagte er zu Philippa:
»Erinnerst du dich, mein Schatz, daß wir hier geheiratet haben ... Ach, ich habe dich in ein recht trauriges Königreich gebracht.«
In ihrer sanften und bedächtigen Art nahm Philippa das Ereignis weniger tragisch; aber sie war eher sittenstreng und urteilte unnachsichtig darüber.
»So etwas«, sagte sie, »kommt am Hof von Frankreich nicht vor.«
Da fuhr Eduard auf.
»Ach, mein Schatz ... und was war mit deinen Cousinen aus Burgund, die alle drei ihre Gatten betrogen? ... und eure vergifteten Könige?«
Mit einem Schlag wurde die französische Dynastie ausschließlich zur Familie Philippas.
»In Frankreich ist man ritterlicher«, antwortete Philippa, »und stellt seine Gefühle weniger zur Schau. Man ist auch weniger grausam in seiner Rachsucht.«
»Man verstellt sich besser, ist heimtückischer. Man zieht das Gift dem Schwert vor ...«
»Ihr seid hier ungesitteter ...«
Er schwieg; sie fürchtete, ihn verletzt zu haben, und streckte ihren rundlichen, weichen Arm nach ihm aus.

»Ich liebe dich sehr, mein Freund«, sagte sie, »denn du gleichst ihnen in keiner Weise . . .«

»Es handelt sich nicht nur um die Schande«, spann Eduard seine Gedanken weiter, »sondern auch um die Gefahr . . .«

»Was meinst du damit?«

»Ich meine, daß Mortimer durchaus fähig ist, uns alle zu beseitigen, meine Mutter zu heiraten, um sich als Regent anerkennen zu lassen und seinen Bastard auf den Thron zu bringen . . .«

»Das ist ein verrückter Gedanke!« sagte Philippa.

Sicherlich war ein solcher Umsturz, der gegen jede dynastische und religiöse Treue und den Glauben verstieß, in einer geordneten Monarchie fast unvorstellbar; aber alles ist denkbar, und die verrücktesten Abenteuer rücken in den Bereich des Möglichen, wenn ein Königreich in sich zerrissen und dem Kampf der Parteien überlassen ist.

»Ich werde morgen mit Montagu darüber sprechen«, sagte der junge König.

Bei der Ankunft in Nottingham zeigte sich Lord Mortimer besonders ungeduldig, rechthaberisch und nervös, denn John Wynyard hatte, ohne den Inhalt der Gespräche angeben zu können, von wiederholten Unterredungen des Königs mit Montagu und mehreren andern jungen Lords während des letzten Teiles der Reise berichtet.

Mortimer ließ seinen Zorn zuerst am Vizegouverneur Sir Edward Bohun aus, der, mit der Beschaffung der Quartiere beauftragt, die großen Seigneurs alle im Schloß selbst untergebracht hatte, wie das eben so üblich war.

»Mit welchem Recht«, schrie Mortimer, »habt Ihr, ohne mir Bericht zu erstatten, über Räumlichkeiten verfügt, die so nahe bei den Zimmern der Königinmutter liegen?«

»Ich glaubte, Mylord, daß der Graf von Lancaster . . .«

»Der Graf von Lancaster hat wie alle andern wenigstens eine Meile vom Schloß entfernt zu wohnen . . .«

»Und Ihr selbst, Mylord?«

Mortimer runzelte die Stirne, als ob diese Frage eine Beleidigung wäre.

»Meine Räume werden neben denen der Königin liegen, und ihr soll der Konstabler jeden Abend die Schlüssel des Schlosses überbringen.«

Edward Bohun verbeugte sich.

Zu große Vorsicht ist manchmal unheilvoll. Mortimer wollte verhindern, daß man über den Zustand der Königinmutter sprach; vor allem wollte er den König von den andern fernhalten. Dadurch aber konnten die jungen Lords sich fern vom Schloß und den Spionen Mortimers viel freier versammeln und besprechen.

Lord Montagu rief diejenigen seiner Freunde zusammen, die ihm am entschlossensten schienen, kräftige junge Leute zwischen zwanzig und dreißig; die Lords Molins, Hufford, Clinton, ferner John Nevil de Horneby und die vier Brüder Bohun, Edward, Humphrey, William und John, der Graf von Hereford und Essex war. Die Jugend bildete die Partei des Königs. Sie hatten den Segen Heinrichs von Lancaster, und sogar mehr als nur seinen Segen.

Mortimer seinerseits beriet sich im Schloß mit dem Kanzler Burghersh, mit Simon Bereford, John Monmouth, John Wynyard, Hugh Turplington und Maltravers und befragte sie, wie man die neue Verschwörung niederschlagen sollte, die gegen ihn, wie er vermutete, angezettelt wurde.

Bischof Burghersh fühlte, daß der Wind sich drehte, und zeigte sich wenig begeistert von einem strengen Vorgehen; mit der würdevollen Miene eines Kirchenfürsten predigte er Eintracht. Er hatte es auch schon seinerzeit verstanden, von der Partei der Despenser zu der Mortimers hinüberzuwechseln.

»Genug der Verhaftungen, der Prozesse und Bluturteile«, sagte er. »Vielleicht könnte man sie mit Ländereien, Geld oder Ehren zufriedenstellen . . .«

Mortimer unterbrach ihn durch einen Blick; noch zitterte man vor den steingrauen Augen unter den mächtigen Brauen; der Bischof von Lincoln verstummte. Aber zur gleichen Stunde war es Lord Montagu gelungen, sich unter vier Augen mit Eduard III. zu besprechen.

»Ich flehe Euch an, mein edler König«, sagte er, »duldet nicht länger die Unverschämtheit und Hinterhältigkeit eines Mannes, der Euren Vater ermorden und Euren Onkel köpfen ließ und der Eure Mutter geschändet hat. Wir haben geschworen, unsern letzten Blutstropfen dafür einzusetzen, Euch von ihm zu befreien. Wir sind zu allem bereit; und wir müssen rasch handeln, schon deshalb, weil wir nicht in genügender Anzahl ins Schloß dringen können, in dem keiner von uns wohnt.«

Der junge König überlegte einen Augenblick. »Nun weiß ich bestimmt, William, daß ich Euch liebe«, antwortete er.

Er hatte nicht gesagt: ›daß Ihr mich liebt‹. Hier zeigte sich die wahrhaft königliche Gesinnung; er zweifelte nicht, daß man ihm dienen wollte; für ihn war es wichtig, mit gutem Gewissen sein Vertrauen und seine Zuneigung gewähren zu können.

»Ihr werdet also in meinem Namen zum Konstabler des Schlosses, Sir William Eland, gehen«, fuhr er fort, »und ihn in meinem Auftrag bitten, Euch in allem, was Ihr benötigt, an die Hand zu gehen.«

»Nun denn, Sire«, sagte Montagu, »Gott möge uns beistehen!«

Alles hing augenblicklich von diesem Eland ab, ob man ihn gewinnen konnte und ob er sich loyal zeigen würde; wenn er die Unterredung mit Montagu weiterberichtete, waren die Verschwörer und vielleicht der König selbst verloren. Aber Sir Edward Bohun bürgte für seine Ergebenheit, und sei es nur deshalb, weil ihn Mortimer seit seiner Ankunft in Nottingham wie einen Diener behandelte.
William Eland enttäuschte Montagu nicht, sondern versprach, seinen Befehlen in allem Folge zu leisten, und schwor, das Geheimnis zu wahren.
»Da Ihr nun einer der Unsern seid«, sagte Montagu zu ihm, »gebt mir doch heute abend die Schlüssel des Schlosses . . .«
»Mylord«, antwortete der Konstabler, »Ihr müßt wissen, daß die Fallgatter und die Tore jeden Abend versperrt werden und ich die Schlüssel der Königinmutter überbringen muß, die sie unter ihrem Kopfkissen bis zum Morgen verwahrt. Ich weiß auch, daß die übliche Schloßwache entfernt und durch vierhundert Mann aus den persönlichen Truppen Lord Mortimers ersetzt wurde . . .«
Montagu sah alle seine Hoffnungen zusammenbrechen.
»Aber ich kenne einen geheimen Zugang, der von außen ins Schloß führt«, fuhr Eland fort. »Dieser unterirdische Gang stammt aus der Zeit der Sachsenkönige, und sie ließen ihn graben, um den Dänen zu entrinnen, wenn diese das Land plünderten. Dieser unterirdische Gang ist Königin Isabella, Mortimer und seinen Leuten unbekannt, da ich nicht den geringsten Anlaß hatte, sie davon zu unterrichten; er mündet mitten im Schloß, im Bergfried(19), und durch ihn kann man eindringen, ohne von jemandem gesehen zu werden.«
»Und wie sollen wir von außen den Eingang finden?«
»Ich werde mit Euch kommen, Mylord!«
Lord Montagu hatte noch eine zweite rasche Unterredung mit dem König, dann stieg er abends zusammen mit den Brüdern Bohun, den andern Verschworenen und dem Konstabler Eland zu Pferd und verließ die Stadt, wobei er genügend Leuten erklärte, daß ihm Nottingham nicht sicher genug erschien. Dieser Abmarsch glich in vielem einer Flucht und wurde Mortimer sofort berichtet.
»Sie wissen sich entdeckt und verraten sich nun selber. Morgen werde ich sie ergreifen und vor das Parlament bringen lassen. Heute werden wir eine ruhige Nacht haben, Liebste«, sagte er zu Königin Isabella.
Auf der andern Seite des Bergfrieds lag ein Gemach mit granitenen Mauern, nur von einem Nachtlicht erhellt. Madame Philippa fragte ihren Gatten, warum er sich nicht niederlege. Er war am Bettrand sitzen geblieben, einen Kettenpanzer unter seinem königlichen Gewand, ein kurzes Schwert an seiner Seite.

»In dieser Nacht können sich große Dinge ereignen«, antwortete Eduard.
Philippa blieb scheinbar still und ruhig, aber das Herz schlug ihr heftig in der Brust; sie erinnerte sich an ihr Gespräch in York.
»Glaubt Ihr, daß man Euch ermorden will?«
»Auch das ist möglich.«
Im Nebenraum hörte man ein Geflüster, und Gautier de Mauny, dem der König die Wache in seinem Vorzimmer anvertraut hatte, klopfte leise an die Türe. Eduard öffnete.
»Der Konstabler ist da, Sire«, flüsterte er, »und die andern mit ihm.«
Eduard drückte einen Kuß auf Philippas Stirn; sie faßte nach seiner Hand, drückte sie einen Augenblick fest ans Herz und murmelte:
»Gott möge dich schützen!«
»Soll ich Euch folgen, Sire?« fragte Gautier de Mauny.
»Schließ die Türe hinter mir fest zu und wache über Madame Philippa.«
Im grasbewachsenen Hof des Bergfrieds hatten sich die Verschworenen im Mondschein rings um den Brunnen versammelt, mit Schwertern und Äxten bewaffnete Schatten.
Die Jugend des Königreiches hatte ihre Füße mit Stoff umwickelt; der König hatte dies nicht getan, und so hallte sein Tritt allein auf den Steinplatten der langen Gänge wider. Eine einzige Fackel leuchtete ihnen auf dem Weg.
Die auf dem Boden ausgestreckten Diener regten sich schlaftrunken: »Der König«, und sie blieben, wo sie waren, krochen in sich zusammen, beunruhigt über diesen nächtlichen Aufmarsch von bewaffneten Seigneurs, zeigten sich aber nicht allzu neugierig.
Das Getümmel ging erst im Vorzimmer zu den Gemächern Königin Isabellas los, wo die sechs von Mortimer aufgestellten Wachen den Durchgang verweigerten, obwohl der König selbst ihn forderte. Es gab einen kurzen Kampf, in dem nur John Nevil durch einen Pikenstich am Arm verletzt wurde; zurückgedrängt und entwaffnet standen die Wachsoldaten an der Wand; der Vorgang hatte nur eine Minute gedauert, aber hinter der dicken Eichentüre hörte man, wie die Königinmutter aufschrie, dann wurden die Balken vorgelegt.
»Lord Mortimer, öffnet!« befahl Eduard III. »Euer König kommt, Euch festzunehmen.«
Er hatte mit der klaren und starken Schlachtenstimme gesprochen, die auch das Volk von York am Tage seiner Hochzeit gehört hatte.
Als Antwort vernahm man nur das Geräusch eines Schwertes, das aus der Scheide gezogen wurde.
»Mortimer, kommt heraus«, wiederholte der junge König.

Er wartete noch einige Sekunden, dann griff er plötzlich nach der Axt des zunächststehenden jungen Lords, schwang sie über seinem Kopf und schlug mit aller Kraft auf die Türe ein.
Dieser Axthieb war die schneidende und nur allzulang ersehnte Bekräftigung seiner königlichen Macht, das Ende seiner Erniedrigungen, der Schlußpunkt unter die Verhaftungen gegen seinen Willen; er bedeutete Freiheit für das Parlament, zurückgewonnene Ehre für die Lords und Wiederherstellung des Rechts im Königreich. Nicht am Tage seiner Krönung hatte die Herrschaft Eduards III. begonnen, sondern jetzt, als der glänzende Stahl sich in das dunkle Eichenholz grub und der Lärm, das Krachen des Holzes, durch die Gewölbe von Nottingham hallte.
Zehn andere Äxte schlugen auf die Türe ein, und bald gab der schwere Flügel nach.
Roger Mortimer stand mitten im Raum; er hatte Zeit gehabt, seine Beinkleider anzulegen, sein Hemd stand über der Brust offen, und in der Hand hielt er ein Schwert. Seine steinfarbenen Augen funkelten unter den dichten Brauen, sein angegrautes Haar hing wirr um sein hartes Gesicht; es steckte noch genügend Kraft in diesem Mann.
Königin Isabella stand tränenüberströmt im Hemd neben ihm; sie zitterte vor Kälte und Angst; ihre zarten nackten Füße bildeten auf dem Steinboden zwei helle Flecken. Im Nebenraum sah man das benutzte Bett.
Der erste Blick des jungen Königs richtete sich auf den Leib seiner Mutter, dessen Schwellung das Nachtgewand nicht verbarg. Niemals würde er Mortimer verzeihen, daß er diese schöne und im Unglück so tapfere Frau, die im Triumph grausam, aber die immer königlich war, in den Zustand eines verheulten Weibchens gebracht hatte, der man den Mann entriß und die stöhnend die Hände rang:
»Lieber Sohn, lieber Sohn, ich beschwöre Euch, schont den edlen Mortimer!«
Sie war zwischen ihren Sohn und ihren Geliebten getreten.
»Hat er Eure Ehre geschont?« fragte Eduard.
»Tut ihm nichts zuleide!« schrie Isabella. »Er ist ein tapferer Chevalier, unser sehr geliebter Freund; erinnert Euch, daß Ihr ihm Euren Thron verdankt!«
Die Verschworenen zögerten. Würde es zum Kampf kommen, und mußte man Mortimer vor den Augen der Königinmutter töten?
»Er hat sich genügend dafür bezahlt gemacht, daß er mir so rasch zur Herrschaft verhalf. Vorwärts, Mylords, ergreift ihn«, sagte der junge König, zog seine Mutter beiseite und gab seinen Gefährten das Zeichen zum Angriff.

Montagu, die Bohun, Lord Molins und John Nevil, von dessen Arm das Blut floß, ohne daß er darauf achtete, umzingelten Mortimer. Zwei Äxte hoben sich hinter seinem Rücken, drei Klingen richteten sich gegen seine Flanken, eine Hand legte sich auf seinen Arm, um ihm das Schwert zu entreißen, das er in der Hand hielt. Man drängte ihn zur Tür. Bevor er den Raum verließ, wandte sich Mortimer um.
»Lebt wohl, Isabella, meine Königin«, rief er, »wir haben uns sehr geliebt!«
Und das war nur zu wahr. Die größte, aufsehenerregendste, unheilvollste Liebe des Jahrhunderts hatte wie ein Ritterroman begonnen und alle Höfe Europas einschließlich dem des Heiligen Stuhles bewegt. Diese Leidenschaft hatte eine Flotte zusammengebracht, eine Armee ausgerüstet, sich in tyrannischer und blutiger Macht verzehrt und endete zwischen Äxten, beim Licht einer rauchenden Fackel. Roger Mortimer, achter Baron von Wigmore, früherer Großrichter von Irland und erster Graf der Walisischen Mark, wurde ins Gefängnis geführt; seine königliche Geliebte brach im Hemd am Fuß des Bettes zusammen.
Vor dem Morgengrauen wurden Bereford, Daverill, Wynyard und die hauptsächlichsten Kreaturen Mortimers verhaftet; man machte sich an die Verfolgung von Seneschall Maltravers, von Gournay und Ogle, den drei Mördern Eduards II., die sofort die Flucht ergriffen hatten.
Am Morgen drängte sich die Menge in den Straßen Nottinghams und jubelte vor Freude, als die Eskorte mit Mortimer, der gefesselt in einem Karren saß, vorbeizog. Für einen Chevalier war das die größte Schande. Der Schiefhals, ein Ohr auf der Schulter, stand in der vordersten Reihe der Zuschauer, und obwohl seine schwachen Augen den Zug nur mit Mühe erkennen konnten, sprang er von einem Bein auf das andere und warf seine Mütze in die Luft.
»Wo bringt man ihn hin?« fragten die Leute.
»In den Tower von London.«

Zu den Common Gallows

Die Raben des Towers leben sehr lang, man sagt, mehr als hundert Jahre. Der gleiche ungeheure Rabe, der wachsam und tückisch vor sieben Jahren versucht hatte, die Augen des Gefangenen durch die Gitter des Kellerloches auszupicken, war auf seinen Posten vor der Zelle zurückgekehrt.
War es höhnische Absicht, daß man Mortimer dasselbe Verlies zugewiesen hatte wie seinerzeit? Dort, wo ihn der Vater siebzehn Monate

lang eingesperrt hatte, hielt ihn nun auch der Sohn gefangen. Mortimer sagte sich, daß in seinem Wesen, in seiner Person etwas liegen müsse, was ihn der königlichen Autorität unerträglich machte oder was ihn diese Autorität nicht erdulden ließ. Jedenfalls konnten ein König und er nicht in derselben Nation zusammen leben, und einer von ihnen mußte weichen. Er hatte einen König beseitigt; ein anderer König würde nun ihn beseitigen. Es ist ein großes Unglück, mit dem Geist eines Monarchen geboren zu sein, wenn man nicht zur Herrschaft bestimmt ist.
Und wenn man ihn aus Vorsicht in dasselbe Kellerloch gesperrt hatte, weil man die Mittel kannte, die er seinerzeit zur Flucht benützt hatte, so war diese Maßnahme vollkommen unnötig; er hatte diesmal keinerlei Verlangen, zu fliehen.
Roger Mortimer stand vielmehr unter dem Eindruck, in Nottingham gestorben zu sein. Für Wesen seines Schlages, deren vorherrschende Eigenschaft der Stolz ist und deren höchste Wünsche für eine kurze Weile befriedigt wurden, kommt der Fall dem Tode gleich. Der wahre Mortimer stand in diesem Augenblick bereits für die menschliche Ewigkeit in den Annalen Englands verzeichnet; der Kerker im Tower enthielt nur seine leibliche, aber gleichgültige Hülle.
Es war seltsam, diese Hülle hatte die alten Gewohnheiten wiederentdeckt. So wie man, kehrt man nach zwanzigjähriger Abwesenheit in die Wohnung zurück, in der man seine Kindheit verbrachte, ganz automatisch, als ob der Muskel sich erinnern würde, mit dem Knie gegen den Türflügel drückt, der seinerzeit klemmte, oder wie der Fuß auf die breiteste Stelle der Stufe tritt, um ihren abgenützten Rand zu vermeiden, so fand Mortimer zu den Bewegungen seiner ersten Haft zurück. Er konnte selbst in der Nacht die wenigen Schritte vom Fenstergitter bis zur Rückwand machen, ohne sich irgendwo zu stoßen; er hatte gleich bei seiner Ankunft den Schemel auf den alten Platz zurückgestellt; er erkannte die vertrauten Geräusche, die Wachablösung, die Glocke, die zur Messe in die St.-Peters-Kapelle rief; er brauchte nicht einmal besonders darauf zu achten. Er wußte, um welche Stunde man ihm die Mahlzeit brachte. Die Nahrung war nur um ein weniges besser als zur Zeit des schändlichen Konstablers Seagrave.
Da Mortimer sich das erste Mal des Barbiers Ogle als Boten bedient hatte, um seine Flucht vorzubereiten, weigerte man sich diesmal, ihm jemanden zum Rasieren zu schicken. Der Bart an seinem Kinn war einen Monat alt.
Aber mit Ausnahme dieser Einzelheit war alles gleich, sogar den Raben gab es noch, den Mortimer seinerzeit ›Eduard‹ getauft hatte

und der sich meist schlafend stellte, sein kleines, rundes Auge nur hin und wieder öffnend, ehe er mit dem scharfen Schnabel zwischen die Gitterstäbe fuhr.
Noch etwas anderes fehlte: die traurigen Selbstgespräche des alten Onkels, Lord Mortimer von Chirk, der sonst auf dem Brett lag, das zum Schlafen diente ... Jetzt verstand Roger Mortimer, warum der alte Mann sich geweigert hatte, ihn bei der Flucht zu begleiten. Es war nicht Angst vor der Gefahr oder Mangel an Kräften; man hat immer genügend Kraft, um sich auf den Weg zu machen, selbst wenn man dann auf der Strecke bleibt. Den alten Lord von Chirk hatte das Gefühl zurückgehalten, daß sein Leben zu Ende war, und deshalb hatte er es vorgezogen, auf diesem Brett seinen Tod zu erwarten.
Roger Mortimer, der erst fünfundvierzig Jahre alt war, würde keines natürlichen Todes sterben. Er empfand eine unbestimmte Angst, wenn sein Blick auf die Mitte des grünen Rasens fiel, wo meist das Schafott errichtet wurde. Aber aus einer Reihe sehr einfacher Gedanken heraus, die schließlich zu einer müden Schwermut führen, gewöhnt man sich an die Nähe des Todes. Mortimer sagte sich, daß der tückische Rabe ihn überleben und noch andere Gefangene quälen würde; auch die Ratten würden leben, die großen nassen Ratten, die nachts von den schlammigen Ufern der Themse kamen und über die Steine der Festung liefen; selbst der Floh, der ihn jetzt unter seinem Hemd quälte, würde am Tage seiner Hinrichtung zum Scharfrichter hinüberspringen und weiterleben. Ein jedes Leben, das in dieser Welt erlischt, läßt alle andern Leben unberührt. Es gibt nichts Gewöhnlicheres als Sterben.
Manchmal dachte er ohne Sehnsucht oder Reue an seine Frau, Lady Johanna. Er hatte sie von seiner Macht weit genug ferngehalten, so daß kein Grund bestand, sie irgendwie zu belangen. Lady Johanna würde sicher im Besitz ihres persönlichen Hab und Guts bleiben. Seine Söhne? Ja, seine Söhne würden gewiß auch das Gewicht des Hasses zu spüren bekommen, dem er zum Opfer gefallen war; aber da wenig Wahrscheinlichkeit bestand, daß sie ihm je an Bedeutung und Ehrgeiz gleichkamen, was tat es schon, ob sie Grafen der Walisischen Mark würden oder nicht? Der große Mortimer war für alle Zeit nur er, oder besser der, der er gewesen war. Weder für seine Frau noch für seine Söhne empfand er Bedauern.
Die Königin? ... Königin Isabella würde eines Tages sterben, und dann würde es auf der ganzen Welt niemanden mehr geben, der ihn wirklich gekannt hatte. Nur wenn er an Isabella dachte, fühlte er, wie ihn die verächtliche Loslösung vom Leben im Stich ließ. Gewiß, er war in Nottingham gestorben; aber die Erinnerung an diese vierjährige

Leidenschaft lebte weiter, wie auch die Haare beharrlich weiterwachsen, wenn das Herz schon zu schlagen aufhörte. Nur das blieb dem Henker noch zu vernichten. Wenn man den Kopf vom Rumpf trennte, würde man die Erinnerung an die königlichen Hände auslöschen, die sich um diesen Hals geschlungen hatten.
Wie jeden Morgen, hatte Mortimer auch heute nach dem Datum gefragt. Man schrieb den 29. November; das Parlament mußte also zusammengetreten sein, und der Gefangene wartete auf seine Vorführung. Er kannte die Feigheit solcher Versammlungen zur Genüge, um zu wissen, daß sich niemand zu seiner Verteidigung finden würde, im Gegenteil. Lords und Commoners würden sich mit Vergnügen für die Furcht rächen, die er ihnen so lange eingeflößt hatte.
Das Urteil war im Gemach von Nottingham gesprochen worden. Man würde keine Gerichtsverhandlung gegen ihn führen, sondern ihn einem notwendigen Scheinverfahren unterwerfen, einer Formalität, die in allem den seinerzeit von ihm befohlenen Verurteilungen glich. Ein zwanzigjähriger Souverän, der begierig ist, zu herrschen, und junge Lords, die begierig sind, in der königlichen Gunst zu stehen, brauchen alle sein Verschwinden, um ihrer Macht sicher zu sein.
›Mein Tod ist für den kleinen Eduard die unerläßliche Ergänzung zu seiner Krönung . . . Und doch werden sie nichts besser machen als ich; das Volk wird unter ihrem Gesetz nicht zufriedener sein. Was mir nicht gelungen ist, wem sollte es gelingen?‹
Welche Haltung sollte er einnehmen, während der Schein der Gerechtigkeit gewahrt wurde? Flehen wie der Graf von Kent? Sich an die Brust schlagen, um Gnade bitten, seine Unterwerfung anbieten, mit bloßen Füßen und einem Strick um den Hals seine Fehler öffentlich bereuen? Man muß sehr am Leben hängen, um die Komödie der Demütigung auf sich zu nehmen! ›Ich habe keinen Fehler begangen. Ich war der Stärkere und bin es geblieben, bis andere, die für einen Augenblick die Stärkeren wurden, mich zu Fall brachten. Das ist alles.‹
Also der Hohn? Ein letztes Mal vor diese Schafherde von Parlament hintreten und ihnen ins Gesicht schleudern: »Ich habe die Waffen gegen König Eduard II. erhoben. Meine Lords, die ihr meine Richter seid, wer von euch ist mir damals nicht gefolgt? . . . Ich bin aus dem Tower von London geflohen. Meine Lordbischöfe, wer von euch, die ihr heute meine Richter seid, hat nicht Mittel und Hilfe für meine Befreiung zur Verfügung gestellt? . . . Ich habe Königin Isabella davor bewahrt, von den Günstlingen ihres Gatten umgebracht zu werden, ich habe eine Armee aufgestellt, eine Flotte ausgerüstet, die euch von den Despenser befreit hat, ich habe euern verhaßten König abge-

setzt und seinen Sohn krönen lassen, der mich heute verurteilen läßt. Meine Lords, Grafen, Barone und Bischöfe, und ihr, meine Herren vom Unterhaus, wer von euch hat mich nicht gebeten, das alles zu vollbringen, und wer von euch hat mir nicht zugejubelt? Selbst der Liebe der Königin zu mir galt euer Beifall! Ihr habt mir nichts vorzuwerfen, als daß ich an eurer Stelle gehandelt habe. Nun fallt ihr alle über mich her, um durch den Tod eines einzigen vergessen zu machen, was auf allgemeinen Wunsch geschah ...«

Oder völliges Schweigen ... Sich weigern, auf die Fragen zu antworten, sich weigern, eine Verteidigung vorzubringen, sich nicht die unnütze Mühe machen, sich zu rechtfertigen. Die Hunde heulen lassen, nachdem sie der Peitsche nicht mehr gehorchen ... ›Aber wie recht ich daran tat, sie in Furcht zu halten!‹

Das Geräusch von Schritten riß ihn aus seinen Gedanken. ›Jetzt ist es soweit‹, dachte er.

Die Türe öffnete sich, und Gewappnete erschienen und traten zur Seite, um den Grafen von Norfolk, Marschall von England, sowie den Lord Mayor, die Sheriffs von London und mehrere Vertreter der Lords und des Unterhauses durchzulassen. Nicht alle konnten in die Zelle gelangen, und im engen Gang standen sie Kopf an Kopf.

»Mylord«, sagte der Graf von Norfolk, »ich komme auf Befehl des Königs, um das über Euch vorgestern durch das versammelte Parlament verhängte Urteil verlesen zu lassen.«

Es überraschte die Anwesenden, daß Mortimer bei dieser Ankündigung lächelte. Ein ruhiges, verächtliches Lächeln, das sich nicht auf sie bezog, sondern auf sich selbst. Das Urteil war schon vor zwei Tagen ohne seine Vorführung, ohne Befragung und ohne Verteidigung gefällt worden – während er sich gerade noch darüber Gedanken gemacht hatte, welche Haltung er gegenüber seinen Anklägern einnehmen sollte. Eine überflüssige Sorge! Man gab ihm eine Lehre; er hätte auch bei den Despenser, beim Grafen von Arundel, beim Grafen von Kent auf jede rechtliche Formalität verzichten können.

Der Coroner des Königs hatte mit der Verlesung des Urteils begonnen(20).

»In Anbetracht, daß das Parlament in seiner Sitzung, die der Krönung unseres Herrn und Königs unmittelbar folgte, beschloß, der Rat des Königs solle aus fünf Bischöfen, zwei Grafen und fünf Baronen bestehen, und nichts dürfe ohne sie entschieden werden, und daß besagter Roger Mortimer ohne Bedachtnahme auf den Willen des Parlaments sich die Herrschaft und die Verwaltung des Königreiches aneignete und nach eigenem Gutdünken die Beamten aus dem

königlichen Haus und aus dem ganzen Königreich versetzte oder absetzte, um nach Herzenslust seine eigenen Freunde unterzubringen . . .«

Aufrecht an die Wand gelehnt, die Hand an den Eisenstangen des Gitters, blickte Mortimer auf den Rasen hinaus und schien sich für die Verlesung kaum zu interessieren.

». . . in Anbetracht, daß der Vater unseres Königs auf Befehl der Peers des Königreiches nach Schloß Kenilworth gebracht worden war, um dort festgehalten und seiner Würde als hoher Fürst entsprechend behandelt zu werden, und daß besagter Roger den Auftrag gab, ihm alles zu verweigern, worum er bat, und ihn nach Schloß Berkeley bringen ließ, wo er schließlich auf Befehl des besagten Roger in verräterischer und schändlicher Weise ermordet wurde . . .«

»Mach dich fort, elender Vogel«, schrie Mortimer zum Erstaunen der Anwesenden, denn der tückische Rabe hatte ihm einen Schnabelhieb auf den Handrücken versetzt.

». . . in Anbetracht, daß es durch Erlaß des Königs, mit dem Staatssiegel gesiegelt, verboten war, bewaffnet in den Sitzungssaal des Parlaments, das in Salisbury tagte, einzudringen, und dies als Auflehnung bestraft werden sollte, und daß besagter Roger und sein bewaffnetes Gefolge nichtsdestoweniger eindrangen und so den königlichen Erlaß verletzten . . .«

Die Liste der Anklagepunkte war unendlich. Man warf ihm sein militärisches Vorgehen gegen den Grafen von Lancaster vor, die Spione, mit denen er den jungen Souverän umgeben und ihn so gezwungen hatte, *»eher wie ein Gefangener denn wie ein König zu leben«*, die geschenkweise Übertragung zahlreicher Ländereien der Krone auf seine eigene Person, die Sühnegelder, die Beraubung, die Verbannung zahlreicher Barone, die sich gegen seine Tyrannei aufgelehnt hatten, die Hinterlist, mit der er den Grafen von Kent glauben machte, daß der Vater des Königs noch am Leben sei, *»was besagten Grafen veranlaßte, mit den ehrenwertesten und loyalsten Mitteln die Angelegenheit zu überprüfen«*, die Anmaßung der königlichen Befugnisse, indem er den Grafen von Kent vor das Parlament brachte und ihn hinrichten ließ, die Entwendung der Gelder, die zur Finanzierung des Krieges in der Gascogne bestimmt waren, ebenso wie der dreißigtausend Pfund in Silber, welche die Schotten aufgrund des Friedensver-

trages gezahlt hatten, die Inanspruchnahme des Staatsschatzes für sich und bestimmte Mitglieder des Rates, so daß der König nicht mehr in der Lage war, seinem Range entsprechend aufzutreten. Er wurde schließlich beschuldigt, Zwietracht zwischen dem Vater des Königs und seiner angetrauten Gemahlin gesät zu haben und »*so dafür verantwortlich zu sein, daß die Königin nie mehr zu ihrem Gatten zurückkehrte, um sein Bett mit ihm zu teilen, zur großen Schande des Königs und des ganzen Königreiches*«, und sogar die Königin selbst entehrt zu haben, »*indem er offenkundig als ihr anerkannter Buhle auftrat*«.
Die Augen zur Decke gerichtet, strich Mortimer seinen Bart und begann wieder zu lächeln; was man ihm vorlas, war seine ganze Geschichte, die nun in dieser seltsamen Form für immer in die königlichen Archive eingehen würde.

»*... deshalb hat sich der König an die Grafen, Barone und andere gewandt, sie mögen ein gerechtes Urteil über den besagten Roger Mortimer sprechen; darob haben sich die Mitglieder des Parlaments verständigt und sich der Aufgabe unterzogen. Sie erklären, daß alle aufgezählten Anschuldigungen stichhaltig, offenkundig und dem ganzen Volke bekannt sind, insbesondere der Artikel, welcher den Tod des Königs auf Schloß Berkeley betrifft. Deshalb wurde von ihnen beschlossen, daß besagter Roger als Verräter und Feind des Königs und des Königreiches auf einem Schlitten durch die Straßen geschleift und dann gehängt werden solle ...*«

Mortimer war leicht überrascht. Er würde also nicht aufs Schafott kommen? Bis zum Schluß hatte man mit Unvorhergesehenem zu rechnen.

»*... und auch, daß es gegen dieses Urteil keine Berufung geben solle, wie besagter Mortimer selbst seinerzeit in dem Prozeß gegen die beiden Despenser und den verblichenen Lord Edmund, Graf von Kent, den Onkel des Königs, entschieden hatte.*«

Der Beamte war zu Ende und rollte die Blätter zusammen. Der Graf von Norfolk, der Bruder des Grafen von Kent, blickte Mortimer in die Augen. Wie kam es, daß dieser Mann, der sich die letzten Monate ganz still verhalten hatte, nun mit der Miene eines Richters und Rächers erschien? Wegen dieses Blickes überkam Mortimer die Lust, zu sprechen ... Oh, keineswegs lange! Gerade nur, um dem Grafen Marschall und damit dem König, den Ratgebern, den Lords, den

Commoners, der Geistlichkeit und dem Volk und allen, die ihm untertan waren, zu sagen . . .

»Wenn im Königreich England ein Mann aufsteht, der fähig ist, all das zu tun, was Ihr da aufgezählt habt, so werdet Ihr ihm Euch wieder und in gleicher Weise unterwerfen. Aber ich glaube nicht, daß er so bald geboren werden wird . . . Nun ist es Zeit, zu Ende zu kommen. Nehmt Ihr mich gleich mit?«

Er schien noch die Befehle zu geben und seine eigene Hinrichtung anzuordnen.

»Ja, Mylord«, sagte der Graf von Norfolk, »sogleich. Wir bringen Euch zu den Common Gallows.«

Die Common Gallows, der Galgen der Diebe, der Banditen, der Fälscher, der Kuppler, der Galgen des Lumpenvolkes.

»Gut, gehen wir!« sagte Mortimer.

»Aber vorher müßt Ihr entkleidet werden . . .«

»Sehr gut, entkleidet mich.«

Man beraubte ihn seiner Kleidung und ließ ihm nur ein Tuch um die Lenden. Inmitten seiner Eskorte in ihren warmen Gewändern ging er nackt in den feinen, naßkalten Novemberregen hinaus. Seine hohe, muskulöse Gestalt war ein heller Fleck zwischen all den dunklen Kleidern und den eisernen Rüstungen der Wache.

Auf dem Rasen stand der Schlitten, den man aus groben Latten mit zwei Kufen gebaut hatte. Ein Zugpferd war vorgespannt.

Mortimer lächelte immer noch verächtlich, als er dieses Fahrzeug erblickte. Welche Mühe, welcher Eifer, ihn zu erniedrigen! Er legte sich ohne Hilfe auf den Schlitten, und man band seine Arme und Fußknöchel fest; dann setzte sich das Pferd in Bewegung, und der Schlitten begann zu gleiten, zuerst sanft auf dem Gras des Rasens, dann über den Kies und die Steine des Weges holpernd.

Der Marschall von England, der Lord Mayor, die Abgesandten des Parlaments, der Konstabler des Towers folgten; eine Eskorte von Soldaten mit der Pike auf der Schulter machte den Weg frei und schützte den Zug.

Er verließ die Festung durch das Traitor's Gate. Draußen wartete eine neugierige, wogende, grausame Menge, die immer mehr anschwoll, je weiter er kam.

Wenn man sein ganzes Leben lang die Menschen von einem Pferderücken oder dem Sitz eines Barons aus betrachtet hat, ist es ein seltsamer Eindruck, sie plötzlich vom Boden aus zu sehen, ihre bewegten Kinnladen, ihre vom Geschrei verzerrten Mäuler, ihre weitgeöffneten Nasenflügel. Die Männer haben wirklich üble Gesichter, wenn man sie so sieht, und auch die Frauen, lächerliche und böse Gesichter, schreckliche Schnauzen wie Wasserspeier, auf die man nicht genügend eingeschlagen hat, als man noch oben war! Und ohne den feinen Regen, der ihm in die Augen tropfte, hätte Mortimer beim Rütteln und Schütteln des Schlittens diese haßerfüllten Gesichter noch besser sehen können.

Etwas Klebriges, Warmes traf ihn auf die Wange und lief ihm über den Bart; Mortimer begriff, daß man ihn angespuckt hatte. Und dann durchfuhr ihn ein scharfer, heftiger Schmerz von Kopf bis Fuß; ein von feiger Hand geschleuderter Stein hatte ihn am Unterleib getroffen. Die Menge berauschte sich an ihrem eigenen Geschrei und hätte ihn ohne die Pikeniere sicher auf dem Schlitten zerrissen.

Unter einem lärmenden Hagel von Beleidigungen und Verwünschungen bewegte er sich vorwärts, er, der vor sechs Jahren auf allen Straßen Englands nur Jubel gehört hatte. Die Menge hatte zwei Stimmen, eine, um ihrem Haß, die andere, um ihrer Freude Ausdruck zu geben; es ist ein großes Geheimnis, daß aus so vielen Kehlen, die sich zu einem Geheul vereinen, zwei so verschiedene Klangfarben kommen können.

Und plötzlich trat Stille ein. War man schon am Galgen angelangt? Nein, man zog den Schlitten unter den Fenstern von Westminster vorbei, an denen sich die Mitglieder des Parlamentes drängten. Und sie schwiegen beim Anblick des Mannes, den man wie einen gefällten Baum über das Pflaster zog, des Mannes, der ihnen so viele Monate seinen Willen aufgezwungen hatte. Die englischen Körperschaften hatten schließlich den Sieg davongetragen.

Obwohl ihm der Regen das Sehen erschwerte, versuchte Mortimer einen Blick zu erhaschen. Er hoffte, man würde in äußerster Grausamkeit Königin Isabella gezwungen haben, seine Bestrafung mit anzusehen; er konnte sie nicht entdecken.

Dann ging der Zug weiter nach Tyburn(21). Bei den Common Gallows angekommen, band man den Verurteilten los und ließ ihm rasch die Beichte abnehmen. Ein letztes Mal beherrschte Mortimer die Menge vom Galgen aus. Er litt wenig, da der Henker den Strick scharf anzog und ihm so den Halswirbel brach.

Königin Isabella befand sich an diesem Tag in Windsor, wo sie sich langsam davon erholte, daß sie zur gleichen Zeit ihren Geliebten und das Kind verloren hatte, das sie von ihm erwartete.

König Eduard ließ seiner Mutter sagen, er werde das Weihnachtsfest mit ihr verbringen

Durch die Fenster des Hauses Bonnefille blickte Beatrice d'Hirson in den Regen, der in der Rue Mauconseil niederging. Seit mehreren Stunden wartete sie auf Robert von Artois, der ihr versprochen hatte, an diesem Nachmittag vorbeizukommen. Aber Robert hielt seine Versprechungen nicht, weder die kleinen noch die großen, und Beatrice schalt sich recht dumm, weil sie ihm immer noch glaubte. Für eine Frau, die wartet, hat ein Mann nur Fehler. Hatte Robert ihr nicht auch seit fast einem Jahr versprochen, sie als Hofdame in sein Palais zu bringen? Im Grunde unterschied er sich von seiner Tante gar nicht; alle Artois glichen sich. Sie waren undankbar! Man zerriß sich, um ihnen gefällig zu sein; man lief zu den Kräuterweiblein und Zauberern, man tötete, um ihren Interessen zu dienen; man riskierte den Galgen oder den Scheiterhaufen ... denn nicht Monseigneur Robert hätte man festgenommen, wenn man Beatrice dabei ertappt hätte, wie sie Arsenik in die Arznei von Madame Mahaut oder Quecksilber in den Becher von Johanna der Witwe schüttete. »Ich kenne diese Frau nicht!« hätte er gesagt. »Sie behauptet, in meinem Auftrag gehandelt zu haben? Eine Lüge. Sie war im Haushalt meiner Tante, nicht in dem meinen. Sie sagt das, um sich zu retten. Laßt sie doch rädern.« Wer hätte wohl gezögert, wenn es zwischen dem Wort eines Fürsten von Frankreich, dem Schwager des Königs, und dem Wort der unbekannten Nichte eines Bischofs zu entscheiden galt, dessen Familie nicht einmal mehr in Gunst stand?

›Und wofür habe ich all das getan?‹ dachte Beatrice. ›Um zu warten, einsam in meinem Haus zu warten, bis Monseigneur sich einmal in der Woche herabläßt, mich zu besuchen! Er sagte, daß er nach der Vesper kommen werde; nun läutet es zum Englischen Gruß. Er mußte noch speisen, drei Barone zum Diner einladen, von seinen großen Heldentaten erzählen, von den Angelegenheiten des Königreiches, von seinem Prozeß, und allen seinen Kammerjungfern den Hintern tätscheln. Sogar die Divion ißt gegenwärtig an seinem Tisch, ich weiß es! Und ich sitze hier und starre in den Regen hinaus. Und dann wird er vollgeladen, heftig rülpsend und mit geröteten Backen mitten in der Nacht erscheinen, mir drei Albernheiten sagen, sich auf das Bett wälzen, eine Stunde schlafen und wieder verschwinden. Wenn er überhaupt kommt ... .‹

Beatrice langweilte sich noch mehr als während der letzten Monate Mahauts in Conflans. Ihre Liebschaft mit Robert versickerte allmählich. Sie hatte geglaubt, den Riesen in der Falle zu haben, aber er war der Stärkere gewesen. Die verschmähte, mit Füßen getretene Leiden-

schaft verwandelte sich in einen dumpfen Groll. Warten, immer nur warten! Und nicht einmal ausgehen, mit einer Freundin in den Schenken auf der Suche nach einem Abenteuer herumziehen können, weil Robert vielleicht gerade in diesem Augenblick erscheinen konnte. Und außerdem ließ er sie überwachen!
Sie begriff, daß Robert sich von ihr loslöste und sie nur aus Pflicht und Schuldigkeit besuchte, als eine Komplizin, mit der man sich gut stellen muß. Zwei volle Wochen vergingen manchmal, ohne daß er sie begehrte.
»Du wirst nicht immer der Stärkere sein, Monseigneur Robert!« sagte sie leise vor sich hin. Heimlich begann sie ihn zu hassen, weil sie ihn nicht genug besitzen konnte.
Sie hatte die besten Rezepte für einen Liebestrank versucht:

»Nehmt an einem Freitag im Frühling etwas von Eurem Blut; trocknet es in einem kleinen Topf auf dem Herd zusammen mit zwei Hasenhoden und der Leber einer Taube; zerstampft das Ganze zu feinem Pulver und gebt es der Person ein, nach der Ihr Verlangen tragt; und wenn sich der Erfolg nicht beim erstenmal zeigt, wiederholt dies bis zu dreimal.«

Oder auch: *»Geht an einem Freitagmorgen vor Sonnenaufgang in einen Obstgarten und pflückt von einem Baum den schönsten Apfel, den Ihr findet; dann schreibt mit Euerm Blut auf ein kleines weißes Stück Papier Euern Vornamen und Vatersnamen und in die folgende Zeile den Vornamen und Vatersnamen der Person, von der Ihr geliebt werden wollt; dann nehmt Ihr drei von ihren Haaren, flechtet sie mit drei eigenen zusammen und bindet damit das kleine Papier, das Ihr mit Eurem Blut beschrieben habt; dann teilt Ihr den Apfel in zwei Teile, entfernt das Kernhaus und legt an seine Stelle das mit den Haaren zusammengebundene Papier; und mit zwei kleinen, gespitzten Speilen aus grünem Myrtenholz fügt Ihr die beiden Hälften des Apfels wieder genau zusammen und laßt ihn am Herd gut trocknen, bis er hart wird und alle Feuchtigkeit verliert wie die trockenen Fastenäpfel; dann wickelt Ihr ihn in Lorbeer- und Myrtenblätter und versucht ihn unter dem Kopfende des Bettes der geliebten Person zu verstecken, ohne daß sie es merkt; und in kurzer Zeit wird sie Euch Anzeichen von Liebe zeigen.«*

Vergebliche Bemühungen. Die Äpfel des Freitags blieben unwirksam. Die Zauberkunst, in der sich Beatrice unfehlbar glaubte, schien sich beim Grafen von Artois nicht zu bewähren. Schließlich war er doch

nicht der Teufel, wenn sie es ihm auch versichert hatte, um ihn für sich zu gewinnen!
Sie hatte gehofft, schwanger zu werden. Robert schien seine Söhne zu lieben, vielleicht nur aus Stolz, aber er liebte sie. Sie waren die einzigen Wesen, von denen er mit einiger Zärtlichkeit sprach. Und so hätte ein kleiner Bastard, der ihm jetzt geschenkt würde . . . Und außerdem wäre es für Beatrice ein gutes Mittel gewesen; sie hätte ihren Bauch gezeigt und gesagt: »Ich erwarte ein Kind von Monseigneur Robert . . .« Aber entweder hatte sie in der Vergangenheit ihre Gesundheit geschädigt, oder der Teufel hatte sie so gemacht, daß sie nicht schwanger werden konnte, auch diese Hoffnung erwies sich als trügerisch. Und Beatrice d'Hirson, der früheren Hofdame der Gräfin Mahaut, blieb nur das Warten, der Regen und die Träume der Rache.
Robert von Artois kam wirklich mitten in der Nacht. Seine Stirn war gerunzelt, und er kratzte sich mit dem Daumen die Bartstoppeln. Er blickte Beatrice kaum an, die sich mit großer Sorgfalt ein neues Kleid angezogen hatte, und nahm einen gewaltigen Schluck Hippokras.
»Er ist zu warm«, sagte er und verzog das Gesicht. Dabei ließ er sich in einen Stuhl fallen, daß das Holz ächzte.
Wie hätte das Getränk nicht warm sein sollen? Die Kanne wartete hier seit vier Stunden!
»Ich hoffte, Ihr würdet früher kommen, Monseigneur.«
»Nun ja, aber ich habe schwere Sorgen, die mich daran hinderten!«
»So wie gestern und vorgestern!«
»Du mußt auch verstehen, daß man nicht sehen darf, wie ich am hellen Tage dein Haus betrete, gerade jetzt, wo ich besonders vorsichtig sein muß.«
»Eine gute Ausrede! Dann sag mir doch nicht, du würdest am Tage kommen, wenn du mich nur in der Nacht besuchen willst. Aber die Nacht gehört deiner gräflichen Gemahlin . . .«
Er zuckte überdrüssig die Achseln.
»Du weißt doch, daß ich sie nicht mehr anrühre.«
»Alle Ehemänner sagen das zu ihrer Freundin, die Größten des Reiches genauso wie der letzte Schuhflicker, und alle lügen sie in gleicher Weise. Ich möchte sehen, ob Madame de Beaumont so freundlich mit dir wäre und in so gutem Einvernehmen mit dir leben würde, wenn du sie nie in ihrem Bett besuchtest . . . Am Tage ist Monseigneur in der Ratsversammlung, daß man meinen könnte, der König halte vom Morgengrauen bis zur sinkenden Nacht Beratungen! Oder Monseigneur ist auf der Jagd, oder Monseigneur ist auf dem Turnier, oder Monseigneur ist nach Conches auf seine Ländereien geritten . . .«
»Halt den Mund!« schrie Robert und schlug mit der flachen Hand auf

den Tisch. »Ich habe andere Sorgen im Kopf als Weibergeschwätz. Heute habe ich meinen Antrag in der königlichen Kammer eingebracht.«

Man schrieb nämlich den 14. Dezember, und König Philipp VI. hatte diesen Tag als Beginn des Prozesses um das Artois festgesetzt. Beatrice wußte das, da Robert sie davon unterrichtet hatte; aber in ihrer wütenden Eifersucht hatte sie es vergessen.

»Ist alles nach deinen Wünschen gegangen?«

»Nicht ganz nach meinen Wünschen«, antwortete Robert düster. »Ich habe die Briefe meines Großvaters vorgelegt, und man hat bestritten, daß sie echt sind.«

»Hieltest du sie für echt?« sagte Beatrice mit einem bösen Lächeln. »Und wer hat sie angefochten?«

»Die Herzogin von Burgund, die sich die Stücke zur Überprüfung hat geben lassen.«

»Ach! Die Herzogin von Burgund ist also in Paris ...«

Die langen schwarzen Wimpern hoben sich einen Augenblick, und in Beatrices Blick trat ein plötzliches Leuchten, das rasch wieder verborgen wurde. Robert, mit seinen Sorgen beschäftigt, hatte es nicht bemerkt.

Er schlug die Fäuste aneinander, und mit zusammengebissenen Zähnen sagte er:

»Sie ist eigens in Begleitung des Herzogs erschienen. Wird mir Mahaut noch durch ihre Nachkommenschaft schaden? Was für ein schlechtes Blut fließt doch in dieser Rasse! Was aus Burgund stammt, sind Dirnen, Diebe und Lügner! Sie ist erst vierundzwanzig, die kleine Herzogin, die man an diesen Laffen von Odo verheiratet hat, der fast ihr Großvater sein könnte. Aber schon ist sie ein Luder, wie ihre ganze Verwandtschaft. Sie haben Burgund; was wollen sie noch mit der Grafschaft, die sie mir gestohlen haben? Aber ich werde siegen. Ich werde, wenn nötig, das Artois aufrufen, wie ich es schon gegen Philipp den Langen gemacht habe, den Vater dieser üblen Vettel. Und diesmal werde ich nicht gegen Arras marschieren, sondern mit der Lanze in der Faust gegen Burgund ...«

Er redete, aber es kam ihm nicht von Herzen. Es war ein gedämpfter Zorn, ohne große Ausbrüche, ohne die Schritte, die die Wände erzittern ließen, ohne diese ganze Komödie der Wut, die er so wirkungsvoll zu spielen wußte. Für welches Auditorium hätte er sich die Mühe machen sollen?

Gewöhnung in der Liebe nagt am Charakter. Man strengt sich nur an, wenn sie neu ist, und man fürchtet sich nur vor dem, was man nicht kennt. Niemand besteht aus lauter Stärke; mit dem Geheimnis

schwindet auch die Angst. Jedesmal, wenn man sich nackt zeigt, gibt man etwas von seiner Macht preis. Beatrice fürchtete Robert nicht mehr. Sie vergaß, vor ihm zu bangen, weil sie ihn schon zu oft schlafend gesehen hatte, und so erlaubte sie sich ihm gegenüber, was niemand sonst gewagt hätte.
Und ebenso war Beatrice für Robert zu einer eifersüchtigen, anspruchsvollen Geliebten geworden, voll von Vorwürfen wie alle Frauen, wenn eine heimliche Liebschaft zu lange dauert. Ihre Talente als Zauberin machten Robert keinen Spaß mehr. Ihre magischen und teuflischen Fertigkeiten wurden zur Gewohnheit. Er mißtraute Beatrice, aber nur aus einfacher atavistischer Gewohnheit heraus, weil es ein für allemal feststeht, daß Frauen lügen und betrügen. Da sie um seine Liebe bettelte, glaubte er sie nicht mehr fürchten zu müssen und vergaß, daß sie sich nur aus Lust am Verrat in seine Arme geworfen hatte. Sogar die Erinnerung an ihre beiden Verbrechen verlor an Bedeutung und löste sich im Staub der Tage auf, während die beiden Leichen unter der Erde verwesten.
Sie lebten in jenem Stadium, das um so gefährlicher ist, als man nicht mehr an Gefahr glaubt. Liebende müßten wissen, daß sie in dem Augenblick, da ihre Liebe erlischt, wieder zu dem werden, was sie vorher waren. Die Waffen werden niemals zerstört, sondern nur beiseite gelegt.
Beatrice beobachtete Robert schweigend, während er mit seinen Gedanken ganz woanders war und von neuen Machenschaften träumte, um seinen Prozeß zu gewinnen. Aber wenn man seit zwanzig Jahren alle Mittel angewendet und die Gesetze und das Gewohnheitsrecht durchstöbert hat, wenn man falsche Zeugenaussagen und gefälschte Schriftstücke, ja selbst Mord nicht scheute, dazu den König zum Schwager hat und immer noch nicht den Sieg in Händen hält, muß es dann nicht Tage geben, an denen man verzweifelt?
Beatrice änderte ihre Haltung und kniete sich plötzlich schmeichelnd, unterwürfig und zärtlich vor Robert hin, als wolle sie gleichzeitig trösten und sich an ihn schmiegen.
»Wann wird mich denn mein lieber Seigneur Robert mit auf sein Schloß nehmen? Wann wird er mich zur Hofdame der Gräfin machen, wie er mir versprochen hat? Schau doch, wie gut das wäre! Ich bliebe immer in deiner Nähe, und du könntest mich rufen, wann du Lust hast . . . Ich wäre da, um dir zu dienen und besser als eine andere über dich zu wachen. Wann also?«
Er ahnte nicht, was alles von seiner Antwort abhing.
»Wenn mein Prozeß gewonnen sein wird«, sagte er wie jedesmal, wenn sie auf diese Frage zu sprechen kam.

»So, wie dieser Prozeß vorangeht, muß ich vielleicht warten, bis ich weiße Haare habe.«
»Also, wenn dir das lieber ist: bis er entschieden ist. Das habe ich dir versprochen, und Robert von Artois hält sein Wort. Hab doch Geduld, zum Teufel!«
Er bedauerte sehr, daß er seinerzeit dieses Versprechen vor ihr hatte schillern lassen. Im Augenblick war er fest entschlossen, ihm niemals nachzukommen. Beatrice im Palais Artois? Wie störend, wie ermüdend und welche Quelle des Ärgers! – Sie erhob sich und hielt ihre Hände über das Torffeuer, das im Kamin brannte.
»Geduld habe ich wohl genügend bewiesen«, sagte sie, ohne die Stimme zu erheben. »Zuerst sollte es nach dem Tode von Madame Mahaut sein; dann nach dem Tode von Madame Johanna der Witwe. Sie sind gestorben, und mir scheint, daß in Kürze in der Kirche ihr Jahresgottesdienst gelesen wird . . . Aber du willst nicht, daß ich in dein Palais komme. Eine Dirne aus der Gosse, wie die Divion, die die Geliebte meines bischöflichen Onkels war und die dir so hübsche Stücke angefertigt hat, daß ein Blinder sie als Fälschungen erkennt, die hat das Recht, an deinem Tisch zu sitzen, sich in deinem Haus breitzumachen . . .«
»Laß doch die Divion. Du weißt doch, daß ich diese dumme Lügnerin nur aus Vorsicht behalte.«
Beatrice lachte kurz. Aus Vorsicht . . .! Die Divion hatte einige Siegel gefälscht, und deshalb mußte man vorsichtig sein. Aber sie, Beatrice, hatte zwei Fürstinnen ins Grab gebracht, und man befürchtete nichts, man konnte sie mit Undank lohnen.
»Du brauchst dich nicht zu beklagen«, sagte Robert. »Du hast mein bestes Teil. Wenn du in meinem Hause wärest, könnte ich dich sicher nicht so oft und mit solcher Hingabe sehen.«
Er war sehr von sich eingenommen, der Monseigneur Robert, und er sprach von seinem Kommen wie von einem großartigen Geschenk, das er ihr huldvoll gewährte.
»Wenn ich schon dein bestes Teil habe, warum zögerst du, es mir zu geben«, antwortete Beatrice mit ihrer schleppenden Stimme. »Das Bett ist bereit.«
Und sie zeigte auf die offene Tür zum nächsten Zimmer.
»Nein, mein kleiner Schatz, ich muß sofort ins Schloß und geheim mit dem König sprechen, um der Herzogin von Burgund zuvorzukommen.«
»Ja, natürlich, die Herzogin von Burgund . . .«, wiederholte Beatric und hob verständnisvoll den Kopf. »Dann muß ich also auf das Beste bis morgen warten?«

»Leider muß ich morgen nach Conches und Beaumont.«
»Und wie lange bleibst du dort . . .?«
»Nur kurz, zwei Wochen.«
»Du wirst also am Neujahrstag nicht dasein?« fragte sie.
»Nein, mein schönes Kätzchen; aber ich werde dir eine hübsche Spange mit Juwelen schenken, mit der du dich schmücken kannst.«
»Ich werde mich damit aufputzen, um meine Diener zu erfreuen, da es die einzigen Menschen sind, die ich zu Gesicht bekomme . . .«
Robert hätte mißtrauischer werden müssen. Aber man hat schlechte Tage: An diesem 14. Dezember hatten bei der Gerichtssitzung der Herzog und die Herzogin von Burgund mit solcher Sicherheit seine Beweisstücke als Fälschungen erklärt, daß Philipp VI. über seiner großen Nase die Stirn gerunzelt und seinen Schwager beunruhigt angesehen hatte. Er hätte wirklich aufmerksamer sein und eine Frau wie Beatrice nicht gerade an diesem Tage verletzen sollen, sie nicht zwei Wochen lang unbefriedigt an Leib und Seele allein lassen dürfen. Er hatte sich erhoben.
»Reist die Divion mit?« fragte Beatrice.
»Leider! Meine Frau hat es so angeordnet.«
Der Haß schwellte die schöne Brust Beatrices, und ihre Wimpern warfen einen runden Schatten auf ihre Wangen.
»Monseigneur Robert, dann werde ich dich also wie eine liebende und getreue Dienerin erwarten«, sagte sie und hielt ihm lächelnd ihr Gesicht hin.
Robert streifte mechanisch ihre Wange mit den Lippen. Er legte ihr seine schwere Hand auf die Hüften, ließ sie einen Augenblick dort liegen und gab ihr schließlich einen gleichgültigen Klaps. Nein, er hatte wirklich kein Verlangen mehr nach ihr; und das war in ihren Augen die schlimmste Beleidigung.

Conches

Der Winter war in diesem Jahr ziemlich milde.
Vor Morgengrauen kam Lormet le Dolois und schüttelte Roberts Kopfkissen. Der Riese gähnte gewaltig wie ein Raubtier, benetzte leicht sein Gesicht aus einem Becken, das ihm Gillet de Nelle hinhielt, und warf sich in seine Jagdkleidung aus Leder mit dem Fell nach innen, die einzige, die wirklich angenehm zu tragen ist. Dann hörte er eine stille Messe in seiner Kapelle; der Geistliche hatte Befehl, sich zu beeilen, und mußte die heilige Handlung, Epistel, Evangelium und Kommunion in wenigen Minuten erledigen. Robert stampfte mit dem

Fuß, wenn der Bruder ein zu langes Gebet sprach; und der Kelch war noch nicht zurückgestellt, als Robert schon aus der Türe eilte.
Er schlang eine Schale heiße Suppe hinunter, dazu zwei Schenkel eines Kapauns oder ein fettes Stück Schweinebraten und schwemmte mit einem großen Humpen Weißwein aus Meursault nach, der einen belebt, wie Gold durch die Kehle rinnt und die Schlaftrunkenheit beseitigt. All das im Stehen. Ach, wenn Burgund nur Weine hätte und nicht auch noch Herzöge! »Früh morgens essen gibt Gesundheit«, sagte Robert, der noch kauend zu seinem Pferd trat. Mit dem Hirschfänger an der Seite, das Horn am Brustriemen und seine Mütze aus Wolfsfell über die Ohren gezogen, schwang er sich in den Sattel.
Die Hundemeute, mit der Peitsche in Zaum gehalten, heulte aus vollen Kehlen; die Pferde stampften, da sie in der Morgenkälte froren. Das Banner flatterte auf der Spitze des Bergfrieds, weil der Seigneur zur Zeit im Schloß wohnte. Die Zugbrücke senkte sich, und Hunde, Pferde, Diener, Jäger rasten mit einem Heidenlärm zum Teich mitten im Weiler hinunter und hinter dem riesigen Baron hinaus ins freie Land.
Über die Wiesen von Ouche zieht an Wintermorgen ein leichter weißer Nebel, der nach Rinde und Rauch riecht. Ach, wie Robert von Artois dieses Conches liebte! Gewiß, es war nur ein kleines Schloß, aber so hübsch und mit so schönen Wäldern ringsum.
Eine bleiche Sonne zerteilte gerade den Nebel, als man am Sammelplatz ankam. Die Diener mit den Spürhunden hatten schon in frühester Stunde den Wald nach Spuren durchsucht und die Wildwechsel markiert.
Die Wälder von Conches wimmelten von Hirschen und Wildschweinen. Die Hunde waren gut dressiert. Wenn man ein Wildschwein daran hinderte, in Ruhe stehenzubleiben und Wasser zu lassen, wurde es in kaum einer Stunde erlegt. Die großen majestätischen Hirsche zogen ihre Verfolger weiter mit sich fort, durch lange, schmale Lichtungen, wo die Erde unter den Hufen der Pferde in Klumpen aufspritzte, und sie ließen sich erschöpft, keuchend und dampfend, mit heraushängender Zunge in irgendeinem Teich oder Tümpel verbellen.
Graf Robert jagte mindestens viermal in der Woche. Hier ging es nicht so zu wie bei den großen königlichen Treibjagden, bei denen zweihundert Seigneurs sich drängten, bei denen man nichts sah und so besorgt war, in Gesellschaft des Königs zu bleiben, daß man eher ihn als das Wild jagte. Hier unterhielt sich Robert wirklich, mitten zwischen seinen Jägern, einigen Vasallen aus der Umgebung, die über die Einladung sehr stolz waren, und seinen beiden Söhnen, die er in der

Kunst des Weidwerkes zu unterrichten begann, die jeder gute Chevalier beherrschen muß. Er freute sich über seine Söhne, sie waren jetzt zehn und neun Jahre alt und wuchsen kräftig heran. Er überwachte ihre Übungen mit den Waffen und an der Stechpuppe. Die Buben hatten es wirklich gut! Robert hatte seinen Vater viel zu früh verloren . . .

Wenn das Tier gestellt war, schlug er es selbst, den Hirsch mit dem Hirschfänger, das Wildschwein mit dem Spieß. Er bewies dabei große Geschicklichkeit, und es machte ihm Vergnügen, das Eisen am richtigen Punkt anzusetzen und mit einem Ruck in das weiche Fleisch zu bohren. Wildbret und Jäger trieften in gleicher Weise vor Schweiß; aber das Tier brach zusammen wie vom Blitz getroffen, und der Mensch blieb aufrecht.

Auf dem Rückweg, während man die Einzelheiten der Verfolgung besprach, tauchten die Bauern aus den Dörfern in Lumpen und mit Fetzen um die Füße aus ihren verfallenen Hütten auf und liefen herbei, um die Sporen des Seigneurs mit einer Mischung von Begeisterung und Angst zu küssen; ein guter Brauch, der in der Stadt sich immer mehr verlor.

Sobald der Seigneur im Schloß erschien, gab man das Signal zum Mittagessen. Im Großen Saal hingen Teppiche mit den Wappen von Frankreich, Artois, Valois und Konstantinopel, da Madame de Beaumont mütterlicherseits von den Courtenay abstammte. Robert setzte sich mit größtem Appetit zu Tisch, stopfte sich drei gute Stunden lang voll und hatte dabei seinen Spaß mit seiner Umgebung; er ließ seinen Koch kommen, dem der Holzlöffel vom Gürtel hing, um ihn zu loben, wenn die Wildschweinkeule gut gebeizt und durch und durch mürbe war, oder um ihm mit dem Galgen zu drohen, wenn die Pfeffertunke, mit der man den ganz am Spieß gebratenen Hirsch begoß, nicht genügend scharf war.

Er nahm sich Zeit für ein kurzes Schläfchen, dann kehrte er in den Großen Saal zurück, um seine Vögte und Steuereinnehmer anzuhören, sich die Abrechnungen vorlegen zu lassen, die Angelegenheiten seines Lehens zu regeln und Recht zu sprechen. Er liebte es sehr, Recht zu sprechen, die Gier und die Angst in den Augen der Streitenden zu sehen, die Schurkerei, die Verschlagenheit, die Bosheit, die Verlogenheit, kurz sich selbst zu sehen – im kleinen Maßstab der gewöhnlichen Gauner.

Am meisten Spaß hatte er an Hurengeschichten und betrogenen Männern.

»Der Hahnrei soll kommen!« befahl er, in seinen eichenen Armstuhl zurückgelehnt.

Und er stellte die derbsten, die gröbsten Fragen, während die Schreiber hinter ihren Federn vor Lachen fast platzten und die Bittsteller vor Scham blutrot wurden.
Robert hatte zum Ärger seiner Profose die Neigung, über Diebe, Spitzbuben, Falschspieler, Verführer, Wegelagerer, Kuppler und Rohlinge nur leichte Strafen zu verhängen, außer natürlich, wenn der Diebstahl oder der Frevel ihm selbst geschadet hatte. Ein geheimes Einverständnis verband ihn innerlich mit der gesamten Zunft der Strolche auf Erden.
Wenn der Gerechtigkeit Genüge getan war, neigte sich der Tag schon seinem Ende zu. Robert stieg in das Schwitzbad hinunter, das in einem Kellerraum des Bergfrieds untergebracht war. Dort legte er sich in einen Zuber mit heißem Wasser, das man zur Entspannung der Glieder mit Kräutern und Gewürzen versetzt hatte. Dann ließ er sich trokkenreiben wie ein Pferd, kämmen, rasieren, die Haare kräuseln. Etwa eine Stunde lang strömte er dann einen fast menschlichen Geruch aus.
Schon hatten die Knappen, Mundschenken und Diener auf den Tischen erneut zum Abendessen gedeckt. Robert erschien in einem ungeheuren fürstlichen Samtgewand, auf dem mit Gold die Schlösser von Artois in ein Lilienmuster eingestickt waren. Es war auf der Innenseite mit Pelz gefüttert und hing bis zu den Schuhen hinab.
Madame de Beaumont trug ihrerseits ein Kleid aus violettem Camocas, das mit feinem grauen Pelzwerk gefüttert war. Die Stickerei zeigte in Gold verschlungene ›J‹ und ›R‹ (Johanna und Robert) und dazwischen in Silber ein Kleeblattmuster(22).
Die Speisen waren weniger schwer als zu Mittag; Gemüse- oder Milchsuppen, ein gebratener Pfau oder Schwan, umgeben von einem Kranz junger Täubchen, frischer oder gelagerter Käse, Kuchen und gezuckerte Waffeln als Zukost zu den alten Weinen, die man aus Krügen in der Form eines Löwen oder eines Vogels ausschenkte.
Man trug nach französischer Art auf, das heißt für zwei Personen, eine Frau und einen Mann, nur eine Schüssel, aus der sie gemeinsam aßen. Nur der Seigneur machte eine Ausnahme. Robert hatte also eine volle Schüssel für sich allein und leerte sie mit Löffel, Messer und Fingern, die er wie jeder andere am Tischtuch abwischte. Das kleine Geflügel fraß er mit Haut und Knochen.
Gegen Ende der Mahlzeit wurde der fahrende Spielmann Watriquet de Couvin gebeten, seine kleine Harfe zu nehmen und eine seiner Geschichten vorzutragen. Messire Watriquet stammte aus dem Hennegau; er kannte den Grafen Wilhelm und die Gräfin, die eine Schwester von Madame de Beaumont war. An ihrem Hof hatte er seine

Laufbahn begonnen. Er setzte sie fort, indem er nacheinander ringsum bei allen Valois sang. Man machte ihn sich mit großen Belohnungen streitig(23).

»Watriquet, das Lied von den Damen von Paris!« verlangte Robert noch mit vollem Mund.

Diesen Gesang liebte er sehr und wollte ihn immer wieder hören, obwohl er ihn fast auswendig wußte, genau wie Kinder jeden Abend die gleiche Geschichte verlangen und aufpassen, daß man nichts ausläßt. Wer hätte in diesem Augenblick Robert von Artois für fähig gehalten, Fälschungen und Verbrechen zu begehen?

Das Lied von den Damen von Paris berichtete von dem Abenteuer zweier Bürgerinnen, Margue und Marion, der Frau und der Nichte Adams de Gonesse, die am Dreikönigsmorgen zum Metzger gehen, zu ihrem Unglück eine Nachbarin, die Putzmacherin Tifaigne, treffen und sich von ihr in ein Gasthaus mitnehmen lassen, in dem der Wirt, wie es heißt, Kredit gibt.

So sitzen die Gevatterinnen zusammen in der Schenke zum Holzhammer, und der Pächter Drouin bringt ihnen die besten Sachen: Rotwein, eine fette Gans, eine Schüssel voll Knoblauch, heiße Waffeln.

An dieser Stelle der Erzählung fing Robert schon von vornherein zu lachen an. Und Watriquet fuhr fort:

... Da hebt die Margue zu schwitzen an,
Trinkt aus dem Humpen, was sie kann,
Und läßt in wenigen Stunden dann
Drei Schoppen rinnen durch die Kehle.
»Beim heil'gen Georg, meiner Seele«,
Sagt die Gevatt'rin Maroclippe,
»Der Wein ist bitter auf der Lippe,
Jetzt will ich etwas Bess'res saufen,
Müßt ich dazu die Kuh verkaufen.«

Robert von Artois saß am großen Kamin, in dem ein ganzer Baumstamm brannte, lehnte sich zurück und lachte aus vollem Hals. Seine ganze Jugend, in Kneipen, Bordellen und an anderen anrüchigen Orten verbracht, tauchte aus dieser Erzählung wieder vor ihm auf. Er hatte solche lockeren Weibsbilder zur Genüge gekannt, die dort an den Tischen saßen und sich ohne Wissen ihrer Männer mit Hingebung betranken!

Um Mitternacht, sang Watriquet, hatten Margue, Marion und die Putzmacherin alle Weine des Artois bis zum ›Saint Mélion‹ durchprobiert, hatten sich Waffeln, Gebäck, geschälte Mandeln, Birnen, Pfefferkuchen und Nüsse bringen lassen und saßen immer noch im Wirtshaus. Margue schlägt vor, draußen zu tanzen. Der Wirt läßt sie nicht hinaus und besteht darauf, ihre Kleider als Pfand zu behalten; betrunken wie sie sind, erklären sie sich ohne weiteres einverstanden; im Handumdrehen ziehen sie ihre Kleider, Unterröcke, Hosen, Hemden, Mieder und Gürtel aus.

Nackt wie am Tag ihrer Geburt laufen sie in die Januarnacht, brüllen aus vollem Hals: »*Du schickst zum Reigen mich, mein Schatz*«, schwanken, stolpern, stoßen sich an den Mauern, halten sich eine an der andern fest und fallen schließlich stockbesoffen auf einen Misthaufen.

Es wird Tag, die Türen öffnen sich. Man entdeckt sie voll Schmutz und Blut, und sie rühren sich nicht mehr als »*ein Dreckhaufen mitten auf der Straße*«. Man holt ihre Männer, die glauben, daß man sie ermordet hat; man trägt sie zum Friedhof der Unschuldigen Kinder; man wirft sie in das Massengrab,

Lebendig eine auf die andere;
Der Wein aus ihren Mündern rinnt
Und wo er sonst noch Wege find't.

Sie erwachen aus ihrem Schlaf erst in der folgenden Nacht mitten in der Leichengrube, mit Erde bedeckt, aber noch nicht ernüchtert, und fangen im nachtdunkeln, eisigen Friedhof zu schreien an:

Drouin, Drouin, wo bist du hin?
Nach Pökelhering steht der Sinn
Uns jetzt und nach dem stärksten Wein,
Dann wird der Kopf uns leichter sein.
Mach auch das große Fenster zu!

Monseigneur Robert brüllte vor Lachen. Der Spielmann Watriquet hatte Mühe, seine Erzählung zu Ende zu bringen, denn mehrere Minuten lang war der Saal vom Lachen des Riesen erfüllt, ein Lachen, das ihm die Tränen in die Augen trieb. Mit beiden Händen schlug er sich auf die Schenkel und wiederholte zehnmal: »*Mach auch das große Fenster zu!*« Seine Freude war so ansteckend, daß der ganze Haushalt sich vor Lachen wälzte.

»Ach, die närrischen Weiber! Ganz nackt, den Hintern in der frischen Luft . . . *Mach auch das große Fenster zu!*«

Und er fing erneut zu lachen an.

Was war das im Grunde für ein schönes Leben, das man in Conches führte! Beaumont war eine hübsche kleine Grafschaft, und was spielte es für eine Rolle, daß sie der Krone gehörte, da die Einkünfte gesichert waren? War das Artois denn wirklich so wichtig, war es so viele Kämpfe und Mühen wert? . . . »Ob man mich eines Tages in die Erde von Conches oder Hesdin bettet . . .«
Auf diese Gedanken kommt man, wenn man die Vierzig überschritten hat, wenn eine begonnene Sache nicht vollkommen nach Wunsch geht und wenn man sich zwei Wochen der Erholung gönnt. Aber im Grunde weiß man genau, daß man sich nicht an diese Anwandlung von Weisheit halten wird . . . Immerhin würde Robert morgen eine Hirschjagd in Richtung Beaumont veranstalten und bei dieser Gelegenheit das Schloß besichtigen, es ordentlich instand setzen lassen . . .
Als Robert am vorletzten Tag des Jahres mit seiner Gemahlin, die ihn begleitet hatte, von Beaumont zurückkehrte, erwarteten ihn seine Diener in großer Verwirrung an der Zugbrücke von Conches.
Man war nachmittags gekommen, die Dame de Divion zu verhaften und nach Paris ins Gefängnis zu bringen.
»Zu verhaften? Wer ist gekommen, sie zu verhaften?«
»Drei Schergen.«
»Was für Schergen? Auf wessen Befehl?« brüllte Robert.
»Auf Befehl des Königs.«
»Blödsinn! Und ihr habt sie gewähren lassen! Ihr seid Tölpel und verdient Prügel. In meinem Haus verhaften? Was für eine Gaunerei! Habt ihr wenigstens den Befehl gesehen?«
»Wir haben ihn gesehen, Monseigneur«, antwortete Gillet de Nelle zitternd, »und wir haben sogar darauf bestanden, ihn zu behalten. Wir haben Madame de Divion nur unter dieser Bedingung verhaften lassen. Hier ist er.«
Es war wirklich ein königlicher Befehl, von einem Schreiber geschrieben, aber mit dem Petschaft Philipps VI. versehen. Und nicht etwa mit dem Staatssiegel, was eine grobe Betrügerei offenkundig gemacht hätte, sondern das Wachs trug die Zeichnung von Philipps Privatsiegel, des ›kleinen Siegels‹, wie man sagte, das der König immer in seinem Beutel trug und nur mit eigener Hand benutzte.
Der Graf von Artois war von Natur aus kein ängstlicher Mann. An diesem Tage aber lernte er die Furcht kennen.

In einem Tag von Conches nach Paris zu reiten war selbst für einen geübten Reiter eine gewaltige Leistung. Man brauchte dazu ein sehr kräftiges Pferd. Robert von Artois ließ auf dem Weg zwei der ihn begleitenden Knappen zurück, da ihre Reittiere zu lahmen begannen. Er kam nachts in der Hauptstadt an und fand trotz der späten Stunde die Straßen noch voll fröhlicher Scharen, die das neue Jahr feierten. Auf den Stufen der Schenken erbrachen sich im Dunkeln die Betrunkenen; die Frauen hatten sich untergefaßt, sangen aus vollem Hals und schwankten wie in dem Lied Watriquets.

Ohne Rücksicht auf dieses Gewimmel brach sich Robert mit der Brust seines Pferdes Bahn und ritt direkt zum Schloß. Vom Hauptmann der Wache erfuhr er, daß der König untertags gekommen war, um die Wünsche der Bürger entgegenzunehmen, aber nun wieder nach Saint-Germain zurückgekehrt sei(24).

Daraufhin überquerte Robert die Seine und pochte an die Tore des Châtelet, wo er Freunde hatte. Ein Pair von Frankreich konnte es sich erlauben, den Kommandanten zu wecken; dieser erklärte auf Befragen, daß bei ihm weder gestern noch heute irgendeine Frau namens Jeanne de Divion noch jemand, der ihr der Beschreibung nach glich, eingeliefert worden sei.

Ein Beschuldigter, der auf Befehl des Königs verhaftet worden war, konnte nur im Châtelet oder im Louvre festgesetzt worden sein; Robert drang auch dorthin vor; aber der Hauptmann des Louvre gab die gleiche Antwort. Wo also war die Divion? War Robert schneller geritten als die Schergen des Königs, und hatte er sie auf einer andern Straße überholt? Er hatte sich doch in Houdan erkundigt und auch richtig die Auskunft erhalten, daß drei Bewaffnete mit einer Dame vor mehreren Stunden vorbeigeritten seien. Das Geheimnis um diese Angelegenheit wurde immer undurchdringlicher.

Robert fand sich damit ab, in sein Palais zurückzukehren, schlief wenig und ritt vor Morgengrauen nach Saint-Germain.

Weißer Reif bedeckte Felder und Wiesen; die Zweige der Bäume waren mit Kristallen überzogen, Hügel und Wälder rings um das Schloß von Saint-Germain sahen wie überzuckert aus.

Der König war gerade erwacht. Die Türen öffneten sich für Robert bis in das Schlafgemach Philipps VI., der noch im Bett lag. Rings um ihn standen seine Kämmerer und Jäger und nahmen die Befehle für die heutige Jagd entgegen.

Robert stürzte wie wild herein, berührte in Eile den Boden mit einem Knie, erhob sich wieder und sagte:

»Sire, mein Bruder, nehmt die Pairie zurück, die Ihr mir gegeben habt, nehmt meine Lehen, meine Ländereien, meine Einkünfte, entzieht mir ihren Nutzen und Gebrauch, verjagt mich aus dem Engsten Rat, in dem zu erscheinen ich nicht mehr würdig bin. Nein, ich bedeute nichts mehr für das Königreich!«
Philipp öffnete höchst erstaunt seine blauen Augen über seiner großen fleischigen Nase und fragte: »Was habt Ihr denn, mein Bruder? Was ist Euch widerfahren? Was sagt Ihr da?«
»Ich sage die Wahrheit. Ich sage, daß ich im Königreich nichts mehr zu bedeuten habe, denn der König läßt, ohne mich einer Nachricht zu würdigen, eine Person verhaften, die unter meinem Dach wohnt!«
»Wen habe ich ergreifen lassen? Welche Person?«
»Eine gewisse Dame de Divion, mein Bruder, die zu meinem Haushalt gehört und Kammerzofe meiner Frau, Eurer Schwester, ist. Drei Schergen sind in Eurem Auftrag in mein Schloß Conches gekommen, sie ins Gefängnis zu bringen!«
»Auf meinen Befehl?« sagte Philipp verblüfft. »Aber ich habe keinen solchen Befehl erteilt . . . Divion? Ich kenne den Namen nicht. Auf jeden Fall, mein Bruder, wollt mir doch glauben, daß ich niemand aus Eurem Haushalt verhaften lassen würde, selbst wenn ich dafür einen Grund hätte, ohne Euch darüber zu unterrichten und Euren Rat einzuholen.«
»Das hätte ich auch angenommen, mein Bruder«, sagte Robert, »aber dieser Befehl ist doch von Euch . . .«
Und er zog aus seinem Waffenrock den Haftbefehl, den die Schergen zurückgelassen hatten.
Philipp VI. warf einen Blick darauf, erkannte sein kleines Siegel und wurde blaß um die Nase.
»Hérouart, mein Gewand!« schrie er einen der Kämmerer an. »Und hinaus mit euch allen, aber schnell; laßt mich mit Monseigneur von Artois allein!«
Er warf die goldbestickten Decken zurück und stand auch schon in einem langen weißen Hemde da. Der Kämmerer half ihm ein pelzgefüttertes Gewand anzulegen und wollte das Feuer im Kamin anfachen.
»Hinaus, hinaus! . . . Ich habe gesagt, man soll mich allein lassen.«
Niemals, seit er dem König diente, war Hérouart de Belleperche mit solcher Heftigkeit, wie ein kleiner Küchenjunge, behandelt worden.
»Nein, ich habe das keineswegs gesiegelt und auch nichts dergleichen diktiert«, sagte der König, als der Kämmerer den Raum verlassen hatte.

Er untersuchte das Schreiben sehr aufmerksam, hielt die beiden Hälften des beim Öffnen zerbrochenen Siegels nebeneinander, nahm eine Kristallupe aus einer Lade des Schreibpultes.
»Könnte es nicht sein, mein Bruder«, sagte Robert, »daß man Euer Siegel gefälscht hat?«
»Das ist nicht möglich. Du weißt wahrscheinlich nicht, daß die Stempelschneider, besonders wenn es sich um Gravierungen für den König oder die großen Barone handelt, zur Verhinderung von Nachahmungen geschickt immer irgendeine kleine, gewollte Unvollkommenheit anbringen. Sieh das ›I‹ in meinem Namen an; der Buchstabe ist in der Mitte unterbrochen, und diese punktförmige Vertiefung im Blätterwerk der Einfassung . . .«
»Dann hat man vielleicht«, sagte Robert, »das Siegel von einem andern Schreiben gelöst?« – »Ich weiß, daß man das mit einem erwärmten Rasiermesser oder auf irgendeine andere Art machen kann. Das hat mir mein Kanzler bestätigt.«
Roberts Gesicht nahm einen ungläubigen Ausdruck an, als ob er soeben etwas nie für möglich Gehaltenes erfahren hätte. Aber sein Herz schlug etwas rascher.
»Aber auch das kann nicht der Fall sein«, fuhr Philipp fort, »denn gerade um das zu verhindern, verwende ich mein kleines Siegel immer nur als Briefverschluß, der aufgebrochen werden muß, nie unten auf einem Schreiben oder auf einem an Schnüren angehängten Siegel.«
Er schwieg eine kurze Weile, und seine Augen hingen fragend an Robert, als ob er von ihm eine Erklärung erwarte, die er in Wirklichkeit nur in seinen eigenen Gedanken suchte.
»Man muß mir mein Siegel einen Augenblick gestohlen haben«, schloß er. »Aber wer? Und wann? Den ganzen Tag trage ich es in dem Beutel an meinem Gürtel; ich lege ihn nur in der Nacht ab . . .«
Er ging zum Schreibpult, nahm aus der Lade einen aus Gold gewirkten Beutel und befühlte zuerst seinen Inhalt. Dann öffnete er ihn und entnahm ihm das kleine goldene Siegel, das eine Lilie als Handgriff hatte.
». . . und am Morgen nehme ich ihn wieder zu mir . . .«
Er sprach nun langsamer; ein schrecklicher Verdacht war ihm gekommen. Er nahm den Haftbefehl wieder in die Hand und studierte ihn erneut sorgfältig.
»Ich kenne diese Handschrift. Sie stammt weder von Hugues de Pommard noch von Jacques La Vache, noch von Geoffroy de Fleury . . .«(25)
Er schellte. Der zweite diensthabende Kämmerer, Pierre Trousseau, erschien.

»Schick mir sofort, wenn er im Schloß ist oder wo du ihn sonst findest, den Schreiber Robert Mulet; er soll mit seinem Schreibzeug kommen.«

»Schreibt dieser Mulet«, fragte Robert, »nicht auch die Briefe für Königin Johanna, deine Gemahlin?«

Unwillkürlich hatte er wieder begonnen, Philipp wie seinerzeit zu duzen, als dieser vom König noch weit entfernt und er selbst kein Pair war, als sie nichts weiter waren als zwei gut befreundete Vettern; damals hielt Monseigneur Karl von Valois ihn seinem Sohn Philipp immer als Beispiel vor, weil er so kräftig, so ausdauernd und so geschickt und klug in allem war . . .

»Ja, Mulet schreibt manchmal für mich, manchmal für Johanna«, sagte Philipp ausweichend, um seine Verlegenheit zu verbergen.

In Robert war also der gleiche Verdacht aufgestiegen . . .

Mulet war im Schloß. Er erschien in Eile mit dem Schreibzeug unter dem Arm und verbeugte sich, um die Hand des Königs zu küssen.

»Mach dich bereit und schreibe«, sagte Philipp VI. und begann sofort zu diktieren: *»Der König entbietet seinem lieben und getreuen Profos von Paris, Jean de Milon, seinen Gruß. Wir befehlen Euch schleunigst . . .«*

Die beiden Vettern waren gleichzeitig hinter den Schreiber getreten und blickten ihm über die Schultern. Seine Handschrift war wirklich die gleiche wie auf dem Haftbefehl.

». . . und zur Stunde die Dame Jeanne de . . .«

»Divion . . .«, buchstabierte Robert.

». . . freizulassen, die in unserem Gefängnis . . . In welchem befindet sie sich eigentlich?« fragte Philipp.

»Weder im Châtelet noch im Louvre«, sagte Robert.

»Im Turm von Nesle, Sire«, sagte der Schreiber, der sich durch seinen Eifer und sein gutes Gedächtnis Anerkennung zu verdienen glaubte.

Die beiden Vettern blickten einander an und kreuzten mit der gleichen Bewegung die Arme.

»Und woher weißt du das?« fragte der König den Schreiber.

»Weil ich die Ehre hatte, Sire, vorvorgestern Euern Befehl zur Ergreifung dieser Dame zu schreiben.«

»Wer hat ihn diktiert?«

»Die Königin, Sire, die mir sagte, daß Ihr keine Zeit und sie damit beauftragt hättet. Besser gesagt, die beiden Befehle, den für die Ergreifung und den für die Einkerkerung . . .«

Vor Scham und Zorn war Philipp weiß geworden wie die Wand und wagte seinen Schwager nicht mehr anzublicken.

›Was für ein Luder‹, dachte Robert, ›ich wußte wohl, daß sie mich haßt, aber daß sie so weit gehen würde, das Siegel ihres Gatten zu stehlen, um mir zu schaden . . . Und wer mag sie nur so gut unterrichtet haben?‹

»Wollt Ihr nicht zu Ende kommen, Sire?« fragte er.

»Natürlich, natürlich«, fuhr Philipp aus seinen Gedanken auf.

Er diktierte die Schlußformel. Der Schreiber entzündete eine Kerze am Feuer, ließ etwas rotes Wachs auf den gefalteten Brief tropfen und reichte ihn dem König, damit dieser selbst sein kleines Siegel daraufdrücke.

Philipp, in seine Gedanken versunken, schien den eigenen Handlungen nur geringe Aufmerksamkeit zu schenken. Robert nahm den Befehl und läutete. Hérouart de Belleperche erschien von neuem. Was für ein Hin und Her an diesem Morgen!

»Diesen Befehl des Königs sofort zum Profos«, sagte Robert und reichte ihm den Brief.

»Und laß Madame, die Königin, hierher rufen«, befahl Philipp aus dem Hintergrund des Zimmers.

Der Schreiber Mulet wartete und blickte abwechselnd den König und den Grafen von Artois an. Er fragte sich, ob sein vorwitziger Eifer gnädig aufgenommen worden war. Robert bedeutete ihm mit der Hand, er solle verschwinden.

Wenige Augenblicke später trat Königin Johanna ein. Ihr sonderbarer Gang wurde durch das verkürzte Bein verursacht. Ihr Körper drehte sich im Halbkreis um ihr längeres Bein wie um eine Angel. Die Königin war mager, hatte aber ein hübsches Gesicht, obwohl ihr bereits die Zähne faulten. Die Augen waren groß und von jener falschen Klarheit, auf deren Grund die Lüge schlummert; die sehr langen, etwas verkrümmten Finger ließen das Licht durchscheinen, auch wenn sie ineinander verschlungen waren.

»Seit wann, Madame, schickt man Befehle in meinem Namen?«

Mit einer Miene gut gespielter Unschuld und Überraschung fragte die Königin:

»Einen Befehl, mein lieber Sire?«

»Und seit wann entwendet man mir mein Siegel, während ich schlafe?«

»Euer Siegel, teurer Freund? Ich habe doch nie Euer Siegel angerührt. Von welchem Siegel sprecht Ihr?«

Eine gewaltige Ohrfeige schnitt ihr das Wort ab.

Die Augen Johannas der Hinkenden füllten sich mit Tränen, so heftig und schmerzhaft war der Schlag gewesen; vor Bestürzung vergaß sie den Mund zu schließen und fuhr mit den langen Fingern an die Wange, die sich gerötet hatte.

Für Robert von Artois war dies eine nicht weniger unerwartete, aber angenehme Überraschung. Er hätte nie gedacht, daß sein Vetter Philipp, den jeder für einen Pantoffelhelden hielt, imstande war, die Hand gegen sie zu erheben: ›Sollte er wirklich zum König geworden sein?‹ fragte er sich.
Philipp von Valois war vor allem wieder zum Mann geworden, genau wie jeder Gatte, ob großer Seigneur oder kleiner Diener, der die Frau züchtigt, die ihn belügt. Eine zweite Backpfeife folgte, als ob die erste ihm die Hand gelockert hätte, und dann ein ganzer Hagel von Schlägen. Entsetzt hielt Johanna beide Arme schützend vor das Gesicht. Die Hand Philipps fiel, wohin sie traf, auf Kopf und Schultern. Gleichzeitig schrie er:
»Neulich in der Nacht, nicht wahr, habt Ihr mir diesen Streich gespielt? Und Ihr habt die Stirn, zu leugnen, während Mulet schon alles gestanden hat? Übles Weibstück, das mich liebkost, sich an mich schmiegt, ganz verliebt tut, meine Schwäche für sie ausnützt und mich betrügt, während ich schlafe, mir mein königliches Siegel stiehlt! Weißt du nicht, daß es nichts Häßlicheres, nichts Schändlicheres gibt als Diebstahl? Von keinem anderen Untertanen, und wäre es der größte, würde ich dulden, daß er das Siegel eines anderen gebraucht, ohne ihn verprügeln zu lassen. Und du hast das meine genommen? Hat man je eine ärgere Verbrecherin gesehen, die mich vor meinen Pairs, vor meinem Cousin, vor meinem eigenen Bruder entehren möchte? Habe ich nicht recht, Robert?« fragte er und hielt einen Augenblick mit den Schlägen inne, um Zustimmung zu fordern. »Wie könnten Wir über Unsere Untertanen herrschen, wenn jeder sich nach Belieben Unseres Siegels bediente, um zu befehlen, was keineswegs Unserem Willen entspricht? Das ist eine Schändung Unserer Ehre.«
Dann wandte er sich mit neu aufflammendem Zorn wieder an seine Frau:
»Und einen schönen Gebrauch habt Ihr vom Schloß von Nesle gemacht, das ich Euch schenkte. Wie habt Ihr mich darum gebeten! Seid Ihr ebenso schlecht wie Eure Schwester, und dient dieser verfluchte Turm immer wieder dazu, die Schandtaten von Burgund zu verbergen? Wenn Ihr nicht Königin wäret, weil ich das Unglück hatte, Euch zu heiraten, würde ich Euch dort einsperren lassen! Und da niemand anderer Euch züchtigen kann, nun, so tue ich es selbst.«(26)
Und von neuem begann es Schläge zu hageln.
›Vielleicht prügelt er sie zu Tode‹, hoffte Robert.
Johanna hatte sich nun auf dem Bett zusammengekrümmt, ihre Beine zappelten in der Luft, und bei jedem Schlag stöhnte oder brüllte sie.

Dann stellte sie sich plötzlich wie eine Katze mit gespreizten Krallen zum Kampf und heulte mit tränenüberströmten Wangen:
»Ja, ich habe es getan! Ich habe dir dein Siegel gestohlen, während du schliefst, weil du das Recht nicht verteidigst. Ich habe es getan, um meinem Bruder Burgund gegen diesen üblen Robert zu helfen, der uns durch Verschlagenheit und Verbrechen immer geschadet und der zusammen mit deinem Vater meine Schwester Margarete zugrunde gerichtet hat ...«
»Wage es nicht, den Namen meines Vaters mit deiner Schlangenzunge auszusprechen!« schrie Philipp.
Sie sah das Funkeln in den Augen ihres Gatten und schwieg, denn er war wirklich fähig, sie zu töten.
Er aber legte mit schützender Gebärde seine Hand auf die Schulter Roberts und fügte hinzu:
»Und hüte dich, Schändliche, je meinem Bruder zu schaden, der die beste Stütze meines Thrones ist.«
Als er die Türe öffnete, um seinen Kämmerer zu beauftragen, die heutige Jagd abzusagen, fuhren zwanzig zusammengedrängte Köpfe plötzlich auseinander. Johanna die Hinkende wurde von den Dienern gehaßt, weil sie sie ständig in Atem hielt und den kleinsten Fehler rügte. Sie nannten sie unter sich die ›böse Königin‹. Der Bericht von der ihr zuteil gewordenen Züchtigung würde im ganzen Schloß helle Freude auslösen.
Später am Morgen gingen Philipp und Robert im Obstgarten von Saint-Germain, in dem der Reif schon schmolz, langsam auf und ab. Der König ließ den Kopf hängen ...
»Ist es nicht schrecklich, Robert, seiner eigenen Frau mißtrauen zu müssen, sogar wenn man schläft? Was kann ich tun? Soll ich mein Siegel unter das Kopfkissen legen? Ihre Hand wird sich darunter stehlen. Ich habe einen schweren Schlaf. Ich kann sie schließlich nicht in ein Kloster sperren, sie ist doch meine Frau! Sie nicht mehr bei mir schlafen lassen, das ist die einzige Möglichkeit. Und das schlimmste ist, daß ich dieses Frauenzimmer liebe! Du darfst es nicht weitersagen, aber ich habe wie jeder Mann es zur Kurzweil auch mit ein paar andern versucht. Das hat mir nur mehr Lust auf sie gemacht ... Aber wenn sie das noch einmal tut, werde ich sie wieder schlagen!«
In diesem Augenblick erschien Trouillard d'Usages, der Vizedominus von le Mans und Hausmeister des Schlosses in der Allee, um den Profos von Paris anzukündigen, der ihm auf dem Fuße folgte.
Jean de Milon kam mit seinem rundlichen Wanst auf kurzen Beinen näher und sah grämlich drein.
»Nun, Messire Profos, habt Ihr die Dame freigelassen?«

»Nein, Sire«, antwortete der Profos verlegen.
»Wieso? War mein Befehl eine Fälschung? Vielleicht habt Ihr mein Siegel nicht erkannt?«
»Keineswegs, Sire, aber bevor ich den Befehl ausführe, wollte ich Euch unterrichten und freue mich, auch Monseigneur von Artois in Eurer Gesellschaft zu finden«, sagte Jean de Milon mit verlegenem Blick auf Robert. »Die Dame hat gestanden.«
»Was hat sie gestanden?« fragte Robert.
»Allerlei Verbrechen, Monseigneur, Schriftfälschungen, nachgemachte Dokumente und noch andere Dinge.«
Robert hatte sich gut in der Gewalt, er tat sogar, als halte er das alles für einen Scherz, und rief achselzuckend:
»Sicher, wenn man sie unter der Folter befragt, wird sie allerhand gestanden haben! Wenn ich Euch den Knechten überantworten würde, Messire de Milon, so wette ich, daß Ihr gestehen würdet, mit mir Sodomie getrieben zu haben!«
»Leider, Monseigneur«, sagte der Profos, »hat die Dame vor der Folterung gesprochen . . . aus Angst, einfach aus Angst, peinlich befragt zu werden. Sie hat eine lange Liste von Mitschuldigen angegeben . . .«
Philipp VI. beobachtete schweigend seinen Schwager. Wieder gingen ihm schwere Gedanken durch den Kopf.
Robert fühlte, wie eine Falle sich über ihm schloß. Ein König, der vor Zeugen mit Schlägen über seine Gemahlin herfällt, weil sie das Siegel mißbraucht und Briefe gefälscht hat, kann selbst seinem nächsten Verwandten zuliebe schwerlich eine gewöhnliche Frau freilassen, die gerade die gleichen Übeltaten gestanden hat.
»Dein Rat, mein Bruder?« fragte Philipp, ohne Robert aus den Augen zu lassen.
Robert begriff, daß sein Heil von seiner Antwort abhing; man mußte sich redlich zeigen. Der Divion war nicht zu helfen. Alles, was sie gegen ihn aussagen konnte, würde er als unverschämte Lüge bezeichnen.
»Gerechtigkeit, Sire, mein Bruder, Gerechtigkeit!« erklärte er. »Laßt diese Frau im Gefängnis, und wenn sie mich hintergangen hat, so wißt, daß ich Euch um strengste Bestrafung bitten werde.«
Gleichzeitig fragte er sich: ›Wer kann nur den Herzog von Burgund unterrichtet haben?‹ Und plötzlich wußte er die Antwort, die einzig mögliche Antwort. Es gab nur einen Menschen, der dem Herzog von Burgund oder der bösen Königin selbst hatte sagen können, daß die Divion in Conches war: Beatrice.

Erst gegen Ende März, als die Seine vom Schmelzwasser des Frühlings anschwoll, die Ufer überschwemmte und in die Keller eindrang, fischten Schiffer in der Nähe von Chatou einen Sack aus der Strömung, der eine vollkommen unbekleidete Frauenleiche enthielt.
Die ganze Bevölkerung des Dorfes stapfte durch den Schlamm und versammelte sich rings um den schauerlichen Fund. Die Mütter ohrfeigten ihre Sprößlinge und schrien sie an:
»Macht, daß ihr fortkommt; das ist nichts für euch!«
Der Leichnam war scheußlich aufgebläht und zeigte die schreckliche grüne Farbe fortgeschrittener Verwesung, er mußte mehr als einen Monat im Fluß gelegen haben. Doch konnte man erkennen, daß die Tote jung war. Ihre langen, schwarzen Haare schienen sich zu bewegen, da die Wasserblasen darin platzten. Das Gesicht war zerfetzt, zerstampft, zerschlagen, um es unkenntlich zu machen; und der Hals trug die Würgespur einer Schnur.
Halb vor Ekel, halb von einer obszönen Verlockung gepackt, drehten die Schiffer den schamlosen Körper mit den Enden ihrer Ruder um ...
Plötzlich gab der Körper das Wasser, das ihn aufgetrieben hatte, von sich und begann sich von selbst zu bewegen. Einen Augenblick lang konnte man glauben, er erhebe sich, und die Frauen rannten kreischend davon.
Man hatte den Vogt verständigt. Er kam, stellte einige Fragen, ging rings um die Tote herum, untersuchte die Gegenstände, die man bei der Leiche im Sack gefunden hatte und die im Grase trockneten: ein Bockshorn, eine kleine mit Stoff umwickelte Wachsfigur, in der einige Nadeln steckten, ein plumpes Hostiengefäß aus Zinn, in das teuflische Zeichen eingraviert waren.
»Das ist eine Hexe, die von ihren Gefährten nach irgendeinem Hexensabbat oder einer Schwarzen Messe getötet wurde«, erklärte der Vogt.
Die Klatschweiber bekreuzigten sich. Der Vogt ordnete Fronarbeit an, um die Leiche und die abscheulichen Gegenstände so rasch als möglich in einem kleinen Wäldchen abseits des Ortes und ohne Gebet zu verscharren.
Kurz gesagt, ein gut ausgeführtes und gut getarntes Verbrechen, bei dem Gillet de Nelle den weisen Lehren Lormets le Dolois gefolgt war und das so endete, wie die Mörder es gewünscht hatten.
Robert von Artois war für den Verrat der Beatrice gerächt, was noch nicht hieß, daß er selbst deshalb wieder obenauf war. Aber das Mädchen hatte wenigstens durch einen Tod, der ihrer teuflischen Natur entsprach, gebüßt.

Nach zwei Generationen wußten die Bauern von Chatou nicht mehr, warum man eine Baumgruppe stromabwärts ›das Hexenwäldchen‹ nannte.

Das Turnier in Evreux

Gegen Mitte Mai erschienen Herolde in den königlichen Farben, von Hörnerbläsern begleitet, auf den Plätzen der Städte, auf den Straßenkreuzungen der Marktflecken, vor den Toren der Schlösser. Die Bläser stießen in ihre langen Instrumente, an denen mit Lilien bestickte Wimpel hingen; die Herolde entrollten ein Pergament und verkündeten mit weithin klingender Stimme:

»Hört, o hört! Kund und zu wissen getan wird allen Fürsten, Seigneurs, Baronen, Chevaliers und Knappen der Herzogtümer Normandie, Bretagne und Burgund, der Grafschaften und Marken Anjou, Artois, Flandern und Champagne, und allen andern aus diesem oder aus irgendeinem andern christlichen Königreich, sofern sie nicht geächtet oder Feinde unseres Herrn Königs sind, dem Gott Gesundheit verleihen möge, daß am sechsten Juli, am Tag der heiligen Luzia, bei der Stadt Evreux ein großartiges Waffenfest und hochedles Turnier stattfinden wird, bei dem man mit Streitkolben nach Maß und stumpfen Schwertern kämpfen wird, in eigens für diesen Zweck bestimmten Harnischen und Stechhelmen, die Waffenröcke und die Schabracken der Pferde mit dem Wappen der edlen Turnierreiter geschmückt, wie von alters her der Brauch.

Das Turnier veranstalten die hochgeborenen und mächtigen Fürsten, meine sehr ehrfurchtgebietenden Seigneurs, unser geliebter Sire Philipp, König von Frankreich, als Herausforderer, und Sire Johann von Luxemburg, König von Böhmen, als Verteidiger. Und deshalb tut man erneut kund und zu wissen allen Fürsten, Seigneurs, Baronen, Chevaliers und Knappen der oben aufgezählten Gebiete oder irgendeiner anderen Herkunft, die zu streiten Wunsch und Verlangen haben, um sich Ruhm zu erwerben, daß sie kleine Wappenschilde tragen sollen, die ich ihnen übergeben werde, damit man sie als Teilnehmer am Turnier erkennt, und daß man diese von mir nach Wunsch verlange. Und im besagten Turnier werden fürstliche und wertvolle Preise verteilt werden, die die Damen und Fräulein überreichen werden.

Außerdem verkünde ich allen Fürsten, Baronen, Chevaliers und Knappen, welche beabsichtigen, am Turnier teilzunehmen, daß sie sich spätestens am vierten Tag vor dem Turnier nach der besagten

Stadt Evreux zu begeben und ihre Quartiere zu beziehen haben, um ihre Wappen auszuhängen und ihre Schilde zu zeigen, da sie andernfalls zu dem besagten Turnier nicht zugelassen werden. Und dies lasse ich mit Euer Gunst und Verlaub durch meine königlichen Herolde verkünden.«

Ein neuer Trompetenstoß, die Gassenjungen rannten neben dem Herold bis zum Ausgang des Marktfleckens, und dieser zog weiter, um anderwärts die Nachricht zu verlautbaren.

Bevor die Gaffer auseinandergingen, sagten sie:

»Das wird uns teuer zu stehen kommen, wenn unser Herr das angekündigte Turnier besuchen will! Er wird mit seiner Dame und dem ganzen Haushalt reisen . . . Immer haben sie den Spaß, und wir können es berappen.«

Aber manch einer dachte zur gleichen Zeit: ›Wenn der Seigneur etwa meinen Ältesten als Stallknecht mitnehmen wollte, da gäbe es sicher eine Menge zu verdienen, und vielleicht würde er eine dauernde Anstellung finden . . . Ich werde mit dem Kanonikus sprechen, damit er meinen Gaston empfiehlt.‹

Sechs Wochen lang war das Turnier das Tagesgespräch und das einzige, womit man sich auf den Schlössern beschäftigte. Die Halbwüchsigen träumten davon, die Welt durch ihre ersten Heldentaten in Erstaunen zu versetzen.

»Du bist noch zu jung; das nächste Mal! Es wird sicher wieder Gelegenheit geben«, antworteten die Eltern.

»Aber der Sohn unseres Nachbarn in Chambray ist genauso alt und darf mitgehen!«

»Wenn der Sire de Chambray verrückt geworden ist, oder wenn er genug Geld hat, um es zum Fenster hinauszuwerfen, geht das nur ihn etwas an.«

Ach, wie viele junge Leute brannten nicht darauf, Waisen zu werden!

Die Greise erzählten zum tausendsten Male ihre Erinnerungen. Wenn man ihnen zuhörte, konnte man meinen, daß zu ihrer Zeit die Menschen stärker, die Waffen schwerer, die Pferde schneller gewesen waren:

»Auf dem Turnier in Kenilworth, das Lord Mortimer von Chirk, der Onkel von dem Mortimer, den man im letzten Winter in London gehenkt hat, veranstaltete . . .«

»Auf dem Turnier von Condé-sur-l'Escaut, bei Monseigneur Johann von Avesnes, dem Vater des gegenwärtigen Grafen von Hennegau . . .«

Man borgte auf die nächste Ernte, auf das Holz am Stamm; und man trug sein Silbergeschirr zum nächsten Lombarden, um es in Federn für eine würdige Helmzier des Seigneurs, in prachtvolle Stoffe für die Gewänder von Madame, in Schabracken für die Pferde zu verwandeln.

Die Heuchler beklagten sich zum Schein:

»Ach, diese Ausgaben, diese Sorgen; dabei wäre es so schön, zu Hause zu bleiben! Aber wir sind es der Ehre des Hauses schuldig, beim Turnier zu erscheinen ... Wenn unser Herr König seine Herolde bis an das Tor unseres Schlosses schickt, würden wir ihn verärgern, wenn wir nicht kämen.«

Überall rauchten die Nadeln, wurden Eisen geschmiedet, heftete man Stahlgewebe auf die ledernen Wämser. Man übte die Pferde, übte sich selbst in den Obstgärten, aus denen die Vögel vor den Zusammenstößen, dem Anprall der Lanzen und dem lauten Geklirr der Schwerter erschreckt flohen. Die kleinen Barone wendeten drei Stunden darauf, ihren Kopfschutz zu erproben.

Um in Übung zu kommen, veranstalteten die Schloßherren örtliche Turniere, bei denen die älteren Leute, heftig in den Bart schnaubend, die Hiebe beurteilten, mit denen sich die Jüngeren die Augen auszuschlagen suchten. Hinterher wurde viel gegessen.

Am Ende kamen diese kriegerischen Spiele zwischen den einzelnen Baronien ebenso teuer zu stehen wie richtige Feldzüge.

Schließlich machte man sich auf den Weg: Der Großvater hatte sich in letzter Minute entschlossen, mit von der Partie zu sein, um nochmals die Luft seiner Jugend zu atmen, und der vierzehnjährige Sohn hatte Grund sich zu freuen: er wurde als kleiner Knappe mitgenommen. Die Schlachtrosse, die man nicht ermüden durfte, wurden am Zügel geführt; die Truhen mit den Gewändern und Harnischen hatte man auf Maulesel geladen. Die mitgenommenen Stallknechte schleppten ihre Füße durch den Staub. Man logierte in den Gästeflügeln der Klöster oder auch bei irgendeinem Verwandten, dessen Schloß sich auf dem Wege befand und der selbst zum Turnier zog. Noch ein üppiges Abendessen, reichlich mit Wein begossen, und im ersten Morgengrauen zogen alle zusammen weiter.

So vergrößerten sich die Trupps von Halt zu Halt, bis sie mit ihrem gräflichen Lehensherrn zusammentrafen, der in großartiger Aufmachung erschien. Man küßte ihm die Hand; einige belanglose Floskeln wurden ausgetauscht, über die man noch lange sprach. Die Damen ließen eines ihrer neuen Kleider aus der Reisetruhe holen, und man gesellte sich dem Gefolge des Grafen zu, das schon eine halbe Meile lang war. In der ersten Sommersonne flatterten fröhlich die Wimpel.

Falsche Armeen mit Lanzen ohne Spitzen, Schwertern ohne Schneiden und Streitkolben ohne Gewicht überquerten nun die Seine, die Eure, die Risle oder zogen an der Loire hinauf, um sich in einen Scheinkrieg zu begeben, in dem nichts ernst war außer der Eitelkeit.

Bereits acht Tage vor dem Turnier fand man in der ganzen Stadt Evreux keinen freien Raum oder Unterschlupf. Der König von Frankreich hielt in der größten Abtei hof, und der König von Böhmen, zu dessen Ehren man das Fest veranstaltete, wohnte beim Grafen von Evreux, dem König von Navarra.

Dieser Johann von Luxemburg, König von Böhmen, war ein merkwürdiger Fürst. Er hatte nicht einen Groschen Geld, hatte mehr Schulden als Ländereien, lebte auf Kosten des französischen Staatsschatzes, aber dachte nicht daran, mit einem geringeren Gefolge zu erscheinen als sein Gastgeber, der für ihn bezahlte! Luxemburg war nahe den Vierzigern, sah aber wie dreißig aus; man erkannte ihn an seinem kastanienbraunen Bart, dessen seidenweiche Haare er nach beiden Seiten kämmte, an seinem edlen lachenden Gesicht, seinen wohlgeformten, immer ausgestreckten Händen. Er war ein Wunder an Lebhaftigkeit, Kraft, Kühnheit, Heiterkeit und auch an Dummheit. Er hatte eine ähnliche Statur wie Philipp VI., sah prächtig aus und bot in jeder Hinsicht das Bild eines Königs, wie es sich die Phantasie des Volkes vorstellt. Er wußte sich bei allen beliebt zu machen, bei den Fürsten und beim Volk; es war ihm sogar gelungen, gleichzeitig mit Johannes XXII. und Kaiser Ludwig dem Bayern befreundet zu sein, diesen beiden unversöhnlichen Feinden. Ein prächtiger Erfolg für einen Dummkopf, denn auch darüber war jeder der gleichen Meinung: Johann von Luxemburg war ebenso dumm wie bezaubernd.

Dummheit ist der Unternehmungslust nicht hinderlich, im Gegenteil, sie verschleiert die Hindernisse und läßt als Spielerei erscheinen, was jeder einigermaßen vernünftige Mann als Unmöglichkeit ansieht. Johann von Luxemburg war aus dem kleinen Böhmen fortgezogen, wo er sich langweilte, und hatte sich in Italien in verrückte Abenteuer gestürzt. »Die Kämpfe zwischen Guelfen und Gibellinen verheeren das Land«, hatte er sich gesagt. »Kaiser und Papst streiten sich um Republiken, deren Bürger sich gegenseitig umbringen. Nun gut! Ich bin mit der einen wie der anderen Partei befreundet, man soll mir diese Staaten überlassen, und bald wird Frieden herrschen!« Das Erstaunliche war, daß er beinahe Erfolg gehabt hätte. Einige Monate lang war er das Idol Italiens, außer für die Florentiner, die schwer einzuwickeln sind, und außer für König Robert von Neapel, den dieser Störenfried zu beunruhigen begann.

Im April hatte Johann von Luxemburg eine geheime Unterredung mit dem Kardinallegaten Bertrand du Pouget – der als natürlicher Sohn Papst Johannes' XXII. galt –, eine Unterredung, auf der mit einem Schlag alles geregelt werden sollte, das Schicksal von Florenz, die Rückgewinnung Riminis von den Malatesta und die Errichtung eines unabhängigen Fürstentums mit Bologna als Hauptstadt. Gerade als nun seine Angelegenheiten so gut zu stehen schienen und er sogar davon träumte, seinen vertrauten Freund, Ludwig den Bayern, auf dem kaiserlichen Thron zu ersetzen, sah sich Johann von Luxemburg, ohne zu wissen wieso und ohne zu begreifen warum, auf einmal zwei gewaltigen Koalitionen gegenüber, in denen sich ausnahmsweise Guelfen und Gibellinen zusammenfanden, in denen Florenz mit Rom im Einverständnis war und die Stütze des Papstes, der König von Neapel, vom Süden angriff, während der Feind des Papstes, der Deutsche Kaiser, vom Norden angriff und die beiden Herzöge von Österreich, der Markgraf von Brandenburg, der König von Polen und der König von Ungarn zu Hilfe kamen. Ein hübsches Ergebnis für einen so beliebten Fürsten, der Italien den Frieden geben wollte.

Johann von Luxemburg hatte seinem Sohn Karl achthundert Berittene gelassen, um die ganze Lombardei zu halten, und war selbst mit fliegendem Bart von Parma bis nach Böhmen geeilt, in das die Österreicher einbrachen. Er hatte sich Ludwig dem Bayern in die Arme geworfen, ihn auf beide Wangen geküßt und das lächerliche Mißverständnis aufgeklärt. Die Kaiserkrone? Aber davon hatte er doch nur gesprochen, um dem Papst einen Gefallen zu tun! Zur Zeit war er bei Philipp von Valois angekommen, um seine Intervention beim König von Neapel zu erbitten und gleichzeitig neue Gelder zu verlangen, damit er seinen Plan eines friedlichen Königreiches verfolgen konnte. Was konnte Philipp anderes tun, als zu Ehren dieses ritterlichen Gastes ein Turnier zu veranstalten?

So bereiteten sich in Evreux an den Ufern des Iton die beiden brüderlichen Freunde, der König von Frankreich und der König von Böhmen, auf eine gespielte Schlacht vor . . . und hatten dabei mehr Leute unter Waffen als der Sohn des gleichen Königs von Böhmen, um ganz Italien die Stirn zu bieten! . . .

Die Schranken, das heißt die Umwehrung des Turnierplatzes, hatte man in einer großen Wiese aufgestellt. Sie bildeten ein Rechteck von dreihundert mal zweihundert Fuß und wurden von zwei Palisaden abgeschlossen, von denen die eine aus miteinander verbundenen angespitzten Pfählen bestand, während die zweite, innere, niedriger war und einen kräftigen durchlaufenden Balken trug. Zwischen den beiden Palisaden hielten sich während der Kämpfe die Schildknappen der Turnierreiter auf.

Auf der Schattenseite hatte man Gerüste errichtet, drei große, mit Segeltuch überdachte Tribünen, die man mit Fähnchen schmückte; die mittlere war für die Schiedsrichter, die beiden seitlichen waren für die Damen bestimmt.
Ringsum in der Ebene standen dicht gedrängt die Zelte der Diener und Reitknechte; hier befanden sich auch die Turnierpferde, die man beim Umherschlendern bewunderte; auf jedem Zelt flatterte das Wappen des Eigentümers.
Die ersten vier Tage des Zusammentreffens waren dem Lanzenbrechen von Mann zu Mann gewidmet, zu dem sich die einzelnen anwesenden Seigneurs gegenseitig herausforderten. Einige wollten eine Vergeltung für eine Niederlage, die sie bei einem früheren Treffen erlitten hatten; andere hatten sich noch nie gemessen und wollten es versuchen; oder man veranlaßte zwei berühmte Kämpen, sich einander zu stellen.
Die Tribünen waren mehr oder weniger besetzt, je nach der Kampfstärke der Gegner. Wenn es zwei jungen Knappen schließlich gelungen war, in einer Morgenstunde die Schranken frei zu finden, waren auf den Zuschauerrängen nur wenige Freunde oder Verwandte. Aber wenn man ein Zusammentreffen zwischen dem König von Böhmen und Messire Johann von Hennegau, der eigens mit zwanzig Chevaliers aus Holland gekommen war, ankündigte, drohten die Tribünen zusammenzubrechen. Dann rissen auch die Frauen einen Ärmel von ihrem Kleid, um ihn dem Chevalier ihrer Wahl zu überreichen, häufig einen Scheinärmel aus Seide, den man nur mit wenigen, leicht aufzutrennenden Stichen über den wirklichen Ärmel geheftet hatte, manchmal auch den wirklichen Ärmel, wobei gewisse kecke Dämchen einen hübschen Arm entblößten.
Auf den Tribünen gab es Leute der verschiedensten Art, und es ging recht munter zu. Denn bei dem großen Zustrom nach Evreux, das einem adeligen Jahrmarkt glich, konnte man nicht wählerisch sein. Einige hochgekommene Kurtisanen hatten sich ebenso herausgeputzt wie die adeligen Frauen und waren häufig nicht nur hübscher, sondern hatten auch die besseren Manieren. So gelang es ihnen, die besten Plätze einzunehmen, den Männern schöne Augen zu machen und sie zu neuen Turnieren anzureizen.
Die Kämpfer, die gerade nicht auf der Stechbahn waren, setzten sich unter dem Vorwand, den Heldentaten eines Freundes zuzusehen, zu den Damen, und es spannen sich dabei Liebeleien an, die man abends im Schloß zwischen Tanz und Spiel fortsetzte.
Messire Johann von Hennegau und der König von Böhmen, unkenntlich in ihren federgeschmückten Helmen, hatten jeder am Schaft sei-

ner Lanze sechs Seidenärmel und ebenso viele gebrochene Herzen hängen. Ein Kämpfer mußte den andern aus dem Sattel werfen, oder das Holz der Lanze mußte splittern. Man durfte nur auf die Brust zielen und konnte mit dem gekrümmten Schild die Stöße abweisen. Der Bauch wurde durch den hohen Sattelsteg geschützt, der Kopf steckte in einem Helm mit geschlossenem Visier. So stürzten sich die Gegner aufeinander. Auf den Tribünen wurde gebrüllt und vor Freude mit den Füßen getrampelt. Die beiden Kämpfer waren gleich stark, und man sprach noch lange von der Anmut, mit der Messire von Hennegau die Lanze in den Rüsthaken legte(27), und berichtete auch, wie der König von Böhmen aufrecht und stramm wie ein Pfeil in seinen Steigbügeln dem Anprall standgehalten hatte, bis die beiden Lanzen sich bogen und schließlich brachen.

Graf Robert von Artois war als Nachbar aus Conches herübergekommen, ritt ungeheure Percheronpferde, und sein Gewicht machte ihn zu einem gefürchteten Kämpfer. Er erschien in rotem Harnisch, mit roter Lanze, eine rote Schärpe flatterte von der Helmspitze, und er hatte ein besonderes Geschick, seinen Gegner in vollem Lauf zu treffen, ihn aus dem Sattel zu heben und in den Staub zu werfen. Aber Monseigneur von Artois war zur Zeit schlechter Laune, und es sah aus, als nehme er am Turnier nur aus Pflichtgefühl teil.

Inzwischen bemühten sich die Schiedsrichter, die man unter den bedeutendsten Persönlichkeiten des Königreichs ausgewählt hatte – es befand sich etwa der Konnetabel Raoul de Brienne darunter oder Messire Mille de Noyers –, die großen Schlußkämpfe zu organisieren.

Man mußte den Harnisch anlegen und wieder ablegen, beim Lanzenstechen erscheinen, die Kämpfe besprechen, der Eitelkeit der Chevaliers Rechnung tragen, die nicht unter dem einen, sondern unter dem andern Banner kämpfen wollten, zu Tisch sitzen, nach den Mahlzeiten den Sängern zuhören und anschließend noch tanzen. So blieb dem König von Frankreich, dem König von Böhmen und ihren Ratgebern jeden Tag kaum eine knappe Stunde, um sich über die Lage in Italien zu besprechen, die ja schließlich der Grund für dieses Zusammentreffen war. Aber man weiß, daß wichtige Angelegenheiten mit wenigen Worten geregelt werden können, wenn die Gesprächspartner guten Willens sind.

Wie zwei richtige Könige aus Artus' Tafelrunde saßen sie da, Philipp von Valois in prunkvollen bestickten Gewändern und Johann von Luxemburg, nicht weniger prächtig mit seinem zwiegeteilten Bart, und richteten mit dem Humpen in der Hand feierliche Freundschaftserklärungen aneinander. In Eile wurde über einen Brief an Papst

Johannes XXII. oder über eine Botschaft an König Robert von Neapel beraten.

»Ach, mein lieber Sire, wir müssen auch ein wenig vom Kreuzzug sprechen«, sagte Philipp VI.

Denn er hatte den großen Plan seines Vaters und seines Vetters Karl des Schönen wieder aufgegriffen. Im Königreich Frankreich ging alles so gut, der Staatsschatz war so wohl gefüllt, und mit Hilfe des Königs von Böhmen schien der Friede in Europa so gut gesichert, daß man dringend zur Ehre und zum Nutzen der christlichen Nationen eine schöne und ruhmreiche Unternehmung gegen die Ungläubigen ins Auge fassen mußte.

»Messeigneurs, man ruft zum Mahl . . .«

Die Konferenz wurde abgebrochen; nach dem Essen oder morgen würde man über den Kreuzzug weiterreden.

Bei Tisch machte man sich über den jungen König von England lustig, der vor drei Monaten, nur von Lord Montagu begleitet und als Kaufmann verkleidet, gekommen war, um sich insgeheim mit dem König von Frankreich zu besprechen(28). Ja, im Gewande eines Kaufmannes, wie irgendein lombardischer Krämer! Und zu welchem Zweck? Um ein Abkommen über die Wollieferungen nach Flandern zu treffen. Er war wirklich ein Krämer – er befaßte sich mit Wolle! Hatte man schon je einen Fürsten gesehen, der sich mit solchen Angelegenheiten befaßte wie ein gewöhnlicher Bürger der Zünfte oder Hansen?

»Da habe ich ihn denn, weil er es so wollte, *als Kaufmann* empfangen!« sagte Philipp von Valois, entzückt über sein eigenes Wortspiel. »Ohne Feste, ohne Turnier, indem ich mich mit ihm in den Alleen des Waldes von Halatte erging; und ich habe ihm eine spärliche Abendmahlzeit bringen lassen.«

Er hatte nur verrückte Ideen, dieser arme Vetter Eduard III. War er nicht gerade dabei, in seinem Königreich eine stehende Armee von Fußvolk aufzustellen, in der jeder dienen mußte? Was erhoffte er sich denn davon, wo man doch wußte – die Schlacht bei Mont-Cassel hatte es zur Genüge bewiesen –, daß nur die Berittenen im Kampf zählten und der Fußknecht floh, sobald ein Geharnischter erschien?

»Immerhin scheint in England Ordnung zu herrschen, seit Lord Mortimer gehenkt wurde«, gab Mille de Noyers zu bedenken.

»Ordnung herrscht«, antwortete Philipp VI., »weil die englischen Barone für eine Weile müde sind, so viel haben sie sich untereinander bekämpft. Sobald sie neuen Atem geschöpft haben, wird der arme Eduard sehen, was er gegen sie mit seinem Fußvolk ausrichtet! Und seinerzeit hat der treue Knabe daran gedacht, die Krone von Frankreich zu beanspruchen . . . Nun, Messeigneurs, bedauert Ihr, ihn nicht zu Euerm Fürsten zu haben, oder zieht Ihr vielleicht Euern ›gefundenen König‹ vor?« fügte er hinzu und schlug sich ausgelassen auf die Brust.

Nach jedem Festmahl sagte Philipp leise zu Robert von Artois: »Mein Bruder, ich muß mit dir ganz allein und über sehr ernste Dinge sprechen.«

»Sire, mein Cousin, wann du es wünschst.«

»Nun gut, wir wollen heute abend versuchen, uns darüber zu unterhalten.«

Aber am Abend tanzte man, und Robert war nicht bestrebt, die Unterredung rasch herbeizuführen, da er nur zu gut erriet, was der König ihm zu sagen hatte. Seit den Geständnissen der Divion, die noch immer festgehalten wurde, hatte man eine Reihe anderer Leute festgesetzt, darunter den Notar Tesson, und alle Zeugen waren ins Kreuzverhör genommen worden . . . Es war aufgefallen, daß Philipp VI. zu den kurzen Besprechungen mit dem König von Böhmen Robert nicht zugezogen hatte, was man als ein Zeichen der Ungnade auslegen konnte.

Am Tag vor dem Turnier begab sich der ›Wappenkönig‹(29) in Begleitung seiner Herolde und Hörnerbläser zum Schloß, in dem die wichtigsten Seigneurs wohnten, sowie in die Schranken selbst, um zu verkünden:

»Hört, o hört, hochgeborene und mächtige Fürsten, Herzöge, Grafen, Barone, Seigneurs, Chevaliers und Knappen! Ich tue Euch im Auftrag der Messeigneurs Schiedsrichter kund, daß jeder am heutigen Tage den Helm, den er im Turnier tragen wird, sowie auch sein Banner in das Haus der Messeigneurs Richter schicken soll, damit besagte Herren Richter mit der Aufteilung in Gruppen beginnen können; und nach ihrer Einteilung mögen die Damen zur Besichtigung kommen und ihr Ergötzen kundtun; und heute soll nichts anderes geschehen, außer daß nach dem Mahle getanzt wird.«

Die Helme wurden im Quartier der Richter, sobald die Schildknappen sie brachten, im Kreuzgang auf Truhen aufgereiht und nach Gruppen verteilt. Man hätte sie für Überreste einer geköpften Armee von Verrückten halten können. Denn um im Kampf gut kenntlich zu sein, hatten die Teilnehmer über ihren Baronen- oder Grafenkronen auf ihren Helmen die auffälligsten und seltsamsten Embleme anbringen lassen: einen Adler, einen Drachen, eine nackte Frau, eine Sirene oder ein aufgerichtetes Einhorn. Außerdem hatten die Seigneurs lange Seidenschleifen in ihren Farben an der Helmspitze befestigt.

Am Nachmittag kamen die Damen zur Besichtigung und wurden eingeladen, unter der Führung der Richter und der beiden Anführer im Turnier, das heißt des Königs von Frankreich und des Königs von Böhmen, die Runde durch den Kreuzgang zu machen. Ein Herold machte vor jedem Helm halt und verkündete den Namen des Eigentümers:

»Messire Johann von Hennegau . . . Monseigneur Graf von Blois . . . unser Sire Philipp, König von Navarra . . .«

Einige der Helme waren in gleicher Weise wie die Schwerter und Lanzenschäfte bemalt, daher gab man einigen Beinamen wie: der weiße Chevalier, der schwarze Chevalier.

»Messire Marschall Robert Bertrand, der Chevalier zum grünen Löwen . . .«

Dann kam ein gewaltiger roter Helm, der von einem goldenen Turm gekrönt war:

»Monseigneur Robert von Artois, Graf von Beaumont-le-Roger . . .«

Die Königin, die mit ihrem hinkenden Gang in der ersten Reihe der Damen dahinschritt, machte eine Bewegung, als ob sie die Hand ausstrecken wollte. Philipp VI. hielt sie am Handgelenk zurück und sagte mit leiser Stimme:

»Mein Herz, das untersage ich Euch!«

Königin Johanna lächelte böse.

»Es wäre eine so gute Gelegenheit gewesen . . .«, flüsterte sie der neben ihr gehenden jungen Herzogin von Burgund, ihrer Schwägerin, zu.

Denn wenn eine Dame einen der Helme berührte, so wurde nach den Regeln des Turniers der Chevalier, dem der Helm gehörte, ›gekennzeichnet‹, das heißt, er hatte kein Recht mehr, an dem Treffen teilzunehmen. Bei seinem Erscheinen in den Schranken fielen alle gemeinsam mit Lanzenstößen über ihn her; sein Pferd wurde ihm weggenommen und den Hörnerbläsern übergeben; er selbst wurde auf die Balken der Einfassung gesetzt und mußte dort zum Spott aller während der ganzen Dauer des Turniers rittlings sitzen bleiben. Eine solche Entehrung ließ man demjenigen angedeihen, der einer Dame Übles nachgeredet oder in anderer Weise gegen die Ehre verstoßen hatte, sei es durch Verleihung von Geld gegen Zinsen, sei es durch ›falsches Wort‹.

Die Bewegung der Königin war Madame de Beaumont nicht entgangen, die sichtlich erbleichte. Sie näherte sich dem König, ihrem Bruder, und machte ihm Vorwürfe.

»Meine Schwester«, antwortete Philipp VI. mit ernster Miene, »Ihr solltet mir eher danken als Euch beklagen.«

Am Abend beim Tanz wußte bereits jeder von dem Zwischenfall. Die Königin hatte Miene gemacht, den Grafen von Artois zu ›kennzeichnen‹. Dieser war in Gewitterstimmung. Für die Reigentänze verweigerte er der Herzogin von Burgund offensichtlich seine Hand und baute sich vor Königin Johanna auf, die wegen ihres Gebrechens niemals tanzte; er blieb eine Zeitlang dort stehen, den Arm einladend vorgestreckt, und nahm auf diese üble Weise Rache. Die Frauen blickten zu ihren Männern hinüber; die Violen und Harfen erklangen in einer angsterfüllten Stille. Der kleinste Anlaß hätte genügt, um das Turnier eine Nacht vorzuverlegen und das Handgemenge sogleich im Ballsaal losbrechen zu lassen.
Der Einzug des Wappenkönigs mit seinen Herolden brachte eine erwünschte Ablenkung. Er verkündete:
»Hört mich an, hochgeborene und mächtige Fürsten, Seigneurs, Barone, Chevaliers und Knappen, die Ihr am Turnier teilnehmt! Ich tue Euch im Auftrag der Messires Schiedsrichter kund, daß Ihr Euch alle morgen zur mittäglichen Stunde bewaffnet und bereit zum Kampfe auf Euren Plätzen einfinden sollt, da eine Stunde nach Mittag die Richter die Seile für den Beginn des Turniers durchhauen werden, in dem reiche Preise zu gewinnen sind, die von den Damen ausgeteilt werden. Außerdem bringe ich Euch zur Kenntnis, daß keiner von Euch zu seinen Diensten mehr berittene Knechte mit sich bringen darf als die kundgetane Anzahl: vier Knechte für Fürsten, drei für Grafen, zwei für Chevaliers und einer für Knappen, und Diener zu Fuß nach Belieben, wie es die Richter angeordnet haben. Deshalb bitte ich Euch, Eure rechte Hand zum Himmel zu erheben und alle gemeinsam zu versprechen, daß keiner von Euch bei dem besagten Turnier nach bestem Wissen weder mit der Schwertspitze stoßen noch vom Gürtel abwärts treffen wird; und daß andererseits, wenn durch Zufall einer von Euch seinen Helm verliert, ihn kein anderer berührt, bevor ihm der Helm nicht wieder gebracht und festgeschnallt wurde; und wenn Ihr anders handelt, unterwerft Ihr Euch, Rüstung und Roß zu verlieren und von allen zukünftigen Turnieren verbannt zu werden. Und das schwört und versprecht Ihr bei unserm heiligen Glauben auf Eure Ehre.«
Alle anwesenden Kämpfer erhoben die Hand und riefen:
»Ja, wir schwören es!«
»Nehmt Euch morgen in acht«, sagte der Herzog von Burgund zu seinen Chevaliers, »denn unser Vetter Artois könnte sich übel aufführen und sich nicht an alle Verbote halten.«
Und dann begann man wieder zu tanzen.

Jeder Kämpfer war in dem Zelt aus besticktem Tuch, auf dem sein Banner flatterte, damit beschäftigt, sich die Rüstung anlegen zu lassen: zuerst die enganliegenden Hosen aus Kettengliedern, über die man die Sporen schnallte; dann die Eisenschienen, die Arme und Beine bedeckten; den Rumpf schützte ein dickes Lederwams, über das man den Brustpanzer schnallte, eine Art Eisenfäßchen, das je nach Belieben aus mehreren beweglichen Ringen oder aus einem Stück war. Schließlich kam der Kopfschutz aus Leder, der die Stöße des Helms auffangen sollte, und der Helm selbst mit seinem Federbusch oder Emblem, den man am Hals mit Lederriemen festband. Über die Rüstung zog man den langen, flatternden Waffenrock aus leuchtend gefärbter Seide, von dessen Schultern ungeheure verzierte Ärmel herabhingen, während auf der Brust das Wappen eingestickt war. Als letztes schnallte der Chevalier das Schwert mit der abgestumpften Schneide um und nahm den eckigen oder runden Wappenschild.
Draußen wartete das Schlachtroß, über dessen Rücken eine wappenbestickte Schabracke hing, und kaute an der Kandare. Sein Stirnschutz trug wie der Helm seines Herrn einen Adler, Drachen, Löwen, Turm oder Federbusch. Die Schildknappen hielten die drei stumpfen Lanzen bereit, über die jeder Kämpfer verfügte, ebenso einen Streitkolben, der jedoch so leicht war, daß er nicht tödlich wirken konnte.
Die Angehörigen des Adels wanderten zwischen den Zelten hin und her, sahen zu, wie die Favoriten sich wappneten, und gaben ihren Freunden die letzten guten Ratschläge.
Der kleine Prinz Johann, der Erstgeborene des Königs, verfolgte diese Vorbereitungen mit Bewunderung, und Jean le Fol, der ihn begleitete, schnitt unter seiner Narrenkappe entsprechende Grimassen.
Die große Menge gewöhnlichen Volkes wurde durch einen Trupp Bogenschützen in angemessener Entfernung gehalten; sie bekam hauptsächlich Staub zu sehen, da die Kämpfer bereits seit vier Tagen die Stechbahn zerstampften und Gras und Boden in Pulver verwandelt hatten, obwohl man sie fleißig mit Wasser besprengte.
Bevor sie noch auf ihren Pferden saßen, trieften die Kämpfer unter ihren Harnischen bereits vor Schweiß, da die Strahlen der Julisonne auf das Eisen der Rüstungen brannten. Sie würden an diesem Tage gut vier Pfund verlieren.
Die Herolde ritten herum und riefen:
»Bindet die Helme fest! Bindet die Helme fest, Seigneurs, Chevaliers, laßt Euer Banner flattern und sammelt Euch um das Banner Eures Anführers!«

Die Gerüste hatten sich gefüllt, und die Schiedsrichter, unter ihnen der Konnetabel, Messire Mille de Noyers und der Herzog von Bourbon, nahmen ihre Plätze auf der Mitteltribüne ein.
Trompetenstöße erklangen; die Kämpfer stiegen mit Hilfe ihrer Knechte schwerfällig zu Pferde und versammelten sich teils vor dem Zelt des Königs von Frankreich, teils vor dem Zelt des Königs von Böhmen. Von dort ritten sie in geschlossenem Zug in Zweierreihen, jeder Chevalier gefolgt von seinem Bannerträger, in den Turnierplatz ein.
Seile teilten das Feld der Breite nach in zwei Hälften. Die beiden Parteien stellten sich einander gegenüber auf. Erneut erklangen lange Trompetenstöße, und der Wappenkönig trat vor, um noch ein letztes Mal die Bedingungen des Turniers zu wiederholen. Schließlich rief er:
»Seile nieder, laßt Euern Schlachtruf erschallen!«
Der Herzog von Bourbon hörte diesen Ruf immer mit einem gewissen Unbehagen. So hatte seinerzeit sein Vater Robert von Clermont gerufen, der sechste Sohn des heiligen Ludwig, wenn ihn plötzlich während einer Mahlzeit oder im königlichen Rat eine Geistesverwirrung befiel. Der Herzog von Bourbon war lieber Richter als Kämpfer, denn im Turnier konnte man weniger leicht fliehen als im Kriege. Er schützte sein lahmes Bein vor und blieb außerhalb der Schranken.
Männer mit Beilen standen bereit, sie hoben sie jetzt, und die Seile fielen. Die Bannerträger stießen den Schlachtruf aus und verließen die Reihen; die mit kurzen Lanzen von nicht mehr als drei Fuß Länge bewaffneten Kriegsknechte reihten sich an den Barrieren auf, bereit, ihren Herren zu Hilfe zu kommen. Dann erzitterte die Erde unter den Hufen von zweihundert Pferden, die aufeinander zu galoppierten; das Getümmel begann.
Die Damen erhoben sich von ihren Sitzen und verfolgten aufgeregt rufend den Helm ihres bevorzugten Chevaliers mit den Blicken. Die Richter achteten aufmerksam auf die einzelnen gewechselten Stöße, um die Sieger zu bestimmen. Der Zusammenprall der Lanzen, der Steigbügel, der Rüstungen, des ganzen Eisenzeugs verursachte einen höllischen Lärm. Der Staub verdunkelte die Sonne.
Beim ersten Angriff wurden vier Chevaliers von ihren Pferden geschleudert, und zwanzig andere brachen ihre Lanzen. Durch die Helmschlitze brüllten die entwaffneten Kämpfer nach ihren Knechten. Diese eilten herbei, brachten neue Lanzen und hoben die Gestürzten auf, die wie auf dem Rücken liegende Krabben zappelten. Einer von ihnen hatte sich das Bein gebrochen, und vier Mann mußten ihn wegtragen.

Mille de Noyers war mürrisch und interessierte sich, obwohl er Schiedsrichter war, nur sehr flüchtig für das Schauspiel. In Wirklichkeit war es für ihn eine Zeitverschwendung. Er hatte die Arbeiten in der Rechnungskammer zu leiten, die Beschlüsse des Parlaments zu prüfen, die allgemeine Verwaltung des Königreiches zu überwachen. Und dem König zuliebe mußte er hier sein und zusehen, wie Schreier ihre Eschenlanzen zerbrachen! Er verbarg seine Gefühle keineswegs.
»Alle diese Turniere kosten zu viel Geld; das sind unnütze Ausgaben, die das Volk verurteilt«, sagte er zu seinen Nachbarn. »Der König hört nicht, was seine Untertanen auf dem Land reden! Kommt er vorbei, so sieht er nur die gebeugten Rücken der Leute, die ihm die Füße küssen; aber ich weiß genau, was mir die Vögte und Profose berichten. Eitle Verschwendung aus Stolz und Wichtigtuerei! Und während der ganzen Zeit geschieht nichts; die Befehle müssen zwei Wochen auf die Unterschrift warten; man hält nur Rat, um zu beschließen, wer Wappenkönig oder Ehrenritter sein soll. Die Größe eines Königreiches bemißt sich nicht nach den Trugbildern der Ritterschaft. König Philipp der Schöne wußte das wohl und hat im Einverständnis mit dem Papst Klemens Turniere verbieten lassen.«
Der Konnetabel Raoul de Brienne schützte seine Augen mit der Hand, um das Getümmel besser beobachten zu können, und antwortete:
»Sicherlich habt Ihr nicht so unrecht, Messire, aber Ihr überseht, daß ein Turnier eine gute Vorübung für den Krieg ist.«
»Für welchen Krieg?« sagte Mille de Noyers. »Glaubt Ihr wirklich, daß man mit diesen Kinkerlitzchen auf dem Kopf und Girlandenärmeln, die mannslang herunterhängen, in den Krieg ziehen wird? Das Lanzenstechen, das gebe ich zu, übt die Geschicklichkeit im Kampf; aber das Turnier hat seinen ganzen Sinn verloren, seit man daran nicht in der Kriegsrüstung teilnimmt und der Chevalier nicht das volle Gewicht zu tragen hat. Es ist sogar unheilvoll, denn unsere jungen Knappen, die niemals im Heerbann gedient haben, werden glauben, daß sich im Angesicht des Feindes die Dinge in gleicher Weise abspielen und man nur auf den Ruf ›Seile nieder‹ angreift.«
Mille de Noyers konnte aus Erfahrung sprechen, denn er war Marschall im Heer gewesen, als sein Schwager Gaucher de Châtillon das Amt des Konnetabels innehatte und als der kleine de Brienne noch am Daumen lutschte.
»Es ist auch gut, daß sich unsere Seigneurs für den Kreuzzug kennenlernen«, sagte der Herzog von Bourbon mit wichtiger Miene.
Mille de Noyers zuckte die Achseln. Es stand dem Herzog, diesem sagenhaften Feigling, wohl an, den Kreuzzug zu predigen!

Messire Mille war es müde, sich unter einem Herrscher um die Angelegenheiten Frankreichs zu kümmern, den alle einstimmig für bewundernswert erklärten, den er jedoch, in langer Erfahrung mit der Ausübung der Macht vertraut, für nicht sehr fähig hielt. Man verliert die Lust, Anstrengungen in einer Richtung zu unternehmen, die niemand billigt, und Mille, der seine Laufbahn am Hof von Burgund begonnen hatte, fragte sich, ob er nicht bald dorthin zurückkehren solle. Es war besser, ein Herzogtum vernünftig als ein Königreich verrückt zu regieren, und Herzog Odo hatte ihm gewisse Angebote in dieser Hinsicht gemacht. Er suchte ihn im Gewühl und sah, daß er am Boden lag, von Robert von Artois aus dem Sattel gehoben. Nun gewann Mille de Noyers wieder Interesse am Turnier.

Während Herzog Odo sich von seinen Knechten aufrichten ließ, sprang Robert ab und bot seinem Gegner einen Fußkampf an. Streitkolben und Schwert in den Händen, gingen die beiden eisernen Türme leicht schwankend aufeinander zu. Hageldicht prasselten die Schläge. Mille überwachte Robert von Artois und hätte ihn beim ersten Verstoß disqualifizieren lassen. Aber Robert beachtete die Regeln, schlug nicht unter die Gürtellinie und nur mit der Schneide. Mit seinem Kolben hämmerte er auf den Helm des Herzogs von Burgund und zerschmetterte den Drachen, der ihn krönte. Obwohl der Kolben nur ein Pfund wog, mußte dem Herzog der Kopf ganz schön davon brummen, denn seine Verteidigung wurde schwächer, und mit seinem Schwert schlug er nicht mehr auf Robert ein, sondern nur in der Luft herum. Bei einem Versuch auszuweichen, verlor Odo von Burgund das Gleichgewicht; Robert setzte ihm den Fuß auf die Brust und die Schwertspitze an die Helmverschnürung; der Herzog bat um Gnade. Er hatte sich ergeben und mußte den Kampfplatz verlassen. Robert ließ sich wieder in den Sattel heben und ritt im Galopp stolz an den Tribünen vorbei. Eine begeisterte Dame riß einen Ärmel ab, den Robert mit der Spitze der Lanze auffing.

»Monseigneur Robert sollte sich in diesen Tagen weniger hochmütig aufführen«, sagte Mille de Noyers.

»Bah, der König schützt ihn«, meinte Raoul de Brienne.

»Wie lange noch?« meinte Mille de Noyers. »Madame Mahaut scheint etwas plötzlich gestorben zu sein, und Madame Johanna die Witwe ebenfalls. Und außerdem ist ihre Edeldame, diese Beatrice d'Hirson, verschwunden, und ihre Familie sucht sie vergeblich . . . Der Herzog von Burgund wird klug daran tun, seine Speisen kosten zu lassen.«

»Eure Empfindungen gegenüber Robert haben sich sehr geändert. Vergangenes Jahr schient Ihr ihm sehr gewogen.«

»Vergangenes Jahr hatte ich noch keine Kenntnis von seinen Angelegenheiten, über die ich gerade die zweite Untersuchung führe . . .«
»Seht, da greift Messire von Hennegau an«, sagte der Konnetabel.
Johann von Hennegau, der auf seiten des Königs von Böhmen focht, kämpfte wie ein Wilder; es gab keinen bedeutenderen Seigneur in der Partei des Königs von Frankreich, den er nicht herausforderte: Schon jetzt wußte man, daß er den Siegespreis erhalten würde.
Das Turnier dauerte eine volle Stunde. Dann ließen die Richter erneut in die Hörner stoßen, die Schranken öffnen und die Reihen sich voneinander lösen. Ein Dutzend Chevaliers und Knappen aus dem Artois schienen jedoch das Signal nicht gehört zu haben und droschen hingebungsvoll in einer Ecke des Kampfplatzes auf vier burgundische Seigneurs ein. Robert war nicht unter ihnen, aber sicher hatte er seine Leute dazu veranlaßt; die Prügelei drohte zu einer Schlächterei auszuarten. König Philipp VI. war gezwungen, sich den Helm lösen zu lassen, und mit unbedecktem Haupt, damit sie ihn erkennen konnten, machte er sich zur Bewunderung aller daran, die Wütenden zu trennen.
Unter Führung der Herolde und Hörnerbläser bildeten die beiden Gruppen von neuem einen Zug und ritten vom Platz. Die Rüstungen waren verbeult, die Waffenröcke in Fetzen, die Malereien abgeblättert. Die Pferde hinkten, ihre Schabracken waren zerrissen. Das Treffen hatte einen Toten gekostet, und einige waren für ihr Leben zum Krüppel geworden. Außer Johann von Hennegau, dem der von der Königin gestiftete Preis zufiel, erhielten alle Teilnehmer ein Erinnerungsgeschenk, einen vergoldeten Humpen, Pokal oder silbernen Napf.
In ihren Zelten, deren Planen offenblieben, legten die Seigneurs ihre Rüstungen ab. Die Gesichter dampften, die Hände waren von den Gelenken der Eisenhandschuhe wundgerieben, die Beine angeschwollen. Es wurden Kommentare getauscht:
»Mein Helm bekam gleich zu Anfang eine Beule. Das hat mich behindert . . .«
»Wenn der Sire de Courgent Euch nicht zu Hilfe gekommen wäre, dann hättet Ihr etwas erlebt, lieber Freund! . . .«
»Herzog Odo hat sich nicht lange gegen Monseigneur Robert gehalten! . . .«
»Brécy hat sich wacker geschlagen, das muß ich sagen!«
Gelächter, Flüche, Keuchen der Erschöpfung; die Kämpfer wanderten zu den Badestuben, die man in einer naheliegenden Scheune eingerichtet hatte, und stiegen in die vorbereiteten Zuber, zuerst die Fürsten, dann die Barone, dann die Chevaliers und zum Schluß die Knap-

pen. Zwischen ihnen herrschte die freundschaftliche und wohlbegründete Vertraulichkeit, die bei einem körperlichen Wettstreit entsteht; aber man merkte auch einigen zähen Groll.

Philipp VI. und Robert von Artois badeten in zwei nebeneinander stehenden Bottichen.

»Ein schönes Turnier, ein schönes Turnier«, sagte Philipp. »Ach, mein Bruder, ich muß mit dir sprechen.«

»Sire, mein Bruder, ich bin ganz bereit, dich zu hören.«

Was er vorbringen wollte, kostete Philipp sichtlich Anstrengung. Aber um unter vier Augen mit seinem Vetter, seinem Schwager, zu sprechen, dem Mann, der in der Jugend und immerdar sein Freund gewesen war, ließ sich kein besserer Zeitpunkt finden als jetzt, da sie gemeinsam vom Turnier zurückkamen und das Geschrei, das die Scheune erfüllte, die klatschenden Schläge, die sich die Chevaliers auf die Schultern gaben, das Plätschern des Wassers, der Dampf, der aus den Zubern aufstieg, ihr Gespräch vollkommen vor andern Ohren verbarg.

»Robert, dein Prozeß steht schlecht, weil deine Briefe gefälscht sind.«

Die roten Haare und Wangen Roberts tauchten aus dem Bade auf:

»Nein, mein Bruder, sie sind echt!«

Der König machte ein trauriges Gesicht.

»Robert, ich beschwöre dich, beharre nicht auf einem so üblen Weg. Ich habe für dich alles getan, was ich konnte, entgegen der Meinung vieler, sowohl in meiner Familie als auch in meinem Rat. Ich habe das Artois der Herzogin von Burgund nur unter Vorbehalt deiner Rechte überantworten lassen. Ich habe als Statthalter Ferry de Picquigny einsetzen lassen, der dir ergeben ist. Ich habe der Herzogin angeboten, das Artois abzulösen, um es dir zu geben . . .«

»Es ist nicht nötig, es ihr abzulösen, da es mir gehört . . .«

Vor so viel hartnäckigem Starrsinn fuhr Philipp gereizt auf. Er rief seinem Kämmerer zu:

»Trousseau! Etwas mehr kaltes Wasser bitte.«

Dann setzte er fort:

»Die Gemeinden des Artois haben den Preis für den Wechsel in der Herrschaft nicht bezahlen wollen; was kann ich dafür? . . . Der Befehl, deinen Prozeß zu eröffnen, liegt seit einem Monat bereit. Seit einem Monat weigere ich mich, ihn zu unterzeichnen, weil ich nicht will, daß mein Bruder minderem Volk gegenübersteht, das ihn mit Schmutz bewerfen wird, und weil ich nicht sicher bin, ob er sich von ihm wird reinwaschen können. Kein Mensch ist unfehlbar; keiner von uns hat sich nur lobenswerter Taten zu rühmen. Deine Zeugen waren

bezahlt oder erpreßt; dein Notar hat ausgesagt; die Fälscher sind eingesperrt und haben zugegeben, deine Briefe geschrieben zu haben.«
»Sie sind echt«, wiederholte Robert.
Philipp VI. seufzte. Wie anstrengend ist es, einen Menschen zu retten, der sich nicht helfen lassen will.
»Ich behaupte nicht, daß du wirklich daran schuld bist. Ich sage nicht, wie man vorgibt, daß du selbst diese Briefe veranlaßt hast. Man hat sie dir gebracht, du hast sie für echt gehalten, du bist getäuscht worden . . .«
Robert knirschte in seinem Zuber mit den Zähnen.
»Vielleicht hat dich sogar«, fuhr Philipp fort, »meine eigene Schwester, deine Gemahlin, in die Irre geführt. Frauen neigen zu solchen Falschheiten und glauben, uns damit noch zu helfen! Falschheit ist ihre zweite Natur. Schau die meine an, die sich nicht geschämt hat, mein Siegel zu stehlen.«
»Ja, die Frauen sind falsch«, sagte Robert zornig. »Das ganze sind Frauenschliche, die deine Gemahlin zusammen mit ihrer Schwägerin von Burgund ausgeheckt hat. Ich kenne die niedrigen Leute nicht, deren erpreßte Geständnisse man mir entgegenhält!«
»Ich will auch für Verleumdung halten«, sagte Philipp leiser, »was man vom Tode deiner Tante erzählt . . .«
»Sie hatte bei dir gespeist!«
»Aber auf ihre Tochter traf das nicht zu, als sie innerhalb von zwei Tagen starb.«
»Ich war nicht der einzige Feind, den sie sich in ihrem üblen Leben gemacht haben«, antwortete Robert im Tone geheuchelter Gleichgültigkeit.
Er stieg aus dem Bottich und verlangte Tücher, um sich abzutrocknen. Philipp tat das gleiche. Sie standen nackt voreinander, mit rötlicher Haut und stark behaart. Ihre Diener warteten in einiger Entfernung mit den Prunkkleidern auf dem Arm.
»Robert, ich warte auf deine Antwort«, sagte der König.
»Welche Antwort?«
»Daß du auf das Artois verzichtest, damit ich die Sache niederschlagen kann . . .«
»Und damit du auch dein Wort zurücknehmen kannst, das du mir gabst, bevor du König warst. Sire, mein Bruder, hast du denn vergessen, wer dich auf den Thron gebracht hat, die Pairs überzeugte und dir dein Zepter errang?«
Philipp von Valois ergriff Robert am Handgelenk und blickte ihm gerade in die Augen: »Wenn ich es vergessen hätte, Robert, glaubst du, ich spräche jetzt so mit dir? . . . Zum letzten Male, verzichte.«

»Niemals«, antwortete der Riese und schüttelte den Kopf.
»Du weigerst dich deinem König gegenüber?«
»Ja, Sire, dem König gegenüber.«
Philipp ließ sein Handgelenk los.
»Wenn du also deine Ehre als Pair nicht retten willst«, sagte er, »muß ich darauf bedacht sein, meine Ehre als König zu retten!«

Die Tolomei

»Verzeiht mir, Monseigneur, wenn ich mich nicht erheben kann, um Euch besser willkommen zu heißen«, sagte Spinello Tolomei mit keuchender Stimme beim Eintritt Roberts von Artois.
Der alte Bankier lag ausgestreckt auf einem Bett, das man in seinem Arbeitszimmer aufgestellt hatte; unter der leichten Decke zeichneten sich sein dicker Bauch und seine eingesunkene Brust ab. Die acht Tage alten Bartstoppeln auf seinen eingefallenen Wangen sahen aus wie eine Salzkruste, und seine blauen Lippen rangen nach Atem. Aber durch das Fenster kam keine frische Luft aus der Straße der Lombarden. Paris glühte unter der nachmittäglichen Augustsonne.
Es war nicht mehr viel Leben im Körper Messer Tolomeis, nicht mehr viel Leben im Blick des einen offenen Auges, das nur mehr müde Verachtung zeigte, als wäre ein neunzigjähriges Leben eine recht unnütze Bemühung gewesen.
Um sein Bett standen vier Männer mit sonnenverbrannter Haut, schmalen Lippen und Augen, die wie schwarze Oliven funkelten. Alle waren in gleicher Weise in dunkle Gewänder gekleidet; vier Gesichter mit dem tragischen Ausdruck, den die Italiener beim Herannahen des Todes annehmen.
»Meine Vettern Tolomeo Tolomei, Andreas Tolomei, Giacomo Tolomei . . .«, stellte sie der Sterbende vor. »Und meinen Neffen Guccio Baglioni kennt Ihr ja . . .«
Mit fünfunddreißig Jahren hatte Guccio schon weiße Schläfen.
»Sie sind alle aus Siena gekommen, um mich sterben zu sehen . . . und auch wegen anderer Dinge«, fügte der alte Bankier langsam hinzu.
Robert von Artois saß in Reisestiefeln leicht vorgebeugt auf dem Stuhl, den man ihm angeboten hatte, und blickte den Greis mit der gekünstelten Aufmerksamkeit der Leute an, die selbst schwere Sorgen haben.
»Monseigneur von Artois ist unser Freund, das wage ich zu sagen«, fuhr Tolomei an seine Verwandten gerichtet fort. »Alles, was für ihn

geschehen kann, wollen wir tun; er hat uns häufig gerettet, und diesmal stand es außerhalb seiner Macht . . .«
Da die sienesischen Vettern des Französischen nicht kundig waren, übersetzte Guccio rasch die Worte des Onkels; die Vettern nickten gleichzeitig mit düsterer Miene.
»Aber wenn Ihr Geld braucht, Monseigneur, leider, leider, und trotz aller Ergebenheit Euch gegenüber, das können wir nicht. Ihr wißt nur zu gut, warum . . .«
Man merkte, daß Spinello Tolomei mit seinen Kräften haushielt. Es war nicht nötig, daß er weitersprach. Was sollte man schon zu der tragischen Situation sagen, in der sich die italienischen Bankiers seit einigen Monaten befanden?
Im Januar hatte der König einen Erlaß herausgegeben, durch den alle Lombarden mit der Ausweisung bedroht wurden. Das war an sich nichts Neues; jeder Herrscher hatte in schwierigen Augenblicken die gleiche Drohung gebraucht und den Lombarden einen Teil ihres Vermögens abgenommen, indem er sie zwang, erneut für ihre Aufenthaltsbewilligung zu bezahlen. Um den Verlust wettzumachen, erhöhten die Bankiers während eines Jahres den Zinsfuß. Aber diesmal war der Erlaß von einer viel schwerwiegenderen Maßnahme begleitet: Alle Forderungen der Italiener gegen französische Seigneurs wurden gestrichen; den Schuldnern wurde verboten zu bezahlen, selbst wenn sie dazu den Willen und die Möglichkeit gehabt hätten. Königliche Soldaten hielten vor den Kontoren Wache und verwehrten anständigen Klienten, die ihre Schulden begleichen wollten, den Zutritt. Den italienischen Bankiers war allen ganz elend zumute.
»Und das nur, weil der Adel sich wegen der verrückten Feste zu sehr in Schulden gestürzt hat, wegen aller dieser Turniere, bei denen er vor dem König glänzen wollte! Selbst unter Philipp dem Schönen wurden wir nicht so behandelt.«
»Ich habe für Euch gesprochen«, sagte Robert.
»Ich weiß, ich weiß, Monseigneur. Ihr habt unsere Kompanien immer verteidigt. Aber im Augenblick steht Ihr nicht höher in Gunst als wir . . . Noch konnten wir glauben, daß die Dinge sich ordnen lassen würden wie die andern Male. Aber mit dem Tod von Macci dei Macci hat uns der letzte Schlag getroffen!«
Der alte Mann wandte seinen Blick zum Fenster und schwieg.
Macci dei Macci, einer der größten italienischen Finanzleute in Frankreich, dem Philipp VI. seit seinem Regierungsantritt auf Anraten Roberts die Verwaltung des Staatsschatzes anvertraut hatte, war in der vergangenen Woche nach einem summarischen Urteilsspruch gehenkt worden.

Mit einer Stimme, die von verhaltenem Zorn bebte, sagte jetzt Guccio Baglioni:
»Ein Mann, der seine ganze Arbeit, seine ganze Geschicklichkeit in den Dienst dieses Königreiches gestellt hatte! Er fühlte französischer, als wenn er an der Seine geboren gewesen wäre; er ließ sich Mache des Mache nennen . . . Hat er sich in seinem Amt mehr bereichert als diejenigen, die ihn hängen ließen? Man hält sich immer an den Italienern schadlos, weil sie sich nicht verteidigen können!«
Die sienesischen Vettern versuchten vom Gespräch aufzufangen, was sie konnten; beim Namen Macci dei Macci hatten sie die Augenbrauen bis zur halben Stirn hinaufgezogen und mit geschlossenen Lidern alle den gleichen Weheruf ausgestoßen.
»Tolomei«, sagte Robert von Artois, »ich komme nicht, um mir Geld auszuleihen, sondern um Euch zu bitten, es mir abzunehmen.«
So schwach er war, richtete sich Messer Tolomei bei dieser überraschenden Ankündigung doch etwas auf; die sienesischen Vettern öffneten wieder die Augen und wagten kaum zu glauben, daß sie richtig verstanden hatten.
»Ja«, fuhr Robert fort, »ich möchte Euch mein ganzes Bargeld gegen Wechsel übergeben. Ich gehe fort. Ich verlasse das Königreich.«
»Ihr, Monseigneur? Steht Euer Prozeß so schlecht? Wurde gegen Euch ein Urteil gefällt?«
»Jetzt noch nicht, aber in vier Wochen. Weißt du, Bankier, wie mich der König behandelt, dessen Schwester ich geheiratet habe und der ohne mich nie König geworden wäre? Er hat seinen Vogt aus Gisors geschickt, um vor jedem meiner Schlösser, vor Conches, Beaumont und Orbec, mit Trompetenstößen zu verkünden, daß er mich für den Michaelstag vor seinen Richterstuhl lade! Ein Scheinverfahren, bei dem der Haftbefehl gegen mich bereits verfügt ist. Philipp hat alle seine Hunde an meine Fersen geheftet: Sainte-Maure, seinen üblen Kanzler, Forget, seinen diebischen Schatzmeister, Mathieu de Trye, seinen Marschall, und Mille de Noyers, der ihnen die Spur zeigen soll. Die gleichen, die sich gegen Euch verbündet haben, die gleichen, die Euern Freund Mache des Mache gehenkt haben! Die böse Königin, die Hinkende, hat gesiegt, Burgund und die Gemeinheit haben die Oberhand! Sie haben meine Notare, meinen Geistlichen ins Gefängnis geworfen und meine Zeugen gefoltert, um sie zum Widerruf zu zwingen. Nun gut! Sollen sie mich doch verurteilen, ich werde nicht dabeisein! Sie haben mir das Artois gestohlen, sie mögen mich nach Belieben entehren! Dieses Königreich bedeutet mir nichts mehr, und sein König ist mein Feind; ich gehe über die Grenze, um ihm so sehr zu schaden, als ich vermag! Morgen bin ich in Conches, nehme meine

Pferde, mein Geschirr, meine Wertgegenstände und meine Waffen und bringe sie nach Bordeaux, um sie auf ein englisches Schiff zu verladen! Sie wollen sich meiner Person und meiner Güter bemächtigen; sie werden mich nicht bekommen!«

»Geht Ihr nach England, Monseigneur?« fragte Tolomei.

»Zuerst erbitte ich Asyl bei meiner Schwester, der Gräfin von Namur.«

»Reist Eure Gemahlin mit Euch?«

»Meine Frau kommt mir später nach. Mein Vorschlag also, Bankier: mein bares Vermögen gegen Wechsel auf Eure Kontore in Holland und England. Und behaltet zwei Livres auf zwanzig für Euch.«

Tolomei drehte etwas den Kopf auf dem Kissen und begann mit seinem Neffen und seinen Vettern ein Gespräch auf italienisch, von dem Robert nichts verstand. An sein Ohr klangen nur die Ausdrücke *debito . . . rimborso . . . deposito . . .* Wenn die Kompanie Tolomei das Geld eines französischen Seigneurs annahm, verstieß sie dann nicht gegen den Erlaß? Nein, denn es handelte sich nicht um eine Bezahlung alter Schulden, sondern ein *deposito . . .*

Dann wandte Tolomei sein salzfarbenes Gesicht mit den blauen Lippen wieder Robert von Artois zu.

»Auch wir reisen ab, Monseigneur; oder besser, sie reisen . . .«, sagte er mit einem Hinweis auf seine Verwandten. »Sie nehmen alles mit, was wir hier besitzen. Unsere Kompanien sind im Augenblick uneinig. Die Bardi, die Peruzzi zögern; sie denken, daß das Schlimmste vorbei ist und daß man nur ein wenig das Rückgrat zu krümmen braucht . . . Sie sind wie die Juden, die immer auf das Gesetz vertrauen und glauben, daß man sie in Ruhe läßt, wenn sie ihren Teil bezahlt haben; sie zahlen ihren Teil, und dann führt man sie auf den Scheiterhaufen! Die Tolomei aber haben genug. Unsere Abreise wird einiges Staunen hervorrufen, denn wir nehmen nach Italien alles Geld mit, das man uns anvertraut hat; der größte Teil ist schon auf dem Weg. Da man uns die Bezahlung der Schulden verweigert, nun gut, dann nehmen wir die Guthaben mit!« (30)

Ein letztes Mal glitt ein boshafter Ausdruck über die verfallenen Züge des alten Mannes.

»Ich lasse auf französischer Erde nur meine Knochen, die wenig Wert besitzen«, fügte er hinzu.

»Frankreich hat uns wirklich kein Glück gebracht«, sagte Guccio Baglioni.

»Es hat dir immerhin einen Sohn geschenkt, das ist nicht so übel!«

»Richtig«, sagte Robert von Artois, »Ihr habt einen Knaben. Geht es ihm gut?«

»Ich danke Euch, Monseigneur«, antwortete Guccio. »Ja, er ist mit seinen fünfzehn Jahren fast schon größer als ich. Aber er hat nicht viel Geschmack am Bankgeschäft.«

»Das kommt noch, das kommt noch«, meinte der Greis . . . »Also, Monseigneur, wir nehmen Euern Vorschlag an. Vertraut uns Euer Bargeld an; wir bringen es hinaus und werden Euch für die gesamte Summe Wechsel übergeben, ohne eine Provision zu nehmen. Flüssiges Geld ist immer gut verwendbar.«

»Dafür weiß ich dir Dank, Tolomei; meine Truhen werden in der Nacht gebracht werden.«

»Wenn das Geld aus einem Königreich flüchtet, sind die glücklichen Tage dieses Königreiches gezählt. Ihr werdet Eure Rache haben, Monseigneur; ich werde sie nicht mehr erleben, aber ich sage Euch, Ihr werdet Eure Rache haben!«

Das fast immer geschlossene linke Auge hatte sich geöffnet, Tolomei blickte ihn mit beiden Augen an; endlich der wahre Blick. Und Robert von Artois war tief bewegt, weil ein alter Lombarde auf dem Totenbett ihn teilnahmsvoll ansah.

»Tolomei, ich habe Leute in der Schlacht tapfer bis zum Ende kämpfen sehen; du bist auf deine Art ebenso tapfer wie sie.«

Ein trauriges Lächeln glitt über die Lippen des Bankiers.

»Das ist kein Mut, Monseigneur, im Gegenteil. Würde ich mich in diesem Augenblick nicht um Geschäfte kümmern, so hätte ich jetzt große Angst!«

Er hob seine Greisenhand von der Decke und winkte Robert näher heran.

Robert beugte sich vor, als solle ihm ein Geheimnis anvertraut werden.

»Monseigneur«, sagte Tolomei, »laßt mich meinen letzten Kunden segnen.«

Und mit dem Daumen machte er über die Haare des Riesen ein Kreuz, wie es die italienischen Väter stets ihren Söhnen auf die Stirne zeichnen, wenn sie auf eine lange Reise gehen.

Der große Gerichtstag

Im Mittelpunkt eines Podiums, zu dem Stufen führten, stand ein Sessel, dessen Armlehnen in Löwenköpfen endigten. Dort saß Philipp im Königsmantel, die Krone auf dem Kopf. Eine große Seidenfahne mit dem eingestickten französischen Wappen hing über ihm; von Zeit zu Zeit wandte er sich nach links an seinen Vetter, den König von Na-

varra, nach rechts an seinen Verwandten, den König von Böhmen, um sich ihrer zustimmenden Blicke zu vergewissern und Anerkennung für seine große Langmut zu fordern.
Der König von Böhmen schüttelte seinen schönen kastanienbraunen Bart, und seine Miene zeigte Verwirrung und Entrüstung. War es möglich, daß ein Chevalier, ein Pair von Frankreich, wie Robert von Artois, ein Prinz mit dem Lilienwappen, sich derart aufführt, die Hand in so schmutzigen Geschäften gehabt hatte, wie man sie eben aufzählte, und mit Leuten so übler Art umgegangen war?
Unter den weltlichen Pairs, die jeder seinen Wappenschild über sich hängen hatten, saß zum erstenmal der Thronfolger, Prinz Johann, der für seine dreizehn Jahre ungewöhnlich groß war. Sein Vater hatte ihn kürzlich zum Herzog der Normandie erhoben.
Neben ihm saßen der Graf von Alençon, der Bruder des Königs, die Herzöge von Bourbon und von Bretagne, der Graf von Flandern, der Graf von Etampes. Zwei Sitze waren leer: der des Herzogs von Burgund, der an der Ratsversammlung nicht teilnehmen konnte, weil er Prozeßpartei war, und der des Königs von England, der sich nicht einmal vertreten ließ.
Unter den geistlichen Pairs erkannte man Monseigneur Jean de Marigny, den Grafen und Bischof von Beauvais, und Guillaume de Trye, den Fürstbischof von Reims.
Um dem Gerichtstag mehr Feierlichkeit zu verleihen, hatte der König außerdem die Erzbischöfe von Sens und Aix, die Bischöfe von Arras, Autun, Blois, Forez, Vendôme, den Herzog von Lothringen, den Grafen Wilhelm von Hennegau und seinen Bruder Johann und alle hohen Beamten der Krone zugezogen: den Konnetabel, die beiden Marschälle, Mille de Noyers, das Oberhaupt der Rechnungskammer, die Herren von Châtillon, Soyecourt, Garencières, die dem Engeren Rat angehörten, und viele andere, die nun rings um das Podium längs der Wände im Großen Saal des Louvre saßen, in dem das Hohe Gericht tagte.
Auf dem Boden hatten sich mit untergeschlagenen Beinen auf kleinen, viereckigen Teppichen die Untersuchungsrichter und Parlamentsräte, die Gerichtsschreiber und die kleinen Geistlichen niedergelassen.
Sechs Schritte vor dem König stand der Oberste Ankläger Simon de Bucy, umgeben von den Untersuchungsbeamten, und verlas seit zwei Stunden die Blätter seiner Anklagerede, der längsten, die er in seiner Laufbahn je vorzubringen gehabt hatte. Er hatte auf die ganze Vorgeschichte in Sachen des Artois zurückgreifen müssen, die Ende des vergangenen Jahrhunderts ihren Ursprung nahm, an den ersten Prozeß

von 1309 erinnert, an das Urteil Philipps des Schönen, die bewaffnete Erhebung Roberts gegen Philipp den Langen im Jahre 1316, den zweiten Urteilsspruch von Amiens, die Untersuchung, die Gegenuntersuchung, die unzähligen aufgenommenen Zeugenaussagen, die Bestechung von Zeugen, die Herstellung von Fälschungen, die Verhaftung von Mitschuldigen.

Alle diese Tatsachen wurden eine nach der andern ans Licht gezogen, in ihrem Zusammenhang und ihrem komplizierten Ineinandergreifen dargestellt. Es war einer der größten zivilrechtlichen Prozesse der Welt und außerdem seit vierzig Jahren dauernd mit der Geschichte Frankreichs eng verknüpft. Die Zuhörerschaft war gleichzeitig fasziniert und bestürzt, bestürzt wegen der Enthüllungen des Anklägers, fasziniert, weil ihr das geheime Leben des großen Barons enthüllt wurde, vor dem gestern noch alle gezittert hatten, dessen Freund jeder zu werden versuchte und der so lange alles und jedes in Frankreich entschieden hatte! Die Aufdeckung der Skandale im Turm von Nesle, die Einkerkerung Margaretes von Burgund, die Annullierung der Heirat Karls IV., der Krieg wegen Aquitanien, der Verzicht auf den Kreuzzug, die Unterstützung Isabellas von England, die Wahl Philipps VI. – immer war er die Seele des Ganzen gewesen, hatte die Ereignisse hervorgerufen oder gelenkt, immer aber bewegt von dem einzigen Gedanken, dem einzigen Ziel: das Artois, die Erbschaft des Artois!

Wie viele unter den Anwesenden verdankten ihren Titel, ihr Amt, ihr Vermögen diesem meineidigen Fälscher, diesem Verbrecher – angefangen beim König selbst!

Der Platz des Angeklagten wurde im Gerichtssaal symbolisch von zwei Bewaffneten eingenommen, die ein großes seidenes Tuch hielten, auf dem der Wappenschild Roberts zu sehen war; ›besät mit französischen Lilien, im Schildhaupt einen roten Turnierkragen mit vier Lappen, jeder Lappen belegt mit drei goldenen Burgen‹.

Und jedesmal, wenn der Ankläger den Namen Roberts aussprach, wandte er sich an den Schild, als ob er persönlich dort stünde.

Er war nun zur Flucht des Grafen von Artois gekommen:

»Obwohl ihm die Ladung ordnungsgemäß durch den Gerichtsdiener Jean Loncle von der Amtswache in Gisors an seinen gewöhnlichen Aufenthaltsorten kundgetan worden war, ist besagter Robert von Artois, Graf von Beaumont, vor unserm Herrn und König und dessen Gericht, das für den neunundzwanzigsten September ordnungsgemäß zusammengerufen wurde, nicht erschienen.

Nun ist uns zur Kenntnis gekommen und wurde von mehreren Seiten bestätigt, daß besagter Robert seine Pferde und Schätze in Bordeaux auf ein Schiff gebracht und seine Gold- und Silbermünzen auf verbotenen Wegen aus dem Königreich geschafft hat. Er selbst hat sich außerhalb der Grenzen begeben, anstatt vor dem Gericht des Königs zu erscheinen.

Am sechsten Oktober 1331 wurde die Dame de Divion, die für schuldig befunden worden war, zahlreiche Verbrechen im Dienste Roberts und seiner Sache begangen zu haben, darunter in erster Linie Fälschungen von Schriftstücken und Nachahmungen von Siegeln, in Paris auf der Place aux Pourceaux hingerichtet und zu Asche verbrannt. Dies in Anwesenheit der Messeigneurs, des Herzogs von Bretagne, des Grafen von Flandern, des Sire Johann von Hennegau, Sire Raoul de Brienne, des Konnetabels von Frankreich, der Marschälle Robert Bertrand und Mathieu de Trye und Messire Jean de Milon, des Profoses von Paris, der dem König von der vollzogenen Hinrichtung Kunde gab . . .«

Die Genannten schlugen die Augen nieder; sie hatten die Divion noch gut in Erinnerung, wie sie an ihrem Pfahl brüllte, die Flammen ihr härenes Gewand verschlangen, das Fleisch ihrer Beine in der Hitze sich mit Blasen überzog und aufbrach, schließlich den grausigen Geruch, den ihnen der Oktoberwind ins Gesicht blies . . . Das war das Ende der Geliebten des früheren Bischofs von Arras gewesen.

»Am zwölften und vierzehnten Oktober haben der Rat Pierre d'Auxerre und der Vogt Michel de Paris der Gemahlin des besagten Robert, Madame de Beaumont, zuerst in Jouy-le-Châtel, dann in Conches, Beaumont, Orbec und Quatremares, ihren gewöhnlichen Wohnsitzen, kundgetan, daß ihn der König für den vierzehnten Dezember vor sein Gericht lade. Nun ist aber besagter Robert an diesem Termin wieder nicht erschienen. Aus großer Langmut hat unser Herr und König einen neuen Termin vierzehn Tage nach Lichtmeß angesetzt, und damit besagter Robert hierüber nicht im unklaren sein konnte, erfolgte die Bekanntmachung zuerst in der Vollversammlung des Parlaments, dann an der Marmortafel im Großen Saal des königlichen Schlosses und wurde schließlich durch dieselben Maître Pierre d'Auxerre und Michel de Paris nach Orbec, Beaumont und ebenso nach Conches überbracht, wo sie jedoch die Dame de Beaumont nicht sprechen konnten, sondern ihre Ankündigung vor der Türe ihres Zimmers mit so lauter Stimme vorbrachten, daß sie sie hören konnte . . .«

Jedesmal, wenn der Name der Madame de Beaumont fiel, fuhr sich der König mit der Hand über das Gesicht, und seine große fleischige Nase zuckte. Sie war schließlich seine Schwester!

»Vor der Gerichtsversammlung, die der König an diesem Tage hielt, ist Robert von Artois keineswegs erschienen, sondern hat sich durch die Advokaten Henry, Dekan von Brüssel, und Thiébault de Meaux, Kanonikus von Cambrai, mit der Vollmacht vertreten lassen, die Verhandlung an seiner Stelle zu führen und die Gründe für seine Abwesenheit vorzubringen. Aber angesichts der Tatsache, daß die Vorladung für Montag, den vierzehnten Tag nach Lichtmeß, die Vollmacht, über die sie verfügten, aber auf Dienstag lautete, konnte die Vollmacht nicht als gültig anerkannt werden, und zum dritten Male wurde gegen den Beklagten auf Nichterscheinen erkannt . . . Nun ist bekannt und offenkundig, daß während dieser Zeit Robert von Artois zuerst bei seiner Schwester, der Gräfin von Namur, Zuflucht nehmen wollte; aber da unser Herr und König Madame de Namur untersagte, diesen Aufrührer zu unterstützen und bei sich aufzunehmen, verbot sie besagtem Robert, ihrem Bruder, den Aufenthalt in ihrem Gebiet. Dann wollte besagter Robert bei Monseigneur Graf Wilhelm auf seinem Gebiet Hennegau Zuflucht suchen; aber auf die Bitte unseres Herrn und Königs untersagte Monseigneur Graf von Hennegau ebenso dem besagten Robert den Aufenthalt auf seinem Gebiet. Und ferner suchte besagter Robert Zuflucht und Asyl beim Herzog von Brabant, welcher auf die Bitte unseres Herrn und Königs, dies nicht zu gewähren, zuerst antwortete, daß er kein Vasall des Königs von Frankreich sei und nach Belieben und Gutdünken jeden aufnehmen könne; aber in der Folge gab der Herzog von Brabant den Vorstellungen Monseigneurs von Luxemburg, des Königs von Böhmen, nach und betrug sich ritterlich, indem er Robert von Artois aus seinem Herzogtum verjagte.«(31)

Philipp VI. wandte sich an den Grafen von Hennegau und den König von Böhmen und dankte beiden mit einer freundschaftlichen und traurigen Geste. Philipp litt sichtlich; und er war nicht der einzige. So schuldig Robert von Artois war, wer ihn gekannt hatte, stellte sich jetzt vor, wie er von einem kleinen Hof zum andern irrte, den einen Tag aufgenommen, am nächsten wieder verbannt und anderswohin ziehend, um dort erneut verjagt zu werden. Warum hatte er so erbittert seinen eigenen Untergang betrieben, wenn der König ihm bis zum Schluß die Arme offenhielt?

»Ungeachtet, daß die Untersuchung nach der Vernehmung von sechsundsiebzig Zeugen, von denen vierzehn im königlichen Gefängnis festgehalten wurden, abgeschlossen und die königliche Gerechtigkeit genügend unterrichtet war, ungeachtet, daß die aufgezählten Anklagen genügend bewiesen waren, hat unser Herr und König aus alter Freundschaft besagten Robert von Artois wissen lassen, daß ihm freies Geleit zum Betreten und, wenn er wolle, zum Verlassen des

Königreiches gewährt werde und weder ihm noch seinen Leuten ein Leid geschehen solle, damit er die gegen ihn gerichteten Anschuldigungen vernehmen, seine Verteidigung vorbringen, sein Unrecht einsehen und ihm Gnade gewährt werden könne. Nun ist aber besagter Robert keineswegs bereit gewesen, auf dieses Angebot königlicher Milde einzugehen und in das Königreich zurückzukehren, er hat sich vielmehr an seinen verschiedenen Aufenthaltsorten mit allerlei Leuten von üblem Ruf, Geächteten und Feinden des Königs besprochen und hat vielen Personen, die es weitererzählten, seine Absicht kundgetan, den Kanzler, den Marschall de Trye und verschiedene Ratgeber unseres Herrn und Königs durch Gewalt oder Zauberei zugrunde zu richten, und hat die gleichen Drohungen auch gegen den König selbst ausgestoßen.«
Im Saal entstand ein langes entrüstetes Gemurmel.
»Da alle diese Dinge bekannt und notorisch sind, und in Anbetracht, daß besagter Robert von Artois durch ordnungsgemäß erfolgte Kundmachung ein letztes Mal für den heutigen Mittwoch, den achten April, vor Palmsonntag vorgeladen wurde und wir ihn zum vierten Male auffordern, zu erscheinen . . .«
Simon de Bucy unterbrach sich und winkte einem Gerichtsdiener, der mit lauter Stimme rief:
»Messire Robert von Artois, Graf von Beaumont-le-Roger, tretet vor!«
Alle Blicke wandten sich unwillkürlich zur Türe, als ob der Angeklagte wirklich erscheinen würde. Einige Augenblicke vergingen in vollkommenem Schweigen. Dann stieß der Diener seinen Stab auf den Boden, und der Ankläger fuhr fort:
». . . und feststellen, daß besagter Robert nicht anwesend ist, fordern wir daher im Namen unseres Herrn und Königs: daß besagter Robert aller seiner Titel, Rechte und Würden als Pair des Königreiches wie auch aller seiner sonstigen Titel, Seigneurien und Besitzungen für verlustig erklärt werde; daß ferner seine Güter, Ländereien, Schlösser, Häuser und alles ihm gehörige bewegliche und unbewegliche Gut beschlagnahmt werden und in den Staatsschatz übergehen solle, damit darüber nach dem Willen des Königs verfügt werde; daß ferner sein Wappen in Gegenwart der Pairs und Barone vernichtet werde, um nie mehr auf Bannern oder Siegeln zu erscheinen, daß er selbst für alle Zeiten aus dem Gebiet des Königreiches verbannt werde und daß allen Vasallen, Verbündeten, Verwandten und Freunden unseres Herrn und Königs untersagt werde, ihm Zuflucht zu gewähren; außerdem fordern wir, daß dieser Urteilsspruch auf allen großen Plätzen von Paris mit Hörnerklang laut verkündet und auch den Vögten

von Rouen, Gisors, Aix und Bourges sowie den Seneschällen von Toulouse und Carcassonne zur Durchführung mitgeteilt werde . . . gegeben vom König . . .«
Maître Simon de Bucy schwieg. Der König schien zu träumen. Sein Blick wanderte über die Anwesenden, ohne jemanden besonders ins Auge zu fassen. Dann neigte er den Kopf zuerst nach rechts, dann nach links:
»Meine Pairs, ich bitte um Euern Rat«, sagte er. »Wer schweigt, stimmt zu!«
Keine Hand erhob sich, kein Mund öffnete sich.
Mit der flachen Hand schlug Philipp VI. auf den Löwenkopf an der Armlehne des Sessels:
»Das Urteil ist rechtskräftig!«
Der Ankläger befahl daraufhin den beiden Bewaffneten, die das Wappen Roberts von Artois trugen, bis an die Stufen des Thrones vorzutreten. Der Kanzler Guillaume de Sainte-Maure, einer von denen, die Robert von seinem Exil aus mit dem Tode bedrohte, trat vor das Wappen, ließ sich das Schwert eines der Bewaffneten reichen und stieß es am Rand in den Stoff. Dann gab es ein langes Geräusch reißender Seide, und das Wappen wurde in der Mitte durchgeteilt.
Die Pairswürde von Beaumont bestand nicht mehr. Der Fürst aus dem Königshaus, der Abkömmling König Ludwigs VIII., der Riese mit der sagenhaften Kraft und den unzähligen Intrigen, war nur mehr ein Geächteter; er gehörte nicht mehr dem Königreich an, über das seine Vorfahren regiert hatten, und nichts mehr in diesem Königreich gehörte ihm.
Für die Pairs und Seigneurs, für alle diese Männer, für die das Wappen nicht nur der Ausdruck der Macht, sondern geradezu des Daseins selbst war, das sie von ihren Dächern und Lanzen flattern ließen, mit dem sie ihre Pferde, ihre eigene Brust, die Röcke ihrer Knappen, die Livreen ihrer Dienerschaft schmückten, das sie auf ihre Möbel malten und in ihr Geschirr eingravierten, war dieses Zerreißen des Wappens eine Art weltlicher Exkommunikation, noch diffamierender als selbst das Schafott, das Schleifen oder der Galgen. Denn der Tod streicht den Fehler aus, und die Ehrlosigkeit erlischt mit dem Tode des Ehrlosen.
»Aber solange man lebt, hat man nie alles verloren«, sagte sich Robert von Artois, der außerhalb seines Vaterlandes auf feindlichen Straßen umherirrte und sich noch größeren Verbrechen zuwandte.

4
Der Kriegshetzer

Der Geächtete

Mehr als drei Jahre lang strich Robert von Artois wie ein wundes großes Raubtier um die Grenzen des Königreiches herum.

Verwandter aller europäischen Könige und Fürsten, Neffe des Herzogs von Bretagne, Onkel des Königs von Navarra, Bruder der Gräfin von Namur, Schwager des Grafen von Hennegau und des Prinzen von Tarent, Cousin des Königs von Neapel, des ungarischen Königs und vieler anderer Fürsten, war er mit fünfundvierzig Jahren ein einsamer Wanderer, vor dem sich die Tore aller Burgen schlossen. Geld hatte er genügend, dank den Wechseln der sienesischen Bankiers, aber niemals erschien ein Schildknappe in der Herberge, in der er abgestiegen war, um ihn zum Herrn des Gebietes zum Mahl zu laden. Wurde in der Umgebung ein Turnier veranstaltet, so fragte man sich, wie man es vermeiden könnte, Robert von Artois dazu zu entbieten, den Fälscher, den Verbannten, dem man seinerzeit den Ehrenplatz eingeräumt hatte. Und vom Stadtkommandanten wurde ihm mit kalter Ehrerbietung der Befehl zugestellt: Monseigneur, der souveräne Graf, bitte ihn, seine Schritte anderswohin zu lenken. Denn Monseigneur, der souveräne Graf oder Herzog oder Markgraf, hatte keine Lust, sich mit dem König von Frankreich zu entzweien, und fühlte keinerlei Verpflichtung, auf einen Mann Rücksicht zu nehmen, der so entehrt war, daß er nicht Wappen noch Banner mehr führte.

Und Robert setzte seinen abenteuerlichen Weg fort, einzig begleitet von seinem Diener Gillet de Nelle, einem Taugenichts, der es ohne weiteres verdient hätte, an einem Galgen zu baumeln, der jedoch seinem Herrn, wie seinerzeit Lormet, grenzenlose Treue hielt. Robert gab ihm dafür jene Genugtuung, die mehr galt als der größte Lohn: mit einem großen Herrn im Unglück vertraulich umzugehen. Wie viele Abende verbrachten sie nicht während dieser Irrfahrt beim Würfelspiel an der Tischecke einer niedrigen Herberge! Und wenn sie

die Lust nach Ausschweifungen kitzelte, suchten sie miteinander eines jener Bordelle auf, die es in reicher Zahl in Flandern gab und die von plumpen Dirnen wimmelten.
Aus dem Mund von Kaufleuten, die von den Märkten heimkehrten, oder von Kupplerinnen, die die Reisenden zum Reden gebracht hatten, erfuhr Robert an solchen Orten die Neuigkeiten aus Frankreich.
Im Sommer des Jahres 1332 hatte Philipp VI. seinen Sohn Johann, Herzog der Normandie, mit der Tochter des Königs von Böhmen, Bonne von Luxemburg, verheiratet. »Deshalb also hat mich Johann von Luxemburg aus dem Reich seines Vetters von Brabant vertreiben lassen«, sagte sich Robert, »damit also hat man seine Dienste belohnt.« Wie man sich erzählte, hatten anläßlich dieser Hochzeit die Feste in Melun alle früheren Feierlichkeiten an Glanz überstrahlt.
Und Philipp VI. hatte diese große Versammlung von Fürsten und Adeligen benützt, um in feierlicher Weise das Kreuz auf seinen Königsmantel heften zu lassen. Denn diesmal war der Kreuzzug eine beschlossene Sache. Pierre de la Palud, Patriarch von Jerusalem, hatte ihn in Melun gepredigt und dabei die sechstausend Hochzeitsgäste, darunter tausendachthundert Ritter aus Deutschland, zu Tränen gerührt. Bischof Pierre Roger wieder predigte ihn in Rouen – er hatte nach Arras und Sens eben die dortige Diözese erhalten. Der allgemeine Aufbruch wurde für das Frühjahr 1334 festgesetzt. In den Häfen der Provence, in Marseille und Aigues Mortes, baute man an einer großen Flotte. Und schon war Bischof Jean de Marigny entsandt worden, um dem Sultan von Ägypten eine Herausforderung zu überbringen! Aber wenn auch die Könige von Böhmen, Navarra, Mallorca und Aragon, die an der Tafel Philipps lebten, und die Fürsten, Grafen und großen Barone sowie eine Schar abenteuerlustiger Ritter dem Beispiel des Königs von Frankreich mit Begeisterung gefolgt waren, so schienen die kleinen Landadeligen mit weniger Eifer nach den Kreuzen aus rotem Tuch zu greifen, die ihnen die Prediger entgegenstreckten, und hatten offenbar weniger Freude daran, sich nach den ägyptischen Wüsten einzuschiffen. Der englische König beschleunigte die militärische Ausbildung seines Volkes, doch gab er keinerlei Bescheid, wie er über den Zug ins Heilige Land dachte. Und der greise Papst Johannes XXII., der übrigens wegen der Probleme der beseligten Vision Gottes mit der Universität von Paris und ihrem Rektor Buridan in schwerem Streite lag, hüllte sich in Schweigen. Er hatte dem Kreuzzug nur eine laue Billigung zukommen lassen und sträubte sich gegen eine Teilung der Kosten . . . Die Händler mit Gewürzen, Weihrauch, Seidenwaren und Reliquien hingegen, die Waffenschmiede und die Schiffsbauer drängten eifrig zu der Unternehmung.

Philipp VI. hatte bereits für die Dauer seiner Abwesenheit die Regentschaft gesichert, indem er die Pairs, Barone und Bischöfe durch Eid verpflichtete, in allem seinem Sohn Johann Gehorsam zu leisten und ihm ohne Widerstreit die Krone zuzuerkennen, falls er selbst in fernen Landen hinscheiden sollte.(32)
›Also ist sich Philipp seiner Legitimität doch nicht so sicher‹, dachte Robert von Artois, ›wenn er sich bemüht, seinen Sohn jetzt schon anerkennen zu lassen.‹
Robert, die Ellbogen auf den Tisch gestützt, saß vor seinem Humpen Bier und wagte nicht, den Zufallsbekanntschaften, die ihm solches mitteilten, zu sagen, daß er alle die großen Persönlichkeiten kannte, von denen sie erzählten; er wagte nicht zu sagen, daß er mit dem König von Böhmen Lanzen gebrochen hatte, daß Pierre Roger ihm seine Mitra verdankte noch daß er den König von England auf den Knien geschaukelt und an der Tafel des Papstes gespeist hatte. Aber er bewahrte alles in seinem Gedächtnis, um eines Tages Nutzen daraus zu ziehen.

Der Haß hielt ihn aufrecht. Solange sein Leben währte, so lange würde der Haß bleiben. Wo immer er auch Herberge nahm, war es der Haß, der ihn aufweckte, sobald das erste Licht des Tages durch die Läden in ein fremdes Gemach drang. Haß war das Salz seiner Speisen, das Himmelsgewölbe über seinem Weg. – Man nennt jene Männer stark, die imstande sind, ihr Unrecht einzusehen. Vielleicht aber gibt es noch stärkere, die es niemals einsehen. Robert gehörte zu der zweiten Sorte. Nicht er hatte Fehler begangen, es waren die anderen, Tote und Lebende, Philipp der Schöne, Enguerrand und Mahaut, Philipp von Valois, der Herzog von Burgund, der Kanzler Saint-Maure. Und von einer Etappe zur anderen wuchs die Liste seiner Feinde um seine Schwester von Namur, seinen Schwager von Hennegau, um Johann von Luxemburg und den Herzog von Brabant.
In Brüssel warb er einen Winkeladvokaten namens Huy und seinen Sekretär Berthelot an; aus prozeßkundigen Leuten begann er seinen Hausstand wieder aufzubauen.
In Löwen machte der Advokat Huy einen Mönch von kränklichem Aussehen und verdächtigem Lebenswandel ausfindig, den Bruder Henry de Sagebran, der sich in Hexerei und bösen Zauberkünsten besser auskannte als in Litaneien und guten Werken. Zusammen mit Bruder Henry de Sagebran taufte der ehemalige Pair von Frankreich – der Lehren Beatrice d'Hirsons gedenkend – kleine Wachsfiguren und durchstach sie mit Nadeln, indem er ihnen die Namen Philipp, Sainte-Maure oder Mathieu de Trye gab.

»Und diese hier, um die kümmere dich ganz besonders, durchstich sie vom Kopf bis zu den Füßen, denn sie nennt sich Johanna und ist die Königin von Frankreich. Sie ist aber nicht wirklich die Königin, sie ist eine Teufelin!«
Er verschaffte sich auch eine unsichtbare Tinte, um gewisse Formeln niederzuschreiben, die, auf Pergament aufgezeichnet, zum ewigen Schlaf führen sollten. Doch mußte man das Pergament im Bett desjenigen verstecken, den man loswerden wollte! Bruder Henry de Sagebran, versehen mit etwas Geld und sehr viel Versprechungen, machte sich auf den Weg nach Frankreich, wie ein braver Bettelmönch, mit einer Menge einschläfernder Pergamente unter seiner Kutte.
Gille de Nelle seinerseits suchte nach Meuchelmördern, Berufsdieben, aus dem Gefängnis Geflüchteten, Lumpen mit elenden Visagen, denen Verbrechen weniger widerstrebten als Tagelöhnerarbeit. Als Gillet eine kleine Truppe zusammengestellt und sie genau instruiert hatte, schickte Robert sie nach Frankreich und gab ihnen den Auftrag, vorzugsweise während großer Versammlungen oder Festlichkeiten zu handeln.
»Die Rücken bieten dem Messer ein leichtes Ziel, wenn alle Augen auf den Turnierplatz gerichtet sind oder alle Ohren zuhören, wie man den Kreuzzug predigt!«
Durch die Streifzüge landauf und landab war Robert abgemagert, die Falten in seinem Gesicht hatten sich vertieft, und die Schlechtigkeit der Gefühle, die ihn vom Morgen bis zum Abend und bis in die Träume hinein bewegten, hatte seine Züge endgültig geprägt. Zur gleichen Zeit jedoch verjüngte das Abenteuer sein Gemüt. In den fremden Ländern genoß er das Vergnügen, neue Speisen zu kosten und sich mit neuen Weibern zu ergötzen.
Wenn Lüttich ihn aus der Stadt auswies, so geschah es nicht wegen seiner früheren Missetaten, sondern weil sein Diener Gillet und er selbst ein von einem gewissen Sieur d'Argenteau gemietetes Haus in einen wahren Schlupfwinkel für Dirnen verwandelt hatten und der Lärm dort den Schlummer der Nachbarn störte.
Es gab gute und es gab böse Tage wie jenen, an dem Robert erfuhr, daß Bruder Henry de Sagebran mit seinen auf ewig einschläfernden Pergamenten in Cambrai festgenommen worden war, und wie jenen anderen, an dem einer seiner gedungenen Meuchelmörder zurückkehrte, um ihm zu verkünden, daß seine Kumpane über Reims nicht hinausgelangt waren und jetzt in den Gefängnissen des gefundenen Königs schmachteten.
Dann wurde er krank, und zwar auf die dümmste Art und Weise. Er hatte sich in ein Haus zurückgezogen, vor dem Wasserspiele auf

einem Kanal stattfanden. Neugierig steckte er den Kopf bis zum Hals durch eine Fischreuse, die das Fenster verkleidete. Er lehnte sich so weit vor, daß er den Kopf nur mit Mühe und Not wieder zurückziehen konnte und sich dabei die Wangen an dem Gitterwerk der Reuse völlig aufriß. Die Kratzwunden eiterten, und sehr bald ergriff ihn ein Fieber, das ihn vier Tage lang schüttelte und an dem er beinahe starb.

Der flämischen Sümpfe überdrüssig, begab er sich nach Genf. Ziellos den See entlangstapfend, erfuhr er dort, daß seine Gemahlin, die Gräfin von Beaumont, und seine drei Kinder verhaftet worden waren. Als Vergeltung gegen Robert hatte Philipp VI. nicht gezögert, seine eigene Schwester zuerst im Schloßturm von Nemours und dann in Château-Gaillard einzukerkern, dem Gefängnis der Margarete von Burgund! Wahrlich, Burgund wußte sich gut zu rächen!

Unter einem falschen Namen und als einfacher Bürgersmann verkleidet, reiste Robert von Genf nach Avignon. Er blieb zwei Wochen dort und versuchte in seiner Sache Intrigen anzuzetteln. Er fand die Hauptstadt der Christenheit reicher und uneiniger denn je. Hier stolzierten Ehrgeiz, Eitelkeit und Laster nicht in der Turnierrüstung einher, sondern verbargen sich unter geistlichen Gewändern. Nicht der silberne Harnisch oder der federbuschgeschmückte Helm waren die Zeichen der Macht, sondern die edelsteinverzierten Mitren und goldenen Kelche, die schwerer wogen als die Humpen des Königs. Man bekriegte sich nicht in der Schlacht, sondern haßte sich in der Sakristei. Das Beichtgeheimnis wurde nicht mehr gewahrt, und die Frauen waren untreuer, bösartiger und käuflicher als anderswo, denn die Sünde war ihr einziger Adelstitel.

Und doch wollte sich niemand für den einstigen Pair von Frankreich bloßstellen. Man entsann sich kaum, ihn einst gekannt zu haben. Selbst in diesem Sumpf schien Robert ein Verfemter zu sein. Die Liste seiner Rachegefühle wurde immer länger.

Immerhin machte er die tröstliche Feststellung, daß die Angelegenheiten seines Cousins Valois nicht so glänzend standen, wie man hätte denken sollen. Die Kirche war wegen des Kreuzzuges sehr beunruhigt. Wie würde sich, waren Philipp VI. und seine Bundesgenossen einmal eingeschifft, die Lage des Abendlandes gestalten, das dem Kaiser und dem König von England ausgeliefert war? Wenn sich diese beiden Herrscher jemals vereinigten . . . Schon hatte sich der allgemeine Aufbruch um zwei Jahre verzögert. Der Frühling des Jahres 1334 war gekommen, und nichts war fertig. Jetzt sprach man vom Jahr 1336. Philipp VI. führte selbst bei einer Vollversammlung der Doktoren von Paris auf dem Sainte-Geneviève-Hügel den Vorsitz und schleuderte die Drohung eines Häresieerlasses gegen den greisen, neunzig Jahre alten Papst, sollte dieser seine theologischen Thesen nicht widerrufen. Man wartete auf seinen Tod, und jeden Monat wurde verkündet, er stehe unmittelbar bevor, aber das ging schon seit achtzehn Jahren so!

»Am Leben bleiben«, wiederholte sich Robert, »das ist alles; aushalten, bis der Tag kommt, an dem man gewinnt.«

Schon machte der Tod einiger seiner Feinde ihm Hoffnung. Der Schatzmeister Forget war Ende letzten Jahres gestorben, und nun hatte der Tod den Kanzler Guillaume de Saint-Maure ereilt. Der Herzog Johann von der Normandie, Thronerbe von Frankreich, war schwer krank, und selbst Philipp VI. bereitete seine Gesundheit Sorgen. Vielleicht waren Roberts Zauberkünste doch nicht ganz ohne Wirkung geblieben.

Um nach Flandern zurückzukehren, zog er das Gewand eines Laienbruders an. Ein sonderbarer Frater, dieser Riese, dessen Schultern die Menge überragten wie ein Glockenturm die Häuser, der wie ein Krieger die Abteien betrat, an der Glocke der Pforte riß und die Gastfreundschaft für einen Mann Gottes mit der gleichen Stimme verlangte, mit der er die Lanze von einem Schildknappen verlangt hätte!

In einem Refektorium in Brügge, den Kopf am Ende einer langen Tafel über seine Eßschale gebeugt, als murmle er Gebete, von denen er kein Sterbenswort kannte, lauschte Robert dem Vorleser, der in einer kleinen Nische in halber Höhe der Wand aus dem Leben der Heiligen vorlas. Von den Spitzbogen der Gewölbe hallte die monotone Stimme über den Tisch der Mönche wider, und Robert fragte sich: »Warum nicht auf diese Weise enden? Im tiefen Frieden des Klosters, befreit von aller Sorge, auf alles verzichtend, mit gesicherter Herberge, einer gleichmäßigen Tageseinteilung – zu Ende die Irrfahrten . . .«

Welcher Mann, und wäre es der ungestümste, ehrgeizigste und grausamste, hat nicht diese Versuchung der Ruhe, des Verzichtes kennengelernt? Wozu die vielen Kämpfe, die vielen eitlen Unternehmungen, da doch alles im Staub des Grabes endet? Robert dachte daran in gleicher Weise, wie er vor fünf Jahren daran gedacht hatte, sich mit seiner Frau und seinen Söhnen zurückzuziehen und das ruhige Leben eines kleinen Landadeligen zu führen. Aber das sind Gedanken, die nicht von Dauer sind, und bei Robert kamen sie immer zu spät, immer gerade in dem Augenblick, in dem ihn irgendein Ereignis in seinen eigentlichen Beruf zurückwarf, in Kämpfen und Handeln.

Zwei Tage später, in Gent, lernte Robert von Artois Jakob van Artevelde kennen.

Jakob van Artevelde war ungefähr gleich alt wie Robert: nahe den Fünfzig. Sein Gesicht war eckig, der Wanst stark, die Lenden saßen fest auf seinen Beinen. Er war ein starker Esser, kräftiger Trinker, ohne daß sich ihm jemals der Kopf drehte. In seiner Jugend hatte er Karl von Valois nach Rhodos begleitet und manche anderen Reisen gemacht. Er kannte Europa gut. Dieser Honigbrauer und große Tuchhändler war in zweiter Ehe mit einer adeligen Frau vermählt.
Hochmütig, erfinderisch und hart, hatte er großen Einfluß gewonnen, erst in seiner Vaterstadt Gent, die er völlig beherrschte, dann in allen großen flämischen Gemeinden. Sobald die Walkmüller, Tuchhändler und Brauer, die den wahren Reichtum des Landes bildeten, dem Grafen von Flandern oder dem König von Frankreich Vorstellungen machen wollten, wandten sie sich an Jakob von Artevelde, damit er ihre Wünsche oder Vorwürfe mit starker Stimme und in klarer Rede vortrüge. Er besaß keinerlei Titel, er war Messire von Artevelde, vor dem sich jeder beugte. An Feinden hatte er keinen Mangel, und er ging nur in Begleitung von sechzig bewaffneten Dienern aus, die ihn an den Türen der Häuser erwarteten, wo er zum Mahl geladen war.
Jakob van Artevelde und Robert von Artois erkannten sich auf den ersten Blick als Männer gleichen Schlages: mutig, geschickt, klarsichtig, erfüllt vom Willen zu herrschen.
Daß Robert verbannt war, kümmerte Artevelde wenig, im Gegenteil, für den Genter konnte es ein Glücksfall sein, diesem einstigen großen Seigneur zu begegnen, der alle Intrigen des französischen Hofes kannte, alle Männer, die dort eine Rolle spielten, und der dabei Frankreich feindlich gesinnt war. Robert wieder erschien dieser ehrgeizige Bürgersmann hundertmal achtenswerter als die kleinen Edelleute, die ihm ihr Haus verboten. Artevelde war eine Macht unter seinen Mitbürgern und dem Grafen von Flandern, also auch Philipp VI., feindlich gesinnt, das allein zählte.
»Wir lieben Ludwig von Nevers nicht, der nur deshalb unser Graf geblieben ist, weil der König von Frankreich unsere Bürgersoldaten bei Cassel massakriert hat.«
»Ich war dabei«, sagte Robert.
»Er kommt nur zu uns, um Geld von uns zu verlangen, das er in Paris ausgibt; er versteht nichts von unseren Einwänden und will sie nicht verstehen; von sich aus befiehlt er nichts und übermittelt nur die unsinnigen Befehle des Königs von Frankreich. Soeben zwingt man uns, die englischen Händler zu verjagen. Wir selbst haben nichts gegen die englischen Händler, und uns sind die Streitigkeiten völlig gleichgültig, die der gefundene König mit seinem englischen Vetter etwa wegen des Kreuzzuges oder wegen des schottischen Thrones(33) hat! Als

Gegenmaßnahme droht uns England jetzt, die Wollieferungen einzustellen. An diesem Tag können unsere Walkmüller und Weber, hier und in ganz Flandern, ihre Webstühle zerschlagen und ihre Buden schließen. Aber an diesem Tage, Monseigneur, werden sie wieder ihre Messer hervorziehen . . . und Hennegau, Brabant, Holland und Seeland werden mit uns sein, denn diese Länder gehören zu Frankreich nur durch die Heiraten ihrer Fürsten, aber nicht durch das Herz oder gar durch den Bauch des Volkes, man herrscht nicht lange über Leute, die man hungern läßt.«

Robert hörte Artevelde mit großer Aufmerksamkeit zu. Da war endlich ein Mann, der klare Worte sprach, über den Gegenstand seiner Rede wohlunterrichtet war und der sich auf eine wirkliche Macht zu stützen schien.

»Wenn Ihr Euch wieder empören müßt«, fragte Robert, »warum vereinigt Ihr Euch dann nicht offen mit dem König von England? Und warum nehmt Ihr nicht Fühlung mit dem deutschen Kaiser, dem Feind des Papstes und daher Frankreichs Feind, das den Papst in der Hand hat? Eure Bürgermiliz ist mutig, doch auf kleine Aktionen beschränkt, weil ihr berittene Truppen mangeln. Laßt sie durch eine Schar englischer Ritter und durch eine Schar deutscher Ritter unterstützen und marschiert nach Frankreich auf der Straße, die durch das Artois führt. Dort verpflichte ich mich, Euch noch mehr Leute zu gewinnen . . .«

Er sah die Koalition schon vor Augen und sich selbst an der Spitze einer Armee.

»Glaubt mir, Monseigneur«, erwiderte Artevelde, »ich habe oft daran gedacht, daß es leicht wäre, mit dem König von England und selbst mit dem Kaiser Ludwig dem Bayern zu sprechen, wenn unsere Bürger dazu bereit wären. Die Leute in den Gemeinderäten hassen den Grafen Ludwig, aber sie wenden sich doch an den König von Frankreich, um Gerechtigkeit zu erlangen. Sie haben dem französischen König ihren Eid geleistet. Auch wenn sie die Waffen gegen ihn ergreifen, bleibt er ihr Herr. Außerdem, und das ist ein geschicktes Manöver von seiten Frankreichs, hat man unsere Städte gezwungen, sich zu verpflichten, dem Papst zwei Millionen Gulden zu bezahlen, wenn sie sich gegen ihren Souverän erheben sollten, und hat uns die Exkommunikation angedroht, wenn wir nicht bezahlen. Die Familien fürchten, ihrer Priester und Messen beraubt zu werden.«

»Das heißt, man hat den Papst dazu gebracht, Euch mit der Exkommunikation oder mit dem Ruin zu drohen, damit sich Eure Gemeinderäte während des Kreuzzuges ruhig verhalten. Aber wer kann Euch zum Zahlen zwingen, wenn das französische Heer in Ägypten ist?«

»Ihr kennt die kleinen Leute«, sagte Artevelde, »sie wissen erst, welche Macht sie besitzen, wenn der Augenblick, davon Gebrauch zu machen, vorbei ist.«
Robert leerte den großen Humpen Bier, der vor ihm stand, er fand entschieden Geschmack an diesem Getränk. Eine kurze Weile verharrte er schweigend, die Augen auf die Täfelung geheftet. Das Haus Jakob van Arteveldes war schön und behaglich, Kupfer und Zinn funkelten, und auch die Eichenmöbel glänzten aus dem Dunkel.
»Es ist also die Verpflichtung gegenüber dem König von Frankreich, die Euch hindert, Bündnisse abzuschließen und die Waffen wieder zu ergreifen?«
»So ist es«, bestätigte Artevelde.
Robert hatte eine lebhafte Phantasie. Seit dreieinhalb Jahren nährte er seine Rachsucht mit geringer Speise: Zauberkünste, Hexereien, Meuchelmörder, die nicht zu den ihnen bezeichneten Opfern gelangten. Plötzlich nahm seine Hoffnung andere Dimensionen an: Ein großer Gedanke keimte, der endlich seiner würdig war.
»Und wenn der englische König Frankreichs König würde?«
Artevelde sah Robert von Artois ungläubig an, als hätte er nicht recht gehört.
»Ich wiederhole, Messire: wenn der englische König Frankreichs König *wäre*? Wenn er die Krone forderte, seine Rechte darlegen würde und beweisen könnte, daß ihm das französische Königreich zusteht, wenn er als euer legitimer Herrscher auftreten würde?«
»Monseigneur, Ihr spinnt da einen Traum!«
»Einen Traum?« rief Robert. »Aber dieser Streit wurde nie geschlichtet, noch der Prozeß verloren! Als mein Vetter Valois auf den Thron gebracht wurde – als ich ihn dahin brachte, und Ihr seht, wie er mir dafür dankt! –, sind die Abgesandten Englands erschienen, um die Rechte Königin Isabellas und ihres Sohnes Eduard geltend zu machen. Das ist noch nicht so lange her, weniger als sieben Jahre. Man hat sie nicht angehört, weil man sie nicht hören wollte. Ihr nennt Philipp den *gefundenen König*. Und warum könntet Ihr nicht einen anderen finden? Was hieltet Ihr davon, wenn man jetzt die Sache wiederaufrollte und Euren Walkmüllern, Webern, Händlern, Gemeinderäten sagte: Euer Graf erhielt seine Rechte von der falschen Seite, seine Huldigung schuldete er nicht dem König von Frankreich. Euer Souverän ist der König in London!«
Wahrlich ein Traum – aber er verlockte Jakob van Artevelde. Die Wolle, die vom Nordwesten übers Meer kam, die rauhen oder kostbaren Stoffe, die denselben Weg zurückgingen, der Handel in den Häfen, alles veranlaßte Flandern, seine Blicke nach dem englischen

Königreich zu richten. Nach Paris ging nichts als das Steuergeld.
»Aber glaubt Ihr denn im Ernst, Monseigneur, daß irgend jemand von Euren Worten überzeugt werden könnte und einem solchen Unternehmen zustimmen würde?«
»Es genügt, Messire, daß eine einzige Person davon überzeugt wird, und das ist der König von England selbst.«
Einige Tage später schiffte sich Monseigneur Robert von Artois, versehen mit dem Paß eines Tuchhändlers und begleitet von Gillet de Nelle, der der Form halber einige Ellen Stoff trug, in Antwerpen nach London ein.

Westminster Hall

Wieder thronte da ein König, die Krone auf dem Haupt, das Zepter in der Hand, die Pairs um sich versammelt. Wieder waren Prälaten, Grafen und Barone auf beiden Seiten seines Thrones aufgereiht. Wieder standen Schreiber, Doktoren, Juristen, Räte und Würdenträger in dichten Scharen vor ihm.
Aber es waren nicht die Lilien von Frankreich, die den königlichen Mantel zierten, es waren die Löwen der Plantagenets. Es waren nicht die steinernen Gewölbe des alten Louvre, von denen das Echo der lärmenden Menge widerhallte, sondern das prachtvolle eichene Gebälk der großen Halle von Westminster mit seinen riesigen durchbrochenen Bögen. Und es waren sechshundert englische Ritter aus allen Grafschaften und die Squires und Sheriffs aus den Städten, die sich auf den großen, quadratischen Fliesen drängten und die Vollversammlung des englischen Parlamentes darstellten.
Diese Versammlung aber war einberufen worden, um eine Stimme aus Frankreich zu hören.
Auf halber Höhe der Stufen im Hintergrund der Halle, nur einige Schritte vom Thron entfernt, stand hoch aufgerichtet Graf Robert von Artois, den scharlachroten Mantel goldgesäumt vom Licht, das durch die riesigen Glasfenster fiel, und richtete das Wort an die Delegierten des englischen Volkes.
Denn das Rad des Schicksals hatte einen Viertelkreis beschrieben, seit Robert vor zwei Jahren Flandern verlassen hatte. Zunächst einmal war der Papst gestorben.
Der kleine blutleere Greis, der während eines der längsten Pontifikate der Kirche eine mächtige Verwaltung und gesunde Finanzen gegeben hatte, war gegen Ende des Jahres 1334 gezwungen worden, von sei-

nem Bett aus im grünen Zimmer des großen Palastes von Avignon öffentlich die einzigen Thesen zu widerrufen, die er mit Überzeugung verfochten hatte. Um das Schisma zu vermeiden, mit dem die Universität von Paris ihn bedrohte, um den Befehlen des französischen Hofes zu gehorchen, zu dessen Gunsten er so viele zweideutige Angelegenheiten geregelt und so viele Geheimnisse bewahrt hatte, widerrief er seine Schriften, seine Predigten und Enzykliken. Maître Buridan(34) schrieb dem Heiligen Vater vor, was man in bezug auf das Dogma zu denken hatte. Es gab eine Hölle, voll mit bratenden Seelen, um den Fürsten dieser Welt besser die Herrschaft über ihre Untertanen zu sichern, das Paradies stand, wie eine gute Herberge, den treuen Rittern offen, die für ihren König brav getötet, und den gehorsamen Prälaten, die den Kreuzzug brav gesegnet hatten, und zwar ohne daß diese Gerechten auf das Jüngste Gericht zu warten brauchten, um zur beseligten Vision Gottes zu gelangen.

Am Morgen nach diesem erzwungenen Widerruf starb Johannes XXII. Es gab genug boshafte Doktoren auf dem Sainte-Geneviève-Hügel, die spotteten:

»Jetzt wird er wohl wissen, ob es eine Hölle gibt!«

Dann schickte sich das Konklave zur Versammlung an, in einem Netz von Verstrickungen, das diese Wahl noch länger zu gestalten drohte als die vorhergehenden, deren letzte achtzehn Jahre zurücklag. Frankreich, England, der Kaiser, der hitzige Böhme, der gelehrte König von Neapel, Mallorca, Aragon, der römische Adel, die Visconti von Mailand und die Republiken, alle diese Mächte übten einen Druck auf die Kardinäle aus.

Um Zeit zu gewinnen und vorläufig doch keiner Kandidatur einen Vorsprung zu lassen, folgten die Kardinäle, sobald sie einmal eingesperrt waren, alle der gleichen Überlegung: »Ich werde für denjenigen unter uns stimmen, der die geringste Aussicht hat, gewählt zu werden.«

Die göttliche Inspiration bedient sich manchmal solcher Umwege! Die Kardinäle waren sich so sehr darüber einig, wer *nicht* Papst werden konnte, daß auf allen Stimmzetteln derselbe Name stand: der Jacques Fourniers, der ›weiße Kardinal‹ genannt, weil er noch immer sein Zisterziensergewand trug. Die Kardinäle, das Volk und der Gewählte selbst waren gleichermaßen verblüfft. Die ersten Worte des neuen Papstes galten seinen Kollegen, denen er bedeutete, ihre Wahl sei auf einen Esel gefallen.

Das war jedoch zu viel Bescheidenheit.

Benedikt XII., der irrtümlich Gewählte, war ein Papst des Friedens. Seine ersten Bestrebungen gingen dahin, die blutigen Kämpfe, die

Italien zerrissen, zu beenden und, wenn möglich, die Eintracht zwischen dem Heiligen Stuhl und dem Reich wiederherzustellen. Und es schien möglich. Ludwig der Bayer hatte sehr günstig auf die Annäherung des Papstes geantwortet, und man schickte sich an zu verhandeln, als Philipp von Valois in Zorn geriet. Wie? Man hatte ihn, den allerchristlichsten Monarchen, übergangen, um so wichtige Verhandlungen in Angriff zu nehmen? Der Heilige Stuhl sollte unter einen anderen Einfluß geraten als den seinen? Sein lieber Vetter, der König von Böhmen, sollte seine ritterlichen Absichten auf Italien zurückstellen?

Philipp VI. hatte an Benedikt XII. den Befehl ergehen lassen, seine Gesandten zurückzurufen, die Besprechungen abzubrechen, und gedroht, er würde sonst alle Besitztümer der Kardinäle in Frankreich beschlagnahmen.

Wie immer begleitet von dem teueren König von Böhmen, ferner dem König von Navarra und einer so zahlreichen Eskorte von Baronen und Rittern, daß man sie schon eine Armee nennen konnte, kam König Philipp dann 1336 zum Osterfest nach Avignon. Er hatte sich dort mit dem König von Neapel und dem König von Aragon verabredet. Auf diese Art und Weise sollte der neue Papst an seine Pflichten erinnert und ihm zu verstehen gegeben werden, was man von ihm erwartete.

Benedikt XII. spielte ihm jedoch auf seine Art einen Streich und bewies damit, daß er durchaus kein solcher Esel war, wie er vorgegeben hatte, und daß ein König, bevor er einen Kreuzzug begann, gut daran tat, sich der Freundschaft des Papstes zu versichern.

Am Karfreitag bestieg er die Kanzel, um über das Leiden unseres Herrn zu predigen und die Reise im Zeichen des Kreuzes zu empfehlen. Konnte er weniger tun, wenn vier Könige, die dieses Zeichen trugen, und zweitausend Lanzen rings um die Stadt kampierten? Aber am Sonntag Quasimodo, als Philipp VI. sich in die Provence begeben hatte, um seine große Flotte zu inspizieren, erhielt er eine böse Überraschung in Form eines schönen lateinischen Briefes, in dem ihn der Papst von seinem Gelübde und seinen Eiden entband. Da sich die christlichen Völker selbst noch im Kriegszustand befänden, lehne es der Heilige Vater ab, die besten Verteidiger der Kirche ins Land der Ungläubigen ziehen zu lassen.

Der Kreuzzug der Valois blieb in Marseille stecken.

Umsonst hatte sich der ritterliche König aufs hohe Roß geschwungen; der ehemalige Zisterzienser bestieg ein noch höheres. Die Hand, die segnete, konnte auch exkommunizieren; man konnte sich wohl kaum einen Kreuzzug vorstellen, der beim Aufbruch exkommuniziert wurde!

»Regelt, mein Sohn, Eure Streitigkeiten mit England, regelt die Schwierigkeiten mit Flandern, und laßt mich die Schwierigkeiten mit dem Kaiser regeln; erbringt mir den Beweis, daß ein guter, dauerhafter Frieden in unseren Ländern herrschen wird, und dann könnt Ihr die Ungläubigen zu den Tugenden bekehren, die Ihr selbst gezeigt habt!«

Gut, es sei! Da der Papst es ihm auferlegte, würde Philipp seine Streitigkeiten schlichten. Zuerst mit England ... indem er dem jungen Eduard seine Pflichten als Vasall in Erinnerung bringen und ihm einschärfen würde, unverzüglich den Verräter Robert von Artois auszuliefern, dem er Asyl geboten hatte. Die unechten ›großen Seelen‹ suchen, hat man sie verletzt, solcherart kleinliche Rache zu üben.

Als der vom Seneschall von Guyenne überbrachte Auslieferungsbefehl in London eingetroffen war, hatte Robert am Hof von England schon festen Fuß gefaßt. Seine Kraft, sein Auftreten, seine wiedergefundene Zungenfertigkeit hatten ihm zahlreiche Freundschaften eingebracht; der alte Schiefhals sang sein Lob, und der junge König hatte einen erfahrenen Mann sehr nötig, der sich in Frankreich gut auskannte. Und wer war darüber besser informiert als der Graf von Artois? Da er von Nutzen sein konnte, flößte sein Unglück Mitleid ein.

»Sire, mein Cousin«, hatte er zu Eduard III. gesagt, »wenn Ihr glaubt, daß meine Anwesenheit in Eurem Königreich Euch Schaden oder Gefahren bringen kann, liefert mich dem Haß Philipps, des zum Unglück gefundenen Königs, aus. Ich werde mich nicht über Euch beklagen, der Ihr mir so große Gastfreundschaft gewährt habt; ich werde nur mich selbst anzuklagen haben, weil ich gegen das gute Recht den Thron diesem bösen Philipp zugeschanzt habe, anstatt Euch, den ich zu wenig kannte, auf den Thron gelangen zu lassen.«

Und diese Worte wurden, die Hand beteuernd auf die Brust gelegt und mit einer Verneigung gegen den König, gesprochen.

Eduard III. hatte ruhig geantwortet:

»Mein Cousin, Ihr seid mein Gast, und Ihr seid mir durch Eure Ratschläge höchst wertvoll. Wenn ich Euch dem König von Frankreich auslieferte, wäre ich ebensosehr der Feind meiner eigenen Ehre wie meiner eigenen Interessen. Außerdem, Ihr seid im Königreich England aufgenommen und nicht im Herzogtum Guyenne ... Die Souveränität von Frankreich gilt hier nicht.«

Philipps Aufforderung wurde unbeantwortet gelassen.

Und jede Woche, wenn nicht jeden Tag, konnte Robert sein Werk der Überredung fortsetzen. Tag für Tag träufelte er das Gift der Versu-

chung in das Ohr Eduards oder seiner Ratgeber. Er trat mit den Worten ein:
»Ich grüße den wahren König Frankreichs . . .«
Er versäumte keine Gelegenheit, um zu beweisen, daß das Salische Gesetz nur eine von den Umständen bedingte Erfindung und daß Eduards Recht auf die Krone Hugo Capets wohlbegründet sei. Der junge Eduard war der letzte in der Reihe der Fürsten, auf die Robert seine gefährlichen politischen Verführungskünste ausübte.
Die zweite Aufforderung, Robert auszuliefern, beantwortete Eduard III. nur damit, daß er dem Verbannten die Nutznießung dreier Schlösser gewährte, nebst zwölfhundert Pfund als Pension und die Regelung einiger seiner Schulden bei den lombardischen Bankiers.(35)
Zu dieser Zeit übrigens gab Eduard allen, die ihm dienten, große Beweise seiner Dankbarkeit. Er ernannte seinen Freund William Montagu zum Grafen von Salisbury und verteilte nach rechts und links Titel und Renten an die jungen Lords, die ihm in der Angelegenheit Nottingham geholfen hatten.
Ein drittes Mal entsandte Philipp VI. seinen Armbrustschützen-Großmeister, um dem Seneschall von Guyenne in einer Botschaft zu bedeuten, daß Robert von Artois, der Todfeind des Königs von Frankreich, ausgeliefert werden müsse, widrigenfalls das Herzogtum nach Ablauf von zwei Wochen sequestriert werden würde.
»Das habe ich erwartet!« rief Robert aus. »Dieser Tölpel von Philipp hat keinen anderen Gedanken im Kopf, als den Plan wiederaufzunehmen, den ich seinerzeit, liebwerter Sire Eduard, gegen Euren Vater geschmiedet habe! Einen Befehl geben, der das Recht verletzt, dann, weil diesem Befehl nicht nachgekommen wird, sequestrieren und durch dieses Vorgehen entweder die Demütigung oder den Krieg zu erzwingen. Aber heute hat England einen König, der wirklich regiert, und Frankreich hat keinen Robert von Artois mehr.«
Er unterließ es, hinzuzufügen: »Und damals gab es in Frankreich einen Verbannten, der genau die Rolle spielte, die ich hier spiele, und das war Mortimer!«
Roberts Erfolge überstiegen seine Hoffnungen: Er wurde zur Ursache des Konfliktes, von dem er geträumt hatte; seine Person nahm die größte Bedeutung an, und um den Konflikt zu entfachen, schlug er seine Doktrin vor: der König von England solle die Krone Frankreichs beanspruchen.
Deshalb stand Robert von Artois an diesem Tage des Monats September 1337 auf den Stufen von Westminster Hall, breitete wie ein Sturmvogel seine weiten Ärmel aus und richtete auf Wunsch des

Königs seine Worte an das englische Parlament. Geschult durch dreißigjähriges Prozessieren sprach er ohne Schriften oder Aufzeichnungen.

Wer von den Delegierten nicht gut Französisch konnte, ließ sich verschiedene Stellen von seinem Nachbarn übersetzen.

Je weiter der Graf von Artois mit seiner Rede kam, um so tiefer wurde das Schweigen, um so erregter aber auch das Gemurmel der Versammelten, wenn irgendeine Enthüllung sie besonders verblüffte. Was für erstaunliche Dinge! Da leben zwei Völker, nur von einem schmalen Streifen Meer getrennt, die Fürsten der beiden Höfe heiraten untereinander; die Barone von hüben haben Landgüter drüben, die Händler reisen von einer Nation zur anderen ... und eigentlich weiß man nicht, was bei dem Nachbarn vor sich geht!

So war also die Regel: ›Frankreich kann keiner Frau übertragen und von keiner Frau weitergegeben werden‹ keineswegs von alten Bräuchen hergeleitet; sie war einfach die Augenblickserfindung eines geschwätzigen alten Konnetabels, als es vor zwanzig Jahren um die Erbfolge eines ermordeten Königs ging. Ja, Ludwig X., der Zänker, war ermordet worden. Robert von Artois verkündete es laut und nannte auch die Mörderin.

»Ich kannte sie gut, es war meine Tante, und sie hat mir mein Erbe gestohlen!«

Robert bediente sich als Würze seiner Rede der Skandale am Hofe der Kapetinger und der von den französischen Fürsten begangenen Verbrechen, und die Mitglieder des englischen Parlamentes zitterten vor Schrecken und Entrüstung, als sähen sie die an ihrem eigenen Hof und auf ihrem eigenen Boden verübten Greueltaten für nichts an.

Und Robert fuhr mit seiner Darlegung fort; er verteidigte genau das Gegenteil der Thesen, die er seinerzeit zugunsten Philipps von Valois verfochten hatte, und das mit der gleichen Überzeugung.

Also mußte beim Tode Karls IV., dem letzten Sohn Philipps des Schönen, sogar wenn man der Abneigung der Barone hätte Rechnung tragen wollen, eine Frau auf dem Thron zu sehen, die Krone Frankreichs dennoch billigerweise durch Königin Isabella dem einzigen männlichen Nachkommen der direkten Linie zukommen ...

Der riesige rote Mantel vollführte vor den Augen der lauschenden Engländer eine Drehung; Robert hatte sich dem König zugewandt. Mit einemmal ließ er sich auf ein Knie fallen.

»Euch zukommen, edler Sire Eduard, König von England, in dem ich den wahren König von Frankreich anerkenne und grüße!«

Seit der Hochzeit in York war man nicht so bewegt gewesen. Man verkündete den Engländern, daß ihr Herrscher ein doppelt so großes

und dreimal so reiches Königreich beanspruchen konnte! Es war, als hätte sich das Vermögen und die irdische Würde eines jeden einzelnen um ebensoviel vermehrt!
Aber Robert wußte, daß man die Begeisterung der Menge nicht erkalten lassen durfte. Schon erhob er sich und erinnerte daran, daß im Augenblick, als es um die Nachfolge Karls IV. ging, König Eduard zur Wahrung seiner Rechte hohe und würdige Bischöfe entsandt habe, darunter Monseigneur Adam Orleton, der dies selbst bezeugen könnte, wäre er nicht in der gleichen Sache zur Zeit in Avignon, um die Unterstützung des Papstes zu gewinnen.
Und Roberts eigene Rolle bei der Einsetzung Philipps von Valois, konnte er sie mit Stillschweigen übergehen? Nichts war dem Riesen sein Leben lang so dienlich gewesen wie eine falsche Aufrichtigkeit. Auch an diesem Tage machte er sie sich zunutze.
Wer hatte es abgelehnt, die englischen Doktoren anzuhören? Wer hatte ihre Ansprüche zurückgewiesen? Wer hatte sie daran gehindert, ihre Gründe den Baronen von Frankreich vorzulegen? Mit seinen beiden riesigen Fäusten schlug Robert sich an die Brust:
»Ich, edle Lords und Squires, ich, der ich vor Euch stehe, der ich für Wohl und Frieden zu handeln glaubte, ich habe den Ungerechten gewählt anstatt den Gerechten und habe durch alles Unglück, das mir zugestoßen ist, diese Schuld noch nicht gebüßt.«
Seine Stimme, vom Gebälk widerhallend, rollte bis ans Ende der Halle.
Konnte er für seine These ein schlagkräftigeres Argument vorbringen? Er klagte sich an, Philipp VI. gegen das Recht zur Wahl verholfen zu haben, er bekannte sich schuldig, doch er verteidigte sich zugleich. Philipp von Valois hatte ihm, bevor er König wurde, das Versprechen gegeben, daß alles in Ordnung kommen und ein dauerhafter Friede geschlossen würde: der König von England solle über ganz Guyenne verfügen können, Flandern sollten alle Freiheiten gegeben werden, die den Handel wieder zum Erblühen bringen würden, schließlich sollte Robert selbst die Grafschaft Artois zurückerhalten. Also hatte er für die allgemeine Aussöhnung und das allgemeine Wohl gehandelt. Aber es hatte sich erwiesen, daß man sich nur an das Recht halten und nicht auf die trügerischen Versprechungen der Menschen bauen darf, denn am heutigen Tag war der Erbe des Artois ein Verfemter, Flandern dem Hunger preisgegeben und Guyenne von der Sequestrierung bedroht!
Wenn man also in den Krieg ziehen mußte, dann sei es nicht mehr für eitlen Streit um Huldigung als Lehensmann oder nicht, um vorbehaltene Lehnsgüter oder um die genaue Festlegung der Vasallen-

pflicht; dann sei es für das wahre, große, einzige Ziel: die Krone Frankreichs! Und von dem Tage, an dem sie dem König von England aufs Haupt gesetzt wurde, wird es weder in Guyenne noch in Flandern mehr einen Grund zur Uneinigkeit geben. Und in Europa wird es an Bundesgenossen nicht fehlen, weder unter den Fürsten noch unter den Völkern.

Und wenn der edle Sire Eduard für dieses große Abenteuer, das die Schicksale der Völker wenden wird, des Blutes bedarf, nun, so bietet Robert von Artois – und er streckt seine Arme weit aus den samtenen Ärmeln – dem König, den Lords, dem Parlament und England das seine an.

Die Herausforderung im Turm von Nesle

Als der Bischof Heinrich von Burghersh, Schatzkanzler von England, begleitet von William Montagu, dem neuen Grafen von Salisbury, von William Bohun, dem neuen Grafen von Northampton, und Robert Ufford, dem neuen Grafen von Suffolk, am Allerheiligentag die Herausforderung Eduards III. Plantagenet an Philipp VI. von Valois in Paris überreichte, begann dieser, gleich dem König von Jericho vor Josua, zu lachen.

Hatte er recht gehört? Der kleine Vetter Eduard forderte ihn auf, ihm die Krone von Frankreich zu übergeben? Philipp sah seine Verwandten an, den König von Navarra und den Herzog von Bourbon. Er kam in ihrer Gesellschaft von der Tafel und war guter Laune; seine hellen Wangen und seine große Nase färbten sich rosig, und von neuem platzte er heraus.

Hätte dieser Bischof, der sich in edler Haltung auf seinen Krummstab stützte, hätten diese drei englischen Seigneurs, die steif in ihren Kettenhemden dastanden, ihm eine gemäßigtere Mitteilung gebracht, zum Beispiel die Weigerung ihres Herrn, Robert von Artois auszuliefern, oder den Protest gegen das Guyenne betreffende Sequestrierungsdekret, so wäre Philipp zweifellos erbost gewesen. Aber seine Krone, sein gesamtes Königreich? Diese Botschaft war wirklich sehr komisch!

Ja doch, er verstand ganz richtig: Das Salische Gesetz bestand nicht zu Recht, seine Krönung war gesetzwidrig . . .

»Daß die Pairs mich freiwillig zum König gemacht haben, daß der Erzbischof von Reims mich vor nun acht Jahren gesalbt hat, auch das, meine Herren, hat keinen Bestand?«

»Viele der Pairs und Barone, die Euch erwählt haben, sind seither ge-

storben«, erwiderte Burghersh, »und andere fragen sich, ob das, was sie damals getan haben, von Gott gebilligt wurde.«
Philipp, noch immer von Lachen geschüttelt, warf den Kopf zurück, und man konnte ihm bis tief in den Schlund schauen.
Und als König Eduard nach Amiens gekommen war, um ihm zu huldigen, hatte er ihn da nicht als König anerkannt?
»Damals war unser König minderjährig. Seine Huldigung hätte, um gültig zu sein, der Zustimmung des Regentschaftsrates bedurft. Sie war nur auf Befehl des Verräters Mortimer erfolgt, der inzwischen gehenkt wurde.«
Pah! Dem Bischof mangelte es nicht an Dreistigkeit! Dieser Bischof, den ehemals Mortimer zum Kanzler gemacht, dem er als Erster Rat gedient, der Eduard nach Amiens begleitet und der selbst die Huldigungsformel in der Kathedrale verlesen hatte!
Was sagte er jetzt mit der gleichen Stimme? Daß es an Philipp als Graf von Valois wäre, Eduard seine Huldigung zu erweisen! Denn der König von England erkannte seinem französischen Vetter gerne das Valois zu, Anjou, Maine und sogar die Pairswürde . . . Wirklich, das war zuviel der Großmut!
Aber, Herr des Himmels, wo war man denn, um solche Ungeheuerlichkeiten anzuhören?
Man war im Schloß Nesle, wo der König zwischen einem Aufenthalt in Saint-Germain und einem in Vincennes den Tag verbrachte, in dem Wohnsitz, den er seiner Gemahlin geschenkt hatte. Denn so wie die kleineren Seigneurs sagten: »Wir wollen uns im Großen Saal aufhalten!« oder in dem »Kleinen Papageienzimmer« oder auch »Das Nachtessen wird im Grünen Saal stattfinden«, so entschied der König: »Heute werde ich im Stadtschloß dinieren« oder »im Louvre« oder auch »bei meinem Sohn, dem Herzog der Normandie, in dem Palais, das ehemals Robert von Artois gehörte«.
Also wurden die alten Mauern des Schlosses Nesle und der noch ältere Turm, den man von den Fenstern aus sah, zum Zeugen dieser Farce. Manche Orte scheinen dazu bestimmt zu sein, den Schauplatz für das als Komödie verkleidete Drama des Volkes zu bilden. In diesen Gemächern, in denen Margarete von Burgund sich so sehr daran ergötzt hatte, in den Armen des Chevaliers d'Aunay den Zänker zu betrügen, ohne zu ahnen, daß dieser Zeitvertreib das Schicksal des französischen Herrscherhauses ändern würde, ließ der König von England dem König von Frankreich seine Herausforderung überbringen, und der König von Frankreich lachte!(36)
Er lachte so sehr, daß ihn fast die Rührung übermannte, denn er erkannte in dieser wahnwitzigen Gesandtschaft Roberts Einflüsterung.

Nur er konnte diesen Schritt erdacht haben. Der Kerl war entschieden von Sinnen! Er hatte einen anderen, naiveren und jüngeren König gefunden, der sich für seine gigantischen Dummheiten hergab. Aber wie weit würde er gehen? Die Herausforderung von Reich zu Reich! Der Ersatz eines Königs durch einen anderen . . . Wird ein bestimmter Grad von Geistesverwirrung überschritten, so kann man den Menschen wegen der Maßlosigkeit, die in ihrer Natur liegt, nicht mehr gram sein. Wäre Robert von Artois in diesem Augenblick erschienen, Philipp hätte ihn ohne Zweifel umarmt und ihm verziehen.
»Wo seid Ihr abgestiegen, Monseigneur?« fragte Philipp VI. höflich.
»Im Château Fétu in der Rue du Tiroir.«
»Nun wohl, kehrt dorthin zurück, seht Euch einige Tage in unserer Stadt Paris um und, wenn Ihr es wünscht, kommt mit einem vernünftigen Angebot wieder. Wahrlich, ich nehme Euch nichts übel, und da Ihr eine solche Botschaft übernommen habt und, wie ich Euch so sehe, bei ihrer Übergabe auch völlig ernst geblieben seid, halte ich Euch für den besten Gesandten, den ich jemals empfangen habe . . .«
Er wußte nicht, wie wahr seine Worte waren, denn Heinrich von Burghersh war vor seiner Ankunft in Paris durch Flandern gekommen. Er hatte geheime Verhandlungen mit dem Grafen von Hennegau, dem Schwiegervater des Königs von England, mit dem Grafen von Geldern, dem Herzog von Brabant, dem Marquis de Juliers, mit Jakob van Artevelde und den Schöffen von Gent, Ypern und Brügge geführt. Er hatte sogar einen Teil seines Gefolges bereits zu Kaiser Ludwig dem Bayern geschickt. Von manchem gesprochenen Wort, von manchen abgeschlossenen Vereinbarungen wußte Philipp VI. noch nichts.(37)
»Sire, ich übergebe Euch die Dokumente der Herausforderung.«
»Gut, gut, gebt nur her«, sagte Philipp. »Wir werden diese Blätter behalten und sie manchmal durchlesen, wenn wir eine trübe Stimmung verjagen wollen. Und nun wird man Euch einen Trunk kredenzen. Nach dem vielen Reden muß Eure Kehle trocken sein.«
Und er klatschte in die Hände, um einen Knappen herbeizurufen.
»Gott möge verhüten«, rief der Bischof von Burghersh aus, »daß ich zum Verräter werde und den Wein eines Feindes trinke, dem alles erdenklich Böse zuzufügen ich aus Herzensgrund entschlossen bin!«
Da brach Philipp von Valois wieder in schallendes Gelächter aus, nahm, ohne sich weiter um den Gesandten und die drei Lords zu kümmern, den König von Navarra um die Schultern und begab sich in seine Gemächer zurück.

Um Windsor ist die Gegend grün, freundlich und voll sanfter Täler. Das Schloß krönt den Hügel nicht so sehr, als es ihn einhüllt, und die runden Mauern erinnern an die Arme eines auf dem Gras eingeschlafenen Riesen.
Um Windsor gleicht die Landschaft jener der Normandie in der Gegend von Evreux, Beaumont oder Conches.
An diesem Tag ritt Robert im Schritt dahin. Auf seiner linken Faust saß ein Edelfalke, dessen Fänge sich in das dicke Leder des Handschuhs eingruben. Ein einziger Knappe ritt am Fluß entlang vor ihm her.
Robert langweilte sich. Es ging nicht weiter mit dem Krieg gegen Frankreich. Man hatte sich gegen Ende des vorigen Jahres damit begnügt, wie um durch eine kriegerische Tat die Herausforderung im Turm von Nesle zu bekräftigen, eine kleine Insel, die dem Grafen von Flandern gehörte, zu besetzen. Die Franzosen hingegen hatten einige Marktflecken an der Südküste Englands in Brand gesteckt. Alsbald hatte der Papst in diesem noch nicht begonnenen Krieg einen Waffenstillstand befohlen, und beide Parteien hatten aus seltsamen Gründen zugestimmt.
Philipp VI. vermochte zwar nicht die Ansprüche Eduards auf die Krone von Frankreich ernst zu nehmen, doch hatte ihm eine Mitteilung seines Onkels, des Königs Robert von Neapel, tiefen Eindruck gemacht. Dieser Fürst, dessen Gelehrsamkeit ihn schon zur Pedanterie verleitete, war außer einem im Purpur geborenen Byzantiner der einzige Herrscher der Welt, der den Beinamen ›der Astrologe‹ verdiente. Er hatte sich eben mit den Horoskopen Eduards und Philipps beschäftigt, und was er darin las, hatte ihn so sehr getroffen, daß er sich die Mühe nahm, dem König von Frankreich zu schreiben, »er möge es vermeiden, sich jemals im Kampfe mit dem englischen König zu messen, da dieser in allen seinen Unternehmungen zu sehr vom Glück begünstigt sei«. Solche Voraussagen schnüren einem ein wenig die Seele zusammen, und mag man noch so turnierfreudig sein, man zögert doch, Lanzen gegen die Sterne zu brechen.
Eduard III. schien seinerseits etwas erschrocken über die eigene Kühnheit. Das Abenteuer, in das er sich eingelassen hatte, konnte in vieler Hinsicht als maßlos angesehen werden. Er fürchtete, daß seine Armee nicht zahlreich und auch nicht gedrillt genug sei. Eine Gesandtschaft nach der anderen ging nach Flandern und Deutschland ab, um die Koalition zu stärken. Heinrich Schiefhals, der fast völlig erblindet war, mahnte zur Vorsicht, im Gegensatz zu Robert von Artois, der zu unverzüglichem Handeln drängte. Auf was wartete

Eduard noch, um in den Krieg zu ziehen? Bis die flämischen Fürsten starben, die sich ihm verbündet hatten? Bis Johann von Hennegau, der heute vom französischen Hof verbannt war, nachdem er dort in so hoher Gunst gestanden hatte, und wieder am englischen Hofe lebte, nicht mehr die Kraft hatte, sein Schwert zu heben? Bis die Walkmüller von Gent und Brügge die Geduld verloren und weniger Vorteil in den nicht gehaltenen Versprechungen des englischen Königs sahen als im Gehorsam gegen den König von Frankreich? . . . Eduard sollte Zusagen vom Kaiser haben, aber der Kaiser würde es nicht darauf ankommen lassen, ein zweites Mal exkommuniziert zu werden, bevor nicht die englischen Truppen auf dem Kontinent Fuß gefaßt hatten! Man redete, man verhandelte, man zögerte, mit einem Wort, man hatte zu wenig Mut.
Hatte Robert von Artois Grund zur Klage? Dem Anschein nach nicht den geringsten. Er besaß Schlösser und Geld, er speiste und trank mit dem König, man erwies ihm alle wünschenswerte Achtung. Aber er war es müde, sich seit drei Jahren für Leute anzustrengen, die nichts riskieren wollten, für einen jungen Mann, dem er eine Krone hinhielt – und was für eine Krone! – und der nicht danach griff! Und dann fühlte sich Robert einsam. Die Verbannung, und war sie auch vergoldet, lastete auf ihm. Was hatte er der jungen Königin Philippa schon zu erzählen, wenn er nicht von ihrem Großvater Karl von Valois und ihrer Großmutter von Anjou-Sizilien sprach? Manchmal kam er sich schon selbst wie ein Ahnherr vor!
Gern hätte er Königin Isabella gesehen, den einzigen Menschen in England, mit dem ihn gemeinsame Erinnerungen verbanden. Aber die Königinmutter erschien nicht mehr am Hof; sie lebte in Castle-Rising in Norfolk, wo ihr Sohn sie von Zeit zu Zeit besuchte. Seit Mortimers Hinrichtung hatte sie an nichts mehr Interesse . . . (38)
Robert lernte die Sehnsucht des Ausgewanderten kennen. Er dachte an Madame de Beaumont; wie würde sie aussehen nach so vielen Jahren der Abgeschlossenheit, wenn er sie jemals wiedersehen sollte? Würde er seine Söhne noch erkennen? Würde er jemals sein Haus in Paris, sein Schloß von Conches, würde er Frankreich wiedersehen? Bei dem Schneckentempo dieses Krieges, den er mit so viel Mühe entfacht hatte, mußte er wohl hundert Jahre alt werden, bevor er irgendeine Aussicht hatte, in sein Vaterland zurückzukehren!
An diesem Morgen war er daher unzufrieden, verärgert, allein auf die Jagd ausgezogen, um die Zeit totzuschlagen und Vergessen zu finden. Aber das geschmeidige Gras unter den Hufen des Pferdes, das dichte englische Gras, war noch saftiger und feuchter als das Gras im Gelände von Ouche. Der Himmel war blaßblau mit kleinen, hochflie-

genden Wolkenfetzen; die Maibrise liebkoste die blühenden Weißdornhecken und die schneeigen Apfelbäume, die den Weißdornhekken und Apfelbäumen der Normandie glichen.
Robert von Artois würde bald fünfzig Jahre alt sein, und was hatte er aus seinem Leben gemacht? Er hatte getrunken, gegessen, gehurt, gejagt, Reisen unternommen, für sich und für die Länder sich gemüht, Turniere geritten und mehr Prozesse geführt als irgend jemand sonst zu seiner Zeit. In welchem Leben hatte es mehr Ungemach, Tumulte und Widerwärtigkeiten gegeben! Aber niemals hatte er die Gegenwart genützt. Niemals hatte er sich wirklich in das vertieft, was er gerade tat, um den Augenblick zu genießen. Sein Geist war immer dem Morgen, der Zukunft zugewandt. Sein Wein war zu lange von dem Wunsch verdorben worden, ihn im Artois zu trinken; im Bett seiner Liebschaften hatte er daran gedacht, wie er Mahauts Niederlage bewirken konnte, beim fröhlichsten Turnier hatte die Rücksicht auf seine Bundesgenossen ihm den Schwung gehemmt. Während seiner Irrfahrten als Verbannter waren Speise und Trank immer mit dem bitteren Geschmack des Hasses und der Rache vermengt gewesen. Und noch heute – an was dachte er? An morgen, an später. Wütende Ungeduld hinderte ihn daran, sich an dem schönen Morgen zu freuen, der milden Luft und dem zugleich wilden und gehorsamen Vogel, dessen Umklammerung er auf seiner Faust spürte . . . War es das, was man leben nannte, und blieb von den fünfzig vergangenen Jahren nichts als diese Asche von Hoffnungen?
Aus diesen bitteren Träumen wurde er durch die Rufe seines Knappen gerissen, der auf einer Anhöhe Posten gefaßt hatte.
»Auf zum Flug! Auf zum Flug! Ein Vogel, Monseigneur, ein Vogel!«
Robert richtete sich im Sattel auf und kniff die Augen zusammen. Der Falke, das Haupt von der Lederkappe verdeckt, aus der nur der Schnabel heraussah, bebte auf seiner Faust, auch er kannte diesen Ruf. Im Schilf rauschte es, und ein Reiher stieg vom Flußufer auf.
»Auf zum Flug! Auf zum Flug!« schrie der Knappe wieder.
Der große Vogel flog in geringer Höhe gegen den Wind und gerade auf Robert zu. Dieser ließ ihn vorüberziehn, und als der Reiher ungefähr dreihundert Fuß entfernt war, befreite er den Falken von der Kappe und warf ihn mit einer weitausholenden Bewegung in die Luft.
Der Falke beschrieb drei Kreise über dem Kopf seines Herrn, ließ sich fallen, strich knapp über dem Boden hin, entdeckte die Beute, die für ihn bestimmt war, und stieß gerade wie ein Pfeil darauf los. Der verfolgte Reiher streckte den Hals und spie die Fische aus, die er aus dem

Fluß gefischt hatte, um sich zu erleichtern. Aber der Falke näherte sich und stieg spiralenförmig hoch. Der andere Vogel hob sich mit mächtigen Flügelschlägen in den Himmel, damit ihn der Raubvogel nicht schlage. Er kam höher und höher, schien dem Auge immer kleiner, aber er verlor an Entfernung, da er den Wind gegen sich hatte und die eigene Flügelweite ihn bremste. Er mußte wenden; der Falke drehte sich wieder in der Luft und stieß auf den Reiher herab. Dieser war seitwärts ausgewichen, und die Krallen konnten ihre Beute nicht fassen. Von dem Schock betäubt, fiel aber der Vogel wie ein Stein fünfzig Fuß tiefer und flüchtete dann von neuem. Der Falke stieß noch einmal zu. Mit erhobenem Kopf verfolgten Robert und sein Knappe diesen Kampf, bei dem die Wendigkeit über das Gewicht siegte, die Schnelligkeit über die Stärke und die kämpferische Bosheit über die friedlichen Instinkte.

»Sieh diesen Reiher«, rief Robert leidenschaftlich, »er ist wirklich der feigste aller Vögel! Er ist viermal so groß wie mein kleiner Falke, er könnte ihn mit einem Stoß seines großen Schnabels töten, und er flüchtet, die Memme! Los, mein kleiner Held, los! Tüchtiger kleiner Vogel! Da! Da! Der andere läßt nach, er hat ihn!«

Er strebte im Galopp der Stelle zu, wo die Vögel herabstürzen würden. Der Hals des Reihers war von den Krallen des Falken umklammert, er erstickte offenbar; seine großen Flügel schlugen nur mehr schwach, und in seinem Sturz riß er den Sieger mit sich. Einige Fuß vom Boden öffnete der Raubvogel seine Fänge, um sein Opfer allein fallen zu lassen, sich dann von neuem darauf zu stürzen und es mit Schnabelhieben in die Augen und in den Kopf vollends zu erledigen. Robert und sein Knappe waren schon an Ort und Stelle.

»Den Köder, den Köder!« rief Robert.

Der Knappe machte von seinem Sattel eine tote Taube los und warf sie dem Falken zu, um ihn zu ›ködern‹. Es war aber kein richtiger Köder, denn ein wohlabgerichteter Falke wußte seine Belohnung in dieser Form anzunehmen, ohne seine Beute anzutasten. Und der tapfere kleine Falke verschlang die tote Taube, während er eine Kralle auf dem Reiher hielt. Aus dem Himmel flatterten langsam einige weiße Federn herab, die im Kampf ausgerissen worden waren.

Der Knappe stieg ab, faßte den Vogel und überreichte ihn Robert; es war ein prächtiger Reiher, von den Füßen bis zum Schnabel hatte er fast die Länge eines Menschen.

»So ein Feigling!« wiederholte Robert. »Es macht fast gar keinen Spaß, ihn zu jagen. Diese Reiher sind Memmen, die sich vor ihrem eigenen Schatten fürchten und schreien, wenn sie ihn sehen. Man sollte dieses Wild den Strolchen überlassen.«

Der gesättigte Falke folgte dem Pfiff und setzte sich wieder auf Roberts Faust, der ihm die Kappe überzog. Dann ging es in langsamem Trab auf das Schloß zu.
Plötzlich hörte der Knappe, wie Robert ganz allein in ein kurzes, schallendes Lachen ausbrach, anscheinend ohne jeden Grund, und mit dem unerwarteten Geräusch die Pferde zum Steigen brachte.
Die Trompeten hatten schon das Mahl angekündigt, als die Jäger das Ausfallstor passierten.
»Der König geht eben zu Tisch«, sagte der Diener, der Robert im Hof das Pferd abnahm.
»Was soll ich mit dem Reiher machen, Monseigneur?« fragte der Knappe.
Robert hob die Augen zu dem königlichen Banner, das über dem Turm von Windsor flatterte; und auf sein Gesicht trat ein spöttischer und böser Ausdruck.
»Nimm ihn und komm mit mir in die Küche«, erwiderte er. »Dann geh und suche einen oder zwei von den Spielleuten, die im Schlosse sind.«

Die Reihergelöbnisse

Die Mahlzeit war bei dem vierten der sechs Gänge angelangt, und der Platz des Grafen von Artois zur Linken der Königin Philippa war leer geblieben.
»Unser Vetter Robert ist noch immer nicht zurück?« fragte Eduard III., der schon als er sich zu Tisch setzte über dessen Abwesenheit erstaunt gewesen war.
Einer der zahlreichen bedienenden Knappen, die sich hinter den Gästen zu schaffen machten, antwortete, man hätte den Grafen Robert vor mehr als einer Stunde von der Jagd zurückkehren sehen. Was bedeutete ein solcher Verstoß gegen die Etikette? Auch wenn Robert müde war oder krank, hätte er einen seiner Diener schicken können, um sich beim König zu entschuldigen.
»Robert benimmt sich an Eurem Hof, Sire, mein Neffe, genauso, als wäre er in einer Herberge. Bei ihm braucht man sich darüber übrigens nicht zu wundern«, sagte Johann von Hennegau, der Onkel von Königin Philippa.
Johann von Hennegau, der sich schmeichelte, Meister höfischer Ritterlichkeit zu sein, liebte Robert keineswegs. Er sah in ihm doch stets den Meineidigen, der von Frankreichs Hof wegen Fälschung von Siegeln verbannt war; und er tadelte Eduard III., weil er ihm so viel

Gehör schenkte. Auch war Johann von Hennegau ebenso wie Robert seinerzeit in Königin Isabella verliebt gewesen und hatte ebensowenig Erfolg gehabt; aber die übermütig-verwegene Art, in der Robert in kleinem Kreise von der Königinmutter sprach, verletzte ihn.
Ohne zu antworten, hielt Eduard die langen Wimpern gesenkt, bis der Ärger, den er empfand, wieder abgeklungen war. Er wollte nicht in einer augenblicklichen Laune urteilen und Anlaß geben zu sagen: »Der König hat gesprochen, ohne Genaueres zu wissen; aus des Königs Mund kommen ungerechte Worte.« Dann hob er den Blick zur Gräfin Salisbury, die zweifelsohne die anziehendste Dame des ganzen Hofes war.
Hochgewachsen, mit schönen schwarzen Flechten, das ovale Gesicht gleichmäßig blaß, die Augen vergrößert durch bläuliche Schatten unter den Lidern, schien die Gräfin von Salisbury immer zu träumen. Solche Frauen sind gefährlich, weil sie denken, während sie aussehen, als träumten sie. Die blauumschatteten Augen begegneten oft den Augen des Königs.
Salisbury achtete nicht auf diesen Austausch von Blicken. Erstens, weil er die Tugend seiner Gattin für ebenso unerschütterlich hielt wie die Rechtschaffenheit des Königs, und dann, weil er in diesem Augenblick selbst vom Lachen, der lebhaften Rede und dem Vogelgezwitscher seiner Nachbarin, der Tochter des Grafen von Derby, gefangen war. Ehren und Titel regneten auf Salisbury; eben war er zum Statthalter der Fünf Häfen ernannt worden und zum Marschall von England.
Die Königin aber war beunruhigt. Eine Frau ist immer beunruhigt, wenn sie schwanger ist und die Blicke ihres Gatten sich allzuoft einem anderen Gesicht zuwenden. Nun war Philippa von neuem schwanger, und sie vermißte bei Eduard das dankbare, beglückte Staunen, das er gezeigt hatte, während sie das erste Mal Mutterfreuden entgegensah.
Eduard war fünfundzwanzig Jahre alt; seit einigen Wochen hatte er sich einen kurzen blonden Bart wachsen lassen, der nur das Kinn einrahmte. Wollte er der Gräfin Salisbury gefallen? Oder seinem Gesicht mehr Männlichkeit verleihen, das noch immer dem eines Jünglings glich? Mit diesem Bart begann der junge König ein wenig seinem Vater zu gleichen; der Plantagenet schien in ihm erwachen zu wollen und gegen den Kapetinger anzukämpfen. Schon durch das Leben allein wird der Mann herabgewürdigt und verliert an Reinheit, was er an Macht gewinnt. Eine Quelle, und wenn sie noch so lauter ist, führt, zum Fluß geworden, unweigerlich Schlamm und Unrat mit sich. Madame Philippa war zu Recht unruhig . . .

Plötzlich ertönten dünne, hohe Lauten- und Leierklänge hinter der Türe, deren Flügel sich öffneten. Zwei kleine, höchstens vierzehnjährige Kammerzofen erschienen, mit Laubwerk bekränzt, in langen weißen Hemden und streuten vor sich aus einem Körbchen Iris, Margeriten und Heckenrosen. Zugleich sangen sie: *»Ich geh' hinaus ins Grüne, wie's mich die Liebe lehrt.«* Zwei Spielleute folgten und begleiteten sie auf ihren Instrumenten. Robert von Artois schritt hinter ihnen, wobei er das kleine Orchester mit halbem Leib überragte und mit beiden Armen seinen gebratenen Reiher auf einer großen Silberschüssel emporhielt.
Der ganze Hof begann zu lächeln und dann zu lachen über den komödiantischen Einzug. Robert spielte den Tranchiermeister. Man konnte sich keine liebenswürdigere und fröhlichere Art denken, sich für ein Zuspätkommen zu entschuldigen.
Die Diener hatten aufgehört zu servieren, und das Messer oder den Wasserkrug in der Hand, schickten sie sich an, einen Zug zu bilden und an dem Spiel teilzunehmen.
Aber plötzlich erhob sich die Stimme des Riesen, Gesang, Laute und Leier übertönend:
»Öffnet die Reihen, schlechtes Lumpenpack! Eurem König komme ich ein Geschenk zu bieten.«
Man lachte noch immer. Der Einfall ›schlechtes Lumpenpack‹ schien ein guter Spaß. Robert war bei Eduard III. stehengeblieben, und einen Kniefall andeutend bot er ihm die Schüssel dar.
»Sire«, rief er, »hier habe ich einen Reiher, den mein Falke geschlagen hat. Es ist der feigste Vogel, den es auf der Welt gibt, denn er flieht vor allen anderen. Mich deucht, Eure Leute sollten ihn als Sinnbild wählen, denn er paßt besser in Englands Wappenschild als der Löwe. Euch, König Eduard, will ich ihn darbieten, denn er gebührt von Rechts wegen dem feigsten und duckmäuserischsten Fürsten der Welt, dem man die Krone Frankreichs nahm und dem das Herz fehlt, um zu erobern, was ihm gehört.«
Alles schwieg, manche angsterfüllt, manche empört; das Lachen war verstummt. An der Beleidigung war nicht zu zweifeln. Schon hatten sich Salisbury, Suffolk, Guillaume de Mauny und Johann von Hennegau halb von ihren Sitzen erhoben und warteten auf ein Zeichen des Königs, um sich auf den Grafen von Artois zu stürzen. Robert schien nüchtern. War er verrückt? Gewiß, er mußte es sein, denn noch niemals hatte man gehört, daß jemand an irgendeinem Hof sich derart aufgeführt hätte, und noch dazu ein aus seinem Heimatland verbannter Fremdling.
Die Wangen des jungen Königs hatten sich purpurrot gefärbt. Eduard

blickte Robert gerade in die Augen. Sollte er ihn aus dem Saal jagen, aus seinem Königreich?
Eduard ließ sich vor dem Sprechen immer einige Augenblicke Zeit, wohl wissend, daß jedes Königswort schwer wiegt, und wäre es nur ein ›Gute Nacht‹ für seine Knappen. Schloß man einen Mund mit Gewalt, so löschte man damit die Beleidigung nicht aus, die er ausgesprochen hatte. Eduard war weise, und er war anständig. Man zeigt seinen Mut nicht, indem man einem Verwandten, den man aufgenommen hat und der einem dient, die ihm gewährten Wohltaten aus Zorn entzieht; man zeigt seinen Mut nicht, indem man einen einzelnen Mann ins Gefängnis werfen läßt, weil er einen der Schwäche beschuldigt. Man zeigt seinen Mut, indem man beweist, daß die Anschuldigung falsch ist. Er erhob sich.
»Da man mich vor meinen Damen und Baronen der Feigheit zeiht, ist es wohl besser, ich äußere meine Ansicht hierzu; und um Euch zu versichern, mein Cousin, daß Ihr mich falsch beurteilt habt und daß es keineswegs Feigheit ist, die mich noch zurückhält, gelobe ich Euch, bevor das Jahr zu Ende geht, übers Meer zu fahren, den König herauszufordern, der sich Frankreichs Krone anmaßt, und mich mit ihm zu schlagen, und käme er mir mit zehnfacher Übermacht entgegen. Ich weiß Euch Dank für diesen Reiher, den Ihr mir erjagt habt und den ich gerne annehme.«
Die Gäste blieben stumm, aber ihre Gefühle waren jetzt erhaben und von anderer Art. Die Lungen weiteten sich, als ob jeder mehr Luft holen wollte. Ein fallender Löffel klirrte übertrieben laut in dieser Stille.
In Roberts Augen stand ein Leuchten des Triumphes. Er verneigte sich und sagte:
»Sire, mein tapferer und junger Cousin, ich erwartete von Euch keine andere Antwort. Euer edles Herz hat gesprochen. Meine Freude ist groß um Eures Ruhmes willen; und mir, Sire Eduard, gebt Ihr große Hoffnungen, denn solcherart werde ich meine Gattin und meine Kinder wiedersehen können. Bei Gott im Himmel, der uns hört, gelobe ich, Euch in jeder Schlacht voranzureiten, und bete, mein Leben möge lang genug währen, um Euch zu dienen und mich zu rächen!«
Dann wandte er sich an die ganze Tafelrunde:
»Edle Lords, liegt es nicht jedem von Euch am Herzen, ein Gelübde abzulegen, wie es der König, Euer vielgeliebter Herr, getan hat?«
Noch immer den gebratenen Reiher tragend, auf dessen Flügel und Steiß der Koch einige der weißen Federn gesteckt hatte, ging Robert auf Salisbury zu:
»Edler Montagu, an Euch wende ich mich zuerst!«

»Graf Robert, es sei nach Eurem Wunsch«, erwiderte Salisbury, der noch vor kurzem bereit gewesen war, sich auf ihn zu stürzen.
Er stand auf und sprach:
»Da der König, unser Sire, seinen Feind genannt hat, wähl' ich den meinen, und da ich Marschall von England bin, gelobe ich, nicht eher zu ruhen, bis ich den Marschall Philipps, des falschen Königs von Frankreich, im Kampfe besiegt habe.«
Nun waren auch die anderen von der Begeisterung angesteckt, und die ganze Tafel klatschte Beifall.
»Auch ich will ein Gelübde tun!« rief die Demoiselle von Derby und klatschte in die Hände. »Warum sollten die Damen kein Recht dazu haben?«
»Sie haben ein Recht, liebwerte Gräfin«, antwortete Robert, »und es wird der Sache sehr zum Nutzen gereichen, denn die Männer werden dann ihr Gelöbnis um so besser halten. Nun, Mägdlein«, fügte er hinzu und wandte sich an die beiden bekränzten Kinder, »singt zu Ehren der Dame, die geloben will.«
Spielleute und Mägdlein begannen von neuem: *»Ich geh' hinaus ins Grüne, wie's mich die Liebe lehrt.«* Angesichts der silbernen Schüssel, auf der der Reiher in seiner Soße erkaltete, sagte die Demoiselle von Derby mit ihrer hohen Stimme:
»Ich gelobe und verspreche, daß ich keinen Ehegemahl nehmen werde, sei er Fürst, Graf oder Baron, bevor das Gelöbnis des edlen Lord von Salisbury erfüllt ist. Und kehrt er gesund heim, so gewähre ich ihm meinen Leib, und das von Herzen gern.«
Dieses Gelübde erregte einiges Erstaunen, und Salisbury wurde rot.
Die schönen schwarzen Flechten der Gräfin von Salisbury blieben völlig unbewegt, nur ihre Lippen verzogen sich in leiser Ironie, und ihre blauumschatteten Augen suchten den Blick des Königs, als wollten sie ihm sagen: ›Wir brauchen uns nicht zuviel Zwang auferlegen.‹
Robert blieb vor jedem Gast stehen, ließ die Leier erklingen und die Mädchen singen, um jedem einzelnen Zeit zu lassen, sein Gelübde vorzubereiten und seinen Feind zu erwählen. Der Graf von Derby, der Vater der Demoiselle, die eine so gewagte Erklärung abgegeben hatte, versprach, den Grafen von Flandern zu besiegen; der neue Graf von Suffolk nannte den König von Böhmen, der junge Gautier de Mauny, der vor Eifer glühte, weil er kürzlich zum Ritter geschlagen worden war, machte lebhaften Eindruck auf die Versammlung, indem er versprach, alle Städte rings um den Hennegau, die Philipp von Valois gehörten, in Schutt und Asche zu legen, und müßte er bis dahin das Licht nur mehr mit einem Auge sehen.
»Nun, so sei es«, sagte die Gräfin von Salisbury, seine Nachbarin, und

legte zwei Finger auf sein rechtes Auge. »Und wenn Euer Versprechen erfüllt ist, dann soll meine Liebe jenem gehören, der mich am meisten liebt; so lautet mein Gelübde.«
Zu gleicher Zeit sah sie den König an. Aber der naive Gautier, der glaubte, dieses Versprechen gelte ihm, hielt sein Lid geschlossen, auch nachdem die Dame ihre Finger fortgenommen hatte. Dann zog er sein rotes Taschentuch hervor und band es über die Stirne, um das Auge bedeckt zu halten.
Der Augenblick reiner Größe war vorbei. Etliches Gelächter mischte sich schon in diesen Wettstreit mündlicher Bravour. Der Reiher war zu Messire Johann von Hennegau gelangt, der gehofft hatte, daß die Herausforderung für ihren Urheber anders ausfallen würde. Er liebte es nicht, eine Lehre in Mannesehre zu erhalten, und auf seinem pausbackigen Gesicht stand deutlich der Ärger zu lesen.
»In der Herberge beim Weintrinken«, sagte er zu Robert, »fallen uns die Gelübde nicht schwer, um die Blicke der Damen auf uns zu lenken. Da haben wir unter uns nur Oliviers, Rolands und Lanzelots. Aber wenn wir in der Schlacht auf unserem Streitroß dahingaloppieren, den Schild am Arm, die Lanze gesenkt, und uns beim Nahen des Feindes eisige Kälte packt, wie viele Großmäuler wären dann lieber im Keller versteckt! Der König von Böhmen, der Graf von Flandern und der Marschall Bertrand sind ebenso gute Ritter wie wir, Cousin Robert, und Ihr wißt es wohl; denn wir sind beide vom französischen Hof verbannt, wenn auch aus verschiedenen Gründen, aber wir haben sie doch zur Genüge gekannt; ihr Lösegeld ist noch nicht gewonnen! Für meine Person gelobe ich einfach, daß, wenn König Eduard durch Hennegau reiten will, ich an seiner Seite sein werde, um seine Sache zu verfechten. Und es wird der dritte Krieg sein, in dem ich ihm diene.«
Jetzt kam Robert zu Königin Philippa. Er beugte ein Knie vor ihr. Die rundliche Königin wandte ihr sommersprossiges Antlitz Eduard zu.
»Ich kann kein Gelübde tun«, sagte sie, »ohne meines Herrn und Gebieters Erlaubnis.«
Auf diese Weise erteilte sie den Damen ihres Hofes in aller Ruhe eine Lektion.
»Gelobt, was Ihr wollt, meine Teuere, gelobt aus ganzem Herzen; ich stimme im voraus zu, und Gott möge Euch erhören!« sagte der König.
»Nun also, mein liebreicher Gemahl, wenn ich geloben darf, was ich will«, fuhr Philippa fort, »und da ich ein Kind erwarte, das sich schon in mir bewegt, so gelobe ich, daß es meinen Leib nur verlassen wird,

wenn Ihr mich über das Meer mit Euch führt, damit Ihr dort Euren Eid erfüllt . . .«
Ihre Stimme bebte leicht, wie am Tage der Hochzeit.
». . . sollte es aber geschehen«, fügte sie hinzu, »daß Ihr mich hier zurücklaßt und mit anderen über das Meer fahrt, dann werde ich ein großes stählernes Messer nehmen, um zugleich meine Seele und meine Leibesfrucht zu verlieren!«
Sie sprach diese Worte ohne Überschwang, aber sehr deutlich, damit alle sie verstünden. Man vermied, die Gräfin von Salisbury anzusehen. Der König senkte die langen Wimpern, nahm die Hand der Königin, führte sie an seine Lippen und sprach in das Schweigen hinein, um das Unbehagen zu verscheuchen:
»Meine Liebste, Ihr lehrt uns alle unsere Pflicht. Nach Euch wird niemand mehr geloben.«
Dann wandte er sich an Robert:
»Cousin Artois, nehmt Euren Platz neben der Königin ein.«
Ein Knappe zerteilte den Reiher, dessen Fleisch hart war, da es zu frisch gebraten worden war, und kalt, weil es zu lange hatte warten müssen. Dennoch aß jeder einen Bissen davon. Robert fand an seiner Jagdbeute köstlichen Geschmack; an diesem Tage hatte der Krieg in Wirklichkeit begonnen.

Die Mauern von Vannes

Die Gelübde von Windsor wurden gehalten.
Am 16. Juli desselben Jahres 1338 stach Eduard mit einer Flotte von vierhundert Schiffen in Yarmouth in See. Am nächsten Morgen landete er in Antwerpen. Königin Philippa begleitete ihn, und viele Ritter hatten sich nach dem Beispiel Gautier de Maunys das rechte Auge mit einem Streifen roten Tuches verbunden.
Noch handelte es sich nicht um Schlachten, sondern um Begegnungen. In Koblenz traf Eduard am 5. September mit dem deutschen Kaiser zusammen.
Für diese Feierlichkeit hatte sich Ludwig der Bayer ein sonderbares Gewand ausgedacht, halb Kaiser, halb Papst, die Dalmatika des Pontifex über der Tunika des Königs und einen Kronreif mit Blumenzierat um eine Tiara. In einer Hand hielt er das Zepter, in der anderen den mit einem Kreuz verzierten Globus. So zeigte er sich betont als Herrscher über die gesamte Christenheit.
Von der Höhe seines Thrones herab verkündete er, Philipp VI. habe den seinen verwirkt, erkannte Eduard als König von Frankreich an

und übergab ihm den goldenen Stab, der ihn als kaiserlichen Vikar bezeichnete. Auch das war ein Einfall Roberts von Artois, der sich daran erinnert hatte, wie Karl von Valois vor jeder seiner Unternehmungen dafür Sorge trug, sich als päpstlichen Vikar proklamieren zu lassen. Ludwig der Bayer schwor, sieben Jahre lang die Rechte Eduards zu verteidigen, und alle mit dem Kaiser gekommenen deutschen Fürsten bekräftigten diesen Schwur.

Währenddessen fuhr Jakob van Artevelde fort, die Bevölkerung der Grafschaft Flandern, aus der Ludwig von Nevers endgültig geflohen war, aufzuwiegeln. Eduard III. zog von Stadt zu Stadt und hielt große Versammlungen ab, bei denen er sich als König von Frankreich anerkennen ließ. Er versprach, Douai, Lille und sogar die Grafschaft Artois Flandern anzugliedern, um alle diese Gebiete, die gemeinsame Interessen hatten, zu einer Nation zu verschmelzen. Da Artois in dem gewaltigen Plan genannt worden war, erriet man wohl, wer dahintersteckte und wer, unter englischer Vormundschaft, daraus Nutzen ziehen würde.

Zugleich beschloß Eduard, die Handelsprivilegien der Städte zu erweitern; anstatt Unterstützung zu verlangen, gewährte er Subventionen, und er siegelte seine Versprechungen mit einem Petschaft, auf dem die Wappen Englands und Frankreichs nebeneinander eingraviert waren.

In Antwerpen gebar Königin Philippa ihren zweiten Sohn, Lionel.

Papst Benedikt XII. bemühte sich in Avignon umsonst um den Frieden. Er hatte den Kreuzzug verboten, um den englisch-französischen Krieg zu verhindern, und jetzt war dieser zu einer Gewißheit geworden.

Schon erfolgten zwischen englischen Vorhuten und französischen Garnisonen heftige Scharmützel im Vermandois und Thiérache, auf die Philipp VI. als Antwort Abteilungen nach Guyenne und andere bis nach Schottland sandte, um dort im Namen des kleinen David Bruce Unruhe zu stiften.

Eduard III. fuhr zwischen Flandern und London hin und her und verpfändete den italienischen Banken die Kronjuwelen, um für den Unterhalt seiner Truppen zu sorgen und die Ansprüche seiner neuen Vasallen zu befriedigen.

Nachdem Philipp sein Kriegsheer aufgestellt hatte, ergriff er die Oriflamme in Saint-Denis und ging bis über Saint-Quentin vor; dann, nur einen Tag weit von den Engländern entfernt, ließ er seine ganze Armee kehrtmachen und trug das Banner wieder auf den Altar von Saint-Denis zurück. Was konnte die Ursache für dieses merkwürdige Ausweichen des turnierfreudigen Königs sein? Jeder stellte sich diese

Frage. Fand er die Witterung zu naß, um sich in einen Kampf einzulassen? Oder hatte er plötzlich wieder an die düsteren Prophezeiungen seines Onkels, Roberts des Astrologen, gedacht? Er erklärte, er habe sich für ein anderes Vorgehen entschieden. In einer Nacht hatte die Angst ihm einen anderen Plan eingegeben. Er würde das Königreich England erobern. Es wäre nicht das erste Mal, daß Franzosen dort Fuß faßten; hatte nicht vor drei Jahrhunderten ein Herzog der Normandie Britannien erobert? Nun wohl! Er, Philipp, würde an den gleichen Ufern von Hastings erscheinen, mit einem Herzog der Normandie, seinem Sohn, an der Seite! Jeder der beiden Könige setzte also seinen Ehrgeiz darein, das Reich des andern zu erobern.

Aber ein solches Unternehmen erforderte vor allem die Herrschaft über das Meer. Da Eduard den größten Teil seiner Armee auf dem Kontinent hatte, beschloß Philipp, ihn von seiner Basis abzuschneiden, damit er seine Truppen weder verpflegen noch verstärken konnte. Er würde die englische Flotte zerstören.

Am 22. Juni 1340 schoben sich vor Sluys in der großen Flußmündung, die Flandern von Seeland trennt, zweihundert Schiffe vor, die die schönsten Namen trugen und auf deren Masten Frankreichs Flagge wehte: *La Pèlerine, la Nef-Dieu, la Miquolette, l'Amoureuse, la Faraude, la Sainte-Marie-Porte-Joye* ... Die Schiffe waren mit zwanzigtausend Seeleuten und Soldaten bemannt und darüber hinaus mit einem ganzen Trupp von Armbrustschützen; doch zählte man unter ihnen kaum mehr als hundertfünfzig Edelleute. Die französischen Ritter liebten das Meer nicht.

Kapitän Barbavera, der die fünfzig vom französischen König gemieteten Genueser Galeeren befehligte, sagte zu Admiral Béhuchet:

»Monseigneur, der König von England kommt mit seiner Flotte auf uns zu. Fahrt aufs offene Meer mit allen Euren Schiffen, denn bleibt Ihr hier, eingeschlossen von den großen Dämmen, werden die Engländer, die den Wind, die Sonne und die Flut für sich haben, Euch so einschließen, daß Ihr Euch nicht mehr helfen könnt.«

Man hätte auf ihn hören sollen; er war dreißig Jahre lang zur See gefahren und hatte im vergangenen Jahr in Frankreichs Auftrag Southampton wagemutig in Brand gesetzt und geplündert. Doch der Admiral Béhuchet, früherer Großmeister der königlichen Gewässer und Forste, antwortete stolz:

»Schmach über den, der sich von hier fortrührt!«

Er ließ seine Schiffe sich in drei Reihen zusammenschließen: zuerst die Schiffsleute von der Seine, dann die Pikarden und die Leute aus Dieppe und schließlich jene aus Caën und von der Halbinsel Cotentin.

Er befahl, die Schiffe untereinander mit Tauen zu verbinden, und verteilte seine Leute wie auf Festungen.
König Eduard, der zwei Tage vorher London verlassen hatte, befehligte eine gleich große Flotte. Er hatte nicht mehr Krieger als die Franzosen, aber auf seine Schiffe hatte er zweitausend Edelleute verteilt, darunter Robert von Artois, so groß der Abscheu auch war, den dieser vor dem Meer empfand.
Inmitten der Flotte befand sich auch, bewacht von achthundert Soldaten, eine Schar Hofdamen für den Dienst bei Königin Philippa.
Am Abend hatte Frankreich der Herrschaft über die Meere Valet gesagt.
Man hatte nicht einmal gemerkt, daß der Tag zu Ende gegangen war, so hell flammten die brennenden französischen Schiffe.
Normannische Fischer, Pikarden und Schiffsleute von der Seine waren von den englischen Bogenschützen regelrecht zerfetzt worden, und die Flamen, die auf ihren flachen Booten aus der Flußmündung kamen, um die schwimmenden Festungen von hinten zu packen, hatten dabei mitgeholfen. Es war nichts als das Brechen von Masten, das Klirren von Waffen und das Schreien der Niedergemetzelten zu hören. Man schlug sich mit Schwert und Axt mitten unter Trümmern. Die Überlebenden, die zu entkommen suchten, versanken zwischen Leichen; man wußte nicht mehr, ob man in Wasser oder in Blut schwamm. Hunderte von abgehauenen Händen trieben im Meer.
Der Körper des Admirals Béhuchet hing an der Rahe von Eduards Schiff. Vor vielen Stunden schon hatte Barbavera mit seinen Genueser Galeeren das Weite gesucht.
Die Engländer waren angeschlagen, aber sie triumphierten. Ihr größtes Unglück: Unter entsetzlichem Geschrei waren die Hofdamen mit ihrem Schiff untergegangen. Zwischen den hingemetzelten Seeleuten trieben weite Gewänder wie die Schwingen toter Vögel dahin.
Der junge König Eduard war am Schenkel verwundet, und das Blut rann über seinen Stiefel aus weißem Leder. Von nun an aber würden sich die Kämpfe auf französischem Boden abspielen. (39)
Eduard III. schickte alsbald Philipp VI. ein neues Herausforderungsschreiben. ›*Um den Völkern und Landen schwere Zerstörungen und ein großes Hinsterben von Christen zu vermeiden, was jedem Fürsten am Herzen liegen muß*‹, bot der englische König seinem Vetter von Frankreich an, ihm im Zweikampf zu begegnen, da der Streit um die französische Erbschaft ihre Privatangelegenheit war. Und wenn Philipp von einem solchen Zweikampf nichts wissen wolle, dann schlug er ihm vor, sie sollten einander an der Spitze von nur je hundert Rittern in geschlossenem Geviert entgegentreten, mit einem

Wort, eine Art Turnier ausfechten, aber mit spitzen Lanzen, geschliffenen Schwertern und ohne Schiedsrichter, die das Handgemenge überwachten. Auch sollte der Preis dieses Turniers nicht eine Schmuckspange oder ein Edelfalke sein, sondern die Krone des heiligen Ludwig.
Der turnierfreudige König erwiderte jedoch, daß der Vorschlag seines Cousins unannehmbar sei, da er an Philipp von Valois und nicht an den König von Frankreich gerichtet sei, gegen den sich Eduard als verräterischer Vasall aufgelehnt habe.
Der Papst ließ über einen neuen Waffenstillstand verhandeln. Die päpstlichen Gesandten gaben sich die größte Mühe und nahmen das ganze Verdienst für einen höchst prekären Frieden in Anspruch, den die beiden Herrscher nur geschlossen hatten, um Zeit zum Atemholen zu gewinnen.
Dieser zweite Waffenstillstand hatte einige Aussicht auf Dauer, aber da starb der Herzog von Bretagne.
Er hinterließ keinen legitimen Sohn oder direkten Erben. Auf das Herzogtum erhoben sowohl der Graf von Montfort l'Amaury, sein jüngster Bruder, Anspruch als auch Karl von Blois, sein Neffe. Es war eine neue Affäre Artois, die juristisch ganz ähnlich lag. Philipp VI. unterstützte die Ansprüche seines Verwandten Karl von Blois, eines Valois durch Heirat. Alsogleich ergriff Eduard III. Partei für Johann von Montfort. So gab es also zwei Könige von Frankreich, deren jeder seinen eigenen Herzog von Bretagne hatte, wie jeder schon seinen eigenen schottischen König besaß.
Die Bretagne berührte Robert sehr nahe, da seine Mutter die Schwester des verstorbenen Herzogs Johann gewesen war. Eduard konnte nichts weniger und nichts Besseres tun, als den Befehl über die Kampftruppe, die in der Bretagne landen sollte, dem Riesen zu übertragen.
Die große Stunde Roberts von Artois hatte geschlagen.

Robert ist sechsundfünfzig Jahre alt. Sein Gesicht ist verhärtet durch die langen Jahre des Hasses, seine Haare haben die seltsame Farbe von gewässertem Most angenommen, wie man es bei Rothaarigen sieht, wenn sie weiß werden. Er ist nicht mehr der Taugenichts, der meinte, er führe Krieg, als er Mahauts Schlösser plünderte; heute weiß er, was Krieg bedeutet; er bereitet seinen Feldzug sorgfältig vor. Er besitzt die Autorität des Alters und seiner während eines stürmischen Lebens gesammelten Erfahrungen. Von allen wird er geachtet. Wer denkt noch daran, daß er ein Fälscher, Meineidiger, Mörder und auch ein wenig ein Hexer gewesen ist? Wer würde es wagen, ihn daran zu erinnern? Er ist Monseigneur Robert, ein alternder Koloß, aber immer noch mit Riesenkräften, immer noch rot gekleidet, immer noch selbstsicher, und er rückt an der Spitze einer englischen Armee auf französischem Boden vor. Aber ist es für ihn von Bedeutung, daß seine Truppen fremdländisch sind? Gibt es denn diesen Begriff überhaupt für die Grafen, Barone und Ritter? Ihre Streifzüge sind Familienangelegenheiten und ihre Kämpfe Erbschaftsstreitigkeiten. Der Feind ist ein Vetter und der Bundesgenosse ebenfalls. Nur für das Volk, das man massakriert, dessen Häuser in Brand gelegt, dessen Scheunen geplündert und dessen Frauen vergewaltigt werden, bedeutet das Wort ›fremdländisch‹ den Feind, nicht für die Fürsten, die ihre Ansprüche verteidigen und ihren Besitz sichern.

Für Robert ist dieser Krieg zwischen Frankreich und England *sein Krieg*; er hat ihn gewollt, gepredigt, gemacht; er bedeutet zehn Jahre ununterbrochener Anstrengungen. Es scheint, als sei er nur für diesen Krieg geboren worden, habe nur für ihn gelebt. Einst hat er sich beklagt, daß er niemals den Augenblick genießen kann. Diesmal genießt er ihn endlich. Er saugt die Luft ein wie einen köstlichen Likör. Jede Minute wird zu einem Glück. Von seinem riesigen Falben herab, den Kopf im Wind, den Helm am Sattel, scherzt er mit aller Welt, und seine Umgebung erzittert unter seiner lärmenden Heiterkeit. Er hat zweiundzwanzigtausend Ritter und Soldaten unter seinem Befehl; und wenn er sich umwendet, sieht er die Lanzenspitzen bis zum Horizont hin und her schwanken wie eine furchtbare Ernte. Die armen Bretonen fliehen vor ihm, manche in Karren, die meisten zu Fuß in ihrem Schuhwerk aus Leinen oder Rinde. Die Frauen schleppen die Kinder, und die Männer tragen einen Sack schwarzes Korn auf der Schulter.

Robert von Artois ist sechsundfünfzig Jahre alt, aber ebenso, wie er noch ohne zu ermüden fünfzehn Meilen zurücklegen kann, ebenso fährt er noch fort zu träumen . . . Morgen wird er Brest erobern, dann Vannes, dann Rennes. Von dort wird er in die Normandie eindringen und Alençon nehmen, das dem Bruder Philipps von Valois gehört. Nach Alençon kommt Evreux, Conches, sein liebes Conches! Er wird nach Château-Gaillard eilen und Madame de Beaumont befreien. Dann stößt er, unbezwinglich, nach Paris vor, er ist im Louvre, in Vincennes, in Saint-Germain, er faßt Philipp von Valois, entthront ihn und überreicht die Krone Eduard, der ihn zum Generalstatthalter von Frankreich macht. An seinem Schicksalsweg hat es Glück und Unglück gegeben, das man sich weniger leicht vorstellen konnte, als noch nicht eine ganze Armee hinter ihm den Staub der Landstraße aufwirbelte.

Und wirklich nimmt Robert Brest ein, wo er die Gräfin von Montfort befreit, eine kriegerische Seele in einem kräftigen Körper, die, während ihr Mann vom König von Frankreich gefangengehalten wird, mit dem Rücken zum Meer fortfährt, ihr Herzogtum zu verteidigen. Und wirklich durchzieht Robert im Triumph die Bretagne und belagert Vannes; er läßt Wurfmaschinen und Katapulte aufstellen, läßt die Feuerschlangen dröhnen, deren Rauch sich in den Novemberwolken auflöst, und eine Bresche in die Mauern schlagen. Die Garnison von Vannes ist zahlreich, scheint aber nicht sehr entschlossen; sie wartet den ersten Angriff ab, um sich ehrenvoll ergeben zu können. Von beiden Seiten müssen einige Männer geopfert werden, um dieser Formalität Genüge zu tun.

Robert läßt seinen eisernen Helm festschnüren, besteigt sein riesiges Schlachtroß, das unter seinem Gewicht ein wenig einknickt, schreit seine letzten Befehle, läßt das Visier über sein Gesicht herab, schwenkt den sechs Pfund schweren Streitkolben über dem Kopf. Die Herolde, die seine Banner schwingen, schreien aus voller Kehle: »Artois in den Kampf!«

Fußvolk läuft neben den Pferden einher, zu sechst tragen sie lange Leitern; andere haben am Ende einer Stange brennendes Werg, und der Donner rollt gegen die Steintrümmer, dort, wo der Wall nachgegeben hat. Der wehende Waffenrock von Monseigneur von Artois flammt rot wie ein Blitz unter den schweren, grauen Wolken . . .

Der Bolzen einer Armbrust, vom Wall herübergezielt, durchbohrte den seidenen Rock, die Rüstung, das Leder des Wamses, das leinene Hemd. Der Stoß des Aufpralles war nicht stärker als der einer Turnierlanze. Robert von Artois riß das Geschoß selbst heraus, und ein paar Schritte weiter, ohne zu wissen, wie ihm geschah, warum der Himmel auf einmal so schwarz wurde und warum seine Beine das Pferd nicht mehr umklammerten, stürzte er in den Schlamm.

Während seine Truppen Vannes einnahmen, trug man den gefällten Riesen auf einer Leiter ausgestreckt bis ins Lager. Sein Blut rann zwischen den Sprossen hindurch.

Robert war vorher nie verwundet worden. Zwei Feldzüge in Flandern, sein eigener Streifzug ins Artois, der Krieg in Aquitanien – Robert hatte das alles ohne einen Kratzer überstanden. In fünfzig Turnieren war ihm keine Lanze gebrochen, kein Eberzahn hatte ihm auch nur die Haut geritzt.

Warum nun vor Vannes, vor dieser Stadt, die keinen eigentlichen Widerstand leistete, die nur eine nebensächliche Etappe auf seinem Triumphzug war? Keinerlei düstere Prophezeiung hatte Robert vor der Bretagne oder vor Vannes gewarnt. Die Hand, die die Armbrust

gespannt hatte, war die eines Unbekannten gewesen, der nicht einmal wußte, auf wen er schoß.
Vier Tage lang kämpfte Robert, nun nicht mehr gegen Fürsten und Parlamente, nicht mehr gegen Erbschaftsgesetze oder Gewohnheitsrechte der Grafschaften, gegen den Ehrgeiz oder die Gier königlicher Familien; er kämpfte gegen sein eigenes Fleisch. Der Tod drang in ihn ein, durch eine Wunde mit geöffneten schwärzlichen Rändern, zwischen dem Herzen, das so viel geschlagen, und dem Bauch, der so viel verschlungen hatte. Nicht der Tod, der vereist, sondern der Tod, der in Brand steckt. Das Feuer glühte in seinen Adern. Der Tod brauchte vier Tage, um die Kräfte zu verbrennen, die in diesem Körper noch für zwanzig Jahre Leben aufgespeichert waren.
Er weigerte sich, ein Testament zu machen, und schrie, er werde am nächsten Tag wieder zu Pferde sitzen. Man mußte ihn anbinden, um ihm die Letzte Ölung zu verabreichen, denn er wollte den Feldprediger totschlagen, in dem er Thierry d'Hirson zu erkennen glaubte. Er war in Delirium verfallen.
Robert von Artois hatte das Meer immer gehaßt; ein Schiff legte an, um ihn nach England zurückzubringen. Die ganze Nacht, im Schaukeln der Wogen, führte er Prozeß vor einem sonderbaren Gericht. Er wandte sich an die Barone von Frankreich und nannte sie ›meine Lords‹ und forderte Philipp den Schönen auf, er möge alle Besitztümer von Philipp von Valois, Mantel, Zepter und Krone beschlagnahmen und damit einer päpstlichen Exkommunikationsbulle stattgeben. Seine Stimme tönte vom Hinterkastell bis zum Vordersteven, klang hinauf bis zu der Schiffswacht in den Masten.
Vor Anbruch des Morgens wurde er etwas ruhiger und verlangte, seine Lagerstatt möge zur Tür gerückt werden, damit er die verlöschenden Sterne sehen könne. Aber das Aufgehen der Sonne sah er nicht mehr. Im Augenblick des Todes glaubte er noch, er würde wieder gesunden. Das letzte Wort, das seine Lippen formten, war: »Niemals!«
Aber man wußte nicht, ob es an die Könige gerichtet war, an das Meer oder an Gott.

Wenn ein Mensch zur Welt kommt, wird ihm eine winzige oder bedeutsame Aufgabe zugewiesen, meist ohne daß er es ahnt, und sein Charakter, die Beziehungen zu seinesgleichen, die Geschehnisse in seinem Leben drängen ihn unbewußt, sie zu erfüllen, wobei ihm aber die Illusion der Freiheit bleibt. Robert von Artois hatte die Welt des Abendlandes in Brand gesteckt: Seine Aufgabe war vollbracht.
Als König Eduard III. in Flandern Roberts Tod erfuhr, wurden seine

Wimpern feucht, und er sandte der Königin Philippa einen Brief, in dem er ihr sagte:

»Geliebtes Herz, Robert von Artois, Unser Cousin, ist zu Gott gerufen worden; der Zuneigung halber, die Wir ihm gegenüber hegten, und zu Unserer eigenen Ehre, haben Wir Unserem Kanzler und Schatzmeister geschrieben und sie beauftragt, ihn in Unserer Stadt London beerdigen zu lassen. Wir wünschen, geliebtes Herz, Ihr mögt darüber wachen, daß sie auch wirklich nach Unserem Willen tun. Gott möge Euch behüten. Gegeben mit Unserem Privatsiegel in der Stadt Granchamps am Tage der heiligen Katharina, im sechzehnten Jahr Unserer Regierung in England und im dritten Jahr Unserer Regierung in Frankreich.«

Anfang Januar 1343 empfing die Krypta der St.-Pauls-Kathedrale in London den schwersten Sarg, der je darein versenkt wurde.
. . . Und hier empfindet der Autor, von der Geschichte gezwungen, seine Lieblingsgestalt zu töten, mit der er sechs Jahre lang gelebt hat, die gleiche Trauer wie König Eduard von England; die Feder, wie die alten Chronisten sagen, entgleitet seinen Fingern, und er hat nicht mehr den Wunsch fortzufahren, zumindest nicht gleich, es sei denn, um dem Leser das Ende einiger anderer Helden dieses Berichtes zur Kenntnis zu bringen.
Überspringen wir elf Jahre und überqueren wir die Alpen . . .

Epilog
1354–1362

Der Weg nach Rom

Am 22. September 1354 erhielt Giannino Baglioni, ein angesehener Bürger von Siena, im Palazzo Tolomei, in dem seine Familie das Bankgeschäft betrieb, einen Brief des berühmten Cola di Rienzi, der sich der Herrschaft über Rom bemächtigt und sich den klassischen Titel eines Tribunen beigelegt hatte. In diesem Brief, am vorangegangenen Donnerstag im Kapitol geschrieben, teilte Cola di Rienzi dem Bankier mit:

»Liebwerter Freund, Wir haben Boten auf die Suche nach Euch geschickt, um Euch zu bitten, falls sie Euch erreichen, Euch nach Rom zu Uns begeben zu wollen. Die Boten haben Uns berichtet, daß sie Euch tatsächlich in Siena auffanden, Euch aber nicht bewegen konnten, Uns aufzusuchen. Da es nicht sicher war, ob man Euch finden würde, hatten Wir Euch nicht geschrieben; aber jetzt, da Wir Euren Aufenthaltsort kennen, bitten Wir Euch, sobald Ihr diesen Brief erhalten habt, in aller Eile und in strengster Heimlichkeit zu Uns zu kommen, in einer Angelegenheit, die das Königreich Frankreich betrifft.«

Der Tribun war aufgewachsen in einer Taverne in Trastevere, behauptete aber, der uneheliche Sohn Kaiser Heinrichs VII. von Deutschland – also ein Halbbruder des Königs Johann von Böhmen – zu sein, und Petrarca feierte in ihm den Erneuerer der früheren Größe Italiens.

Aus welchem Grund wollte sich dieser Mann mit Giannino Baglioni, noch dazu eilig und heimlich, unterhalten? Das eben war die Frage, die sich der junge Bankier auf dem Weg nach Rom stellte. Er hatte seinen Freund, den Notar Angelo Guidarelli, gebeten, ihn zu begleiten, erstens, weil ein Weg zu zweit weniger lang erscheint, aber auch, weil der Notar ein pfiffiger Bursche war, der sich in allen Bankgeschäften gut auskannte.

Im September brennt der Himmel noch heiß über dem sienesischen Land, und nach der Ernte sehen die Stoppelfelder aus wie mit einem Raubtierfell überzogen. Es ist eine der schönsten Landschaften der Welt. Mit leichter Hand hat Gott die Linien der Hügel gezogen und eine reiche Vegetation darüber ausgebreitet, in deren Vielfalt die Zypresse als Königin regiert. Der Mensch hat es verstanden, diesen Boden zu bearbeiten und seine Wohnungen darüber auszusäen, die alle – vom fürstlichen Palast bis zum einfachen Bauernhof – mit ihrer Ockerfarbe und ihren runden Dachziegeln dieselbe Anmut und Harmonie besitzen. Die Straße ist nie eintönig; sie hebt sich in sanften Windungen zwischen bebauten Terrassen und tausendjährigen Olivenhainen und senkt sich wieder in neue Täler hinab. Gott und die Menschen haben in Siena gleichermaßen Genie bewiesen.

Welches waren die französischen Angelegenheiten, über die sich der Tribun von Rom mit dem Bankier aus Siena unterhalten wollte? Warum hatte er ihn zweimal aufsuchen lassen und ihm den dringenden Brief geschickt, in dem er ihn ›liebwerter Freund‹ nannte? Gewiß handelte es sich um neue Anleihen an den König von Paris oder um Lösegelder für irgendwelche große Herren, die in England gefangen waren . . . Giannino Baglioni hatte nicht gewußt, daß sich Cola di Rienzi so sehr für das Schicksal der Franzosen interessierte.

Und selbst wenn es so war, warum hatte sich der Tribun nicht an andere, ältere Mitglieder der Gesellschaft gewandt, an Tolomeo Tolomei, an Andreas oder Giacomo, die diese Fragen viel besser kannten und seinerzeit nach Paris gereist waren, um die Erbschaft des alten Onkels Spinello zu liquidieren, nachdem man die Kontore in Frankreich geschlossen hatte. Allerdings hatte Giannino eine französische Mutter, ein adliges Fräulein, das zu seinen Kindheitserinnerungen gehörte, eine schöne, ein wenig traurige junge Frau, die mit ihm in einem alten Gutshaus in einem verregneten Land lebte. Und sein Vater, der liebe Vater, der schon vor vierzehn Jahren auf einer Reise in der Campagna gestorben war . . . Geschaukelt vom Trott seines Pferdes, bekreuzigte sich Giannino verstohlen . . . sein Vater war allerdings auch, solange er in Frankreich lebte, in große geheime Hofangelegenheiten zwischen London und Paris und Neapel verwickelt gewesen, er war mit sehr hohen Persönlichkeiten in Berührung gekommen, selbst mit Königen und Königinnen, und hatte dem Sohn seinerzeit davon erzählt.

Aber Giannino dachte nicht gerne an Frankreich, gerade wegen dieser Mutter, die er nie wiedergesehen hatte, ja, er wußte nicht einmal, ob sie lebte oder gestorben war. Daran war seine Geburt schuld, die seinem Vater zufolge ehelich, den andern Mitgliedern seiner Familie nach unehelich war. Er hatte diese Familie erst mit neun Jahren kennengelernt: den Großvater Mino Baglioni, die Onkel Tolomei, die unzähligen Vettern ... Lange hatte sich Giannino fremd und anders als die anderen gefühlt. Er hatte alles getan, um diese Verschiedenheit zu verwischen, um sich in eine Gemeinschaft einzufügen, in die er erst so spät aufgenommen worden war, in eine Heimat, in der er nicht das Licht der Welt erblickt hatte.

In der Kompanie Tolomei, die auf so vielen Gebieten geschäftlich tätig war, hatte er sich im Wollhandel spezialisiert, vielleicht sehnte er sich immer noch ein wenig nach Schafen, grünen Wiesen und Nebel. Zwei Jahre nach dem Tode seines Vaters hatte er sich mit einer Erbin aus einer guten sienesischen Familie vermählt, mit Giovanna Vivoli, die ihm drei Söhne geschenkt und mit der er sechs Jahre hindurch sehr glücklich gelebt hatte. Sie war jedoch in der Pestepidemie des Jahres 1348 gestorben. Im folgenden Jahre hatte er sich mit Francesca Agazzano wiederverehelicht, die ihm noch zwei Söhne gebar und jetzt ein drittes Kind erwartete.

Giannino war von seinen Mitbürgern geachtet, führte seine Geschäfte mit Redlichkeit, und da er so viel Ansehen genoß, hatte man ihn zum Camerlengo des Spitals von Unserer Lieben Frau von der Barmherzigkeit ernannt.

San Quirico d'Orcia, Radicofani, Acquapendente, der Bolsenasee, Montefiascone ... Nächte in Herbergen mit großen Gewölben und wieder die Straße am Morgen ... Giannino und Guidarelli hatten Toskana verlassen. Je weiter er vorwärtskam, desto entschlossener war Giannino, dem Tribun Cola mit aller Höflichkeit zu antworten, daß er sich keineswegs in Transaktionen für französische Rechnung einlassen wolle. Der Notar Guidarelli stimmte ihm völlig bei; man hatte wirklich wenig Grund, sich mit diesem Land zu befassen, in dem die italienischen Kompanien so viele Beraubungen erlitten hatten und wo die Geschäfte seit Beginn des Krieges mit England zu schlecht gingen, als daß man das geringste finanzielle Risiko hätte übernehmen können. Es war entschieden besser, in einer kleinen Republik wie Siena zu leben, wo Kunst und Handel blühten, als in solchen großen, von Narren regierten Königreichen! (40)

Denn Giannino hatte vom Palazzo der Tolomei aus die französischen Angelegenheiten während der letzten Jahre genau verfolgt; man hatte dort zu viele Außenstände, die man wohl niemals wieder hereinbringen würde! Wahrlich, diese Franzosen waren von Sinnen, von ihrem Valois angefangen, dem es gelungen war, zuerst die Bretagne und

Flandern zu verlieren, dann die Normandie und Saintonge, und der sich dann wie ein Reh im Busch von den englischen Streitkräften um Paris einkreisen ließ. Dieser Turnierheld, der die ganze Welt in den Kreuzzug führen wollte, lehnte die Herausforderung seines Feindes zum Kampf in der Ebene von Vaugirard, fast vor den Toren seines Schlosses, ab und glaubte dann, die Engländer seien auf der Flucht, weil sie sich nach Norden zurückzogen. Aber warum hätten sie fliehen sollen, sie, die überall siegreich gewesen waren? Und nun nahm Philipp, mit Truppen, die er durch Gewaltmärsche erschöpfte, plötzlich die Verfolgung Eduards auf, erreichte ihn jenseits der Somme und wurde dort vernichtend geschlagen.

Der Widerhall von Crécy war bis nach Siena gedrungen. Man wußte, daß der König von Frankreich seinem Fußvolk, nach einem Marsch von fünf Meilen, keine Zeit gelassen hatte, Atem zu holen, sondern es zum Angriff gezwungen hatte, daß daraufhin die französische Reiterei in Wut geraten war über die zu langsam vorrückenden Fußtruppen und durch die Reihen des eigenen Fußvolks hindurch angegriffen hatte, indem sie die Soldaten beiseite drängte, sie unter den Füßen der Pferde zertrampelte, dann aber selbst unter dem Pfeilhagel der englischen Bogenschützen zusammengebrochen war.

»Um ihre Niederlage zu erklären, haben sie gesagt, es wären die den Engländern aus Italien gelieferten Pulverbüchsen gewesen, die durch ihren Lärm Unordnung und Schrecken in ihre Reihen gebracht hätten. Aber nein, Guidarelli, es waren nicht die Pulverbüchsen schuld, sondern ihre Dummheit.«

Ach, es war nicht zu leugnen, daß auch große Waffentaten vollbracht worden waren. So hatte Johann von Böhmen, der in seinem fünfzigsten Jahr erblindet war, trotzdem verlangt, in die Schlacht geführt zu werden. Er ließ die Zügel seines Schlachtrosses rechts und links an den Pferden von zwei Rittern befestigen und stürzte sich mitten in das Getümmel, seinen Streitkolben schwingend, um ihn niedersausen zu lassen – auf wen? Auf die Köpfe der Unglücklichen, die an seiner Seite ritten. Man fand den König tot, immer noch mit seinen beiden erschlagenen Begleitern verbunden.

Das war wirklich das Symbol dieses ritterlichen Frankreichs, das, eingeschlossen in die Nacht seiner Helme, das Volk verachtete und sich wie zum Vergnügen selbst vernichtete.

Am Abend der Schlacht von Crécy irrte Philipp VI., nur mehr von sechs Mann begleitet, durch die Gegend, um schließlich ächzend an das Tor eines Landhauses zu pochen:

»Öffnet, öffnet dem unglücklichen König von Frankreich.«

Messer Dante, das darf man nicht vergessen, hatte das Geschlecht der

Valois wegen des ersten aus seinem Stamm, des Grafen Karl, verflucht, der einst Siena und Florenz geplündert hatte. Und alle Feinde des *divino poeta* fanden ein böses Ende.
Nach Crécy kam die Pest, eingeschleppt von den Genuesern, von denen man sich niemals etwas Gutes erwarten durfte! Ihre Schiffe hatten die furchtbare Krankheit aus dem Orient gebracht. Zuerst breitete sie sich in der Provence aus, griff nach Avignon über, dieser von Ausschweifungen verrotteten Stadt, und verheerte sie zur Strafe für ihre Sünden. Man brauchte nur zu hören, was Messer Petrarca berichtete, um die stinkende Verderbtheit dieses neuen Babylon zu kennen und zu begreifen, daß es dazu bestimmt war, rächendem Unheil anheimzufallen. (41)
Der Toskaner ist mit nichts und niemandem zufrieden, außer mit sich selbst. Ohne üble Nachrede könnte er nicht leben. Giannino war darin ein echter Toskaner. Noch in Viterbo waren Guidarelli und er nicht fertig damit, die ganze Welt zu tadeln.
Was tat vor allem der Papst in Avignon, anstatt in Rom zu residieren, an dem Ort, den der heilige Petrus ausersehen hatte? Und warum wurden immer nur französische Päpste gewählt? Wie dieser Pierre Roger, der frühere Bischof von Arras, der auf Benedikt XII. gefolgt war und jetzt unter dem Namen Clemens VI. regierte? Warum ernannte er seinerseits wieder nur französische Kardinäle und weigerte sich, nach Italien zurückzukehren? Gott hatte sie alle gestraft. In wenigen Monaten standen in Avignon siebentausend Häuser leer, die Toten wurden in Karrenladungen fortgeführt. Dann war die Geißel auch nach dem Norden, über ein vom Krieg erschöpftes Land gekommen. Die Pest hatte in Paris Einzug gehalten, wo es täglich tausend Tote gab. Groß und klein, sie verschonte niemand. Die Gattin des Herzogs der Normandie, Tochter des Königs von Böhmen, war an der Pest gestorben. Selbst die Königin von Frankreich, Johanna die Hinkende, wurde von der Pest dahingerafft, so auch die Königin Johanna von Navarra. Die Franzosen, die Johanna die Hinkende haßten, meinten, ihr Tod wäre nur eine gerechte Strafe.
Aber warum mußte Giovanna Baglioni, die erste Gattin Gianninos, die Frau mit dem marmorweißen Hals und den schönen Mandelaugen, auch eines so grausamen Todes sterben? War das Gerechtigkeit? War es gerecht, daß die Epidemie Siena und die ganze Toskana verwüstete? Gott zeigte wirklich wenig Einsicht und ließ allzuoft die Guten für die Missetaten der Bösen zahlen.
Glücklich, wer der Pest entronnen! Glücklich Messer Boccaccio, Sohn eines Freundes der Tolomei und Kind einer französischen Mutter wie Giannino, der als Gast eines reichen Seigneurs in einer schönen Villa

in Florenz verschont blieb! Um die Flüchtlinge in der Villa Palmieri abzulenken und sie vergessen zu lassen, daß der Tod vor der Türe lauerte, hatte Boccaccio während der ganzen Zeit der Epidemie jene schönen, vergnüglichen Geschichten geschrieben, die sich jetzt ganz Italien erzählte. Gab es nicht dem Tod gegenüber mehr Mut beim Grafen Palmieri und bei Messer Boccaccio als bei den einfältigen französischen Rittern? Der Notar Guidarelli war ganz dieser Meinung.
König Philipp hatte sich nur dreißig Tage nach dem Tod der bösen Königin wieder verheiratet. Giannino tadelte ihn darob, nicht gerade wegen der zweiten Ehe, da er es nicht anders gemacht hatte, wohl aber wegen der unanständigen Eile dieser zweiten Hochzeit. Dreißig Tage! Und wen hatte Philipp VI. gewählt? Hier nämlich begann die Geschichte reizvoll zu werden! Er hatte die Braut seines ältesten Sohnes entführt, der auch Witwer war und sich mit seiner Cousine Blanche, der Tochter des Königs von Navarra, wiederverheiraten sollte, die den Beinamen Schöne Weisheit trug.
Als diese achtzehnjährige Jungfrau bei Hof erschien, war Philipp so hingerissen gewesen, daß er sich auf sie gestürzt hatte. Johann von der Normandie hatte sie seinem Vater abtreten und sich mit der Gräfin von Boulogne vermählen lassen müssen, einer vierundzwanzigjährigen Witwe, die ihm nur wenig gefiel – nicht weniger allerdings als jede andere Dame, denn seine Vorliebe schien eher den Knappen zu gelten.
Der sechsundfünfzigjährige König hatte in den Armen der Schönen Weisheit den Schwung seiner Jugend wiedergefunden. Schöne Weisheit, der Name paßte wahrhaftig gut zu ihr! Giannino und Guidarelli schüttelten sich in ihren Sätteln vor Lachen. Schöne Weisheit! Messer Boccaccio hätte daraus eine seiner drolligen Geschichten machen können. Binnen drei Monaten hatte das Edelfräulein den Turnierhelden ins Grab gebracht, und man führte diesen prächtigen Tölpel nach Saint-Denis, ihn, der mehr als dreißig Jahre nur regiert hatte, um sein Land vom Reichtum in den Ruin zu stürzen.
Johann II., der neue König, der sechsunddreißig Jahre zählte und den man den Guten nannte, ohne recht zu wissen, warum, schien nach den Berichten von Reisenden dieselben soliden Tugenden wie sein Vater zu besitzen und dasselbe Glück in seinen Unternehmungen. Er war nur noch etwas verschwenderischer, unbeständiger und oberflächlicher, und von seiner Mutter hatte er Hinterlist und Grausamkeit geerbt. Da er ständig Verrat witterte, hatte er schon seinen Konnetabel enthaupten lassen.
In dem von ihm eroberten Calais schuf Eduard III. damals den Hosenbandorden, als er den Strumpf der schönen Gräfin von Salisbury

selbst befestigte, in die er verliebt war. König Johann II. wollte an Ritterlichkeit nicht zurückstehen und stiftete den Sternorden, um als ersten damit seinen Günstling auszuzeichnen, den jungen Spanier Carlos de la Cerda. Weiter reichten seine Heldentaten nicht.
Das Volk verhungerte; in Landwirtschaft und Handel fehlte es infolge von Pest und Krieg an Arbeitskräften; Nahrungsmittel waren rar und die Preise schwindelnd hoch; man schaffte Ämter ab; von allen Unternehmungen erhob man Steuern in der Höhe von fast einem Sou pro Livre.
Schweifende Banden, den Pastorellen ähnlich, aber noch toller, durchstreiften das Land, Tausende von Männern und Frauen, in Fetzen gehüllt, die auf ihrem Weg düstere Psalmen sangen und einander mit Schnüren und Ketten geißelten, um dann, von plötzlicher wilder Wut erfaßt, wie immer unter Juden und Italienern Massaker anzurichten.
Indessen fuhr der französische Hof fort, einen herausfordernden Luxus zur Schau zu tragen, für ein einziges Turnier so viel Geld auszugeben, als man gebraucht hätte, um alle Armen einer ganzen Grafschaft ein Jahr lang zu ernähren. Man kleidete sich auf wenig christliche Art: Die Männer trugen noch mehr Juwelen als die Frauen, ihre Kettenhemden waren eng in die Taille geschnitten und so kurz, daß sie die Schenkel entblößten, während die Schuhe so spitz zuliefen, daß sie am Gehen hinderten.
Wie konnte ein auch nur einigermaßen seriöses Bankgeschäft solchen Leuten neue Anleihen gewähren oder ihnen Tuche liefern? Nein, gewiß nicht! Giannino Baglioni, der am 2. Oktober über den Ponte Milvio in Rom einritt, war fest entschlossen, dem Tribun Cola di Rienzi hierüber seine Meinung zu sagen.

Die Nacht auf dem Kapitol

Die Reisenden waren in einer *Osteria* am Campo dei Fiori abgestiegen, zur Stunde, als die lärmenden Marktweiber ihre Butten voll Rosen aufpackten und den farbigen, duftenden Teppich ihrer Waren wieder vom Platz räumten.
Bei Einbruch der Dämmerung nahm Giannino Baglioni den Gastwirt als Führer und begab sich zum Kapitol.
Welch herrliche Stadt, dieses Rom, das er nie besucht hatte, und wie bedauerte er jetzt, da er es entdeckte, nicht bei jedem Schritt stehenbleiben zu können! Riesenhaft im Vergleich zu Siena und Florenz, offenbar größer sogar als Paris, an das sich Giannino nur undeutlich

erinnerte, lebendiger und wimmelnder als Lyon, das er einst besucht hatte. Wo das Gewirr der Gäßchen sich öffnete, stand man plötzlich vor herrlichen Palästen, deren Toröffnungen und Höfe von Fackeln oder Laternen erleuchtet waren. Durch die Straßen zogen singende Knaben, die sich untergefaßt hielten. Man drängte sich, war aber dabei bester Laune, man lächelte den Fremden zu, es gab zahlreiche Herbergen, aus denen köstliche Düfte von warmem Öl, Safran, gebackenem Fisch und gebratenem Fleisch aufstiegen. Das Leben schien bei Nacht nicht stillzustehen.
Giannino stieg im Licht der Sterne den Kapitolischen Hügel empor. Vor einem Kirchenportal wuchs Gras, umgestürzte Säulen, eine Statue mit erhobenem abgebrochenem Arm ließen erkennen, daß man in der antiken Stadt war.
Cola di Rienzi tafelte mit zahlreichen Gästen in einem weiten Saal, der über den Grundmauern des Jupitertempels erbaut war. Giannino ließ sich den Tribun zeigen, ging dann auf ihn zu, beugte ein Knie und nannte seinen Namen. Sogleich nahm der Tribun ihn bei der Hand, hieß ihn aufstehen und ließ ihn in ein benachbartes Gemach führen, wohin er ihm nach einigen Augenblicken folgte.
Rienzi hatte sich den Titel eines Tribunen beigelegt, seine Miene und Haltung aber waren eher die eines Kaisers. Seine Farbe war der Purpur, seinen Mantel trug er wie eine Toga. Der Kragen seines Gewandes umhüllte einen breiten, runden Hals, das massive Antlitz mit den großen hellen Augen, den kurzen Haaren und dem eigenwilligen Kinn schien dazu bestimmt, den Büsten der Cäsaren zugesellt zu werden. Der Tribun hatte einen leichten Tick: Sein rechter Nasenflügel zuckte, was ihm einen Ausdruck der Ungeduld verlieh. Durch sein bloßes Erscheinen schon bewies dieser Mann, daß er zum Befehlen geboren war, daß er Großes für sein Volk im Auge hatte und daß man sich beeilen mußte, seine Gedanken zu begreifen und sich danach zu richten. Er hieß Giannino neben sich Platz nehmen, befahl dem Diener, die Türen zu schließen und darauf zu achten, daß sie nicht gestört würden. Dann begann er sogleich Fragen zu stellen, die nichts mit dem Bankgeschäft zu tun hatten.
Er schien sich nicht um Tuchhandel, Anleihen oder Wechsel zu kümmern. Es war nur Giannino, nichts als Gianninos Person, die für ihn von Interesse war. In welchem Alter war Giannino aus Frankreich gekommen? Wo hatte er seine ersten Lebensjahre verbracht? Wer hatte ihn erzogen? Hatte er immer den gleichen Namen getragen?
Nach jeder Frage wartete Rienzi auf Antwort, lauschte, streckte das Kinn vor und stellte eine neue Frage.
Giannino hatte also, wie man ihm erzählt hatte, das Licht der Welt

in einem Pariser Kloster erblickt. Seine Mutter, Marie de Cressay, hatte ihn bis zu seinem neunten Jahr in der Ile de France aufgezogen, in der Nähe eines Weilers, der Neauphle-le-Vieux genannt wurde. Wußte er, ob seine Mutter einmal am französischen Hof gewesen war? Ja, sie hatte sich dort aufgehalten. Der Sienese erinnerte sich, was ihm Guccio Baglioni, sein Vater, erzählt hatte: Nach der Geburt ihres Sohnes war Marie de Cressay an den Hof berufen worden, als Amme für das Kind der Königin Klementia, aber sie war nur kurze Zeit dort geblieben, da das Kind der Königin alsbald gestorben war, vergiftet, wie man sagte.
Und Giannino mußte lächeln. Er war der Milchbruder eines Königs von Frankreich gewesen, er dachte fast niemals daran, und es kam ihm plötzlich unglaubhaft, fast lächerlich vor, wenn er sich mit seinen fast vierzig Jahren und seiner bürgerlich ruhigen Existenz in Siena betrachtete.
Aber warum stellte Rienzi alle diese Fragen an ihn? Warum betrachtete ihn der Tribun mit den großen, hellen Augen, der Bastard des vorletzten Kaisers, mit so nachdenklicher Aufmerksamkeit?
»Ihr seid es, Ihr seid es wohl . . .«, sagte Cola di Rienzi.
Giannino verstand nicht, was er meinte. Noch erstaunter aber war er, als der imposante Tribun sich auf ein Knie niederließ und sich zu seinem rechten Fuß beugte, um ihn zu küssen.
»Ihr seid der König von Frankreich, und von nun an soll Euch die ganze Welt als solchen behandeln«, erklärte Rienzi.
Die Lichter um Giannino schienen zu schwanken.
Wenn das Haus, in dem man friedlich tafelt, plötzlich zusammenstürzt, weil die Erde zu rutschen begonnen hat, wenn das Schiff, in dem man schläft, mitten in der Nacht an einem Felsen zerschellt, dann versteht man im ersten Augenblick auch nicht, was geschieht.
Giannino Baglioni saß in einem Gemach des Kapitols, Roms Herr kniete zu seinen Füßen und behauptete, er, Giannino, sei König von Frankreich!
»Im Monat Juni waren es neun Jahre, daß die Dame Marie de Cressay gestorben ist . . .«
»Meine Mutter ist tot?« rief Giannino.
»Ja, mein hoher Herr . . . oder besser gesagt, jene, die Ihr für Eure Mutter hieltet. Und am Vorabend ihres Todes hat sie gebeichtet . . .«
Es war das erste Mal, daß sich Giannino ›hoher Herr‹ nennen hörte, und es verblüffte ihn noch mehr als das Küssen seines Fußes.
Kurz vor ihrem Hinscheiden also hatte Marie de Cressay einen Augustinermönch aus einem benachbarten Kloster, Bruder Jourdain d'Espagne, an ihr Lager gerufen und ihm ihre Beichte abgelegt.

In Giannino wurden die ersten Kindheitserinnerungen wach. Er sah das Schlafzimmer von Cressay vor sich und seine schöne blonde Mutter . . . Seit neun Jahren war sie tot, und er hatte es nicht gewußt. Rasch rechnete er nach: 1345 . . . Und jetzt war sie auf einmal nicht mehr seine Mutter.
Auf die Bitte der Sterbenden hatte Bruder Jourdain diese Beichte schriftlich aufgezeichnet, die ein ungewöhnliches Staatsgeheimnis und ein nicht weniger ungewöhnliches Verbrechen enthüllte.
»Ich werde Euch die Aufzeichnung der Beichte zeigen wie auch den Brief Bruder Jourdains, dies alles ist in meinem Besitz«, sagte Cola di Rienzi.
Der Tribun sprach vier volle Stunden lang. Soviel war nötig, um Giannino zuerst von Ereignissen zu unterrichten, die vierzig Jahre zurücklagen und einen Teil der Geschichte Frankreichs bildeten: der Tod Margaretes von Burgund, die Wiederverehelichung König Ludwigs X. mit Klementia von Ungarn.
»Mein Vater war Mitglied der Gesandtschaft, die Königin Klementia aus Neapel abholte, er hat es mir oft erzählt«, sagte Giannino, »er war im Gefolge eines gewissen Grafen de Bouville . . .«
»Graf de Bouville, sagt Ihr? So schließt sich die Kette! Es war der gleiche Bouville, der zum Vormund der Leibesfrucht Eurer Mutter, edler Seigneur, der Königin Klementia, ernannt worden war und der, um Euch zu nähren, die Dame de Cressay aus dem Kloster holen ließ, wo sie eben niedergekommen war. Genau das hat sie erzählt.«
Während der Tribun zu sprechen fortfuhr, fühlte Giannino, wie ihm die Sinne schwanden. Alles verkehrte sich, die Schatten wurden hell und der Tag finster. Er bat Rienzi häufig, seine Erklärungen zu wiederholen, wie bei einem allzu schwierigen Rechenexempel. Er war nicht mehr der Milchbruder eines in der Wiege verstorbenen Königs von Frankreich; es war der Milchbruder, der in der Wiege gestorben war. Mit einem Schlag erfuhr er, daß sein Vater nicht sein Vater, seine Mutter nicht seine Mutter war, sondern daß sein wahrer Vater, ein König von Frankreich, seine erste Frau hatte ermorden lassen, um selbst durch Mörderhand zu enden. Mußte er von nun an das Andenken dieses Mannes ehren?
»Man hat Euch stets Johann genannt, nicht wahr? Die Königin, Eure Mutter, hat Euch wegen eines Gelübdes diesen Namen gegeben. Johann oder Giovanni und daraus Giovannino oder Giannino . . . Ihr seid Johann I., der Posthume.«
Der Posthume! Eine düstere Bezeichnung – eines der Worte, das nach Friedhof riecht und bei dem die Toskaner mit der Linken das Zeichen zur Abwehr des bösen Blicks machen.

Mit einemmal tauchten nun Graf Robert von Artois und die Gräfin Mahaut, diese Namen, die den großen Erinnerungen seines Vaters ... nein, nicht seines Vaters, sondern eben des anderen, Guccio Baglioni, angehörten, in der Erzählung des Tribuns auf, belastet mit entsetzlichen Taten. Die Gräfin Mahaut, die schon den Vater Gianninos vergiftet hatte, ja, den König Ludwig! ... Sie hatte auch beabsichtigt, das Neugeborene zu ermorden.
»Der vorsichtige Graf de Bouville hatte jedoch das Kind der Königin mit dem Kind der Amme vertauscht, das übrigens auch Johann hieß. Dieses wurde getötet und in Saint-Denis bestattet ... der Sohn des Kaufmanns aus Siena.«
Giannino fühlte sich über alle Maßen unbehaglich, denn er konnte sich nicht abgewöhnen, Giannino Baglioni, der Sohn des Kaufmanns aus Siena, zu sein, und es war, als teilte man ihm mit, er sei mit fünf Tagen gestorben, und als sei sein Leben seither unwirklich, sein Leib, seine Erinnerungen, seine eigene Familie nichts als Illusion. Er wurde zu seinem eigenen Gespenst. Ein wahrer Alpdruck, diese Nacht auf dem Kapitol!
»Sie nannte mich manchmal ›mein kleiner Prinz‹«, murmelte Giannino.
»Wer?«
»Meine Mutter ... Ich meine, die Dame de Cressay ... wenn wir allein waren. Ich dachte, das sei ein Kosename, den die Mütter in Frankreich ihren Kindern geben, und sie küßte meine Hände und begann zu weinen ... Ach, wie viele Erinnerungen kehren wieder! ... Und die Rente, die der Graf de Bouville schickte und die bewirkte, daß die Onkel Cressay, der Bärtige und der andere, an dem Tag, an dem das Geld kam, freundlicher mit mir waren ...«
Was ist aus allen diesen Leuten geworden? Die meisten waren seit langem tot: Mahaut, Bouville, Robert von Artois ... die Brüder Cressay waren am Vorabend der Schlacht von Crécy auf ein Wort Philipps VI. hin zu Rittern geschlagen worden.
»Sie mußten schon ziemlich betagt gewesen sein ...«
Wenn also Marie de Cressay Guccio Baglioni niemals wiedersehen wollte, so geschah es nicht aus Haß, wie dieser bitter behauptete, sondern um den Schwur zu halten, den man ihr fast mit Gewalt abgefordert hatte, als man ihr den geretteten kleinen König übergab.
»Auch aus Furcht vor Maßnahmen gegen sie selbst oder gegen ihren Gatten«, erklärte Cola di Rienzi. »Denn sie waren heimlich, aber gültig durch einen Mönch getraut worden. Auch das hat sie in ihrer Beichte erzählt. Und eines Tages ist Baglioni gekommen und hat Euch entführt, als Ihr neun Jahre alt wart.«

»Sie hat sich nie wieder verheiratet?«
»Niemals.«
»Die Unglückliche! Welch ein furchtbares Leben ... Auch er hat sich nicht mehr verehelicht.«
Giannino verlor sich einen Augenblick in Gedanken und versuchte, an die Tote in Cressay und an den Toten in der Campagna wie an Adoptiveltern zu denken.
Dann fragte er plötzlich:
»Kann ich einen Spiegel haben?«
»Gewiß«, erwiderte der Tribun mit leichtem Erstaunen.
Er klatschte in die Hände und erteilte dem herbeieilenden Diener einen Befehl.
»Ich habe die Königin Klementia gesehen, einmal ... eben als ich von Cressay fortgebracht wurde und einige Tage in Paris bei Onkel Spinello verbrachte. Mein Vater, mein Adoptivvater, wie Ihr sagt, war sehr stolz, daß er sie kannte, und führte mich zu ihr, um mir diese Erinnerung zu schenken. Sie gab mir Zuckerwerk, und sie war sehr schön. Das also war meine Mutter?«
Er fühlte, wie die Erregung sich seiner mehr und mehr bemächtigte. Er schob die Hand unter den Kragen seines Gewandes und zog ein kleines, an einer seidenen Kordel befestigtes Medaillon hervor.
»Diese Reliquie des heiligen Johannes stammt von ihr ...«
Verzweifelt versuchte er, sich an die Züge ihres Gesichtes zu erinnern, soweit sie seine Kindheitserinnerung hatte festhalten können. Sie hatte eine schöne Hand zerstreut auf seinen Kopf gelegt ... und er hatte nicht gewußt, daß es die mütterliche Hand war. Sie war als Königinwitwe ganz weiß gekleidet gewesen. Sie war gestorben, ohne zu wissen, daß ihr einziger Sohn am Leben war.
Ach! Was war diese Gräfin Mahaut für eine große Verbrecherin, die nicht nur ein unschuldiges neugeborenes Kind ermordet, sondern in so viele Existenzen Verwirrung und Unglück gebracht hatte!
Giannino hatte nun das Gefühl der Irrealität seiner Person verloren, es war dem Eindruck gewichen, ein Doppelwesen zu sein, und das beängstigte ihn genauso. Er war er selbst und zugleich ein anderer, der Sohn des Bankiers aus Siena und der Sohn des Königs von Frankreich.
Und seine Gattin Francesca? Plötzlich dachte er an sie. Wen hatte sie geehelicht? Und seine eigenen Kinder? Sie stammten also von Hugo Capet, von Ludwig dem Heiligen und von Philipp dem Schönen ab ...
»Papst Johann XXII. mußte von diesen Dingen Wind bekommen haben«, fuhr Cola di Rienzi fort. »Man hat mir zugetragen, daß unter

einigen Kardinälen seiner Umgebung das Geraune ging, er zweifle an dem Tod des Sohnes von König Ludwig X. Vielleicht nur ein Gerücht, dachte man, wie deren so viele in Umlauf sind. Niemand glaubte ernstlich daran bis zu jener Beichte *in extremis* Eurer Adoptivmutter, Eurer Amme, die dem Augustinermönch das Versprechen abforderte, Euch zu suchen und Euch die Wahrheit mitzuteilen. Ihr ganzes Leben lang hatte sie durch ihr Schweigen den Befehl der Menschen befolgt, aber als der Augenblick kam, vor Gott zu treten, und da alle, die ihr das Schweigen auferlegt hatten, gestorben waren, ohne sie jemals von ihrem Schwur zu entbinden, wollte sie von ihrem Geheimnis befreit werden.«

Und Bruder Jourdain d'Espagne hatte sich getreu seinem Versprechen auf den Weg gemacht, um Giannino zu suchen, aber Krieg und Pest hatten ihn gehindert, weiter als bis Paris zu gelangen. Die Tolomeis hatten dort kein Kontor mehr. Bruder Jourdain fühlte sich schon zu alt, um lange Reisen zu unternehmen.

»Er übergab daher die Niederschrift der Beichte«, fuhr Rienzi fort, »einem anderen Mönch seines Ordens, dem Bruder Antonius, einem Mann von großer Heiligkeit, der schon mehrmals nach Rom gepilgert war und mich bei seinen früheren Reisen aufgesucht hat. Dieser selbe Bruder Antonius lag vor zwei Monaten in Porto Venere krank darnieder und hat mich all das wissen lassen, was ich Euch jetzt erzählt habe, hat mir die Schriftstücke und seinen Bericht zugesandt. Ich muß Euch bekennen, daß ich einen Augenblick gezögert habe, alle diese Dinge zu glauben. Aber bei näherer Überlegung erschienen sie mir allzu ungewöhnlich und phantastisch, um erfunden zu sein. Menschliche Einbildungskraft hätte nicht so weit zu gehen vermocht. Häufig ist es die Wirklichkeit, die uns überrascht. Ich ließ die Daten überprüfen, gewisse Spuren verfolgen und ließ Euch suchen. Zuerst sandte ich Euch Boten, die Euch jedoch, da sie Euch keine schriftliche Botschaft brachten, nicht bewegen konnten, zu mir zu kommen, und schließlich, mein hoher Herr, sandte ich Euch den Brief, und dank seiner seid Ihr hier. Wenn Ihr Eure Rechte auf die Krone von Frankreich geltend machen wollt, bin ich bereit, Euch dazu zu verhelfen.«

Man hatte einen silbernen Spiegel gebracht. Giannino stellte ihn in die Nähe der großen Kandelaber und betrachtete sich lange. Niemals hatte ihm sein Gesicht gefallen, diese etwas weichlichen Konturen, die gerade, aber charakterlose Nase, die blauen Augen unter allzu blassen Brauen, dieser Kopf eines Bankiers, der sich mit Tuchhandel abgab, das sollte das Antlitz eines Königs von Frankreich sein?

Und dennoch, wenn er sich bemühte, das Bild Klementias von Ungarn in sich wachzurufen, konnte er nicht leugnen, daß einige Spuren von

Ähnlichkeit vorhanden waren. Außergewöhnliche weibliche Schönheit hinterläßt häufig ihren männlichen Nachkommen diese Art von Farblosigkeit. Und König Ludwig X., wie hatte sein Gesicht wohl ausgesehen?

Der Tribun legte die Hand auf die Schulter des Bankiers.

»Auch meine Geburt«, sagte er ernst, »war lange Zeit von einem eigentümlichen Geheimnis umwittert. Ich bin in einer Herberge dieser Stadt aufgewachsen und habe die Lastträger mit Wein bedient. Erst ziemlich spät habe ich erfahren, wessen Sohn ich bin.«

Seine schöne kaiserliche Maske, an der nur der rechte Nasenflügel zuckte, hatte sich etwas entspannt.

»Wir, Cola di Rienzi . . .«

Als Giannino zu der Stunde, in der die ersten Lichter der Morgendämmerung die Ruinen des Palatin kupferfarben umsäumten, das Kapitol verließ, begab er sich nicht am Campo dei Fiori zur Ruhe. Eine vom Tribun gestellte Ehrengarde führte ihn auf das andere Ufer des Tiber, in die Engelsburg, wo Gemächer für ihn bereitstanden.

Am nächsten Morgen suchte er bei Gott Hilfe, um seine Erregung zu meistern, und verbrachte mehrere Stunden im Gebet in einer nahen Kirche, dann kehrte er in die Engelsburg zurück. Er wünschte seinen Freund Guidarelli zu sehen, doch wurde er gebeten, mit niemand zu sprechen, bevor er den Tribun nochmals besucht hatte. Bis zum Abend wartete er allein, daß man ihn wieder holte. Offenbar erledigte Rienzi wichtige Angelegenheiten nur des Nachts.

Giannino kehrte also in das Kapitol zurück, wo ihm der Tribun noch größere Ehren erwies als am vorhergehenden Abend und sich von neuem mit ihm einschloß.

Cola di Rienzi hatte einen Schlachtplan entworfen, den er nun vortrug: Unverzüglich würde er Briefe an den Papst, den Kaiser und an alle christlichen Herrscher entsenden und sie einladen, ihm Gesandte zu schicken, die eine Mitteilung von allerhöchster Wichtigkeit entgegenzunehmen hätten. Von ihrem Inhalt aber ließ er nichts verlauten. Sind dann alle Gesandten in einer feierlichen Audienz versammelt, so wird Giannino vor ihnen erscheinen, bekleidet mit den königlichen Insignien, und Rienzi wird ihn als den wahren König von Frankreich vorstellen . . . Wohlverstanden, wenn der hohe Herr damit einverstanden ist.

Giannino war seit dem vorigen Abend König von Frankreich, aber seit zwanzig Jahren sienesischer Bankier, und so fragte er sich, welches

Interesse Rienzi daran haben konnte, mit einer solchen Ungeduld, ja fast mit einem Fieber, das den mächtigen Körper des Potentaten schüttelte, für Giannino Partei zu ergreifen? Seit dem Tod Ludwigs X. waren vier Könige einander auf dem französischen Thron gefolgt, warum also wollte Rienzi jetzt ihre Legitimität anfechten? War es, so wie er sagte, nur, um eine ungeheuerliche Ungerechtigkeit aufzudekken und einen entrechteten Fürsten wiedereinzusetzen? Der Tribun machte aus seinen eigentlichen Absichten nicht lange ein Hehl.
»Der wahre König von Frankreich könnte den Papst nach Rom zurückbringen. Die falschen Könige haben falsche Päpste.«
Rienzi sah weit. Der Krieg zwischen Frankreich und England, der sich immer mehr zu einem Krieg der einen Hälfte des Okzidents mit der anderen entwickelte, beruhte zumindest juristisch auf einem dynastischen Erbfolgestreit. Ließ man den wahren Anwärter auf den Thron von Frankreich, den legitimen Erben, auftauchen, so waren die beiden anderen Könige aller ihrer Ansprüche beraubt. Die europäischen Herrscher, zumindest die friedliebenden, versammelten sich in Rom, setzten Johann II. ab und gaben Johann I. seine Krone wieder zurück. Und Johann I. beschloß die Rückkehr des Heiligen Vaters in die Ewige Stadt. Es gab keine Absichten des französischen Hofes auf italienisches Reichsgebiet mehr, keine Kämpfe zwischen Guelfen und Gibellinen, das wiedervereinte Italien konnte nach seiner einstigen Größe streben. Der Papst und der König von Frankreich konnten sogar, falls sie es wünschten, aus dem Urheber dieser Größe und dieses Friedens, aus Cola di Rienzi, dem Kaisersohn, den Kaiser, und zwar nicht einen deutschen, sondern einen Kaiser der Antike machen! Die Mutter von Cola stammte aus Trastevere, wo immer noch die Schatten von Augustus, Trajan und Mark Aurel sogar durch die Schenken wandeln und Träume erwecken . . .
Am nächsten Tag – es war der 4. Oktober –, bei einer dritten Zusammenkunft, überreichte Rienzi Giannino, den er von nun an Giovanni di Francia nannte, alle Stücke des ungewöhnlichen Beweismaterials: die Beichte der Adoptivmutter, den Bericht des Bruders Jourdain d'Espagne, den Brief des Bruders Antonius. Schließlich ließ Rienzi einen seiner Sekretäre kommen und begann den Akt zu diktieren, der alles bestätigen sollte:

»Wir, Cola di Rienzi, Ritter von Gnaden des Apostolischen Stuhles, illustrer Senator der Heiligen Stadt, Richter und Tribun des römischen Volkes, haben die Uns von Bruder Antonius gelieferten Schriftstücke genau geprüft und haben ihnen um so mehr Glauben geschenkt, als nach allem, was Wir erfahren und gehört haben, durch

Gottes Willen das französische Königreich tatsächlich lange Jahre hindurch vom Krieg und von Geißeln aller Art heimgesucht wurde, was alles Gott zuließ, als Buße, wie Wir meinen, für den Betrug, der an diesem Mann verübt wurde und um dessentwillen er lange in Erniedrigung und Armut gelebt hat . . .«

Der Tribun schien noch nervöser als am Vorabend, sooft ein ungewohntes Geräusch an sein Ohr drang, und mehr noch, wenn Stille eintrat, unterbrach er sein Diktat. Seine hervorquellenden Augen richteten sich oft auf die geöffneten Fenster, es war, als spähe er nach der Stadt.

». . . Giannino hat sich auf Unsere Einladung am Donnerstag, dem 2. Oktober, vorgestellt. Bevor Wir ihm davon sprachen, was Wir ihm zu sagen hatten, fragten Wir ihn nach seiner Stellung, seinem Namen und dem Namen seines Vaters und nach allen Dingen, die mit ihm in Zusammenhang standen. Nach seiner Antwort haben Wir gefunden, daß seine Worte mit den Briefen des Bruders Antonius übereinstimmen, weshalb Wir ihm ehrfurchtsvoll alles enthüllt haben, was Uns mitgeteilt wurde. Da Wir jedoch wissen, daß sich in Rom ein Aufstand gegen Uns vorbereitet . . .«

Giannino fuhr auf. Wie, dieser Cola di Rienzi, der so mächtig war, daß er davon sprach, Abgesandte an den Papst und an alle Fürsten der Welt zu entsenden, fürchtete . . . Giannino hob den Blick zu dem Tribun, dieser nickte und senkte langsam die Lider über die hellen Augen, sein rechter Nasenflügel zuckte.
»Die Colonna«, sagte er düster und fuhr dann mit seinem Diktat fort:
». . . da Wir zu sterben fürchten, bevor Wir ihm Unterstützung gewährt oder Mittel gegeben haben, sein Königreich wiederzuerlangen, haben Wir alle diese Briefe abschreiben lassen und sie am Samstag, dem 4. Oktober 1354, in seine eigenen Hände gelegt, versiegelt mit Unserem Siegel, mit dem großen, von acht kleinen Sternen umgebenen Stern und dem kleinen Kreis in der Mitte, sowie mit dem Wappen der Heiligen Kirche und des Volkes von Rom, damit die in diesen Briefen enthaltene Wahrheit noch besser bekräftigt und allen Gläubigen bekanntgemacht werde. Möge Unser überaus heiliger und gnadenvoller Herr Jesus Christus Uns ein genügend langes Leben gewähren, damit es Uns beschieden sei, eine so gerechte Sache in dieser Welt triumphieren zu sehen. Amen, Amen!«

Als dies geschehen war, näherte sich Rienzi dem offenen Fenster und nahm Johann I. mit einer fast väterlichen Geste um die Schultern. Er zeigte ihm, hundert Fuß tiefer, die Ruinen des antiken Forums, die Triumphbögen und die zerstörten Tempel. Die sinkende Sonne färbte diesen gigantischen Steinbruch rosig, aus dem sich Vandalen und Päpste fast zehn Jahrhunderte hindurch Marmor geholt hatten und der noch immer nicht erschöpft war. Vom Jupitertempel aus sah man das Haus der Vestalinnen und den Lorbeer, der im Tempel der Venus grünte.

»Dort«, sagte er und zeigte auf den Platz der ehemaligen römischen Kurie, »dort wurde Caesar ermordet. Wollt Ihr mir einen großen Dienst erweisen, edler Herr? Noch kennt Euch niemand, noch weiß niemand, wer Ihr seid, noch könnt Ihr friedlich wandeln wie ein einfacher Bürger aus Siena. Ich will Euch mit allen meinen Kräften helfen, doch muß ich dazu am Leben bleiben. Ich weiß, daß eine Verschwörung gegen mich im Gange ist. Ich weiß, daß meine Feinde mich töten wollen und daß sie alle Boten überwachen, die ich aus Rom entsende. Reist nach Montefiascone, sucht in meinem Namen den Kardinal Albornoz auf und sagt ihm, er möge mir mit größter Beschleunigung Truppen schicken.«

In welch ein Abenteuer war Giannino in diesen wenigen Stunden verwickelt worden? Anspruch auf Frankreichs Thron erheben! Und kaum war er Thronprätendent, sollte er als Bote des Tribunen Hilfe für ihn herbeiholen. Er hatte in nichts eingewilligt, aber er konnte auch nichts ablehnen.

Am nächsten Tag, dem 5. Oktober, nach einem Ritt von zwölf Stunden, gelangte er in das gleiche Montefiascone, das er vor fünf Tagen durchquert und wo er Frankreich und die Franzosen so übel kritisiert hatte. Er sprach mit Kardinal Albornoz, der sogleich beschloß, mit allen verfügbaren Soldaten nach Rom zu marschieren, aber schon war es zu spät. Am Dienstag, dem 7. Oktober, war Cola di Rienzi ermordet worden.

Johann I., der Unbekannte

Und Johann von Frankreich kehrte nach Siena zurück, nahm sein Bankgeschäft und den Tuchhandel wieder auf und verhielt sich zwei Jahre lang still. Nur sah er häufig in den Spiegel und schlief nicht ein, ohne daran zu denken, daß er der Sohn der Königin Klementia von Ungarn, der Verwandte der Herrscher von Neapel und der Urenkel Ludwigs des Heiligen sei. Aber er hatte kein wagemutiges Herz, und man verläßt auch nicht plötzlich mit vierzig Jahren Siena und schreit: »Ich bin der König von Frankreich«, ohne daß man Gefahr läuft, für einen Narren gehalten zu werden. Die Ermordung Cola di Rienzis, der drei Tage lang sein Beschützer gewesen war, gab ihm zu denken. Und vor allem – an wen hätte er sich wenden sollen?

Immerhin hatte er die Sache nicht so geheimgehalten, daß er nicht ein wenig davon mit seiner Gattin Francesca gesprochen hätte, die neugierig war wie alle Frauen, mit seinem Freund Guidarelli, der neugierig war wie alle Notare, und vor allem mit seinem Beichtvater, Fra Bartolomeo vom Predigerorden.

Fra Bartolomeo war ein italienischer Mönch, begeisterungsfähig und geschwätzig, der sich schon als Beichtvater des Königs sah. Giannino hatte ihm alle von Rienzi erhaltenen Schriftstücke gezeigt, und er begann in der Stadt davon zu erzählen. Bald flüsterten die Bürger von Siena über dieses Wunder: Der legitime König von Frankreich war mitten unter ihnen! Man stand in Gruppen vor dem Palazzo Tolomei zusammen; kam man zu Giannino, um Tuch zu bestellen, verbeugte man sich tief; man war geehrt, ihm einen Wechsel zu unterschreiben; man zeigte ihn sich gegenseitig, wenn er durch die Gäßchen ging. Die Handelsreisenden, die in Frankreich gewesen waren, schworen, er hätte genau das Gesicht der französischen Prinzen, blond, mit breiten Wangen und etwas auseinanderstehenden Augenbrauen.

Und nun begannen die Händler aus Siena die Nachricht bei ihren Geschäftsfreunden in allen Teilen Europas zu verbreiten. Und man entdeckte, daß Bruder Jourdain d'Espagne und Bruder Antonius, die Augustinermönche, die alle Welt für tot hielt, so sehr hatten sie sich in ihren Briefen als alt und hinfällig geschildert, noch immer am Leben waren und sich sogar anschickten, nach dem Heiligen Land zu pilgern. Und nun schrieben diese beiden Mönche an den Rat der Republik von Siena, um alle ihre früheren Erklärungen zu bekräftigen, ja, Bruder Jourdain schrieb Giannino selbst, erzählte ihm von den unglücklichen Zeiten in Frankreich und flehte ihn an, Mut zu fassen!

Tatsächlich war das Unglück Frankreichs groß. König Johann II., der ›falsche König‹, wie ihn die Sienesen jetzt nannten, hatte sein ganzes Genie in einer großen Schlacht gezeigt, die im Westen des Königreiches, bei Poitiers, geschlagen worden war. Da sein Vater, Philipp VI., bei Crécy durch Fußtruppen eine Niederlage erlitten hatte, kam sein Sohn auf den Gedanken, seine Ritter absitzen, sie jedoch nicht ihrer Rüstungen entledigen zu lassen und sie so einem Feind entgegenzuwerfen, der ihren Angriff auf einem Hügel erwartete. Man hatte sie in ihren grauen Panzern wie rohe Hummern zersäbelt.

Der älteste Sohn des Königs, Karl, den man den Dauphin nannte, seit das königliche Haus von Frankreich gegen Ende der vorgehenden Regierung die Dauphiné vom Grafen de Viennois zurückerworben hatte, Dauphin Karl also, der ein Armeekorps befehligte, hatte sich vom Kampf zurückgezogen, auf Befehl seines Vaters, wie man sagte. Jedenfalls legte er viel Eifer an den Tag, diesen Befehl auszuführen. Man erzählte sich auch, daß die Hände des Dauphins anzuschwellen pflegten und er deshalb das Schwert nicht lange halten könnte. Immerhin rettete seine Vorsicht Frankreich einige Ritter, während Johann II. in der Schlacht umzingelt wurde, nur seinen jüngsten Sohn, Philipp, an der Seite, der ihm zurief: »Vater, Ihr seid von rechts bedroht, Vater, Ihr seid von links bedroht«, während ihn doch ein ganzes feindliches Heer bedrohte. Schließlich ergab sich der König einem Ritter aus der Pikardie, der zu den Engländern übergegangen war.

Jetzt war der Valois Gefangener König Eduards III. Sprach man nicht davon, daß als Lösegeld die sagenhafte Summe von einer Million Gulden für ihn gefordert wurde? Ach, dabei durfte man nicht auf die Hilfe der Bankiers aus Siena rechnen!

An einem Oktobermorgen des Jahres 1356 besprach man alle diese Neuigkeiten lebhaft vor dem Rathaus in Siena, auf dem schönen, von ocker- und rosafarbenen Palazzi gesäumten amphitheatralischen Platz; man gestikulierte so eifrig, daß die Tauben erschreckt davonflogen, als plötzlich Bruder Bartolomeo in seiner weißen Kutte auf die größte Gruppe zuging und seinem Ruf als Predigermönch alle Ehre machte, indem er zu sprechen begann, als stünde er auf der Kanzel.

»Endlich wird man erfahren, wer dieser gefangene König ist und welches Anrecht er auf die Krone Ludwigs des Heiligen hat! Der Augenblick des Gerichtes ist gekommen; die Katastrophen, die seit fünfundzwanzig Jahren über Frankreich hereinbrechen, sind nur die Strafe für ein niederträchtiges Verbrechen, und Johann von Valois ist nichts als ein Usurpator . . . Usurpatore, Usurpatore!« heulte Fra Bartolomeo über die wachsende Menge hin. »Er hat kein Recht auf den Thron, den er einnimmt. Der wahre, der legitime König von Frankreich ist in Siena zu finden, wir kennen ihn alle: Man nennt ihn Giannino Baglioni . . .«

Über die Dächer hinweg wies sein Finger in die Richtung des Palazzo Tolomei.

». . . man hält ihn für den Sohn des Guccio, Minos Sohn. Aber in Wirklichkeit ist er in Frankreich geboren, Sohn König Ludwigs und der Königin Klementia von Ungarn!«

Die Stadt wurde durch diese Ansprache in solche Erregung versetzt, daß der Rat der Republik sich unverzüglich im Rathaus versammelte und Fra Bartolomeo befahl, die Schriftstücke vorzulegen. Sie wurden geprüft, und dann beschloß der Rat nach langer Debatte, Giannino als König von Frankreich anzuerkennen. Man würde ihm helfen, sein Königreich zurückzuerobern, man wollte unter den reichsten und angesehensten Bürgern der Stadt einen Rat der Sechs ernennen, um die Interessen Gianninos zu wahren, und den Papst, den Kaiser, alle Souveräne und das Parlament in Paris benachrichtigen, daß ein Sohn Ludwigs X. lebte, enterbt, aber legitim geboren. Und vor allem stimmte man für eine Ehrengarde und ein entsprechendes Einkommen.

Giannino, von diesem Aufruhr erschreckt, lehnte zunächst alles ab. Aber der Rat war beharrlich, man schwenkte vor seinen Augen seine eigenen Dokumente und forderte, er solle sich doch überzeugen lassen. Schließlich berichtete er von seinen Zusammenkünften mit Cola di Rienzi, dessen Tod ihn noch immer beschäftigte. Nun kannte die Begeisterung keine Grenzen mehr, die vornehmsten Sienesen stritten sich um die Ehre, in seine Garde aufgenommen zu werden, fast wäre es zu einem Kampf zwischen den Stadtvierteln gekommen wie am Tage des Palio.

Die Erregung hielt nicht ganz einen Monat an, in welcher Zeit Giannino mit fürstlichem Prunk durch die Stadt zog. Seine Gattin wußte nicht recht, welche Haltung sie einnehmen sollte, und fragte sich, ob sie als einfache Bürgerin wohl in Reims gesalbt werden konnte. Die Kinder trugen alle Tage ihre Feiertagsgewänder. Sollte der älteste Sohn aus erster Ehe, Gabriel, als Thronfolger angesehen werden? Gabriel der Erste, König von Frankreich . . . Es klang sonderbar. Oder aber – und die arme Francesca Agazzano zitterte bei diesem Gedanken – würde nicht der Papst gezwungen sein, eine so wenig mit der erhabenen Person des Gatten in Einklang stehende Ehe zu annullieren, damit dieser eine neue Verbindung mit einer Königstochter eingehen könne?

Kaufleute und Bankiers wurden bald von ihren Geschäftsfreunden wieder zur Ruhe verwiesen: die Dinge in Frankreich stünden schlimm, die Italiener hätten auch so Mühe genug, dort und in England ihre Unternehmungen weiterzuführen, daß sie nicht auch noch einen neuen König erfinden mußten! Die Bardis aus Florenz kümmerten sich wenig darum, ob der legitime König ein Mann aus Siena sei! Frankreich hatte einen König aus dem Hause Valois, der als Gefangener in London war, wo er im Palais von Savoyen an der Themse mit seinem ganzen Gefolge ein höchst bequemes Leben führte und sich mit jungen Knappen über die Ermordung seines teu-

ren Carlos de la Cerda tröstete. Frankreich hatte einen englischen König, der verlangte, man solle ihm die Krone zuerkennen. Und nun machte auch der neue König von Navarra, der Enkel der Margarete von Burgund, also ein Neffe Gianninos, jetzt schon Karl der Böse genannt, seine Forderungen auf den Thron geltend. Und alle waren bei den italienischen Banken verschuldet . . . Ach, die Sienesen hatten es nötig, die Ansprüche ihres Giannino zu unterstützen!
Der Rat der Republik sandte keine Briefe an die Souveräne und keine Boten an den Papst und auch keine Delegation an das Parlament von Paris. Und bald darauf wurden Giannino seine zusätzlichen Einkünfte und die Ehrengarde entzogen.
Aber jetzt war er es, der das Abenteuer, in das er fast gegen seinen Willen hineingezogen worden war, fortsetzen wollte. Seine Ehre stand auf dem Spiel, und verspätet regte sich der Ehrgeiz in ihm. Er fand sich nicht mehr damit ab, daß man aus seinen Audienzen im Kapitol, seiner Nächtigung in der Engelsburg, der Begleitung eines Kardinals durch die Straßen von Rom so wenig Wesens machte. Einen Monat lang hatte er eine Ehrengarde gehabt, und er konnte es nicht ertragen, daß jetzt sonntags, wenn er den Dom betrat, dessen schöne schwarz-weiße Fassade gerade fertig geworden war, ein Geflüster durch die Menge ging: »Wißt Ihr, der hat behauptet, der König von Frankreich zu sein!« Da man beschlossen hatte, er sei König, wollte er es auch bleiben. Er schrieb Papst Innozenz VI., der im Jahre 1352 Pierre Roger gefolgt war, er schrieb auch an die Könige von England, Navarra, Ungarn, schickte ihnen Abschriften seiner Dokumente und bat um ihre Hilfe. Dabei wäre es vielleicht geblieben, hätte nicht der König von Ungarn als einziger Verwandter eine Antwort gegeben. Er war ein direkter Neffe der Königin Klementia, in seinem Brief gab er Giannino den Titel eines Königs und beglückwünschte ihn zu seiner Geburt!
So begann am 2. Oktober 1357 Gianninos Reise, auf den Tag drei Jahre nach seiner ersten Zusammenkunft mit Cola di Rienzi. Mit allen seinen Schriftstücken, mit zweihundertfünfzig Talern in Gold und zweitausendsechshundert Dukaten in sein Gewand genäht, machte er sich auf den Weg nach Buda, begleitet von vier Knappen, die Vertrauen in seine Bestimmung hatten, um den fernen Cousin aufzusuchen, der ihn anerkennen wollte.
Als jedoch Giannino zwei Monate später in Buda ankam, befand sich Ludwig von Ungarn nicht dort und kehrte auch erst im März wieder zurück. Den ganzen Winter lang wartete Giannino und zehrte seine Dukaten auf. Er entdeckte einen Mitbürger aus Siena, Francesco del Contado, der Bischof geworden war.

Endlich kam der ungarische Vetter in seine Hauptstadt zurück, doch empfing er Johann von Frankreich nicht. Er ließ ihn durch mehrere Seigneurs seiner Hofhaltung befragen, die sich zuerst von seiner Legitimität überzeugt erklärten und dann eine Woche später in einem plötzlichen Umschwung behaupteten, seine Geschichte sei nur ein Schwindel. Giannino protestierte, er weigerte sich, Ungarn zu verlassen. Er berief einen Rat unter dem Vorsitz des Bischofs aus Siena, es gelang ihm sogar, unter dem phantasievollen, zu Abenteuern immer bereiten Adel Ungarns sechsundfünfzig Edelleute anzuwerben, die sich bereit erklärten, ihm mit tausend Rittern und viertausend Bogenschützen zu folgen, und in ihrer blinden Großmut so weit gingen, ihm auf ihre Kosten so lange dienen zu wollen, bis er sie belohnen konnte.
Um sich auszurüsten und fortzuziehen, brauchten sie noch die Genehmigung des Königs von Ungarn. Dieser, der sich ›der Große‹ nennen ließ, in seinem Urteil aber offenbar nicht durch hohe Einsicht glänzte, wollte die Dokumente Gianninos nochmals selbst überprüfen, erklärte sie für echt, verkündete, daß er ihm helfen würde, seinen Thron zurückzuerobern, erklärte aber nach acht Tagen, daß er nach reiflicher Überlegung auf dieses Vorhaben verzichte.
Und dennoch übergab der Bischof Francesco del Contado dem Präsidenten am 15. Mai 1359 einen Brief mit gleichem Datum, gesiegelt mit dem Siegel der ungarischen Krone, worin Ludwig der Große, ›*endlich erleuchtet von der Sonne der Wahrheit*‹, bestätigte, daß Seigneur Giannino di Guccio, erzogen in der Stadt Siena, tatsächlich von der königlichen Familie seiner Ahnen abstamme und der Sohn König Ludwigs von Frankreich und der Königin Klementia von Ungarn seligen Angedenkens sei. Zugleich bestätigte der Brief, daß nach dem Willen der göttlichen Vorsehung mit Hilfe der königlichen Amme dem jungen Prinzen ein anderes Kind unterschoben worden sei, dessen Tod ihm das Leben gerettet habe. ›*So hat einst die Jungfrau Maria auf der Flucht nach Ägypten ihr Kind gerettet, indem sie glauben ließ, es sei nicht mehr am Leben . . .*‹
Immerhin riet Bischof Francesco dem Prätendenten, sich so bald als möglich auf den Weg zu machen, bevor noch der König von Ungarn seinen Entschluß widerrufen habe, um so mehr, als man nicht sicher war, ob er den Brief diktiert habe und das Siegel auf seinen Befehl angefügt worden sei . . .
Am nächsten Morgen verließ Giannino Buda. Die Zeit hatte nicht gereicht, alle Truppen, die ihm hatten dienen wollen, zu sammeln, aber für einen Fürsten, der so wenig Land besaß, war sein Gefolge recht ansehnlich.

Johann von Frankreich begab sich hierauf nach Venedig, wo er sich königliche Gewänder anfertigen ließ, dann nach Treviso, Padua, Ferrara und Bologna, von wo er schließlich nach Siena zurückkehrte, nach einer Reise von sechzehn Monaten, um als Kandidat an den Wahlen des Rates der Republik teilzunehmen.

Obwohl jedoch sein Name als dritter aus der Urne gezogen wurde, erklärte der Rat seine Wahl für null und nichtig, gerade weil er der Sohn Ludwigs X. war, weil ihn der König von Ungarn als solchen anerkannt hatte und weil er nicht aus Siena stammte. Und die sienesische Staatsbürgerschaft wurde ihm aberkannt.

Da zog der große Seneschall des Königreiches Neapel auf der Reise nach Avignon durch die Toskana. Giannino beeilte sich, ihn aufzusuchen; war nicht Neapel die Wiege seiner mütterlichen Familie? Der vorsichtige Seneschall riet ihm, zum Papst zu gehen.

Da die ungarischen Adligen der Sache überdrüssig geworden waren, kam er, diesmal ohne Gefolge, im Frühling 1360 im einfachen Pilgergewand in der Stadt des Papstes an. Innozenz VI. weigerte sich hartnäckig, ihn zu empfangen. Der Heilige Vater hatte mit Frankreich schon genug Schwierigkeiten, als daß er sich auch noch mit Johann I., dem Posthumen, hätte abgeben wollen.

Johann II., der Gute, war noch immer gefangen, Paris war der Schauplatz blutigen Aufruhrs, der Profos Etienne Marcel hatte versucht, eine Volksregierung einzusetzen, und war schließlich ermordet worden. Aufruhr herrschte auch auf dem Land, wo das Elend die sogenannten ›Jacques‹ zur Erhebung trieb. Überall brachte man sich gegenseitig um, wußte nicht mehr, wer Freund oder Feind war. Ohne Truppen und ohne Geld kämpfte der Dauphin mit seinen geschwollenen Händen noch immer gegen England, gegen Navarra, ja selbst gegen Paris, unterstützt von dem Bretonen du Guesclin, dem er das Schwert übergeben hatte, das er selbst nicht halten konnte. Auch mühte er sich, das Lösegeld für seinen Vater zusammenzubekommen.

Es herrschte restlose Verwirrung zwischen verschiedenen, aber in gleichem Maß erschöpften Parteien. Kompanien, die sich Soldaten nannten, aber nur Räuber unter dem Befehl von Abenteurern waren, machten die Straßen unsicher, plünderten die Reisenden aus und töteten aus Lust am Mord.

Der Aufenthalt in Avignon wurde für den obersten Kirchenfürsten ebenso unsicher wie Rom, selbst mit den Colonnas. Man mußte so rasch wie möglich verhandeln und die erschöpften Kriegführenden zum Frieden zwingen, der König von England hatte auf die französische Krone zu verzichten, selbst wenn er mit dem Recht des Eroberers

die Hälfte des Landes behalten sollte. Was stellte sich dieser Pilger vor, der behauptete, König von Frankreich zu sein, was hätte man denn für ihn tun wollen?
Nun begann für Giannino eine Zeit des Umherirrens. Er versuchte, Unterstützung zu finden, bettelte um Subsidien, erzählte seine Geschichte allen jenen, die zwischen zwei Humpen Wein an einem Herbergstisch Zeit hatten, ihn anzuhören, er glaubte an den Einfluß von Leuten, die ihn keineswegs hatten, er gab sich mit Intriganten ab, mit gescheiterten Existenzen, mit Wegelagerern, mit den Hauptleuten englischer Banden, die bis in die Provence vorgedrungen waren und das Land überschwemmten. Man hielt ihn für wahnsinnig, und er war auf dem besten Weg, es tatsächlich zu werden.
Die Notabeln der Stadt Aix verhafteten ihn im Januar 1361 als Unruhestifter, und da sie nicht wußten, was sie mit ihm anfangen sollten, übergaben sie ihn dem Landrichter von Marseille, der ihn ins Gefängnis steckte. Nach acht Monaten entkam er, um von neuem festgenommen zu werden; und da er sich so laut seiner neapolitanischen Familie rühmte und so energisch behauptete, er sei der Sohn der Klementia von Ungarn, schickte ihn der Landrichter nach Neapel.
Gerade in diesem Augenblick wurde über die Heirat der Königin Johanna, Erbin Roberts des Astrologen, mit dem jüngsten Sohn Johanns II. verhandelt. Kaum war dieser aus seiner fröhlichen Gefangenschaft zurückgekehrt, kaum hatte der Dauphin den Frieden von Brétigny geschlossen, so eilte Johann II. schon nach Avignon, wo Innozenz VI. soeben verschieden war. Der König von Frankreich brachte dem neuen Papst Urban V. einen großartigen Vorschlag: den berühmten Kreuzzug durchzuführen, den weder sein Vater noch sein Großvater hatten in die Wege leiten können!
In Neapel wurde Johann I., der Posthume, in das Castel dell'Ovo gesperrt; aus dem Guckloch seines Gefängnisses konnte er das Castel Nuovo sehen, den *Maschio Angiovino*, von wo seine Mutter, strahlend vor Glück, vor sechsundvierzig Jahren ausgezogen war, um Königin von Frankreich zu werden.
Dort starb er noch im selben Jahr, nachdem ihn auf sonderbarsten Umwegen das gleiche Schicksal ereilt hatte, das die Unseligen Könige verfolgte.

War Jacques de Molay, als er hoch vom Scheiterhaufen seinen Fluch schleuderte, durch das den Templern eigene seherische Wissen über die Zukunft unterrichtet gewesen, die Philipp dem Schönen und seinem Geschlecht vorbestimmt war? Oder hatte der Rauch der Flammen, in denen er starb, seinem Geist prophetische Schau verliehen?

Die Völker tragen länger an der Last der Flüche als die Fürsten, die sie auf sich herabgezogen haben.
Von den männlichen Nachkommen Philipps des Schönen war keiner dem tragischen Geschick entronnen, keiner war am Leben geblieben, außer Eduard III. von England, der niemals über Frankreich herrschen sollte.
Das Volk jedoch mußte noch lange weiterleiden. Es mußte noch ein weiser, ein wahnsinniger und schwacher König kommen, und es mußten noch siebzig Jahre des Unglücks folgen, ehe ein zweiter Scheiterhaufen am anderen Ufer der Seine aufloderte, um eine Tochter Frankreichs dafür zu bestrafen, daß sie ihr Vaterland zu sehr geliebt hatte, ehe sich endlich in seinen Rauchschwaden – gleichsam als Antwort auf den Scheiterhaufen der Insel von Paris – der Fluch des Großmeisters löste.

Anhang

Personenverzeichnis

Das Französische Königshaus. Die Könige

Karl IV., genannt der Schöne, vierzehnter Nachfolger Hugo Capets, Urenkel Ludwigs des Heiligen, dritter und letzter Sohn Philipps IV., des Schönen, und der Johanna von Navarra, ehemaliger Gatte der Blanche von Burgund und Franche-Comté.

Philipp VI. von Valois, Urenkel Ludwigs des Heiligen, Neffe Philipps des Schönen, ältester Sohn des Grafen Karl von Valois und seiner ersten Gemahlin, Margarete von Anjou-Sizilien.

Die Königinnen

Johanna von Evreux, Tochter Ludwigs von Frankreich, Graf von Evreux, Bruder Philipps des Schönen, und der Margarete von Artois, Gemahlin Karls IV.

Johanna von Burgund, genannt die Hinkende, Enkelin Ludwigs des Heiligen, Schwester des Herzogs Odo IV. und der verstorbenen Königin Margarete von Burgund.

Ihr ältester Sohn

Johann, Herzog der Normandie, künftiger König Johann II., der Gute.

Die Königinwitwen von Frankreich

Klementia von Ungarn, Prinzessin von Anjou-Sizilien, Nichte König Roberts von Neapel, zweite Gemahlin und Witwe König Ludwigs X., des Zänkers.

Johanna von Burgund, Witwe König Philipps V., des Langen, Tochter Graf Othons von Burgund und der Gräfin Mahaut von Artois.

Das Englische Königshaus. Die Könige

Eduard II. Plantagenet, 9. Nachfolger Wilhelms des Eroberers, Sohn Eduards I. und der Eleonore von Kastilien.

Eduard III. Plantagenet, Sohn Eduards II. und der Isabella von Frankreich.

Die Königinnen

Isabella von Frankreich, Gemahlin Eduards II., Tochter Philipps des Schönen und Schwester des Königs von Frankreich.

Philippa von Hennegau, Gemahlin Eduards III., zweite Tochter des Grafen Wilhelm von Hennegau und der Johanna von Valois.

Das Haus Valois

Monseigneur Karl, Enkel Ludwigs des Heiligen und Bruder Philipps des Schönen, Onkel des Königs von Frankreich, Graf von Valois, Maine, Anjou, Alençon, Chartres, Perche, Pair des Königs, früherer Titularkaiser von Konstantinopel, Graf der Romagna.

Johanna von Valois, Gräfin von Hennegau, Tochter Karls von Valois und der Margarete von Anjou, Gattin des Grafen Wilhelm von Hennegau.

Johanna von Valois, Gräfin von Beaumont, Tochter Karls von Valois und seiner zweiten Gemahlin Katharina de Courtenay, Halbschwester der Vorgenannten, Gemahlin Roberts III. von Artois, Graf von Beaumont.

Das Haus Navarra

Johanna von Navarra, Tochter Ludwigs X., des Zänkers, und der Margarete von Burgund, Erbin des Königreichs Navarra.

Philipp von Frankreich, Graf von Evreux, Gemahl der Vorgenannten, Sohn Ludwigs von Frankreich, Graf von Evreux, Cousin Karls des Schönen.

Das Haus Artois

Mahaut von Artois, Pair des Königs, Witwe des Pfalzgrafen Othon IV. von Burgund, Mutter von Johanna und Blanche von Burgund.

Robert III. von Artois, Neffe und Gegner der Vorgenannten, Graf von Beaumont-le-Roger, Pair, Seigneur von Conches, Schwiegersohn Karls von Valois.

Thierry Larchier d'Hirson, Kanonikus, Kanzler der Gräfin Mahaut, später Bischof von Arras.

Beatrice d'Hirson, Nichte des Vorgenannten, Hofdame der Gräfin Mahaut.

Das Haus Hainaut (Hennegau)

Wilhelm, genannt der Gute, regierender Graf von Hennegau, Holland und Seeland, vermählt mit Johanna von Valois, Vater der Königin Philippa von England.

Johann von Hennegau, Bruder Wilhelms des Guten, Graf von Hennegau, Holland und Seeland.

Das Herzogtum Burgund

Odo IV., Pair und Herzog von Burgund, Sohn Herzog Roberts II. und der Agnes von Frankreich, Tochter Ludwigs des Heiligen, Bruder der verstorbenen Königin Margarete von Burgund und der Königin Johanna, genannt die Hinkende.

Johanna von Burgund, seine Gemahlin, Tochter König Philipps V. des Langen, Enkelin von Mahaut von Artois.

Pairs, Prälaten und Würdenträger der Krone Frankreichs

Ludwig I., Pair und Herzog von Bourbon, Großkämmerer von Frankreich, Enkel Ludwigs des Heiligen, Sohn Roberts von Clermont.

Ludwig von Nevers, Graf und Pair von Flandern.

Guillaume de Trye, Herzog und Erzbischof von Reims, geistlicher Pair.

Jean de Marigny, Graf und Bischof von Beauvais, jüngerer Bruder von Enguerrand de Marigny, geistlicher Pair.

Gaucher de Châtillon, Graf von Porcien und Sire von Crêvecœr, Konnetabel von Frankreich von 1302-1329.

Raoul de Brienne, Graf d'Eu, Konnetabel nach dem Ableben des Vorgenannten.

Hugues Graf de Bouville, früherer Kammerherr Philipps des Schönen.

Jean de Cherchemont, Kanzler im Jahre 1328.

Guillaume de Sainte-Maure, Kanzler seit 1329.

Mille de Noyers, früherer Marschall von Frankreich, Vorstand der Rechnungskammer, Vorsitzender des Parlamentes.

Robert Bertrand, genannt der Ritter vom Grünen Löwen und *Mathieu de Trye*, Marschälle von Frankreich.

Béhuchet, Admiral.

Jean le Fol, ein Zwerg.

Die Verwandten des Königs von England

Edmund, Graf von Kent, jüngerer Bruder des Vorgenannten, Gouverneur von Dover, Schutzherr der Fünf Häfen.

Heinrich, Graf von Leicester und Lancaster, genannt ›Schiefhals‹, Enkel Heinrichs III. von England, Vetter König Eduards II.

Die Edeldame der Königin Isabella

Lady Johanna Mortimer, geborene Joinville, Großnichte des Seneschalls von Joinville, Gattin Roger Mortimers von Wigmore.

Lords, Prälaten und Würdenträger der englischen Krone

Roger Mortimer, achter Baron von Wigmore, erster Graf der walisischen Mark, früherer Großrichter von Irland, Geliebter der Königinmutter Isabella.

Wilhelm von Melton, Erzbischof von York, Primas von England.

Heinrich von Burghersh, Bischof von Lincoln, Schatzkanzler und Gesandter.

Adam Orleton, früherer Bischof von Hereford, Bischof von Worcester, dann von Winchester, Schatzmeister und Gesandter.

Hugh Despenser, der Ältere, Graf von Winchester.

Hugh Despenser, der Jüngere, Sohn des Vorgenannten, Graf von Gloucester, Günstling Eduards II.

John Baron Maltravers, Seneschall von England.

William Baron Montagu, erster Graf von Salisbury, Ratsherr und Gesandter, später Bewahrer der Fünf Häfen und Marschall von England.

Gautier von Mauny, Schildknappe der Königin Philippa.

John Daverill, Gouverneur des Schlosses von Nottingham.

William Eland, Gouverneur des Schlosses von Nottingham.

Die hohen Gerichtsbeamten, Zeugen und Statisten des Prozesses Artois

Pierre de Villebresme, Kommissar.

Pierre Tesson, Notar.

Jeanne de Divion, frühere Geliebte des verstorbenen Erzbischofs von Arras, Thierry d'Hirson.

Gillet de Nelle, Diener Roberts von Artois.

Marie la Blanche, *Marie la Noire* und *Jeannette*.

Desquenes, Dienerinnen der Jeanne de Divion.
Pierre de Machaut, Zeuge.
Robert Rossignol, Urkundenfälscher.
Masciot l'Allemant, Waffenmeister.
Simon de Bucy, Staatsanwalt.

Der Hof von Avignon
Papst Johannes XXII., früherer Kardinal Jacques Duèze, gewählt im Konklave 1316.
Bertrand du Pouget, Gaucelin Duèze, Gallard de la Mothe, Arnaud de Via, Raymond le Roux, Verwandte des Papstes, Kardinäle.
Jacques Fournier, Berater Johannes' XXII., späterer Papst Benedikt XII., gewählt im Konklave 1334.

Die Lombarden
Spinello Tolomei, sienesischer Bankier, wohnhaft in Paris.
Guccio Baglioni, sein Neffe, sienesischer Bankier der Kompanie Tolomei.

Die Familie Cressay
Pierre und Jean de Cressay, Söhne des verstorbenen Sire de Cressay.
Maria, ihre Schwester, heimlich vermählt mit Guccio Baglioni.
Johann, genannt Jeannot oder Giannino, angebliches Kind von Guccio Baglioni und Maria de Cressay, in Wirklichkeit *Johann I., der Posthume*, Sohn Ludwigs X., des Zänkers, und Klementias von Ungarn.

Der Kaiser von Deutschland, *Ludwig V. von Bayern*.

Der König von Böhmen, *Johann von Luxemburg*, Sohn Kaiser Heinrichs VII. von Deutschland.

Der König von Neapel, *Robert von Anjou-Sizilien*, genannt *Der Astrologe*, Onkel König Philipps VI. von Frankreich.

Der König von Aragon, *Alphons IV*.

Der König von Ungarn, *Ludwig I.*, der Große.

Jakob van Artevelde, Führer der flämischen Liga.

Cola di Rienzi, Tribun von Rom.

Alle diese Namen sind historisch.

Anmerkungen

1 Die Kirche hat niemals ein bestimmtes oder gleichförmiges Ritual für die Eheschließung vorgeschrieben und hat sich meist damit begnügt, die örtlichen Gebräuche zu bestätigen.

Die Verschiedenheit im Ritus und ihre Duldung durch die Kirche beruht auf der Tatsache, daß die Ehe im wesentlichen ein Vertrag zwischen Einzelpersonen und ein Sakrament ist, das sich die beiden Ehepartner selbst gegenseitig spenden. Die Anwesenheit des Priesters und selbst eines Zeugen war in den frühen christlichen Kirchen keineswegs verlangt worden.

Der kirchliche Segen wurde erst durch eine Verordnung Karls des Großen vorgeschrieben. Bis zur Reform durch das Konzil von Trient im 16. Jahrhundert war eine Verlobung ihrem Charakter als Bindung entsprechend von fast gleicher Bedeutung wie die Ehe selbst.

Jede Gegend hatte ihre besonderen Bräuche, die auch innerhalb der einzelnen Diözesen verschieden sein konnten. So war in Hereford der Ritus ein anderer als in York. Im allgemeinen aber fand der Austausch der Gelübde, der das eigentliche Sakrament darstellte, außerhalb der Kirche in aller Öffentlichkeit statt. König Eduard I. verehelichte sich auf diese Weise mit Margarete von Frankreich im September 1299 vor dem Portal der Kathedrale von Canterbury. Die heutigentags bestehende Verpflichtung, die Türen der Kirche während der Trauungszeremonie offenzuhalten, die, wenn man ihr nicht nachkommt, eine Annullierung der Ehe zur Folge haben kann, ist ein Überbleibsel dieser Tradition.

Der Ritus, nach dem in der Erzdiözese York eine Trauung vollzogen wurde, wies einige Ähnlichkeit mit dem von Reims auf, besonders im Hinblick auf das hintereinander erfolgende Anstecken des Ringes an die vier Finger (wie es im folgenden in diesem Kapitel beschrieben wird), in Reims aber war diese Geste noch von der Formel begleitet:

> Die Kirche bewirkt durch diesen Ring
> daß dein und mein Herz wird ein Ding
> durch wahre Lieb und treuen Sinn
> dafür steck an den Finger ihn.

2 Johanna von Evreux, die dritte Gemahlin Karls IV.

Durch ihren Vater, Ludwig von Frankreich, Grafen von Evreux, eine

Nichte Philipps des Schönen, war sie durch ihre Mutter, Margarete von Artois, gleichzeitig eine Nichte Roberts von Artois.

3 Daß die Grafschaft Franche-Comté an den ersten Herzog von Bourbon übergegangen war, ergab sich aus einem gegen Ende des Jahres 1327 durchgeführten Tausch. Karl IV. hatte das Lehen, das zuvor sein Leibgedinge gewesen war, Herzog Ludwig I. gegen die von seinem Vater, Robert von Clermont, ererbte Grafschaft Clermont im Beauvaisis überlassen.

4 Das Jahr 1328 war für Mahaut von Artois ein Jahr der Krankheit. Aus den Rechnungsbelegen ihres Hauses erfahren wir, daß man sie zwei Tage nach dieser Ratsversammlung, am 6. Februar 1328, zur Ader lassen mußte, weiter am 9. Mai, am 18. September und am 19. Oktober.

5 Neben dem Ausdruck Krone wurde im Mittelalter auch der hier angeführte Ausdruck ›goldener Hut‹ gebraucht.

6 Pierre Roger, früherer Abbé de Fécamp, war Mitglied der Abordnung gewesen, die mit den Verhandlungen zwischen dem Pariser und dem Londoner Hof vor der Huldigung in Amiens betraut worden war. An Stelle des verstorbenen Thierry d'Hirson wurde ihm am 3. Dezember 1328 die Diözese von Arras überantwortet, dann wurde er nacheinander Erzbischof von Sens, Erzbischof von Rouen – wo er, wie man später erfahren wird, zum Kreuzzug Philipps VI. aufruft – und schließlich nach dem Tod Benedikts XII. 1342 zum Papst gewählt. Er regierte unter dem Namen Clemens VI.

7 Bis zum 16. Jahrhundert gab es keine großen Spiegel, in denen man sich halb oder ganz hätte sehen können. Man hatte nur Spiegel sehr kleinen Ausmaßes, dazu bestimmt, aufgehängt oder auf Möbelstücken aufgestellt zu werden, und Taschenspiegel. Sie waren entweder aus poliertem Metall wie in der Antike oder – und zwar erst seit dem 12. Jahrhundert – aus einer Glasplatte, hinter der man mit einem durchsichtigen Klebemittel eine Zinnfolie befestigt hatte. Das Belegen der Spiegel mit einer Mischung aus Quecksilber und Zinn wurde erst im 16. Jahrhundert erfunden.

8 Dieses ›Hôtel de la Malmaison‹, das palastartige Ausmaße hatte, wurde in der Folge das Rathaus von Amiens.

9 In dem breiten sumpfigen Tal der Somme wurden und werden noch heute besonders für den Anbau von Gemüse Gärten nach einem ganz eigenen Verfahren und von ganz eigenem Aussehen angelegt. Sie werden künstlich geschaffen, indem man den Boden mit Hilfe des aus dem Talgrund ausgebaggerten Schlicks hebt, und sie sind von Kanälen durchzogen, in denen das Grundwasser abläuft. Die Gemüsebauer, die man auf französisch in dieser Gegend ›hortillons‹ nennt, befahren die Kanäle in langen, flachen, schwarzen Barken, die sie mit Stangen vorwärtsstoßen, bis zum Wassermarkt in Amiens hinein.
Die Gärten oder ›hortillonnages‹ bedecken ein Gebiet von fast dreihundert Hektar. Der lateinische Ursprung des französischen Namens (hortus: Garten) erlaubt die Annahme, daß diese Kulturen bereits aus der Zeit der römischen Kolonisierung stammen.

10 Man nannte alle Mitglieder des kapetingischen Königshauses ›Prinzen vom Lilienwappen‹, weil ihr Wappen aus einem mit den französischen Lilien übersäten azurblauen Grund bestand, dessen Umrandung je nach den Leibgedingen oder Lehen verschieden war.

11 Guillaume de la Planche, Vogt von Béthune und später von Calais, lag im Gefängnis, weil er die Hinrichtung eines gewissen Tassard le Chien übereilt hatte und ihn, nur auf die eigene Machtvollkommenheit gestützt, hatte schleifen und hängen lassen.
Die Divion hatte ihn im Gefängnis besucht und ihm versprochen, der Graf von Artois würde ihm mit Hilfe von Mille de Noyers beispringen, wenn er nur eine Zeugenaussage nach ihren Angaben machen wollte. Anläßlich der Gegenuntersuchung zog Guillaume de la Planche alles zurück und erklärte, er habe die Aussage nur gemacht ›aus Furcht vor Drohungen und im Zweifel, ob er nicht sehr lange im Gefängnis bleiben und dort würde sterben müssen, wenn er sich weigere Monseigneur von Artois zu gehorchen, der so groß, so mächtig und dem König so nahestehend sei‹.

12 Das im französischen Originaltext gebrauchte Wort ›mesquine‹ oder ›meschine‹ (aus dem wallonischen eskène oder méquène im Hennegau, provenzalisch mesquin) bedeutet schwach, arm, schwächlich, elend und war das den Dienerinnen gewöhnlich beigegebene Eigenschaftswort.

13 Im Juni 1320 hatte Mahaut mit einem in Paris wohnenden Maler, Pierre de Bruxelles, ein Abkommen getroffen bezüglich der Ausschmückung der großen Galerie ihres Schlosses in Conflans (am Zusammenfluß der Marne und Seine) mit einer Reihe von Fresken. Es waren darin genau die Themen der Fresken angeführt – Porträts des Grafen Robert II. und seiner Chevaliers bei ihren Land- und Seeschlachten –, weiter die Gewandung, die sie tragen sollten, die Farben und die Qualität des verwendeten Materials.
Die Fresken wurden am 23. Juli 1326 beendet.

14 Diese Anwendung von Zauber- und Hexenkünsten, deren Ursprung auf das früheste Mittelalter zurückgeht, erfolgte noch zur Zeit Karls IX. und selbst unter Ludwig XIV.; die Hexensalbe, deren abscheuliche Zusammensetzung wir hier wiedergeben, wurde während einer Schwarzen Messe hergestellt, die auf dem Leib der Montespan zelebriert wurde.
Die Rezepte für die Liebestränke, die später angeführt sind, entstammen der Sammlung des Kleinen und des Großen Albert.

15 Wir erinnern daran, daß Blanche von Burgund nach einer Haft von elf Jahren in Chateau-Gaillard nach Schloß Gouray bei Coutances gebracht wurde. Schließlich nahm sie den Schleier in der Abtei von Maubuisson, wo sie 1326 starb. Ihre Mutter Mahaut wurde selbst ebenfalls in Maubuisson bestattet; ihre sterblichen Überreste wurden erst später nach Saint-Denis überführt, wo heute das Grabmal steht, auf dem sie liegend nachgebildet ist – das einzige dieser Art, das aus schwarzem Marmor ist.

16 Von Lichtmeß 1329 bis zum 23. Oktober scheint Mahaut ausgezeichneter Gesundheit gewesen zu sein und ihre gewöhnlichen Arzneien nur sehr wenig gebraucht zu haben. Vom 23. Oktober, dem Zeitpunkt ihrer Rücksprache mit Philipp VI. in Maubuisson, bis zum 26. November, dem Vorabend ihres Todes, kann man fast Tag für Tag die Entwicklung ihrer Krankheit nach den Zahlungen verfolgen, die ihr Schatzmeister an Sterndeuter, Ärzte, Barbiere, Kräuterfrauen, Apotheker und Krämer für ihre Leistungen oder Lieferungen bezahlte.

17 Der Leichnam Edmunds von Kent wurde über Beschluß Eduards III. in der Londoner Kirche des Dominikanerordens bestattet, der aus seiner Abneigung gegen die Herrschaft Mortimers kein Hehl machte.

18 Eduard von Woodstock, Prinz von Wales, das erste der zwölf Kinder Eduards III. und Philippas von Hennegau, nannte man wegen der Farbe seiner Rüstung den ›schwarzen Prinzen‹.
Er war es, der bei Poitiers über Johann II., den Sohn Philipps VI., siegte und ihn gefangennahm.
Während seiner Laufbahn als großer Heerführer lebte er hauptsächlich auf dem Kontinent und war eine der beherrschenden Persönlichkeiten zu Beginn des hundertjährigen Krieges. Er starb 1376, ein Jahr vor seinem Vater.

19 Das im französischen Originaltext verwendete Wort ›Keep‹ bedeutet im Englischen einen Burgfried in einem Schloß aus der Normannenzeit. Seine Besonderheit liegt, wie wir erwähnten, darin, daß er einen unbedachten Hof umschließt.

20 Der Originaltext des Urteils über Roger Mortimer war französisch abgefaßt.

21 Die ›Common Gallows‹ waren für London dasselbe wie Montfaucon für Paris. Dort wurde die Mehrzahl der gewöhnlichen Verbrecher hingerichtet. Der Galgen stand am Rande der Wälder des Hyde Park, an einem Ort, der Tyburn hieß, etwa dort, wo sich heute der Marble Arch befindet. Dieser Galgen wurde bis in die Mitte des XVIII. Jahrhunderts verwendet.

22 Diese Kleider und Teppiche erscheinen in einem Inventar, das einige Jahre später bei der Beschlagnahme angefertigt wurde.

23 Watriquet Brassenieux, genannt de Couvin – nach dem Ort seiner Herkunft, der im Hennegau in der Nähe von Namur lag –, war Spielmann in den großen Häusern der Familie Valois. Die von ihm zwischen 1319 und 1329 verfaßten Liederzählungen machten ihn weithin berühmt. Seine Werke wurden in reizvollen, illuminierten Handschriften bewahrt, die unter seiner Leitung für die Fürstinnen seiner Zeit angefertigt wurden.

24 Das offizielle Jahr begann zu Ostern, aber das Neujahrsfest wurde traditionsgemäß am 1. Januar gefeiert, und an diesem Tage tauschte man Glückwünsche und Geschenke.

25 Die Anzahl der adeligen oder nichtadeligen Diener im Palast, der ›livrées du roi‹, wie man sie nannte, wuchs unter Philipp VI. in erstaunlichem Maße; dort, wo unter Philipp dem Schönen ein Mann ein Amt versah, gab es unter den ersten Valois offenbar drei oder vier. Allein als Beamte, die dem König persönlich zur Verfügung standen, d.h. in moderner Sprache, die in seinem Privatsekretariat oder seinem Stab beschäftigt waren, wurden folgende Namen genannt: Robert Mulet, Seigneur de la Bruyère, Robert le Coq, Jacques la Vache, Hugues de Pommard, Simon de Bucy, Pierre des Essarts, Geoffroy de Fleury ... und die Liste ist keineswegs vollzählig.
Ebenso findet man als Kammerherrn, Tranchiermeister oder Vorleger verzeichnet: Michael de Recourt, Robert Frétard, Trouillard d'Usages, Vicedominus von le Mans, Thibaud de Mathefelon, Jean de Beaumont, Hérouart de Belleperche, Pierre Trousseau, Jean d'Andresel und noch viele andere.
Viele dieser Leute waren übrigens neben ihrem Dienst beim König gleichzeitig in der Verwaltung, im Rat, im Parlament, in der Rechnungskammer oder sogar im Kanzleramt tätig.

Die Schreiber waren Geistliche und hatten diesen Weg häufig nicht aus Berufung erwählt, sondern um die nötige Bildung für ihre Anstellung zu erwerben.

26 Die Königin Johanna die Hinkende war an solche Behandlung gewöhnt, denn wenn sie einmal gegen einen der Freunde, Ratgeber oder Diener ihres Gemahls einen Abscheu gefaßt hatte, gebrauchte sie die übelsten Mittel, um ihren Haß zu befriedigen.

Um sich des Marschalls Robert Bertrand, genannt ›der Chevalier vom grünen Löwen‹, zu entledigen, richtete sie an den Profos von Paris ein Schreiben ›gegeben vom König‹ mit dem Befehl, den Marschall wegen Verrats zu verhaften und auf der Stelle am Galgen von Montfaucon aufzuhängen. Sie hatte das Schreiben mit dem Privatsiegel ihres Gemahls versehen, das sie ihm, während er schlief, weggenommen hatte. Der Profos war ein vertrauter Freund des Marschalls; dieser plötzliche Befehl ohne vorausgegangenes Verfahren machte ihn stutzig; anstatt Robert Bertrand nach Montfaucon zu bringen, eilte er mit ihm zum König, der sie herzlich empfing, den Marschall umarmte und die Aufregung seiner Besucher nicht begriff. Als sie ihm den Haftbefehl zeigten, erfaßte er sofort, daß er von seiner Frau stammte. Er schloß sie, wie der Chronist berichtet, in ein Zimmer ein und schlug sie mit einem Stock so, ›daß wenig fehlte und er hätte sie getötet‹.

Auch der Bischof Jean de Marigny wäre fast das Opfer verbrecherischer Handlungen der Hinkenden geworden. Er hatte ihr mißfallen und wußte es nicht. Er kam von Unterhandlungen in Guyenne zurück; die Königin heuchelte beim Empfang überströmende Freundschaft und läßt ihm zur Entspannung ein Bad im Palast bereiten. Der Bischof lehnt zuerst ab, da er keine dringende Notwendigkeit sieht; aber die Königin besteht darauf und sagt, daß ihr Sohn Johann, Herzog von Normandie (der zukünftige Johann II.), auch baden würde. Und sie begleitet sie in die Badestube. Die beiden Bäder sind bereit; der Herzog von Normandie tritt aus Versehen oder Gleichgültigkeit zu dem Bad, das für den Bischof bestimmt ist, und schickt sich an hineinzusteigen, da hindert ihn plötzlich seine Mutter mit allen Anzeichen der Verwirrung daran. Man ist erstaunt. Johann von Normandie, der mit Marigny sehr befreundet ist, wittert eine Falle, ergreift einen herumstreunenden Hund und wirft ihn in den Bottich; der Hund verendet sofort. Als König Philipp der Zwischenfall berichtet wurde, schloß er seine Frau erneut in ein Zimmer ein und schlug sie ›krumm und lahm‹.

Was das Schloß von Nesle betrifft, so war es ihr von ihrem Gatten 1332 geschenkt worden, zwei Jahre nachdem er es von den Testamentsvollstrekkern Johannas der Witwe, der Tochter Mahauts, gekauft hatte. Diese hatte es ihrerseits von ihrem Gatten Philipp V. erhalten.

Laut einer Klausel im Testament Johannas der Witwe wurde der Erlös dieses Verkaufs, tausend Livres Bargeld, dazu eine Rente von zweihundert Livres zur Gründung und zum Unterhalt eines Wohnhauses für Schüler verwendet, das in einem Nebengebäude des Schlosses eingerichtet wurde. Das ist der Ursprung des berühmten Collège de Bourgogne – das ist auch die Ursache, die im Gedächtnis des Volkes zu einer Verwechslung zwischen den beiden Schwägerinnen Margarete und Johanna von Burgund führte. Die der Margarete zugeschriebene Verführung von Schülern, die eine reine Legende ist, findet hier ihre Erklärung.

27 Dieser Rüsthaken diente dazu, den hölzernen Lanzenschaft zu stützen und dessen Rückstoß im Augenblick des Zusammenpralls aufzufangen. Bis zum Ende des XIV. Jahrhunderts war er unbeweglich, dann versah man ihn mit einem Scharnier oder einer Feder, weil dieser hervorspringende Teil sich bei Schwertkämpfen immer als sehr hinderlich erwiesen hatte.

28 Der geheime Aufenthalt Eduards III. in Frankreich und zuweilen in Saint-Christophe-en-Halatte dauerte 4 Tage, vom 12. bis zum 16. April 1331.

29 Der Wappenkönig: eine Persönlichkeit, die während des Turniers alles anzuordnen und alle Formalitäten zu leiten hatte.

30 Als Philipp VI. seine Befehle erließ und viele italienische Geschäftsleute drei Wochen lang eingesperrt und nur gegen beachtliche Summen wieder freigelassen wurden, reisten die Tolomei heimlich ab und nahmen alle bei ihnen teils von andern italienischen Häusern, teils von französischen Kunden hinterlegten Geldbeträge mit sich, was dem Staatsschatz ernsthafte Schwierigkeiten bereitete.

31 Diese ›Vorstellungen‹ waren sehr weit gegangen, da Johann von Luxemburg, um sich Philipp VI. gefällig zu erweisen, eine Koalition geschlossen und gedroht hatte, in die Gebiete des Herzogs von Brabant einzufallen. Der Herzog von Brabant zog vor, Robert von Artois auszuweisen, aber nicht, ohne bei dieser Gelegenheit ein günstiges Geschäft auszuhandeln: die Heirat seines ältesten Sohnes mit der Tochter des Königs von Frankreich. Für Johann von Böhmen seinerseits war der Dank für seine Intervention die Hochzeit seiner Tochter Bonne von Luxemburg mit dem französischen Kronprinzen, Johann von Normandie. Nach Maria von Luxemburg, der Schwester desselben Königs Johann, der Frau Karls IV., war das also die zweite Luxemburg-Böhmen, die in zwei Generationen Königin von Frankreich werden sollte.

32 Am 2. Oktober 1332. Das von Philipp VI. seinen Baronen abgeforderte Gelöbnis war ein dem Herzog von Normandie geleistetes Treuegelöbnis, ›der der rechte Erbe und rechte Herrscher Frankreichs‹ sein soll. Da Philipp nicht der direkte Thronerbe war und die Krone nur durch freie Wahl der Pairs erhalten hatte, kehrte er zu den Überlieferungen des Wahlkönigtums zurück, zu den Traditionen der ersten Kapetinger, die ihren ältesten Sohn immer von den Pairs als Thronfolger hatten anerkennen lassen. Diese Tradition blieb bis zu Philipp August erhalten.

33 Der alte aussätzige König Robert Bruce, der Eduard II. und Eduard III. so lange in Schach gehalten hatte, war 1329 gestorben, seine Krone einem Kind von sieben Jahren, David Bruce, hinterlassend. Die Minderjährigkeit Davids gab den verschiedenen Parteien Anlaß, wieder mit ihrem Streit zu beginnen. Der kleine David wurde von Baronen seiner Partei zu seiner Rettung außer Landes gebracht, und sie suchten mit ihm Zuflucht am französischen Hof, während Eduard III. die Forderungen eines französischen Edelmannes normannischer Herkunft unterstützte, Eduard von Baillol, eines Verwandten der früheren schottischen Könige, der damit einverstanden war, daß die schottische Krone unter englische Oberhoheit kam.

34 Jean Buridan, um 1295 in Béthune im Artois geboren, war ein Schüler Occams. Der philosophische und theologische Unterricht, den er erteilte, machte ihn weithin bekannt; er wurde mit dreißig oder zweiunddreißig Jahren Rektor der Pariser Universität. Seine Kontroverse mit dem alten Papst Johannes XXII. und das Schisma, zu dem sie nahezu führte, trugen zu seiner Berühmtheit noch bei. Er zog sich in der zweiten Hälfte seines Lebens in deutsche Lande zurück, lehrte hauptsächlich in Wien und starb 1360.

Die Rolle, die ihm das Volk in seiner Phantasie bei der Affäre im Schloß Nesle zuwies, ist reine Erfindung. Übrigens ist erst in Berichten davon die Rede, die zwei Jahrhunderte später abgefaßt sind.

35 Die Rechnungsbelege des Schatzkanzlers weisen allein in den ersten Monaten des Jahres 1337 auf: im März eine Anweisung, Robert von Artois zweihundert Livres als Geschenk des Königs auszuzahlen; im April ein Geschenk von dreihundertdreiundachtzig Livres, ein weiteres von vierundfünfzig Livres und die Zubilligung des Besitzrechtes auf die Schlösser Guilford, Wallingford und Somerton; im Mai die Verleihung einer jährlichen Rente von zwölfhundert Mark Sterling; im Juni die Rückzahlung von fünfzehn Livres, die Robert der Kompanie der Bardi schuldete usw.

36 Die Einbildungskraft des Romanciers würde vor einem derartigen Zusammentreffen, das wirklich allzu grob und willkürlich erscheint, zurückscheuen, stünde sie nicht unter dem Zwang der Tatsachen. Daß der Schloßturm von Nesle der Ort war, an dem die Herausforderung Eduard III. überreicht wurde – jener Akt, der juridisch den hundertjährigen Krieg einleitete –, hieß übrigens nicht, daß damit die seltsame Bestimmung des Turms, tragische Ereignisse in seinen Mauern zu bergen, zum Abschluß gekommen wäre.

Der Konnetabel Raoul de Brienne, Graf von Eu, bewohnte Schloß Nesle, als er 1350 auf Befehl Johanns des Guten verhaftet und dann später zum Tode verurteilt und enthauptet wurde.

Auch hielt Karl der Schlechte, König von Navarra (Enkel der Margarete von Burgund), sich im Schloß auf, der gegen das französische Königshaus zu den Waffen griff.

Später schenkte Karl VI., der Narr, es seiner Frau, der Wahnsinnigen, der finsteren Isabella von Bayern, die Frankreich den Engländern auslieferte, indem sie ihren eigenen Sohn, den Kronprinzen, als einem Ehebruch entsprossen erklärte.

Kaum hatte Karl VII. Schloß Nesle Karl dem Kühnen zum Geschenk gemacht, als der König starb und Karl der Kühne mit dem neuen König Ludwig XI. in Streit geriet.

Die Mönche von Saint-Germain-des-Près hielten sich vorübergehend darin auf. Franz I. überließ einen Teil des Schlosses Benvenuto Cellini, aber da der Profos von Paris Einspruch erhob, mußte Cellini mit Gewalt seine Rechte geltend machen.

Heinrich II. ließ dort eine Werkstatt zur Herstellung von Münzen einrichten. Das Pariser Münzamt befindet sich immer noch an dieser Stelle (man ersieht daraus den Umfang, den das ganze Schloßgebiet mit allen seinen Gebäuden besaß).

Karl IX. verkaufte das Schloß, um seine Schweizer Garden auszahlen zu können, und es wurde von Ludwig von Gonzaga, dem Herzog von Nevers, erworben; zu diesem Zeitpunkt wurde der Turm niedergerissen.

Das Schloß Nevers ging schließlich in den Besitz Mazarins über, der an Stelle der alten Gebäude das *Collège des Quatre Nations* errichten ließ, das heute noch existiert: es ist der Sitz des *Institut de France*.

37 Dieser Heinrich von Burghersh scheint wohl eine Art englischer Talleyrand des Mittelalters gewesen zu sein; ein Mann von größter Geschicklichkeit, der sich nacheinander allen Herrschern unentbehrlich zu machen wußte und immer den richtigen Augenblick erfaßte, die Machthaber von gestern zu verlassen und sich denen von morgen zuzugesellen. Er hatte König Eduard II. gedient und war von ihm zur Königin Isabella geschickt worden, um sie zur Rückkehr aus ihrem französischen Exil zu bewegen. Er hatte sich bei der Landung Isabella und Mortimer angeschlossen, und Mortimer hatte ihn mit dem Amt eines Kanzlers betraut. Seine Macht hatte nur beim Sturz Mortimers eine kurzdauernde Einbuße erlitten. Schon 1334 berief Eduard III. ihn wieder als Schatzkanzler, im übrigen hatte er nie aufgehört, ihn in verschiedenen Missionen herumzuschicken. Tatsächlich hatte Burghersh die große englisch-deutsch-flämische Koalition gegen Frankreich vorbereitet. Wie bei Talleyrand war sicherlich auch bei ihm moralische Strenge nicht die hervorstechendste Charaktereigenschaft, hingegen besaß er einen sehr hohen und sehr wirkungsvollen Begriff von den Interessen seines Landes.

38 Die Königin Isabella lebte noch zwanzig Jahre lang, ohne jedoch auch nur den geringsten Anteil mehr an den Geschehnissen ihres Jahrhunderts zu nehmen. Die Tochter Philipps des Schönen starb am 23. August 1358 in Schloß Hertford, und ihr Leib wurde in der Franziskanerkirche von Newgate in London bestattet.

39 Die Schlacht von Sluys war nicht die einzige, die Frankreich bei gleich starken Streitkräften durch schlechten Einsatz der ihm zur Verfügung stehenden Mittel verlor. In unserer Zeit erleben wir ebenso bemerkenswerte Beispiele strategischer Dummheit. Im Gegensatz zu den Behauptungen, die lange Zeit aufgestellt wurden, um die Niederlage von 1940 zu entschuldigen, verfügte die französische Armee damals über ebenso viele Panzerwaffen wie die deutsche, und deren Schußpotential war gleichwertig, wenn nicht sogar höher. Daß wir zermalmt wurden, verdanken wir nur der Auffassung von taktischem Einsatz der Panzer, die vom französischen Oberkommando verbreitet wurde, und zwar trotz entsprechender Warnungen. In einem Abstand von sechs Jahrhunderten – Sluys Juni 1340, Flandern Juni 1940 – zog die gleiche dumme Starrköpfigkeit die gleiche Wirkung nach sich. Die Rasse der Béhuchets ist zäh, und sie erobert immer nur den Generalstab.

40 Trotz der politischen Kämpfe, Aufstände, Rivalitäten zwischen den verschiedenen sozialen Klassen oder den benachbarten Städten, die in den italienischen Republiken zu jener Zeit an der Tagesordnung waren, erlebte Siena im XIV. Jahrhundert seine große Blütezeit, sowohl was die Kunst wie was den Handel betraf. Zwischen der Besetzung der Stadt durch Karl von Valois im Jahre 1301 und ihrer Eroberung durch Gian Galeazzo Visconti, den Herzog von Mailand, im Jahr 1399 war das einzig wirkliche Unglück, das Siena traf, die Pestepidemie 1347–48.

41 ›. . . Ich lebe jetzt in Frankreich im Babylon des Abendlandes, und nichts Abscheulicheres bescheint die Sonne als diese Stadt an den Ufern der ungezähmten Rhône, die an den Cocytes oder den Acheron im Tartarus erinnert. Hier herrschen die einstmals armen Nachfolger des Fischers, die ihre Herkunft vergessen haben. Man ist bestürzt, statt einer heiligen Einsamkeit ein Zusammenströmen von Verbrechern zu sehen und Banden elender Satelliten, die sich überall herumtreiben; statt strengen Fastens sinnliche Festgelage; statt frommen Pilgerns grausamen, schamlosen Müßiggang; statt der bloßen Füße der Apostel die raschen Renner der Diebe, weiß wie Schnee, bedeckt mit Gold, in Stallungen von Gold, gefüttert mit Gold und bald wohl auch mit Gold beschlagen. Kurz man möchte meinen, man hat es mit Perser- oder Partherkönigen zu tun, die man anbeten muß und denen man sich nicht nähern darf, ohne ihnen Geschenke zu bieten . . .‹ (V. Brief)

›. . . Ich weiß aus Erfahrung, daß es hier keine Frömmigkeit gibt, keine christliche Liebe, keinen Glauben, keine Ehrfurcht, keine Gottesfurcht, nichts Heiliges, keine Gerechtigkeit, keine Billigkeit, nichts Menschliches . . . Sanfte Hände, grausame Taten; engelhafte Stimmen, dämonische Handlungen; harmonische Gesänge, eiserne Herzen . . .‹ (XIV. Brief)

›. . . Es ist der einzige Ort auf Erden, an dem der Vernunft kein Platz eingeräumt ist, wo alles sich ohne Überlegung, rein zufällig bewegt, und unter aller Misere, deren dieser Ort übervoll ist, scheint mir die schlimmste Enttäuschung, daß alles hier klebt und festhaftet, so daß man, wenn man zu entrinnen glaubt, sich noch tiefer verstrickt und gefesselt sieht. Außerdem gibt es weder Licht noch Führer . . . Und, um das Wort Lukians zu gebrauchen, »eine Nacht, die schwarz ist von Verbrechen« . . . Nicht als ein Volk möchte man das hier bezeichnen, sondern als eine Staubwolke, die der Wind umherwirbelt . . .‹ (XVI. Brief)

›. . . Satan betrachtet lachend dieses Schauspiel und hat seine Freude an dem ungleichen Tanz, wenn er als Schiedsrichter zwischen den verlebten Greisen und den jungen Mädchen sitzt . . . Unter der Zahl (der Kardinäle) gab es ein kleines altes Scheusal, imstande, sämtliche Tiere zu schwängern; er war so lasziv wie ein Ziegenbock, oder etwas noch Lasziveres und Stinkenderes wie ein Ziegenbock, wenn es das gibt. Er wagte nicht, allein zu schlafen, sei es aus Angst vor Ratten oder vor Geistern. Er fand, es gäbe nichts Traurigeres und Unseligeres als das Zölibat. Jeden Tag feierte er eine neue Hochzeit. Sein siebzigstes Jahr lag schon lange hinter ihm, und es blieben ihm allerhöchstens sieben Zähne . . .‹ (XVIII. Brief)

(Petrarca, *Briefe ohne Titel*, an Cola di Rienzi, Tribun von Rom, und andere.)

fi 390/3